世界史丛书

齐世荣 丛书主编

古代埃及

李晓东 著

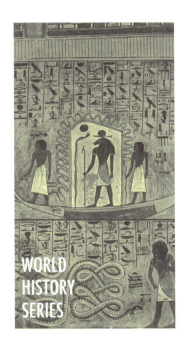

北京师范大学出版集团
BEIJING NORMAL UNIVERSITY PUBLISHING GROUP
北京师范大学出版社

总　序

　　"世界史丛书"选取世界古代到世界现代历史进程中所发生的重大的标志性事件，集世界历史中的重大专题于一体，地域上包括欧、美、亚、非几个大洲，反映了人类从远古到当代、从分散走向整体的发展历程。

　　20世纪初，笔者曾经策划"精粹世界史"20卷，由中国青年出版社出版。"精粹世界史"所涉及专题较少，而我本人也产生了扩大选题范围的想法，正好与编辑的设计不谋而合，由此便有了本丛书的策划。本套"世界史丛书"，计划出版38卷，这38卷之间既互有联系，又可独立成篇。丛书注重普及性，以普及世界历史知识为目的，学术性与通俗性兼顾，内容要求有学术深度，写法则力求深入浅出、通俗易懂。书末附简短的主要参考书目，以方便读者查阅或供进一步研究探讨之用。

　　经济全球化要求人们必须更多地了解世界，而学习世界历史就是认识世界、拓展国际视野、增强国际意识的一个重要途径。学习世界史可以汲取世界性的经验，使国家和社会建设少走弯路。本套丛书力求在此方面能有所贡献。

　　盛世修史，近年来我国世界史学科建设取得了迅速发展。首先，相关材料积累日渐丰富，不但各图书馆引进了大量的材料，学者个人的资料也十分丰富，网络电子资源更是宏大；其次，中外学术交流十分频繁，包括观点的冲击和材料的交流，使得相关研究更为深入、更为透彻，研究领域更为广泛；再次，世界史研究队伍迅速成长，人才储备丰厚，为将来的世界史研究打下了坚实的基础。广大史学工作者吸收新理论、利用新材料、采用新方法、研究新问题，取得了丰硕的研究成果。本丛书动员了全国世界历史研究方向的精干力量，作者为学术有成的中青年骨干。这么大规模的历史创作策划可以说是少有的，十分感谢各位作者的大力支持以及出版部门的辛勤运作。本丛书的付梓，希望能够产生良好的学术影响和社会效益。

世界历史学科已经划入一级学科，世界史研究和世界史学科建设正向着更高更好的方向发展，前景光明。可以说本套丛书就是奉给这一盛事的献礼！

齐世荣

2014 年 6 月

目　录

前　言

　　埃及，我们用来称呼现在的阿拉伯埃及共和国，也用来指称古埃及文明和孕育埃及文明的那块土地。古埃及人并不知道后人会称他们为埃及人，称他们生活的土地为埃及。那时候还没有"埃及"这一称呼。他们称自己生活的世界为𓊖𓈇𓏤，读作"kmt"，意为"黑色的土地"。尼罗河谷和尼罗河下游冲积成扇形的三角洲的确以黑色的土地给予古埃及人丰厚的馈赠，称之为黑土地名副其实，且带有古埃及人对这块土地的热爱和自豪。这种热爱和自豪从另一个名称中可见一斑。古埃及人还称自己的国度为𓇌𓈖𓏤𓈇，读作"tA-mri"，意思是"可爱的土地"。古埃及人不知道"埃及"指什么，现代埃及人也只知道"埃及"是外国人给予他们国家的名称，但他们自己却不这么叫。现在的埃及人称自己的国家为"Msr"。那么，无论是英文、法文、德文，都称之为"埃及"是何缘由呢？古埃及历史学家曼涅托在其现已佚失了的著作《埃及史》中称孟菲斯为𓉗𓏏𓂓𓊪𓏏𓎛①，读作"Hwt-Ka-PtH"，意为"普塔赫神卡之殿"。"卡"在古埃及指人的灵魂，"普塔赫神卡之殿"为埃及古王国时的都城。后来希腊人来到埃及，将这一称呼希腊化，读作"Αἴγυπτος"，后经拉丁语转化成为英语等西文中的"Egypt"。于是有了现在"埃及"这一称呼。

　　自从中国有了埃及学这一学科，研究古埃及历史的书籍便接二连三地问世。不仅埃及学者在写书，世界古代史学者在写书，一些文化人也在书写这一越来越引人注目的古代文明的历史。翻译的、编著的书籍更是时有出现。在这么多介绍古埃及文明的著作陆续问世的今天，再写一部古埃及文明概览类的著作还有必要吗？这不仅是读者可能要问的问题，更是我这个作者从收到出版社邀请的那一刻起便一直反复

---

① 　古埃及象形文字中，同一词语有多种书写形式，此为其中之一。

问自己的问题。

已在中国出版的有关古埃及文明的书籍大多我已读过，除很少几位专攻埃及学的学者所撰著作外，很多书籍均有各种各样的错误。究其原因，症结在于大多数编写者都没有受过古埃及语言文字方面的训练，而古埃及文字却是理解古埃及文明的一把钥匙。没有这把钥匙就进不去门，进不去门自然会隔一道墙，导致怎样看数千年前的古埃及文明都无法看得透彻。阿蒙霍特普四世立志改革宗教，将自己的名字改成阿赫那吞，这是大家都知道的。但其宗教改革与改名有何关系却总叫人似懂非懂。如果知道阿蒙霍特普名字的意思为"令阿蒙神满意之人"，而阿赫那吞意为"阿吞神之仆人"，那么读者就会很容易理解其中的关联，进而明白古埃及"神以人贵"的神系起伏的根本原因。因此，我觉得写一部让读者读起来"不隔"的古埃及文明著作在今天仍十分必要。为了让这本书读起来"通"，我尽力在书中加入古埃及的象形文字，以使记述更为直接。在介绍古埃及语言文字一章，还较为系统地介绍了古埃及语语法，是为"古埃及语初阶"，供有志做埃及学研究的学者及爱好者们自学之用，亦可供在大学教授埃及历史和世界古代史的老师们用作古埃及语言文字教学的教材。

此外，一部全面介绍古埃及文明的著作常会出现顾了体系顾不了问题的情况，于是我在书中加入了 11 篇"附记"，试图让读者在读完某一章后仍有问题的时候延伸阅读，拓宽眼界。11 篇"附记"中有 5 篇在《读书》等杂志上发表过，虽有懒惰之嫌但因内容恰好符合便没有重写。书中埃及象形文字的转写采用便于录入的英文字母方式，其所代表古埃及字符列于本书第三章"古埃及的语言文字"的"古埃及象形文字字母表"中，读者阅读时可以之为参照。附录列于书尾，一为古埃及主要法老王名圈，二是撰写此书过程中的参考书籍。法老的王名有 5 个之多，但最常用的有两个，一个是出生时的名字，一个是登基后用的名字。因这两个名字最常用，所以选在这里供读者参照查询。

李晓东

2017 年 12 月

第一章　埃及学的诞生

第一节　孕育古埃及文明的地理环境

埃及学的诞生离不开孕育埃及文明的那块神奇的土地。人们都知道埃及位于非洲的东北部，东面是红海，西面是利比亚沙漠，北面是地中海，南面是努比亚荒原。一条长河从南到北贯穿埃及全境，一直流入地中海。这就是于数千年前孕育了人类最早的辉煌灿烂文明的世界第一长河——尼罗河。古埃及人一般称尼罗河为𓇋𓏏𓂋𓅱𓈗，读作"itrw"，就是河，但更多时候则将其神化，称它是𓎛𓂝𓊪𓏭𓈗或𓎛𓊪，读作"Hapy"，不仅指这条长河，还指其每年定期的泛滥。泛滥尽管也造成一定的破坏，但带来的富含腐殖质的泥土则带给古埃及人一年又一年的丰收。因此，古埃及人将尼罗河看作神——带来收获的哈匹神（Hapy）。我们到埃及访古，可以在很多神庙的墙壁浮雕和壁画上看到两个哈匹神的形象，胖胖的身躯，肚皮和乳房都向下垂着，一个头顶荷花，一个头顶莎草，分别代表上下埃及。我们常能在法老的王座两侧的装饰图案中看到哈匹神的形象，两者用莎草将代表统一的象形文字𓋬（读作"smA"）捆扎起来。尼罗河对于古埃及人来说是神，是神送给埃及人的礼物。一条狭窄而又肥沃的土地沿尼罗河蜿蜒伸展，与两边被称作𓂦𓈙𓂋𓏏（读作"dSrt"）的红土地的荒漠一起贯穿埃及南北。北边的边界是地中海，古埃及人称作𓎛𓍑𓄿𓂋（读作"wAD-wr"），按照字面理解意为"一大片绿"。南方边界在阿斯旺地区的第一瀑布，中王国之前边界曾越过阿斯旺向南推进，但在埃及历史的大部分时间这里都是埃及的南方边界。从地理环境上讲，埃及由尼罗河谷、三角洲、法尤姆绿洲和东部荒漠构成。

古埃及人的地理观念同我们现代人的不同。如果打开地图，我们都知道上北下南的原则，但古埃及人却正和我们相反。古埃及从地理上划分为两部分，即古埃及人说的"上下埃及"。不同的是古埃及人称埃及的南方即地图上看到的下部为上埃及，而称埃及的北方，地图上的上部为下埃及。之所以与我们现在的概念相反，是因为尼罗河从南部高原顺流而下，直流入北方的地中海。南方是上游，所以称作上埃及；北方为下游，所以称作下埃及。

下埃及被古埃及人称为 ▬ （读作"tA-mht"），以阿斯乌特（Assiut）为界，该地以北一直到地中海，就是古埃及人常说的下埃及。根据曼涅托（Manetho）的《埃及史》，第一位将上下埃及统一起来的法老是美尼斯，但 1898 年英国考古学家奎贝尔和格林发现的那尔迈调色板却让埃及学家们将此功绩归在了上埃及国王那尔迈的头上。有证据表明，上埃及统一下埃及的时候，下埃及并不是一个统一的王国，也许历史上也未出现上下埃及两个巨大势力生死决战最后统一的事件。但是，古埃及人有两分的世界观念，无论是上下埃及，抑或是红土地黑土地，都是这种两分思想的表现。上埃及究竟怎样统一下埃及还需要进一步的探讨。

下埃及以三角洲为主，最初由常年存在的沼泽与湖泊构成。随着气候的渐趋稳定和越来越多的居民定居于此，三角洲成了一个季节性泛滥的盆地。最初这里有至少 7 条支流蜿蜒流经三角洲，尼罗河每年的泛滥沉积下一层层肥沃的淤泥。气候潮湿，微风轻拂，大片土地召唤着人们前来开垦。

上埃及被古埃及人称作 ▬ （读作"tA-rsw"），南方土地之意，从阿斯乌特往南一直到阿斯旺的第一瀑布都属上埃及。尼罗河谷是上埃及人的主要活动区域，砂岩峭壁和大量花岗岩石构成其主要景观。砂岩峭壁沿尼罗河蜿蜒，时而靠近时而稍远。河流阶地，气候湿润，有树木和植物生长。最初定居下来的居民居住在沙漠和河谷沃野之间，以免在尼罗河水泛滥之时其房屋受到冲击。最初的社会形式由多家庭组成的集体构成，进入王朝时期，出现了早期的诺姆。

　　尼罗河是古埃及文明的生命之河。它不仅供养了一代代埃及人在这块土地上生存了数千年，还为埃及的南北贯通提供了通途。公元前4000年以前，埃及人就已经用苇草扎成捆再将其捆在一起做成苇草船在尼罗河上航行了。后来较大一点的船更是利用尼罗河将上下埃及连成一体。从南到北，顺流而下；从北向南，扬起风帆。尼罗河成为古埃及的一条顺畅的"高速公路"，为古埃及文明的产生发展奠定了得天独厚的基础。

　　尼罗河不仅成为古埃及的"高速公路"，还诞生了后来发展成全世界普遍应用的公历的前身埃及历法。尼罗河每年于6月21日左右开始泛滥，此时恰巧大犬星座的天狼星于太阳升起的时候出现。这每年一度的天狼星偕日升便成了尼罗河水泛滥的标志，新的一年由此开始。古埃及人根据尼罗河水的涨落，将一年划分为3个季节：𓈗[①]（读作"Axt"）泛滥季、𓂋𓏏（读作"Prt"）生长季和𓈙（读作"Smw"）收获季。每季4个月，每月30天，共计360天，另加5天节日庆典，便成了一年365天。然而，这个历法与实际上一年的时间还差5小时48分46秒，时间一长，就会使埃及的历法出现季节完全颠倒的状况。要等1460年这样的颠倒才会完全恢复过来，和最初的季节完全一致。这种历法的差错在古埃及历史上造成了很多不便，特别是对农业生产。但幸运的是，后来的科学家却依靠这样的历法误差推算出几个非常重要的历史年代，使古埃及的历史框架得以建立在较为可靠的时间基础之上。

第二节　从猎奇到科学

　　埃及学的诞生从一种猎奇到一门科学经历了2000多年的时间。我们至今仍然能够看到的古人留下来的关于埃及的记述是从古希腊人和古罗马人开始的。埃及人和希腊人的交往，可以追溯到公元前3000年

---

　　① 古埃及象形文字中，同一词语有多种书写形式，此为其中之一。

左右。当时，希腊人来到埃及与埃及人做生意，有的就留在了埃及居住，形成古埃及世界中的希腊人村落。公元前7世纪，埃及雇佣了大量的外国人作为雇佣兵为其打仗，其中就有很多希腊人。人们熟悉的古希腊荷马史诗《伊里亚特》中也有许多关于古埃及的描述，尽管是半神话的故事，但古埃及在希腊人的世界中已经占据了一席之地。更多的关于埃及的记载见于地理学家们的著作。公元前6世纪，以提出"水是万物本原"而为后人记住的希腊哲学家米利都学派的泰勒斯（Thales）描述过尼罗河的泛滥，并认为尼罗河水的泛滥是由于北风阻止其水流入地中海而造成的现象。阿纳克西曼德（Anaximander）绘制了人类第一个较为科学的地球地图，根据希罗多德（Herodotus）的记载，其在地图上描绘了为人所知的所有的海洋和河流，尼罗河作为地球上最长的一条河流自然不会被漏掉。之后是大量的希腊、罗马人来到埃及，其中既有像米利都的赫卡塔乌斯（Hecataeus）这样的地理学家，又有像希罗多德这样伟大的历史学家。后者所写的《历史》第二卷对古埃及的描述至今仍是许多对古埃及着迷者的启蒙著作。

《圣经》在西方的影响远超出宗教意义，人们在对《圣经》的注解中自然要涉及埃及，尤其是《出埃及记》与埃及历史的关系，让人们觉得可以借此找到其历史时间上的准确定位。《出埃及记》中的埃及法老是谁，一直是人们追寻探讨的一个热点。人们对埃及的认识，从古代世界开始，经由文艺复兴时期的回温，直到18世纪末拿破仑率领军队带着160多名学者进入埃及，经历了漫长的历史。尽管拿破仑随军带往埃及的都是科学家，但大多还是为法国和欧美的博物馆寻找宝物或记录、描绘埃及文明遗产的学者。直到两位著名的考古学之父皮特里和莱斯内尔在埃及开始他们的挖掘，对埃及的考古才逐步从寻宝和清理沙石走向科学。数千年的风沙早已将埃及大部分古代建筑掩埋得只剩痕迹了，虽然清理沙石让神庙等建筑重新矗立在观者的面前也是考古学工作的分内之事，但清理的目的是发现和让埋起的文物重见天日，挖掘的分层记录和一切发现都应保持原样的重要观念并没有建立起来。

英国考古学家皮特里是世界上第一个建立起考古科学原则的人。

虽然他没有接受过正规教育，但他在埃及考古工作中建立起来的原则却为后世考古学的发展奠定了科学基础。在挖掘中，他不仅注重对建筑和有铭文物件的保存，还对其上没有文字或图的陶罐异常重视，从而建立起序列年代学的年代学方法。莱斯内尔是美国考古学家。这位哈佛大学毕业的学者以其详细的考古记录为后世考古学做出了榜样。由于其工作的精细，去世后，他的许多著作仍可以由他的助手整理出版。皮特里重视细节，但没有给后来者提供可以复原其考古过程的记录，莱斯内尔不仅重视细节，还将考古过程每一天的细节都记录得非常详细，使后来者完全可以像亲身参与此项考古一样重新"经历"一遍考古的过程，并根据自己的判断得出结论。

仅有古埃及人留下来的大量的建筑（包括金字塔、神庙等）以及石碑等文物还不足以让后世学者建构古埃及的历史。古埃及的历史首先要有一个大的框架，然后才是历史故事。而对此古埃及人并没有留下任何现成的文字。古埃及法老的宫殿中有书吏，但却没有史官，也就没有了中国古代一字定褒贬的春秋笔法。所以，古埃及的历史要靠现代人重建。

第三节　年代框架与书写历史

"历史如果不根据某种时间顺序建构起来就只能是无形无状的一团。"古埃及历史框架的建立依循的方法主要有三种：考古、铭文和现代科学手段。借由考古手段，我们建立起的历史时间框架主要是前王朝遗物风格变化给我们提供的建立时代前后顺序的相对框架，从巴达里到内伽达，时间并不确定。根据考古挖掘遗址地名得名的历史时间名称，最初依靠的就是所挖掘陶罐风格的不同判断其时间的先后。铭文材料中最为重要的是王表。王表是古埃及统治者祭奠祖先的祖先列表，因为法老的祖先也是法老，这就构成了国王先后次序的列表，从而构成一个接一个的王朝。王表为埃及学家提供了很好的年代框架，但因为古埃及从中王国开始出现共治，使得连年累计的王朝统治时间计算出现问题。加上王表里常出现并非国王的祖先，使时间的计算更加复杂。最完备的王表是第十九王朝留下的都灵王表，不仅列出了此前历朝的国王王名及王衔，还将每位国王统治时间列在表中。其他王表有巴勒莫石碑、萨卡拉王表、阿比多斯王表、卡纳克王表。现代手段包括碳-14测定、热释光断代。

现在，埃及历史框架还需要一项关键环节才能不仅使古埃及的历史有条有理，更可以让古埃及文明被后世所理解。这个环节就是对古埃及文字的破解，这也正是埃及学作为一门科学诞生的标志。想了解古埃及文明，最稳妥的办法就是直接和古埃及人对话。但时代久远，承载古埃及文明的古埃及人早已消失，只留下了木乃伊。如果木乃伊能开口说话，这一定会是古埃及学研究领域中的一件惊天动地的大事。遗憾的是，我们都清晰地知道，这是不可能的。那么，如果能够阅读古人留下的文字，就会和与古人对话具有同样的作用。拿破仑和他带到埃及的160多名学者回到法国后，出版了10卷本的《埃及记述》，让整个欧洲为之震惊，为之向往。更重要的是，拿破仑命令他的随军学者们准确抄录埃及建筑物上和石碑上的文字。这些文字引起了欧洲学者破译埃及文字的竞赛。经过了众人的努力，最后终于在法国天才学者商博良的努力下，阻碍破解古埃及圣书体文字（我们一般称之为象形文字）的大门最终被打破。这要归因于拿破仑手下的军人，在罗塞塔挖掘战壕的时候发现了一块黑色玄武岩石碑，后来成为破解古埃及圣书体文字的关键，所以人们称之为打开古埃及文字的钥匙。

1822年，法国学者商博良公布了他《关于象形文字字母发音问题致达西耶先生的一封信》，至此，古埃及圣书体文字字母发音表宣布破解，埃及学也随之宣告诞生。

附记：流失、索还与文物主权

文物主权是文明古国都为之心痛而努力抗争的主题。

我第一次想到这个问题是在空中。2007年9月17日晚，我乘坐卡塔尔航空公司航班从北京国际机场起飞，向埃及首都开罗飞去。跨洲航行的时间比较长，几百人被密封在一个铁容器里在上万米高空度过十几个小时的确对人的忍耐力是一种考验。虽然飞机上的服务很好，但仍觉飞行时间被无限拉长。我在百无聊赖中取出前排座椅背后倒插着的杂志消磨时光。杂志很精美，纸质和印刷堪称上品。根据我的经验，此类杂志多以广告为主，不会有太多可读的文章。不过这份杂志却有些不同。先看封面，杂志名称非常醒目：《荷鲁斯》(Horus)第75期。荷鲁斯的名字我太熟悉了，是古埃及主神体系中地位显赫的神祇，古埃及法老都自认是现世的荷鲁斯神，可见其地位之高。这对于我这个搞古埃及文明研究的人来说有极大的吸引力。翻开一看，一篇文章的题目使我眼前一亮——"内弗尔提提应该回家"。题记为"随着大埃及博物馆的进程，埃及意欲召集全世界最好的文物聚会"。作者是埃及最高文物委员会秘书长扎西·哈瓦斯，埃及学界没有人不知道他的名字。文章配以精美照片，第一幅便是现存于法国罗浮宫中的登德拉哈托尔神庙天顶黄道十二宫浮雕。内弗尔提提、昂卡弗半身雕像照片也穿插在文字之中。读完文章，我心中暗想，在追索海外流失文物方面，埃及人已经开始行动了。

在埃及的报纸上也常能读到关于文物追讨的文字，对于埃及的呼声各国反应不一，但总的来看成功的希望非常渺茫。回国后，这个问题就渐渐地从我的脑海里淡去了。不料2009年11月6日我突然接到从北京打来的电话，对方是一位《三联生活周刊》的记者，要就埃及成功从法国罗浮宫追索回5件文物及由此引发的相关问题询问我的看法。我第一反应是，埃及文物追索居然成功了！便立即想起中国流失海外文物的命运，不由有些激动。中国文物索还屡遭挫折，法国佳士得拍卖行公然拍卖从中国掠走的两尊兽首，中国索还未果，对于这一事件人们还记忆犹新。埃及索还文物的成功自然会让人兴奋不已，无论如何艰难，前途仍然光明。

文明古国多有文物流失海外，或被抢或被夺或被盗。索还的艰难首先在于对这些流失文物出土地点的认定。从理论上讲，对文物主权问题的两大主张截然相反，一直对立。其一是文物的国家主义，其二是文物的国际主义。国家主义强调文物对于一个民族国家历史文化保持完整的重要意义，强调文物对于民族的归属感所起的重大作用。国际主义倡导的却是文物的全人类性，强调其保存、保护的方便，文物的全球分布，甚至文物的第二环境的重要性。国家主义者大多为文物流失国，又多为发展中国家；国际主义者大多为流失文物的持有国，又多为发达国家。

拒绝归还文物的国际主义理论中有些主张不值一驳。比如，主张文物的分布要全球均衡；文明诞生的不均衡导致文物分布的不均衡，即使文物流失国不索还这些文物，文物的分布仍不均衡。由于战争掠夺、偷盗等原因流失的文物，其现藏地往往是发达国家的博物馆，落后的国家有可能得到这些文物吗？均衡只是个用来拒绝归还文物的蹩脚的理由而已。但为了文物的更好保存以及对文物的第二环境也要加以保护的观点却影响了很大一批读书人。我们都知道，发达国家和发展中国家财力相差很大，科技水平也不可同日而语。因此，宝贵的文物在发达国家的确可以得到更好的保护。于是人们提出疑问，如果罗塞塔石碑还在埃及人手里，能否如此完好地保存到现在？卢克索神庙塔门前两座方尖碑的比较是许多人常举的例证，一个在法国巴黎的协和广场上矗立，一个在埃及卢克索神庙原址上坚守；一个光鲜艳丽，一个布满尘埃。好好地陈列在发达国家的博物馆里的这些别国文物如果回到原属国还能保存得这么好吗？这让人们担心，继而对拒绝归还文物者产生同情。

如果说对文物保护的担心导致对文物国际主义理论的赞同的话，那 2002 年 12 月 9 日欧美 18 家博物馆发表的联合声明《关于环球博物馆的重要性和价值的声明》（以下简称《声明》）及其辩护则更具有理论上的迷惑性。从理论上讲，《声明》有三点值得注意。第一，它要人们尊重既成的历史。声明第一段只有三句话，第三句说："几十年甚至数世纪前被欧美博物馆收藏的文物和纪念性建筑是在现在完全无法比较的条件下获得的。"因此"已成为照看这些文物的博物馆的一部分，进而言之，已成为收藏它们的民族的遗产的一部分"。第二，它说文物具有全人类性，而这些文物也因收藏于这些知名博物馆中而更为人所知。第三，由于收藏历史的缘故，这些博物馆已成为这些文物的第二环境，在第一环境遭到破坏的今天，不能再对第二环境进行破坏。在我看来，显然是文物掠夺者的后裔为维护其父辈的行为进行辩解，但有其理论的逻辑性和现实的欺骗性。文物的主权和所有权应不应该分离？文物的主权和文物的保护谁更重要？这些问题国内似乎尚无人进行深入研究，而如不从理论上对这些论调进行深入批驳，恐怕很难说服深受其影响的西方学者与民众。其结果是给索还文物造成巨大障碍。

其实文物流失的方式并不复杂，或失于战争或失于盗窃（非法出口属盗窃行为），外加国家赠送。国家赠送一般不在追讨之列，属合法转让。但即使是合法转让有时也会引起争议。文物的赠送转让在当时的时代没什么大问题，但如果赠送文物给另一国家或个人的政府被推翻，新政府不承认该政府的赠送行为，那么，文物持有国是否有权继续拥有对该文物的持有权？特别是该政府或统治者又是外族的时候，这一赠送是否合法？这是个文物主权是否应永远归于其诞生地，而不是当权者的问题。在埃及索还流失文物的清单上，矗立在法国巴黎协和广场上的方尖碑赫然在列。这块原本在卢克索神庙塔门前的方尖碑离开了它的伙伴，被送到法国。但这一方尖碑却是埃及政府的正式赠品，赠送这一礼物发生在 1829 年，埃及统治者穆罕默德·阿里将其送给法国政府，四年后运抵法国。问题仍是政府赠送是否合法，而关键在于当时的统治者穆罕默德·阿里是阿尔巴尼亚人。当时的埃及处于奥斯曼帝国统治之下，阿里代表奥斯曼帝国统治埃及和苏丹。尽管是穆罕默德·阿里王朝将埃及带入了现代社会，但毕竟属异族统治，这就给赠送的合法性带来了疑问。索要这块方尖碑所涉及的法律问题比较复杂，不仅涉及本国的法律，还涉及国际法和国际惯例。其结果如何，现在还难见分晓。

文物回归的方式随流失方式的不同而不同，但现实生活中出现的不外乎两种，一是购回，二是索回。我国流失文物归还数量尽管有限，与流失海外的文物数量远远不成比例，但毕竟还有一些文物已经返回。这些文物回归的最主要的方式是华侨高价购得捐送祖国，这让人们看到血浓于水的骨肉亲情的同时又不免有些心寒。中国的宝贝，被列强们抢走，我们却要用高价买回！有些甚至斥巨资也无法买回。文物索还，任重道远。在我看来购还文物，令国人心痛，此途不可鼓励。索还是唯一正确途径。

然而，索还要有理论上的根据和现实中的手段，国际法自然是最强有力的武器。从1899年海牙第二公约附件和1907年海牙第四公约附件出现战争期间保护文化遗产条款以来，1954年《武装冲突情况下保护文物公约》、1970年《关于禁止和预防非法进出口文物和非法转让其所有权的方法的公约》和1995年《国际统一私法协会关于被盗或非法出口文物的公约》都成为索还文物的法律依据。特别是1970年公约确立了"文物原址保护"原则，给文物索还国以强有力的法律支撑。无奈国际法约束力有限，无法突破国家法律的障碍。

笔者不禁再次想到埃及。2002年，埃及成立了隶属于埃及最高文物委员会的文物归还管理局，截至2008年，短短6年时间里成功索还文物约5000件，平均每年索还800多件的成绩令我们瞠目。埃及成功的经验值得我们借鉴。瞥一眼埃及索还文物清单，现藏大英博物馆的罗塞塔石碑、柏林新艺术博物馆的内弗尔提提半身雕像、罗浮宫的登德拉哈托尔神庙天顶黄道十二宫浮雕都赫然在列。尽管这些文物身世不同，流失海外的方式也各异，但埃及人对之一视同仁，态度坚决，即必须索还。

现在我们来看看这几件文物的身世。

罗塞塔石碑（Rosetta Stone）被称为打开埃及象形文字的钥匙，因1799年拿破仑的士兵在埃及罗塞塔这个地方挖战壕时发现该碑而得名。其内容为托勒密五世的一个政令，书写于公元前196年，但同样的内容却以三种不同形式的文字刻写其上。其中两种文字为埃及文字（象形文字和世俗体文字），另一种是现在仍有人可以熟读的古希腊文字。这块石头上的文字对商博良最终破译古埃及文字的发音体系从而最终破译古埃及文字（圣书体文字）起到了至关重要的作用。所以，这块石碑的意义非常重大。该石碑最初为拿破仑的随军学者所拥有，但后来在英法战争中英国战胜法国，文物也随之落入英国人手中。该文物因战争离开埃及。

柏林新艺术博物馆中的内弗尔提提半身雕像以其精美细腻的雕塑艺术让世人惊叹。内弗尔提提（Nefertiti）是埃及第十八王朝后期法老阿赫那吞（Akhenaten）的王后。阿赫那吞以其独尊圆盘太阳神阿吞的宗教改革闻名于世。该塑像于1913年法国控制埃及时，由一个德国考古队在挖掘阿赫那吞法老的皇家工匠大师图特摩斯的工作场地时发现。当时的挖掘条例规定，凡属唯一的文物必须归埃及收藏，其余文物挖掘者可分一半。但这个德国考古队的领导人路德维希·博尔查德显然私藏了这个独一无二的文物。在分配考古物品时，德国人将这尊精美绝伦的珍品精心打扮了一番，让其灰头土脸地夹杂在一堆破旧的陶罐之中，混过了埃及人的眼目而离开埃及。

登德拉哈托尔神庙中的一个小仪式堂中的天顶上刻画的浮雕图案天顶黄道十二宫图是约公元前50年的作品，现藏于法国罗浮宫。十二宫图呈圆形，周边有四位女神各以双手托住两个鹰头小神。圆盘里圈有三十六个小神环绕住十二宫图，代表埃及历法中的一年有三百六十天。中间是十二宫图，和现代人熟悉的十二宫符号不完全一致，因为这是埃及版的十二宫图。但白羊座、金牛座、天蝎座和摩羯座还是很容易认出的。尽管该图是伴随奥西里斯神复活重生进入冥界成为冥界之王的进程的表述出现的，但其中关于天象的描绘对于埃及年代学研究意义重大。该天顶黄道十二宫图天顶浮雕是1821年在当时埃及统治者穆罕默德·阿里·帕夏的允许下运往法国的。该文物因统治者的赠予行为而离开埃及。

埃及人对索还这些文物一直态度坚决，立场鲜明。这么多的文物，各个意义重大，同时索回并不现实。于是埃及借2011年大埃及博物馆落成之机，借这些文物回国展出。尽管只是借，但埃及人仍付出了极大的努力。这些博物馆以种种理由拒绝埃及的请求，因为他们知道获取这些文物的途径大多并不合法，埃及又一直坚持追讨这些文物。一旦借出，能否返还，不可预测，他们不得不为此担心。这些博物馆对于埃及最高文物委员会的请求各有对策，他们当中有的干脆不予回应，装聋作哑；有的提出种种借口，拖延时间。德国人就曾以内弗尔提提雕像过于脆弱，已不适合运输为由极力拖延。明知是托词的埃及人建议立即就此事成立联合调查组，并对德国人将该雕像与一裸体青铜像"嫁接"展出一事提出强烈不满。埃及人步步紧逼，德国人有点招架不住了。

藏有古埃及文物的这些博物馆似乎很讲理。即使不还，也都提出冠冕堂皇的理由。埃及之所以能够做到步步紧逼也是费了心思的。这些博物馆大多与埃及有很密切的联系，都有考古队在埃及从事着考古活动。这些考古工作对于这些国家的埃及学研究至关重要，而授予在埃及考古的许可却是埃及最高文物委员会的权力。埃及人充分利用了这一筹码，直接威胁这些博物馆，如果不借这些文物回埃及展出，就不再授予它们的考古队在埃及的考古许可，埃及的文物也不再借给它们展出。这就是这些博物馆对埃及还"讲理"的原因。有些博物馆已答应将其收藏的古埃及文物借与埃及，更令人喜出望外的是法国罗浮宫在埃及最高文物委员会的压力下居然归还了5件文物。

这5件文物都是卢克索西岸距哈特舍普苏特（Hatshepsut）女王的神庙不远的特塔奇陵墓中丢失的壁画。对于该墓主人特塔奇的情况，我们了解不多，能够肯定的是，他是第十八王朝早期南方城市底比斯的统治者。有人说他是法老的儿子，但其父母的身份一直没有得到确切的证明。学者对于其陵墓的研究不多，只有1925年的《埃及考古杂志》第11期上曾发表过一篇论文《底比斯特塔奇陵墓（底比斯陵墓第15号）》（"The Tomb of Tetaky at Thebes"）。基本内容是描绘特塔奇进入冥界的仪式。1975年制作的该陵墓的幻灯片中显示，其内部壁画完好无损，但2008年德国海德堡大学的考古学家去该墓考察的时候却发现其中有几处壁画已经被人切割盗走。据此人们推测其被盗走的时间大约是20世纪80年代，之后被卖给欧洲个人收藏家。2000年罗浮宫从玛丽安·马斯佩罗手中购得其中的 4 块，2003 年又从一位不知名的收藏家手中得到了第 5 块。其中有一幅壁画描绘的是 Muu(古埃及一种宗教舞蹈)舞者在丧葬仪式上跳舞的情形，其头戴的荆条编织成的头饰及手的特殊姿态对学者研究古埃及的丧葬仪式及其思想意识都具有不可替代的价值。

古代埃及没有自己的史书，其历史需要由后人根据考古挖掘和研究进行重建。所以其文物件件不能小视。尽管如此，罗浮宫归还的这 5 块壁画就其重要性来说都无法同内弗尔提提雕像、登德拉哈托尔神庙的天顶黄道十二宫图等文物相比，但它开启了埃及流失文物索还的大门，直接归还是有可能实现的。这些文物最后能否归国探亲，探亲之后能否返还，其发展势态非常令人期待。

回到我国追索流失文物问题上来，在索还流失文物方面我们应该做些什么？我们对流失文物的追讨似乎没有埃及那样持之以恒，更没有像埃及一样利用一切时机、一切手段。对流失文物的身世研究似乎也远远不够，光证明某文物是中国的文物离追回文物的目标还差得太远。我们没有一个专门的委员会负责对流失文物的追讨。民间的力量固然不可小视，但政府的力量更为强大，特别是在中国国际地位大幅提升的今天。此外，理论的研究也远未跟上，更谈不上让中国学者到全世界去游说，告诉人们历史的真相。最后，我们在索还文物的手段方面缺少埃及一样的撒手锏——不归还就不合作。中国的考古工作一直是西方国家梦想参与的领域，但我们一直没有开这个先例。在考古追回文物的战略上，我们是否可以有条件地开放考古挖掘的门户，在确保文物和研究的主权的条件下让西方国家参与进来。这样一来既可以利用西方的先进考古经验和技术，又可以借此将索还文物与考古合作放在一起考虑。

第二章　古埃及的历史

　　古埃及文明今天对于我们来说十分重要。为什么这么说呢？首先，埃及是四大文明古国之一，另一个从时间上可以与之匹敌的是古巴比伦，然后是东方的古印度和中国。早在公元前 3000 年以前，埃及就出现了文字、统一的王权、较大的城镇以及墓碑神庙等各种先进文明的象征。其次，埃及的遗产对世界文明的影响也非常大，特别对于西方文明更是如此。西方文明植根于古希腊文明，而古希腊文明又受到古埃及文明的巨大影响。作为西方文明之源的古希腊文明，在艺术、建筑和科学技术领域都有着古埃及文明的印记。我们今天的字母文字，包括汉语的拼音字母，都是从腓尼基字母到希腊字母最终发展演变而来的，而其最早的基础却是古埃及象形文字。因此我们说，没有古埃及灿烂的文明，我们今天的世界会是一个完全不同的样子。

　　埃及留给我们的主要遗产是其悠久的历史和灿烂的文明。自从1822 年商博良成功破译古埃及圣书体文字使我们能够识读过去的象形文字铭文起，一个多世纪的科学考古发掘告诉了我们许多关于古埃及的城市、金字塔、神庙以及坟墓的情况。

　　自然环境以极为复杂的方式塑造了古埃及的历史。这极端少雨的国家的发展大大得益于尼罗河及其每年的泛滥。每年六七月开始泛滥的尼罗河不仅给两岸留下了一层层肥沃的泥土，而且给两岸庄稼提供了大量的浇灌用水。可是这年年泛滥的洪水，有时会因水位很低而引起水荒，有时又会因水位过高而产生灾害。据埃及学家研究，被称作金字塔时代的强盛的古王国的没落，其最为重要的原因很可能就是因为尼罗河水干涸而造成的饥馑。尼罗河两岸宽广的沙漠保护着埃及免受侵略，并出产大量矿物。但这也迫使古埃及人聚居于狭窄的尼罗河冲积平原上，过着一种拥有严密组织管理的社会生活。尽管受这些条件的制约，埃及的文明和社会还是显示出了巨大的创造力和适应能力。埃及文明是引人注目的，但它并不孤独。沿着尼罗河向南，在努比亚和更南面的地区，我们可以看到早期文明的遗迹。在西部的利比亚等一些国家，我们都能找到古老文明的身影。它们最终建立了对古埃及影响很大的游牧国家。在东北部的巴勒斯坦和叙利亚，一些古埃及的附庸国和敌国也发展起来。除此以外便是在美索不达米亚和安那托利亚（今土耳其）高原上的一些国家了。古埃及是这诸多文化组合的一部分，它影响着这些国家，反过来也受这些国家的影响。

今人对古埃及历史的认知经历是不断由模糊走向清晰，不断从不准确走向准确的过程。考古发掘不断地揭示新的史实；继续深入的铭文研究带领我们进入了一个个新的境界。特别重要的是当今世界上有许多历史学家、考古学家、语言学家、医学家、遗传病理学家等多学科的学者正在对整个古埃及社会的不同方面利用不同的手段进行深入的研究。这是一项艰巨的任务，因为被古埃及人看作永恒世界的建筑，比如神庙和陵墓都用石头这种耐用材料来修建，而此生世界是短暂的，在其眼中供短暂世界中人们生活的居所和建筑就都采用非耐用材料修建，比如泥砖。结果，留存下来陵墓、神庙多而宫廷村落少。当然神庙和坟墓中的宗教铭文和宣传铭文比那些记录社会组织结构和经济结构的破碎莎草纸更难理解。但也正因其解读艰难，才更具吸引力。

第一节 起源：前王朝时期的埃及

公元前 3100 年前的悠长的埃及史前史没有文字材料供埃及学家研究，只能通过考古发现来揭示其本来面目。这是一个狩猎采集者放弃高原进入尼罗河谷的时代。尼罗河谷不仅安全，还有丰富的自然资源吸引着古人来这里定居。人类向尼罗河谷聚集开始于公元前120000年，当时，尼罗河一带降水量较大，因此，植物繁茂，滋养了各种野生生物。这便保证了旧石器时代的狩猎者和采集者们得以生活在一个较为舒适的环境中。阿舍利文化于此时出现在尼罗河谷地区并不断扩大其范围，直到大约公元前90000年，这种扩展开始放缓。这期间，智人取代直立人成为尼罗河谷的主角。约公元前50000年，作为阿舍利文化在埃及的最后阶段的莫斯利文化出现，其主要标志为包括燧石工具在内的技术的进步和发展。与莫斯利文化密切相关的阿斯特里文化中出现了弓箭。约公元前45000年，在靠近哈拉发旱谷的地方出现了考尔莫森文化，该文化的居民彻底抛弃了荒漠，定居在河谷地区。约从公元前15000到公元前10000年，在埃尔卡布地区、哈拉发旱谷和法尤姆地区出现了进入新石器时期的迹象。该时期其他定居地还有代尔-巴达里（Deir el-Badari）、代尔塔萨（Deir Tasa）、美瑞姆达-班尼-萨拉玛（Meirimda Beni Salama）和靠近哈勒万（Halwan）的埃尔-奥玛里（el-Omari）。在这些遗址中考古学家发现了较为精良的武器，农业生产也开始成为狩猎和捕鱼的补充。陶器和篮子开始出现，还出现了墓地。后来热带草原的环境不断恶化最终变成了干旱的撒哈拉大沙漠。由于环境的驱迫，到公元前4000年，人们只能到尼罗河河谷及其边缘地带定居，与大象和长颈鹿为邻。直到公元前2800年前后大象和长颈鹿才从这里消失。在紧接着的新石器时代，古埃及的早期农业开始出现。然而最终在埃及扎根的是从叙利亚、巴勒斯坦一带，也可能从北非一带来的经过培育的植物和动物，埃及本土生长的庄稼与动物被其取代。

埃及前王朝的历史进入其最后的阶段是在约公元前3900年到约公元前3100年的这800年左右的时间。皮特里在内伽达的挖掘给该阶段的历史赋予了一个响亮的名字，即内伽达时期。内伽达Ⅰ期的时间为约公元前3900年到约公元前3600年；内伽达Ⅱ期的时间为约公元前3600年到约公元前3200年，内伽达Ⅲ期的时间为约公元前3200年到约公元前3100年。

内伽达Ⅰ期又称阿姆拉（Amratian）文化。本来是一个小规模的村落文化，并无明显的社会分化标志。但它却是范围更大的内伽达Ⅱ期文化的先导，此时期并无外来影响的痕迹出现。内伽达Ⅱ期又称格尔金（Gerzean）文化，是埃及前王朝发展的转折点。内伽达Ⅱ期文化逐渐扩展到整个尼罗河谷地区直至三角洲。该时期已经出现明显的社会等级和人口的聚集中心，比较重要的有希拉康坡里斯（Hierakonpolis）、克普托斯（Koptos）和阿比多斯（Abydos）。该时期是尼罗河第一瀑布南北文化类型呈相似的最后一个时期，之后埃及努比亚政治边界出现。此时期出现复杂社会，埃及进入内伽达Ⅲ期文化——前王朝最后一个阶段。内伽达Ⅱ期文化和Ⅲ期文化都有明显的与美索不达米亚文明交往的痕迹，互相影响的痕迹也清晰可见。其交往的方式可能是通过贸易完成的，阿富汗的天青石被运入埃及。内伽达Ⅲ期文化晚期又称作埃及的第零王朝，因此，内伽达文化向王朝的过渡并无大的革命性事件发生，而是自然而然的进程。

第二节　王朝的组织机构和世界观

公元前 3100 年以后，单独记录法老的文字材料越来越多地被后人发现，这使我们可以借此重构法老的历史。其实，古埃及开始的时候只称呼其统治者为国王，并无"法老"一词。直到约公元前 1500 年，"法老"一词才正式用来称呼埃及的国王。"法老"这个词来自埃及语"Pr-aA"，意思是"宏伟的房屋或宫殿"，埃及的国王或法老统治了埃及 3000 多年，直到公元前 332 年。这漫长的 3000 多年历史中的王朝更替，需要将之梳理成型才可称之为历史。而古埃及人并无历史的概念，所以，要不是古埃及最后一个王朝托勒密王朝的埃及学者曼涅托写了有史以来第一部《埃及史》，古埃及历史上有关自己的记载将会是一片空白。曼涅托是托勒密王朝第二位统治者托勒密二世菲拉得尔弗斯（Philadelphus）时期赫里奥坡里斯（Heliopolis）的一位祭司。虽然他写的三卷本的《埃及史》没能留存下来，但他在该书中为古埃及历史设定的基本框架却至今为埃及学家所沿用。在该书中，曼涅托将古埃及的历史划分成 31 个王朝，并将这 31 个王朝划分成几个大的历史时期：古王国时期、第一中间期、中王国时期、第二中间期、新王国时期、第三中间期、晚王国时期。现在，我们可以根据古埃及留下来的王表建立古埃及历史的框架，但曼涅托留给我们的 31 个王朝的历史框架却无法动摇。曼涅托所记录下的王表及其他材料为我们提供了埃及王朝的先后顺序，并告诉我们其中有两个王朝几乎同时出现。每个王朝，甚至每个统治者的统治年代都可以确定得相当准确，虽然其中还存在着某些轻微的分歧。这些年代的确定有的根据某个国王已知的统治时间，有的根据古埃及人记录下来可测定日期的天文事件推算得来。

王朝的更迭在曼涅托的笔下有时是根据统治者家系的改变来划分的。一个王朝当其统治家族被另一个家族取代的时候，不管这一取代是采取什么形式，王朝就发生了更替。这一原则并不难理解，但将 31 个王朝划分成王国和中间期却反映了古埃及人对待世界的根本观念。这 31 个王朝的划分为我们提供了一个十分有用的历史框架，大体上是由稳定的、集权制的政治时期（王国时期）和混乱、衰落的政治时期（中间期）组成的。然而大多数法老形象模糊，很少有描写其动机、性格和具体行动的细节的文字，因为涉及他们的铭文都很概括。这是一个较微妙的问题，按照埃及人的世界观，在时间开始之初就有一个有序的宇宙已被创造出来，诸神把管理这个有序的世界，防止国家的混乱衰落的任务委托给了法老。在古埃及人的观念中，每个统治者都应该重复与其祖先相同的一般性的政治和军事行为，他们被描述为一个理想的由人和神两方面组成的国王。每一位法老都是人间之王，同时又是现世的荷鲁斯神。荷鲁斯神（Horus）是冥界主神奥西里斯神（Osiris）的儿子，其母亲是伊西斯女神（Isis）。根据古埃及神话传说，荷鲁斯神与将其父亲（第一位人间统治者）奥西里斯杀害的叔叔塞特神（Set）之间因争夺人间王位而打得不可开交。最后在其父奥西里斯和其母伊西斯女神的帮助下最终取得王位。之后每位法老都自认为是荷鲁斯神。然而，现实毕竟是现实，法老也会犯错误，会被取而代之，有的甚至还遭到暗杀。尽管保存下来的官方记录都掩饰了这些瑕疵并把现实理想化，但我们知道实际远非如此。

现实世界的情况是法老在与祭司集团的互相支撑中统治埃及社会，作为意识形态主要支柱的祭司集团使埃及的历史形成一种永恒稳定的社会结构。无论从行政管理结构上，还是从思想意识、艺术风格直到社会生活上，埃及都呈现一种恒久不变或变化缓慢的发展模式。除了埃及人痛恨却无法控制的三个中间期之外，埃及的主要历史都未发生重大的变化，只有在第十八王朝快要结束的时候，阿赫那吞法老进行了一次废黜众神独尊阿吞神（Aton）的宗教改革。结果，阿赫那吞一死，改革就立即失效。迁走的都城又迁回原址，新建的都城遭到废弃，被废黜的神祇重新恢复崇拜，阿蒙神（Amun）祭司的地位再次显赫起来。变化缓慢，是因为从古时候起埃及人就有自己独特的对世界秩序的解释。法老作为理论上的最高祭司为神守护着神建立起来的世界，法老要敬神，庆贺神的节日。国王不是绝对的专制君主，他们需要祭司集团的默默支持和合作，他们大权在握，把持官僚机构，遵循着长期以来被奉为神圣有序的世界的一部分的社会秩序和司法活动。因此，每位法老，在其花费很大精力为自己建造坟墓的同时，也被迫为埃及的众多神祇建造神庙，赠送祭品。这样便形成了一种惯例：神职势力时常为了权力和影响暗中与法老抗争。有人说古埃及的政体是政教合一，其实古埃及的政治体制正是在法老和祭司集团的相辅相成的复杂关系中维系其文明传承的体系。

第三节　最早的法老

一、古风时期

　　古风时期是古埃及王朝开始时期，时间上从第一王朝开始直到第三王朝结束，约从公元前 2920 年到公元前 2575 年。这是古埃及王朝的奠基时期。这一时期的王朝像一切刚刚诞生的事物一样富有活力。第一王朝开始于阿哈（Aha），这位其名意为"战士"的法老被许多人认为是曼涅托《埃及史》中认定的第一次统一埃及的美尼斯（Menes）国王。他的加冕标志着古埃及文明进入一个飞速发展的时代。他所处的时代还是一个群雄争霸的时代，他通过迎娶孟菲斯诺姆女继承人的方式巩固他的王位，他还着手建立政府组织并巩固以前保留下来的政治模式和统一的宗教传统。草纸开始被使用，出现较长的篇幅文字，历法也在这一时期出现。自然科学也有长足的发展，线性测量、数学和天文学知识的增长为以后金字塔建筑的出现奠定了设计建造的基础。尼罗河每年泛滥，之后人们要丈量测定耕地以便收税，再加上对牲畜的普查、星象的观测，使早期的埃及自然科学诞生发展。对外关系方面，此时的埃及初次显示了未来帝国的形象，袭击了西部的利比亚和东部的西奈半岛，以获取重要的自然资源。南部边境基本形成，但对努比亚的征讨从此时开始便一直持续。

埃及国内方面，虽说此时的埃及已经是一个统一的国家，但没有证据表明此时的埃及已经完成了实际上的完全统一。有些诺姆仍然保持独立，比如，三角洲东北部地区就长时间游离于中央政权之外。这种情况一直到第二王朝的最后一位法老时才宣告结束，哈塞赫姆威（Khasekhemwy）就像他的名字表明的那样"双权集于一身出现"，令上下埃及实现了真正意义上的统一。此时，宗教文字充斥埃及社会，精美的陵墓建筑群按照法老的宗教观念设计修建，此时的法老还开创了修建"第二墓"或"衣冠冢"的习俗。

古风时期的艺术与建筑开始奠定古埃及艺术风格。巨大的石头建筑开始出现，不仅让石头加工工艺迅速提高，还让大型的"永恒"建筑成为可能。因为法老注重丧葬，陵墓建筑成为艺术实践工场。城市建筑、神庙建筑随之越来越恢宏，最终于丧葬建筑群建筑中达到顶峰。其中最具代表性的是萨卡拉第三王朝法老佐塞尔（Zoser）王的梯形金字塔。梯形金字塔是人类第一座独立式石头建筑，一共六层。其设计建造者是佐塞尔王的维西尔——伊姆霍特普（Imhotep）。

这一历史阶段为后世奠定了发展方向。初看上去古埃及人有些矛盾，既追求物质享受和精神享受，又倡导节制、平静、尊重老人的智慧；既把服从看作是为人处世的美德，又将自由意志看得很重。这些矛盾都统一于一个观念，即玛阿特（Maat）。玛阿特是神，在象形文字中常以一支羽毛的形象出现，代表真理、正义、平衡与秩序。

二、古王国时期

古王国时期又称金字塔时期，是古埃及历史上的第一个政治经济高度发达的繁荣时期。第四王朝的第一位法老斯诺弗汝（Snofru）开始大规模修建金字塔，从美杜姆到萨卡拉，共修建了三座，且一座比一座大，直到最后修建成被称作"真正金字塔"的红金字塔才算罢休。正像他的名字"使一切完美者"显示的一样，斯诺弗汝最终使金字塔变得完美。金字塔的建造与对太阳神拉神的崇拜有关，金字塔是登天之梯，让亡灵通过金字塔之陵进入永恒世界，与拉神合为一体，这是所有法老的梦想。斯诺弗汝的孙子捷德弗瑞第一次使用"拉神之子"这一头衔，这也为以后的法老所沿用。建造金字塔不仅需要测量计算方面的知识，还要有对石头的开采和运输能力。古王国时期金字塔修建得非常大，大工程的进行需要精密的组织管理能力，古王国时期就是在这样的实践锻炼中形成中央政权的。古王国时期的政治组织情况在"梅腾铭文"中可见一斑。古王国时期的对外关系仍然是以努比亚、利比亚和叙利亚为主。对这些地区除了探矿以搜索资源外，埃及出兵远征这些地区还有惩罚的目的。此时的军队不仅有陆军，还建立了水军。军事上从防御走向进攻，兵源除启用老兵外，还雇佣了大量外国人做雇佣兵。

第四王朝的第一位法老是斯诺弗汝——法老胡夫的父亲。据中王国的文学作品中的描述，他是一位善良、幽默的法老，被后世尊为神祇。他母亲是美尔斯昂赫（Meresankh），但关于其父说法不一。从曼涅托将斯诺弗汝开始的王朝划为第四王朝一事也足以见得曼涅托也不认为斯诺弗汝是胡尼的儿子。他的王后是赫特普赫瑞斯（Hetepheres），为他生下了胡夫。

第四王朝的第二位法老是胡夫（Khufu）——吉萨大金字塔的建造者。胡夫的全名是哈努姆胡夫（Khnum Khufu），意为"哈努姆神保护之人"。胡夫统治并没有给后人留下太多的史料，但因其修建的大金字塔而声名不朽。大金字塔中有法老胡夫的棺椁，但里面并没有他的木乃伊。代表他的形象的只有一个非常小的象牙雕像，该雕像在阿比多斯被考古学家皮特里发现。雕像显示胡夫坐在王座上，头戴下埃及红冠。他的统治时间一般认为是 23 年，这是"都灵王表"的记载，但后来发现的材料却得出他在位 27 年的结论。他修建庞大的金字塔陵墓，耗时、耗力、耗材，他在后世传说中的名声不好，是位暴君。但没有考古文献材料证实这一点。当然，由于金字塔的工程需要，他在世时开拓了许多采石场，采石场中也留下了铭文。重要的采石场遗址有哈特努伯（Hatnub）和玛格哈拉旱谷（Wadi Maghara）。

第四王朝胡夫法老之后是哈弗拉（Khafre）和曼考拉（Menkaure），前者是胡夫的儿子，后者是胡夫的孙子。他们分别在吉萨修建了自己的金字塔，使吉萨成为最为辉煌的金字塔展示园。哈弗拉不是直接继承胡夫的王位，胡夫死后，拉斋代弗（Radjedef）继位，但他不久就死了。他没有在吉萨修建自己的陵墓，而是在北边的阿布拉瓦什（Abu Rowash）。真正继承胡夫衣钵的还是哈弗拉，不仅由于他在吉萨建造的金字塔接近父亲胡夫大金字塔的规模，且在其金字塔面向尼罗河方向甬道的旁边修建庞大的独体狮身人面像大斯芬克司镇守着吉萨高原墓地。这一在古时被称作"地平线上的荷鲁斯"并引起后世很多猜想的大斯芬克司雕像在吉萨高原一直矗立了 4500 多年，至今仍陪伴着默不作声的金字塔。曼考拉的金字塔明显小了许多，足见当时的社会财富已大不如前。这是衰落的信号，第四王朝随着这一信号很快走到了尽头。曼考拉的儿子连一个玛斯塔巴陵墓都没有修建完成就随同第四王朝一起一命呜呼了。

第五王朝是太阳神崇拜走向顶峰的王朝，该王朝第一位法老是威瑟尔哈夫（Userkhaf），可能是拉斋代弗之孙。第五王朝是贵族登上古埃及历史舞台的时代，第四王朝的王子执掌天下的局面发生了很大改变，也说明第四王朝的中央集权开始衰落。南到蓬特（Punt）的军事扩张和贸易足见第五王朝仍生机勃勃，但金字塔的规模比之第四王朝却逊色了不少，只在萨卡拉和阿比多斯修建了规模不大的金字塔。

第六王朝的建立者是特提一世（Teti Ⅰ）。没有文献记载特提一世是如何成为法老的，但他娶了第五王朝最后一位法老乌尼斯（Unis）的女儿，这可能是他能够成为法老的原因。乌尼斯死时，其宫廷朝臣仍然在位，并随即成为特提一世的大臣。特提一世被他的侍卫谋杀，人们怀疑其继承人乌瑟尔卡瑞（Userkare）参与了密谋。这位短命的继承人只当了两年法老就被特提一世的儿子佩匹一世（Pepi Ⅰ）所取代。佩匹一世统治的情况我们可以从在其手下的将军维尼斯（Wenis）的阿比多斯陵墓中发现的石碑上的记载中窥见。维尼斯将军是位富于创造力的军人，早年曾在佩匹一世的父亲特提一世手下任职，曾受佩匹一世的重托审理后宫中的一位王妃参与的阴谋。他组建的军队战斗力极强，曾率领由埃及人和努比亚雇佣军组成的军队，分陆路和水路夹击西奈半岛上的贝多因人。佩匹一世统治时期，西奈半岛、亚洲的巴勒斯坦南部地区以及南方的努比亚都在其军事讨伐下俯首称臣。第六王朝是一个充满后宫阴谋的王朝，第一位法老特提一世死于后宫谋杀，佩匹一世也遭到一次后宫阴谋的暗算，但他成功地躲过了这次谋杀。后来佩匹一世娶其妹妹昂赫内斯美瑞-拉斯（Ankhnesmery-Res）为王后，生下梅尔恩拉（Merenre），其在佩匹一世死后继承了王位。梅尔恩拉统治 9 年，维尼斯将军继续效力于朝廷。梅尔恩拉死后，其弟佩匹二世（Pepi Ⅱ）继承王位，因登基时年纪只有 6 岁，故由其母亲昂赫内斯美瑞-拉斯摄政。佩匹二世在位 94 年，由一个贪玩孩童变成一个百岁老人。他写给大臣的信充分显露出他孩子气的一面。当他听说远在南方的大臣哈尔胡夫（Harkhuf）称得到一个会跳舞的小矮人，他便回信千叮咛万嘱咐要确保小矮人被安全地运回孟菲斯。其过长的统治、豪华的丧葬陵墓及大规模的神庙建设耗尽了国家的财富，导致第六王朝走向衰落。梅尔恩拉二世（Merenre Ⅱ）统治 1 年就一命归西，随后王后尼托克瑞斯（Nitocris）成为女王执政，各地诸侯纷纷独立。第七王朝按照曼涅托的说法是"70 位国王统治了 70 天"，他仅留下几个法老的名字。第八王朝由佩匹二世的孙子内弗尔库拉（Neferkure）建立，他统治了 4 年又 2 个月。对于之后的法老我们所知甚少，最后，中央政权崩溃，古王国结束。古埃及历史进入分裂混乱的第一中间期。

第四节　衰落与复苏

一、第一中间期

古王国的结束是以孟菲斯失去其都城地位为标志的。第九王朝将希拉克里奥坡里斯（Heracleopolis）确立为都城，使之成为两王朝之都。根据曼涅托的《埃及史》，第九王朝的 19 位国王共统治 146 年，第十王朝的 19 位国王共统治 185 年。但唯一记录下这两个王朝的都灵王表上两王朝却只列有 18 王。第九王朝势力范围不大，但却不断向北方扩张自己的领域，也没有遇到太强有力的反抗。但第十王朝时情况有变，在南方的底比斯出现了底比斯王朝，即第十一王朝，成为第十王朝强有力的对手。开始时，南北双方还相安无事。但随着底比斯王朝力量的不断壮大，双方冲突不断。待到第十一王朝第四位法老孟杆霍特普二世（Montuhotep Ⅱ）登基时，他开始了重新统一埃及的进程。这个进程明确地在孟杆霍特普二世的荷鲁斯王衔中反映出来。开始时，他的荷鲁斯王衔是"寄心两土地之人"，之后改为"具有白冠神性之人"，最后改为"统一两土地之人"。两王朝的统治者凯提（Khety）家族最后被底比斯王朝打败。

二、中王国时期

中王国的历史年代大约在公元前 2040 年到公元前 1640 年。中王国是以希拉克里奥坡里斯城被孟杆霍特普二世击败为开始的标志的。底比斯的尹尤特弗斯（Inyotefs）家族一直在积蓄力量，终于在孟杆霍特普二世时期再次统一了全国。他首先打败了希拉克里奥坡里斯政权，之后为了巩固自己的胜利，他又出兵尼罗河谷，从南向北镇压反对势力。诺姆一个个宣布效忠，个人反抗势力也被镇压下去。战争结束之后，为了表彰为统一国家而牺牲的军人，他以很高的规格厚葬了 60 名勇士。孟杆霍特普二世重新收复了失地，并将埃及的势力拓展到了努比亚和西奈半岛。这一时期大规模的建筑都集中在底比斯，特别是尼罗河西岸。孟杵霍特普二世在戴尔-艾尔-巴赫瑞为自己修建了一座丧葬神庙，对新王国的同类建筑影响很大。第十九王朝哈特舍普苏特（Hateshepsut）女王就模仿孟杵霍特普二世的丧葬神庙修建了自己的神庙，该神庙极其宏伟壮观。

孟杵霍特普二世是一位伟大的法老，但他的继承人却并不像他那样成功。政权延续了不到 20 年就被一位非皇室成员篡夺，他就是孟杵霍特普四世（Montuhotep Ⅳ）的维西尔阿蒙尼姆赫特一世（Amenemhet Ⅰ）——第十二王朝的建立者。尽管他自己因未能逃脱宫廷阴谋而被谋杀，但他创立的当父亲还在位的时候就将儿子立为共同执政法老的制度却为埃及后世留下了共治的传统。阿蒙尼姆赫特建立了第十二王朝之后，加强了行政管理和军事训练。他的继任者们大多是勇敢的战士，为了防止利比亚人从西部的入侵和亚洲人从东部的入侵，他在东西边境建造了大量的军事要塞，古埃及人称之为"王子之墙"。

第十二王朝时期，埃及人在法尤姆地区修建了许多水利工程。在南方的努比亚，以及一些军事和贸易中心，他们也修建了许多要塞。为了能够顺利地进入努比亚，他们在尼罗河几大瀑布之处挖掘了运河，以便埃及的船只能够顺利地航行。阿蒙尼姆赫特一世是在一次宫廷阴谋中殒命的，但他的儿子——埃及历史上第一个父亲还在位时就被推举上王位的王子辛瓦瑟瑞特一世（Senwosret Ⅰ），却因为其父亲创立的共治制度而得以顺利地继承父亲留下的事业。辛瓦瑟瑞特三世（Senwosret Ⅲ）一直被历史学家看作顶级的勇士。由第十二王朝和第十一王朝后期所构成的中王国一般被埃及学者认为是埃及历史上的黄金时代。在这一历史时期，法老们建造了大量的金字塔和综合性建筑群，包括皇室家族成员精美的丧葬陵墓在内的建筑在达赫述尔、哈瓦拉、艾尔-里士特和艾尔-拉浑被考古学家发现。第十二王朝随着一位女性统治者的短暂统治而告结束，中王国也随之结束。这位埃及历史上少有的女性统治者，便是索贝克内弗儒（Sebekneferoure）。她和阿蒙尼姆赫特四世（Amenemhet Ⅳ）的陵墓在达赫述尔南部的玛兹胡那被后世考古学家所发现。

三、第二中间期

第十三王朝是由索贝克内弗儒的两位继承者建立起来的一个新的王朝，他们是阿蒙尼姆赫特四世的儿子。古埃及王权的认定是通过皇室的母系血统完成的，所以尽管继位者是第十二王朝法老阿蒙尼姆赫特四世的儿子，但因其母亲没有皇室血统而被曼涅托划分成一个新的王朝。关于第十三王朝属于中王国时期还是第二中间期的问题学术界一直存在分歧。从血缘上看，第十二王朝和第十三王朝一脉相承，而同一家族的统治不应该划分为两个历史阶段。但从统一与混乱的角度看，第十三王朝已经无法控制整个埃及，而分裂正是中间期的最重要的特征，据此，第十三王朝又应该归属于第二中间期。这一混乱，从王表上就可以看出。一般我们历史书上所列的该王朝的国王世系都是根据"都灵王表"的顺序排列的，但"都灵王表"却和其他文献材料中所示顺序不同。"都灵王表"所列第十三王朝的第一位法老，就是在索贝克内弗儒王后短暂统治结束之后登上王位的法老外加弗（Khutawyre Wegaf），而印章上却显示他的统治是在第十三王朝的中间而不是开始。有意思的是，另一位法老塞赫姆瑞·胡塔威·索贝克霍特普（Sekhemre Khutawy Sobekhotep）却被"都灵王表"列在了该王朝的中间。但显然"都灵王表"搞错了，原因很简单，这两位法老出生时的名字相同。后来发现的许多材料都证实塞赫姆瑞·胡塔威·索贝克霍特普是索贝克内弗儒的继承人。

第十四王朝虽在历史文献中出现，但越来越多的埃及学家认定第十四王朝并不存在，所谓的第十四王朝不过是第十五王朝王表中的祖先名字而已，将其列在王表中只不过是祖先崇拜。

因为中王国社会经过了第一中间期的混乱之后重新归于稳定，且有一个强大的政权，所以激发出了古埃及人极大的创造力。这一时期文学繁荣，被称作古埃及历史上的古典时期，在文学作品中使用的标准的语言文字也为后世留下了效仿的样板。

第二中间期按照古埃及人的说法是一个完全背离"玛阿特"的时代，

充满了争斗和混乱。这是埃及历史上第一次由外族人攫取了政权的时期，这些外族人被称作喜克索斯人（Hyksos）。喜克索斯人一般被认为是这一时期进入埃及东北部的亚洲人，但究竟是亚洲的哪个民族，至今埃及学家们也没能给出一个准确的答案。从名字上看，"喜克索斯"是古埃及语中"外国统治者"（𓋴𓈖𓏏）的音译，古埃及语读音类似"西卡哈赛特"。所以，实际上并不存在一个自称为喜克索斯的民族。公元前的埃及历史学家曼涅托在其《埃及史》中记述喜克索斯人以破竹之势侵入埃及，并统治了埃及。但实际情况是，这些被称作喜克索斯人的外国人并没有统一埃及全境，只是控制了三角洲一带的局面。其进入埃及的方式也不是闪电式的侵入，而是一步步地移民，逐渐积蓄力量，最终形成割据北方的统治势力。

在中王国时期，埃及出现了奴隶制度。当时埃及的军事力量在不断衰落，争夺奴隶的冲突开始越来越激烈；在三角洲和法尤姆地区，出现了封建财产和僧侣财产争夺的现象。在这样的背景之下，被称作阿阿姆、塞梯虞和希考皓斯威特的亚洲人开始来到埃及做守卫边境的雇佣兵，他们有的成为战俘，有的成为契约奴隶，在埃及定居下来，因为埃及为他们提供了许多生存的机会。随着这些亚洲人数量的不断增加，他们慢慢地渗入埃及的不同阶层中。《伊浦味陈词》（Ipuwer Papyrus）中就已经出现了亚洲"荒漠部落"遍及埃及各地的记述。这些人在埃及定居，一步步巩固自己的势力，就这样从地中海沿岸大量移民到了埃及的北部三角洲地区。

第二中间期最重要的王朝是北方的第十五王朝和南方的第十七王朝，同时还有一个效忠第十五王朝的第十六王朝也在北方割据一方。第十五王朝统治者为喜克索斯人，定都于三角洲东部的阿瓦瑞斯（Avaris），其统治持续了100多年。第十六王朝的统治者也为喜克索斯人，但其势力范围和影响都远逊于另外两个王朝。

三国鼎立的局面本质上是两大势力的对峙，即第十五王朝和第十七王朝的对峙。开始的时候，双方的关系并不紧张，甚至可以说有些友好。北方喜克索斯人联盟可以向南航行到瀑布地区进行贸易，而南方的底比斯势力亦将大批的牛群运到三角洲来放牧。可惜好景不长，双方很快交恶，北方的喜克索斯势力最南只能到达库赛(Cusae)，这说明底比斯势力开始强大起来。后来双方发展到不共戴天，兵戎相见，最后，第十七王朝战胜第十五王朝，再度统一埃及。

战争终于还是爆发了。这场南北战争的导火索缘于第十五王朝国王阿波菲斯(Apophis)写给底比斯第十七王朝国王塞肯南瑞·陶二世(Seqenenre Tao Ⅱ)的带有侮辱性质的信。该事件后来在新王国期间出现的草纸文献《阿波菲斯与塞肯南瑞·陶吵架的故事》(*The Quarrel of Apophis and Seqenenre*)中以传奇故事的方式记载下来。故事中提到喜克索斯国王给远在千里之外的底比斯国王塞肯南瑞·陶写了一封信，信中抱怨底比斯统治者没有管理好自己的池塘，以致池塘里河马的叫声搅扰了阿波菲斯的休息，于是战事爆发。战争的激烈程度可以在塞肯南瑞·陶二世的木乃伊上得到见证：其头颅上有四五个致命伤，短剑、战斧、投枪和战锤都在这位统治者头上留下了重重的创伤。塞肯南瑞·陶二世出师未捷身先死，其子卡摩斯(Kamose)接过权杖，披挂上阵，终于率领军队推进到喜克索斯人第十五王朝的首都阿瓦瑞斯。但他未能完成驱逐喜克索斯人出埃及的事业，其弟阿赫莫斯(Ahmose Ⅰ)临危受命，继承父兄的事业，将喜克索斯人的都城阿瓦瑞斯围住，攻下城池并将喜克索斯人赶出了埃及，一直追到亚洲的沙如痕(Sharuhen)，进入叙利亚地区。第二中间期期间埃及的建筑由于动乱而显现出衰落迹象，只有在未受战火骚扰的边远地区，一些大型陵墓里的壁画才显现出一些活泼的气氛。然而，第二中间期对埃及的影响还是非常大的。喜克索斯人带来了复合弓箭、两轮战车、镰剑，更重要的是他们让埃及人意识到了这个时代的军事和政治的严酷现实。在埃及东北部的亚洲人被永久地赶出边境，阿赫莫斯将势力范围扩展到了叙利亚、巴勒斯坦一带。

第五节 帝国时代：新王国时期的埃及

新王国时期是古埃及历史上的帝国时代。在阿赫莫斯将喜克索斯人赶出埃及之后，埃及的历史进入了一个全盛时期。威严、强大、发达是这一历史时期埃及的主要形象。新王国480多年的历史大致可以分为三个时期：帝国初期、阿玛纳时期和拉美西斯时期。包括三个王朝：第十八王朝、第十九王朝和第二十王朝。

第十八王朝有古埃及历史上最著名的几位法老，对外扩张成为这一王朝最为重要的一项事业。这一王朝的建立者阿赫莫斯登上王位的时候年纪尚幼，其母阿赫霍特普（Ahhotep Ⅰ）王后摄政十年。阿赫莫斯先攻下了阿瓦瑞斯，然后又镇压了埃及境内和努比亚的反叛。叛乱平定之后，睿智而充满活力的阿赫莫斯开始执掌朝政，管理国家事务。他开始削弱世袭王子和地方贵族的社会地位，打击了过去一直困扰着中央政府的地方势力。他在努比亚设立总督，管理努比亚事务，至于国内各地的事务则通过任命法官和地方长官进行有效的管理，这些法官和地方长官要向中央政府宣誓效忠。许多有才华的人受到任命，使埃及的内政管理非常有效率。从第十一王朝开始便受到底比斯统治者崇拜的阿蒙神成为埃及及其统治地区的最高主神，卡尔纳克神庙和卢克索神庙得到扩建，送给神庙的祭品和财产也越来越多。阿蒙神势力在整个新王国时期都十分强大，只有在阿赫那吞宗教改革时期有过短暂的衰弱。

第十八王朝的第二位法老阿蒙霍特普一世（Amenhotep Ⅰ）在阿赫莫斯去世之后接过父亲的法老职位统治埃及，但新王国时期的埃及是在第十八王朝的第三位法老图特摩斯一世（Thutmose Ⅰ）的统治下才真正配得上帝国称号的。他远征所到之地远达幼发拉底河流域，在那里竖立了一块石碑以记录其远征的胜利，这就是"胜利石碑"，为新王国以后试图征服地中海东部沿岸的法老树立了榜样。然而，到目前为止这块石碑尚未被找到。这次征服使叙利亚地区的诸侯宣誓效忠埃及。

为了庆贺胜利，图特摩斯一世不仅竖立了"胜利石碑"，还于叙利亚阿帕梅亚附近的尼伊猎象。图特摩斯二世（Thutmose Ⅱ）的统治时间很短，只有13年时间。他由图特摩斯一世的一个地位不高的王妃所生，在他父亲辞世的时候，他显然没有做好登基和统治一个帝国的准备。只是因为他的长兄先他而去，他不得不继承父亲的王位。虽然他的统治相对于第十八王朝的众多法老的辉煌业绩而言比较暗淡，但他的王后，哈特舍普苏特（Hatshepsut）却成为古埃及历史上第一位真正以法老的身份独立统治埃及的女王。像他父亲一样，图特摩斯二世和哈特舍普苏特王后也没有子嗣可以继承王位，这样，图特摩斯二世的一位王妃之子就继位成为被后世称作古代世界的拿破仑的图特摩斯三世（Thutmose Ⅲ）。哈特舍普苏特是图特摩斯一世的女儿，后来成了同父异母的弟弟图特摩斯二世的王后，她因图特摩斯三世继位时年纪太小而开始摄政。不久她便宣称自己是"荷鲁斯之女"，这是只有真正的统治者才可以拥有的头衔。她统治时期埃及社会繁荣稳定，对外交往频繁。当时远航的船队到达红海沿岸的蓬特，带回没药等珍贵物产，还将树木带回移植在戴尔-艾尔-巴赫瑞的神庙院落中。这个神庙模仿第十一王朝的孟柱霍特普二世在该地建造的陵墓的式样，但规模更大。她的统治结束于她掌权的第21年，她突然从古埃及的政治舞台上消失了。

图特摩斯三世重新掌握法老权力，而关于哈特舍普苏特女王的记忆逐渐被后人遗忘。很多出现她名字的地方都被有意识地铲除或被替换为其他法老的名字。图特摩斯三世是以对外征服为其最鲜明标志的伟大法老。他不仅征服了大面积的国外土地，还创立了一项全新的帝国政策：将自己宫廷的大臣派往被征服地方的宫廷中去参与管理并将这些贵族之子带回到埃及王宫接受埃及的教育。这一举措很有效，当这些孩子在埃及宫廷中接受完教育返回自己的国家充当统治者的时候，他们都表现出对埃及的亲近和效忠，并以法老之子的名义进行统治。图特摩斯三世在地中海沿岸地区设立了常备军和驻防军队，还有一支水军在该地区镇守，这巩固了他对地中海沿岸地区的军事占领的成果。

在图特摩斯三世统治的 54 年间，埃及再次成为中东世界的大国，艺术与建筑也再次繁荣。他死后被葬于帝王谷，但其陵墓遭到了盗墓者的破坏。陪葬品被盗，其木乃伊也遭到破坏，后同其他法老的木乃伊一起被重葬于戴尔-艾尔-巴赫瑞。

图特摩斯三世的继承人是他的儿子阿蒙霍特普二世（Amenhotep Ⅱ）。他是一位喜欢参加徒手肉搏的法老，同时也热爱体育。他近 27 年的统治时间中充满了战争的经历。他是埃及唯一一位拥有马匹且精通养马的法老。在父亲没有去世的时候他就开始与父亲共同统治王国，在共治的两年时间里负责水军并在孟菲斯管理大量的财富。他继位之时适逢叙利亚地区出现反叛，他立即发兵前去平定叛乱，率军进入巴勒斯坦，越过奥伦特河和幼发拉底河进入叙利亚。他收复失地，并捉回 7 位当地反叛的诸侯，将其带回埃及并在卡纳克神庙仪式上处死，将他们献给阿蒙神。其中 6 个头颅挂在神庙的墙上，第 7 个头颅悬挂在驶向努比亚的船只的船头上，以便让努比亚人看到陛下的胜利。

阿蒙霍特普二世的儿子图特摩斯四世（Thutmose Ⅳ）只在位 9 年，只有他留下的位于吉萨哈弗拉金字塔前的大斯芬克司两只前爪中间的"记梦碑"让后世记忆深刻。"记梦碑"中记载了他身为王子之时，有一次到吉萨打猎，就宿营在大斯芬克司之下。当时这座狮身人面像大部分被沙所埋。当图特摩斯四世在它脚下睡着的时候，梦见大斯芬克司对他说，你若能让我恢复以前的光辉，你就能当上下一任法老。他为大斯芬克司清理了沙土，他也的确当上了法老。"记梦碑"给人的印象是图特摩斯四世为自己成为法老制造舆论，使自己的王位合法，所以总让人怀疑"记梦碑"所记载事件的真实性。

图特摩斯四世死后阿蒙霍特普三世（Amenhotep Ⅲ）继位。这是第十八王朝的鼎盛时期，阿蒙霍特普三世作为一位帝国的法老虽然并不十分英勇善战也不恪尽职守，但他的王后梯晔（Tiy）却和才华出众的大臣一起维持了帝国统治的稳定。阿蒙霍特普三世的对外政策以和亲为主，但不是把公主嫁到国外，而是娶外国公主为妻。他娶了不止一个外国公主为妻，其中就有巴比伦的公主。除此之外，还娶了更多的埃及女子为王妃，目的是要生育很多的王子。可遗憾的是，他这种做法的结果是只得到了两个儿子：一个继承了他的王位，成为一代宗教改革者(阿蒙霍特普四世，即阿赫那吞)，另一个被派往努比亚做了库什总督。他有许多女儿，包括阿塞特、翰特梅尔赫伯、翰塔伯、巴克塔门、伊西斯和西塔门。在王后悌晔的催促下，他后来娶了女儿伊西斯和西塔门为妻。可能是因为健康的缘故，王后悌晔对丈夫阿蒙霍特普三世的影响很大，有证据表明，在阿蒙霍特普三世晚年，实际上是悌晔在主持着埃及的朝政。

阿蒙霍特普四世(Amenhotep Ⅳ)是埃及历史上著名的宗教改革家，其统治时代被称作阿玛纳时代。他对政治和外交显然并不十分在行，他唯一专注的事是宗教改革。在他登基之后的第 5 年，他先将自己的名字由阿蒙霍特普改作阿赫那吞，前者的意思是"令阿蒙神满意之人"，而后者的意思是"阿吞神之仆人"。然后又将都城从底比斯迁至阿玛纳，并为其新都城命名为阿赫塔吞，意为"阿吞神的地平线"。关于他为什么要废除百神独尊阿吞，埃及学家众说纷纭。有人说他受到母亲悌晔的影响，因为悌晔就一直崇拜阿吞神。迁都是因为他的宗教改革在底比斯遇到了阿蒙神祭司集团、贵族以及宫廷官员的反抗。关闭所有其他神祇的神庙，毁坏其雕像，这对于虔诚的阿蒙神祭司无异于灭顶之灾，反抗是自然的事。即使在阿玛纳，为其建造崇拜新神的新都城的工人们私下里也都仍然崇拜着自己过去崇拜的神祇。他宗教改革的不得人心埋下了他失败的伏笔，因为他的宗教改革不仅否定了其他所有的神祇，还否定了千年来对古埃及人而言一直都是最为重要的世界观。古埃及人追寻永恒，死后要在奥西里斯神的世界中得到永生。但阿赫那吞竟禁止人们崇拜奥西里斯神，这就等同于否定人们视为进入永恒世界的途径的一切丧葬活动。因此，其宗教改革遭到普遍的反对。他醉心于宗教改革，使埃及几乎失去了所有境外势力范围。在他去世之后，埃及的盟友也都遭到了巨大的军事打击。

阿玛纳时期的埃及尽管有悖于新王国的发展方向，埃及帝国变得虚弱，但在艺术上却出现了革新和繁荣。如果阿赫那吞和他的王后内弗尔提提（Nefertiti）有子嗣的话，他的宗教改革事业可能不至于这么快就夭折。他死后没有留下男性继承人，而由他的弟弟斯曼卡瑞（Smenkhare）继位。当然，斯曼卡瑞究竟是谁，在埃及学家当中仍在争论，有人说他是阿赫那吞的弟弟，也有人说他是阿赫那吞的儿子，更有甚者，有人说他其实就是内弗尔提提王后的化名。但无论是哪种情况，在其统治的两年多时间里，已经出现改变宗教改革现状并放弃阿吞神崇拜的迹象。无奈他的统治过于短暂，接替他的是非常著名的图坦卡门（Tutankhamun）。图坦卡门当上法老的时候还是个孩子，所以他的统治可能是在大臣阿伊（Ay）和霍瑞姆赫伯（Horembeb）的指导下进行的。其在统治期间做的最大的事情是恢复了过去的阿蒙神崇拜，将都城从阿玛纳迁回底比斯。这一恢复宗教传统的史实可以从他和其夫人的名字的改变中得到印证。最初，他的名字叫图坦卡吞（Tut-ankhaten），意思是"阿吞神的活着的形象"，后改为图坦卡门，意为"阿蒙神活着的形象"。其王后可能是他同父异母的妹妹昂赫森帕阿吞（Ankhesenpaaten），名字的意思是"阿吞神的生命"，后改名为昂赫森阿门（Ankhesenamun），意为"阿蒙神的生命"。然而，图坦卡门一直身体虚弱，还有残疾，19 岁便去世。接替他的是已步入老年的大臣阿伊。然后是将军霍瑞姆赫伯，这位第十八王朝的最后一位法老励精图治，想要收复失地，重振帝国雄风；制定严刑峻法，意图恢复埃及过去的荣光。但遗憾的是他的努力因没有男性继承人而没能实现，他不得不选定袍泽拉美西斯一世（Ramesses Ⅰ）继承他的王位，第十八王朝也随之结束。

拉美西斯王朝持续了 237 年，跨越两个王朝，即第十九王朝和第二十王朝，诞生了像拉美西斯二世（Ramesses Ⅱ）这样被称作拉美西斯大帝的伟大君王。

尽管拉美西斯一世建立了第十九王朝，但他在位的时间却非常之短，只有一年多的时间。他的家族来自北方，尽管一如既往地崇拜阿蒙神，但他却给自己的儿子起了个表现北方神祇崇拜的名字——塞提（Seti）。当塞提一世（Seti Ⅰ）继承王位的时候，他已经练就了一身带兵打仗的本领。他多次带兵远征国外，特别是和此时崛起的赫梯帝国已经有过交手。成为法老之后，塞提一世继续奉行咄咄逼人的对外军事政策。他曾率每个军团由 20000 人组成的 3 个军团进军叙利亚-巴勒斯坦地区，从赫梯人手中夺回失地。在著名的第二次卡迭什之战中，不仅塞提一世亲率军队前往，随军队参战的还有法老塞提一世的继承人、未来的伟大法老拉美西斯二世。塞提一世统治期间的其他成就包括将都城迁至孟菲斯，以及在阿比多斯修建的丧葬神庙里将埃及此前历史上的国王王表刻写在墙壁上，为埃及学家提供了一份难得的历史框架性文献。

　　拉美西斯二世被后人称作拉美西斯大帝，因为在他 67 年的统治期间战功卓著。在他 24 岁的时候父亲塞提一世去世，此时他已经被训练成一位成熟的统治者。在他统治埃及的第 5 年，为了与赫梯争夺叙利亚的势力范围，他再次率领军队与赫梯帝国于卡迭什交战。双方都投入了众多力量，赫梯方面参战人数达 20000 人，战车 2500 乘；埃及方面则有 20000 人投入战斗。战争的结果是双方都声称自己取得了胜利，但实际上双方势均力敌。后又经过若干战役，在亚述帝国开始崛起的时候，双方意识到局面的复杂，终于签订了人类历史上第一个有文字记载的和平条约。条约刻在卡纳克神庙和底比斯丧葬神庙的墙壁上，为后世留下了一份宝贵的历史文献。拉美西斯二世不仅是位伟大的军人，还是位伟大的建造者。在卡纳克神庙群和卢克索神庙群中都留下了拉美西斯二世的神庙。他还完成了自他父亲就已经开始的阿比多斯和底比斯的丧葬神庙的修建工作。他还在三角洲修建了一座新城作为第十九王朝的首都——佩尔-拉美西斯，意为"拉美西斯之宫"。他的另一个巨大的建筑工程位于和努比亚交界地区的阿布-辛贝勒，在山中凿出的巨大雕像和神庙，气势恢宏，意在让努比亚人为之折服。拉美西斯二世以其长寿闻名，他至少娶了 8 位王后，妃子无数，生下 156 名孩子，其中有些王子在他在位期间就被委以重任。拉美西斯二世王后妃子众多，但其中最受宠爱的一位是内弗尔塔瑞（Nefertari），因为在许多雕塑和壁画中都有这位王后的形象出现。特别是拉美西斯二世在阿布-辛贝勒的自己的神庙旁为这位王后也修建了一座气势恢宏的神庙，这更能表现出他对这位王后的宠爱。

历史上常出现这样的情况，一代伟大君王辞世之后，接着王朝便出现衰落的迹象。拉美西斯二世活了约 90 年，他许多儿子都先他而去。子孙的伟大才干可能也都被他这约 90 年的岁月消磨殆尽，他的继承人梅尔任普塔赫（Merenptah）既不像他那样有才干，也不像他那样精力充沛。梅尔任普塔赫继位的时候已经步入老年，其在位的 10 年应该是伴随着老态龙钟而度过的。他是拉美西斯二世的第 13 个或第 14 个儿子，他其他的哥哥都在父亲在世的时候就死去了，所以，法老的重任戏剧性地落在了他的肩上。对于梅尔任普塔赫统治时期的情况的研究，后世学者依据的主要材料是他留下的三篇铭文。一篇刻写在卡纳克阿蒙神庙的墙上，另一篇刻写在三角洲地区阿特里比斯的一块石碑上，第三篇在他底比斯丧葬神庙中。根据这些铭文推测，梅尔任普塔赫值得一书的经历包括在赫梯出现饥馑的时候他给赫梯送去了谷物，执政期间击退了利比亚人的入侵。最为重要的经历是他击退了海上民族的入侵和骚扰。

梅尔任普塔赫死后，第十九王朝走向衰微，之后的三位法老阿蒙麦斯（Amenmesse）、塞提二世（Seti Ⅱ）和斯普塔赫（Siptah）一共才统治了 15 年。最后，第十九王朝在塞提二世的遗孀——特瓦色瑞特（Twosret）王后——的统治中结束。

第二十王朝的第一位法老是塞特那赫特（Setnakhte）。关于他是如何成为法老的情况，因材料不足，无法探明。但他登上王位的时候已经步入老年，特瓦色瑞特王后统治的两年时间里重用一位出生于国外的大臣，这一行为很可能引起了人们的不满，这可能是塞特那赫特在其老年时得以登上王位的真正原因。但他也只在位两年就去世了。虽然统治时间短暂，但他却是位强有力的法老。他曾平定多次叛乱，重开被前任法老关闭的神庙，恢复埃及的秩序，这一切都为他的继承人拉美西斯三世（Ramesses Ⅲ）的继位奠定了基础。拉美西斯三世独立统治埃及 31 年，在其父亲去世前几个月成为父亲的共治者。拉美西斯三世的名字也被与击退利比亚人的入侵和战胜海上民族的入侵联系在一起。值得一提的是他曾遭遇来自宫廷内部的秘密谋杀的危险，多亏有人告密，阴谋者才未能得逞。这起阴谋的主谋是一位王妃，目的是让自己的儿子继承王位。阴谋败露后，王妃受审，许多参与者受到了制裁。拉美西斯三世之后有 8 位法老都叫拉美西斯，分别是拉美西斯四世、五世直到十一世。他们既无多大军功又无太多内政管理才干，最终强大的阿蒙神祭司分裂了统一的国家，篡夺了王位。拉美西斯十一世统治埃及 27 年，但他比较软弱。这 27 年中祭司斯曼迪斯（Smendes）和赫瑞浩尔（Herihor）势力强大，拉美西斯十一世便将朝政放手给他们管理。两人分别担任北方和南方的维西尔，为之后国家的分裂埋下了隐患。因此，后人称拉美西斯十一世是隐士——隐居宫廷，不问政事。他死后，斯曼迪斯和赫瑞浩尔分别于南北各据一方，第二十王朝和新王国时期就这样结束了。

第六节　再度分裂：第三中间期

接替拉美西斯十一世执政的是斯曼迪斯，他定都三角洲东北部的塔尼斯。但此时的国家已经分裂，南方还有一个以底比斯为中心的祭司政权，控制着从阿斯旺到法尤姆南部的广大地区。但有趣的是南北两个政权尽管分裂但双方的关系却非常友好，甚至互相通婚。南方政权承认北方政权的纪年体系，而其自己的政权则很像是一个势力强大的诸侯国。第二十一王朝的分裂统治延续了 130 多年，之后不断衰落。恰在此时，利比亚人建立的第二十二王朝在北方崛起。沙尚克一世（Sheshonk Ⅰ）成为这一王朝的开创者。第二十二王朝崛起之时，又恰逢底比斯祭司势力变得衰落，沙尚克便将自己的儿子派去做高级祭司。此举使埃及再次有了一丝重新统一的面貌。后来，底比斯拒绝接受第二十二王朝法老派来的儿子做阿蒙神最高祭司，因此引发了南北内战。战争爆发，群雄并起，最后出现第二十二王朝、第二十三王朝和第二十四王朝各据一方、同时存在的局面。

第二十五王朝的归属问题尚无定论，有人将其归于第三中间期，而另一些人则更倾向于将其归于晚王朝时期。

第七节　晚王朝时期

从第十九王朝拉美西斯二世时代开始，阿斯旺南面的库什地区就已经开始形成一个以那帕塔为中心的努比亚势力，或称努比亚王朝。库什在文化和宗教上很像底比斯，他们也崇拜阿蒙神，不仅建有阿蒙神神庙，还像底比斯一样有一个很有影响的阿蒙神祭司集团。库什政权和宗教影响的存在和不断向北扩张，让以塞斯为中心的第二十四王朝感觉到很大的威胁。战争因此变得不可避免。库什政权首先控制了底比斯的大部分地区，然后在国王匹昂希（Piankhi）率领下，军队沿尼罗河向北进攻孟菲斯，直逼第二十四王朝的首都塞斯。尽管太弗那赫特（Tefnakhte）联合周围小诸侯抗击努比亚人的进攻，但还是惨遭失败，塞斯的第二十四王朝国王巴肯瑞奈弗（Bakenranef）被活活烧死。匹昂希用一块胜利石碑昭示其胜利，然后返回努比亚。

第二十五王朝北上统一埃及时并不高扬努比亚的旗帜，而是以恢复埃及的正常秩序和阿蒙神崇拜为口号的。虽然巴肯瑞奈弗被处死，但库什王朝对埃及的其余人等是宽厚慈悲的，放他们回到自己的领地上继续去做诸侯。埃及的再次统一是由努比亚人完成的，这对于埃及来说不知道是悲剧还是喜剧。努比亚人征服了埃及，但埃及的文明却征服了努比亚人。库什的法老不仅采用了埃及法老的头衔，还执行并维护着埃及留下来的全部礼仪。第二十五王朝虽说是由努比亚人统治的王朝，但国家还是埃及，文明仍是由埃及法老开创的文明。然而，这一时期的统一并非稳固的统一，而是三种势力交织在一起。虽然努比亚人定都孟菲斯，但其权力中心仍然在努比亚。底比斯地区有一位祭司实际上成了底比斯地区的实际权力拥有者，他就是曼杜姆哈特（Mentemhet）。另外，此时在亚洲还有一个强大的亚述帝国在觊觎着富庶的埃及。

　　在两河流域崛起的亚述帝国早就觊觎埃及的自然财富和历史珍宝，多次入侵埃及，并最终将第二十五王朝赶出底比斯地区，安置了一个傀儡统治者——普萨美提克一世（Psamtik Ⅰ）——在塞斯行使统治权力。普萨美提克一世借助亚述的力量以及后来的希腊雇佣军扫清所有敌对诸侯势力，并通过将女儿派到底比斯做阿蒙神正妻（God's wife of Amun）的方式有效地控制了南方。这就是埃及的第二十六王朝。

　　普萨美提克一世并未像亚述人想象的那样成为一个真正的傀儡，而是积蓄力量，聘用希腊雇佣军与埃及军队一起将亚述人赶出了埃及。再次统一后的埃及开始出现繁荣景象。之后经尼克二世（Necho Ⅱ）的积累，到爱普瑞斯（Apries）继位的时候，已经有能力将埃及的势力扩展到巴勒斯坦和利比亚地区。但是，扩张是有代价的，率军进逼利比亚的将军阿玛西斯（Amasis Ⅱ）兵变，这使埃及的统一再次受到威胁。第二十六王朝的最后一位法老普萨美提克三世（Psamtik Ⅲ）面临的时局更为凶险，波斯王冈比西斯（Cambyses Ⅱ）入侵埃及，将普萨美提克三世劫到波斯首都苏萨，第二十六王朝灭亡。

　　这一时期的埃及面临的时局比较复杂：希腊的影响，巴比伦试图入侵，以及波斯人成功入侵。第二十七王朝是波斯人王朝，尽管埃及人不喜欢波斯人，不承认冈比西斯的法老地位，但在冈比西斯派50000大军前往西瓦去捣毁阿蒙神庙后，埃及人除了消极反抗之外没有采取任何行动。第二十七王朝是埃及历史上的第一次波斯人统治时期，后来波斯人再次入侵埃及，建立了第三十一王朝，史称第二次波斯人统治时期。这中间经历了第二十八王朝、第二十九王朝、第三十王朝，其统治时间都很短，第二十八王朝11年，第二十九王朝13年，第三十王朝略长，为37年。可见埃及此时的国力已趋向衰落。

　　接下来便是亚历山大大帝进入埃及，埃及人像欢迎解放者一样欢迎他的到来，波斯人不战自溃，退出埃及历史舞台。当亚历山大大帝离开埃及想要继续他创建大帝国的梦想却染病死去的时候，其部将托勒密取得了埃及的统治权。从此埃及开启了希腊化时代的托勒密王朝统治，直到克里奥帕特拉七世（Cleopatra Ⅶ）统治时期，希腊衰落，罗马崛起，埃及变成罗马的一个行省。古埃及的历史就此终结。

第八节　古埃及历史的诞生

古埃及历史已书写完毕，由于篇幅所限，未能详尽。但整个古埃及历史的框架清晰，脉络鲜明。然而，聪明的读者一定会在阅读的过程中思考一个问题，即时代这么久远的历史，怎么能让我们相信呢？说古埃及于公元前 3100 年第一次统一，是谁记录下的这一时间呢？随后的 3000 多年的历史，以及 31 个王朝，又是谁将这一切记录在案？我们何以相信他们记录的真实性呢？

这样的疑问若是对于中国的历史而言就很容易回答，因为从夏朝开始，朝廷里就设立了史官。他们记录皇帝的言行、宫廷的要事、国家的大事。后又有史官专门编撰史书。史官自古就有自己的操守规范，要求秉笔直书，不为尊者讳。所以，每朝每代都有当事者的记录留存。今日的历史学家所做的只是按照现代的史学概念将历史的真相再做剖析而已，至于史实并无太大的问题。

然而，古埃及却没有史官，只有书吏。书吏负责税收，记录尼罗河水水位，估算收成，分配食品，调查人口牲畜数量，管理法律事宜，负责设计监管大型工程，有的同时又担任祭司、法官、医生或教师。然而，他们并不记录历史，更不书写历史。古埃及没有史官，也没有历史的概念。无论何为因何为果，在古埃及人眼里，时间是永恒的。书吏不记历史，而我们要书写古埃及的历史时首先要解决的一个问题是，古埃及历史持续了多长时间，距今有多久远。简单地说，要书写一个文明的历史，首要的问题是为其建立一个时间框架。没有这个时间框架，历史便无法建立。

古埃及历经 3000 多年，终于在公元前 3 世纪的时候迎来了自己的第一位历史学家曼涅托。对于研究古埃及文明的学者来说，这个名字并不陌生。迈克尔·赖斯（Michael Rice）在其《古埃及人名词典》（*Who's who in Ancient Egypt*）中称曼涅托是一位托勒密时代的祭司和编年史家。他写了许多著作，但却因为《埃及史》一书而为后人所知。《埃及史》对后世的影响很大，所有书写古埃及历史的人都遵循曼涅托的《埃及史》，将古埃及的历史划分成 30 个或 31 个王朝。不管其划分王朝的依据是什么，曼涅托的《埃及史》让古埃及的历史有了框架。但遗憾的是，曼涅托生活的年代已是古埃及历史走向结束的希腊人统治埃及时期，他既改变不了古埃及无史官、无史书的状况，也无法像中国史官一样记录当下事件。毕竟埃及的古王国对于曼涅托来说就相当于秦始皇时代的历史对于我们一样遥远。

有人说曼涅托撰写《埃及史》是受到希罗多德的刺激，因为希罗多德作为一位希腊人，在自己的《历史》（*Histories*）当中专拨一卷记述埃及，这是史无前例的事件。曼涅托作为一位埃及人无法忍受自己的民族没有自己书写的历史，于是写出了《埃及史》。传言的真假我们姑且不论，曼涅托的《埃及史》较希罗多德的《历史》而言更像一部历史学著作。尽管希罗多德被称为"历史之父"，但其《历史》中对埃及的记述却更像游记。在史料的运用上，曼涅托较希罗多德至少有一个优势，即曼涅托是埃及人。尽管他的《埃及史》是用希腊语写成，但他作为一位祭司，可以利用神庙中保存的一切文献资料研究古埃及的历史。

曼涅托用以建立古埃及历史框架的所有资料中最为重要的文献是王表。王表是古埃及人为了向祖先献祭而列出的现任国王之前的诸国王名字列表，保存下来的有"巴勒莫石碑""都灵草纸""阿比多斯王表""卡纳克王表""萨卡拉王表"。因诞生时代不同，所记王名也不尽相同。巴勒莫石碑是一块残片，上面刻写的是皇家年历，所涉国王从第一王朝直到第五王朝。都灵草纸应为拉美西斯二世时的记录，从神话时代一直列名至第十九王朝；该王表最初只是税收记录卷宗，但其背后却列下了国王的名字。阿比多斯王表刻写在第十九王朝塞提一世的阿比多斯神庙的墙壁上，意为塞提一世与其子拉美西斯二世向前辈献祭。卡纳克王表原位于卡纳克神庙的一个厅中西南角落的墙壁上，在图特摩斯三世统治时书写；其最初用意亦为献祭。萨卡拉王表也是第十九王朝时书写的，1861 年在一位拉美西斯二世大臣的陵墓里被发现。

　　尽管在这些王表中列出的最晚的法老只到第十九王朝，以下1000多年都是空白，但它们至少为我们补充此前古埃及的历史框架提供了重要材料。加上曼涅托的《埃及史》提供给我们的古埃及历史的框架，埃及历史的年代学框架已具雏形。

　　然而，问题并没有这么简单。首先是曼涅托的《埃及史》，虽然他在撰写这部历史著作的时候距离其记述的古埃及第一次统一已有近3000年，但他所能用到的材料毕竟比我们今天的更加古老。他一定用到了上面提到的王表，以及现在我们已经无法见到的一些保存在当时神庙中的材料。但遗憾的是，曼涅托的著作原本却没能留存下来，早已亡佚，今人无法见到其庐山真面了。所幸的是，古典作家对曼涅托的《埃及史》多有引证，这样其著作就随着这些古典作家的著作的留传而保留了下来，虽然其内容有点破碎不堪，但有胜于无，总是值得庆幸的。后人想要研读曼涅托的《埃及史》，就只能从约瑟夫（Josephus）、阿弗里卡纳斯（Africanus）、辛塞鲁斯（Syncellus）等古典作家的著作中去寻找了。因为现今保留下来的《埃及史》的内容都是引用，这就会带来一个非常大的问题，即各引用常会断章取义，根据自己的意愿选择甚至篡改曼涅托的文字。在将不同版本的引用放在一起对比的时候就会发现，有些内容互不相同。

　　除了亡佚造成的缺失之外，关于曼涅托的《埃及史》人们至今还有一个问题未能解答。埃及学家至今无法理解曼涅托当年撰写《埃及史》的时候是根据什么原则划分王朝的。为什么将古埃及的历史划分成31个王朝？王朝的改朝换代的标志是统治家族的改变、血统的改变，抑或是统治地点的改变？这些标准在曼涅托的《埃及史》中都没有得到从一而终的贯彻。第一王朝和第二王朝共18位法老，但两者似乎并无血缘的改变。曼涅托为两个王朝中各划归9位法老，有点像是平均分配的结果。此外，第十八王朝的第一位法老是阿赫莫斯，而他却是第十七王朝最后一位法老卡摩斯的弟弟。而第十八王朝的第三位法老图特摩斯一世有人认为他并不是其前任法老阿蒙霍特普一世的儿子，但在曼涅托的划分中朝代没有改变。如果说第十八王朝第三和第四位法老之间的父子关系的真实性尚且存疑，那卡摩斯和阿赫莫斯却绝对是亲兄弟。是什么标准让曼涅托在法老的血缘没有任何改变的情况下却划分出两个王朝呢？难道曼涅托划分王朝的标准中还有一条是以一个繁荣时代的开端作为王朝改变的标志吗？如果是这样的话，第十一王朝法老孟杆霍特普二世就应该成为第十二王朝的开创者，因为他已经结束埃及的分裂，将埃及再次统一起来，在他统治下埃及再次迎来一个繁荣时代。可孟杆霍特普二世却依然被安放在第十一王朝之中，致使后人在将古埃及历史分成四个王国的时候，将第十一王朝一分为二。第十一王朝的前半部属于第一中间期，而后半部却属于中王国。

无论曼涅托对古埃及历史的划分存在多大的问题，因为其划分已成经典，为人普遍接受，所以，想要加以改变也几无可能。然而，现在若要制定出令人信服的古埃及历史年代框架，需要埃及学家们做出怎样天才的构想和不懈的努力呢？

现代古埃及年代学测定方法大体有考古和文献两种方法。虽然两种方法一直互相补充印证，无法孤立完成构建古埃及历史框架的责任，但各自的应用领域不尽相同。史前史以考古为主；王朝史则以文献为主，考古为辅。

先是旧石器时代、中石器时代、新石器时代，然后进入王朝史，古埃及历史的宏观框架当如是。石器时代属史前史范畴，因为没有文字，所以只能依靠考古来得出大体的时代脉络。王朝时代开始出现文字记载，因此也出现历史，以区别于没有文字的史前史。埃及史前史只能整理出大致的时间，因为到目前为止无论哪种绝对年代测定技术也无法将史前史的时间确定得非常精确。于是，古埃及考古学家皮特里(Flinders Petrie)首创序列年代学断代的方法。新石器时代晚期出现陶器，因其为人造产品，故其色彩、工艺、形状和纹饰都会被打上时代的烙印。皮特里根据这些特征将从埃及不同地区挖掘出来的陶器进行归类，以其所在地区典型遗址命名，这样就划分了由石器时代向王朝时代转变的历史。先后经历了巴达里文化、内伽达Ⅰ期文化、内伽达Ⅱ期文化和内伽达Ⅲ期文化(第零王朝)，然后进入王朝时代。

　　王朝时代埃及历史框架的建立主要还是依靠曼涅托《埃及史》中提供的王名顺序与古代留下来的王表。这些王表提供了法老在位的顺序和时间，这就为建立可信的历史框架提供了可能，但王表所提供的时间框架仍旧存在很多亟待解决的问题。因为根据这些王表建立起来的古埃及历史框架是建立在这样一个假设之上的，即这些王表所提供的王名齐全，顺序正确，统治时间无误。如果这些前提条件都毫无问题，那么我们只需将古人留下来的王表按顺序排列出来，将统治时间一个一个地相累加即可得出整个古埃及从第一王朝到第三十一王朝的时间长度。又因为托勒密王朝与古埃及的王朝前后相接，这样一直持续到公元后的国王序列就可以与现代人所用公历纳入一个同时间框架体系。于是由后向前推，每一位法老从登基到死去的时间就完全可以用公元前的准确纪年标记清楚。然而这只是一厢情愿。古埃及王表存在着很多问题，让我们无法这样推算。托勒密王朝因为一直持续到公元后，其时间的断代误差较小，即使最不准确的也只有几年的误差。但年代越往前误差越大，直到古王国时误差会增大到六七百年。

　　古埃及王表给我们留下的第一个难题是，古埃及人没有一个统一的纪年体系，每一个王表都是单独成章，既不与以前王表相接，又不与以后年表承接。王表只将法老的名字罗列在一起，加上各自统治的年限。于是出现两个问题：第一，王表上前后相继的两位法老各自统治时间如果都是 15 年，加起来就是 30 年，这是毫无疑问的。但前一位法老去世到后一位法老登基是否中间毫无间隙在王表中却没有说明。如果因为某种原因前一位法老去世两年后另一位法老才登基，那他们两人的统治时间跨度就应该是 32 年，而不是 30 年。第二，古埃及从中王国开始出现了共治现象，即老法老还在位的时候就将继任者拔升为共治法老，由两位法老共同治理国家。而共治的情况王表中根本不予记载。还是以王表中两位前后相继的法老各在位 15 年为例，如果他们的共治时间跨度是 7 年，那么两人统治的总时间跨度就只有 23 年。后一个问题尤为重要，因为最初埃及学家按照王表记载的统治时间从托勒密王朝开始一位法老一位法老地向前累计统治时间，结果让人大吃一惊，古埃及王朝的起始年代远比我们可以想象的要早得多。比如在布雷斯特德（Breasted）的推算中，第一王朝到第二王朝的时间是公元前3400年至前2980年，比现在大多埃及学家所接受的时间早了400多年。

古埃及王表给我们留下的第二个难题是大多数王表都有破损，有的没有破损的王表内容却不完整，也就是说没有将所有的法老都记录在王表上。这样一来，王表所能给出的历史框架就不完整，即使王表中缺失的时代非常短暂。古埃及王表给我们留下的第三个难题是在王表中，几乎每一位法老的统治时间都没有得到非常准确的记录。单独一位法老的统治时间的误差可能只有一年或几个月，但将所有法老的统治时间累积起来构成的历史大框架却会因此失之毫厘，谬以千里。

要解决这些难题，新的科学的方法是必不可少的。碳-14便是常用的一项考古年代学技术。只要遗址中有有机物被发现，科学家就可以通过测定其碳含量流失的程度判断其死亡的时间。碳-14测年技术的一个关键概念是半衰期。当地球上生物的生命结束时，其活着的时候机体中吸收的碳-14同位素开始衰减，而衰减到总量的一半的周期是5730年。但该方法测定出的时间并不绝对准确，前后最多可有60年的误差。但这已足够让我们对古埃及历史的时间框架有一个基本的修正。另一种方法是年轮年代确定法。这种方法需要建立一个木质文物年轮的对比谱系，然后通过对文物的年轮特征的比较，较为准确地判断其年代。然而，这些方法都只能对已有的大框架进行修正，单凭这些方法还无法单独建立起整个历史的大框架。

建立历史时期的大框架需要有若干个绝对准确的时间点作为支撑，然后以该时间点为基础进行推导。如何才能确定这样的时间点呢？埃及学家首先使用的是同期年代互证法。同期年代互证法是指在文献中寻找与其他文明相关联的事件，并以此得到古埃及某一法老统治的某一年相当于别的文明某一年的方法。如果与之对比的那一文明的这一年已经确证相当于公元前的某一年，那么古埃及的这一年与公历纪年的对应关系认定也就完成了。古埃及的同期年代互证文献出现在新王

国第十八王朝后半期和第十九王朝。第十八王朝法老阿蒙霍特普三世
于其统治的第 10 年迎娶了米坦尼国王舒塔尔那二世(Shuttarna Ⅱ)的
女儿吉鲁西帕(Jilukhipa),而其继任者阿蒙霍特普四世即阿赫那吞又
迎娶了米坦尼国王图什拉塔(Tushratta)的女儿塔杜希帕(Tadukhipa)。
这些历史事件将古埃及的时间框架与两河流域文明的时间框架联系起
来,让古埃及的时间有了参照物。这些事件都记录在阿玛纳文献中,
其中的 379 块泥板文书是当时两国的皇家通信文件。

　　另外两个可供时间互证的事件发生在第十九王朝拉美西斯二世统
治时期。在其统治的第 5 年,拉美西斯二世与赫梯帝国在卡迭什
(Kadesh)进行了一次重要的战役。当时赫梯的统治者是穆瓦塔里二世
(Muwatalli Ⅱ)。这场战役被认为是人类古代史中最大的一次车战,
有五六千乘战车参加战斗。之后两个帝国争夺该地达 16 年之久,双方
陷入僵局,最后拉美西斯二世于统治的第 21 年与赫梯国王哈图西里三
世(Hattusili Ⅲ)签订了人类历史上第一个和平条约。对于这些事件双
方都有文献记载,且记载中都有具体的统治年代,这样就将两者的年
表统一起来,使时间互证再次成为可能。

　　对准确的时间点的确定还要借助记录天文现象的文字文献。两河
流域文明的泥板文献中有日食的记载,比如,阿舒尔丹三世(Ashur
Dan Ⅲ)统治的第 10 年发生过一次日食,经过天文推算,这次日食应
该发生在公元前 763 年 6 月 15 日。此外,两河流域还有许多金星泥板
被发现,尽管因为有些抄本给确定最初记录的时间造成了一些麻烦,
但对于历史事件的准确时间的确定仍意义重大。尽管学者在埃及文献
中没有发现对于日食或金星的记载,但古埃及历法所依靠的天狼星偕
日升的天象记载却使埃及学家创造出一种新的年代学方法——天狼星
偕日升周期年代确定法。

　　古埃及人的历法将一年分成 3 个季节,每季 4 个月,共 12 个月。
每月 30 天,在每年的末尾加上 5 天用于节庆。每月 3 周,每周 10 天。
每年都有一个特殊的日子,当太阳照常从东方的地平线上升起来的时
候,消失了很久的天狼星再次出现在东方地平线上,尼罗河水在长时

间静静流淌之后也随之再次漫过堤岸，随后泛滥季开始。这一切似乎都像响应神的召唤一样巧合，于是古埃及人将这一天定为新的一年的开始，这一季节便是古埃及历中的泛滥季▨▨▨或▨▨（读作"Axt"）。然而，像一些其他的古老历法一样，由于太阳与地球转动轴存在倾斜角，天文回归年的时间不仅仅是 365 天，还要多出 1/4 天的时间。而这一原因导致的古埃及的历法当中一年时间长度的误差不是短时间内可以发现的，只有经过几百年之后人们才会发现新年的天狼星偕日升现象不见了，尼罗河水也不再准时泛滥。但这并不影响古埃及人依旧按照自己的历法生活。

天狼星偕日升现象由于古埃及人的历法年比回归年要少 1/4 天的缘故而越来越提前，要想让该天文现象再次于古埃及历法中的新年出现需要等待 1460 年。这就是埃及学年代学研究中著名的天狼星偕日升周期。该周期最初由爱德华·迈耶（Eduard Meyer）于 1904 年发现，然后他怀着激动的心情梳理了所有古埃及人留下来的文字材料，试图寻找古埃及人直接或间接提到天狼星偕日升的记录。结果他发现了 6 个这样的记载。在一位古典作家西索里努斯（Censorinus）的著作中出现了埃及新年第一天出现天狼星偕日升现象的记载，而这一年应该在公元 139 年和 142 年之间。文字记录标注的时间是公元 140 年 7 月 21 日，但按天文学的计算实际上应该是公元 139 年 7 月 20 日。有了这个时间，迈耶就可以将古埃及的历法与公历衔接起来。他在古埃及第一王朝杰尔（Djer）法老统治时代的一个象牙小牌上发现相关的迹象，认为是它记载了天狼星偕日升，于是进行时间推算。既然公元 139 年埃及出现过此种天文现象，那么它上一次出现就应该是在 1460 年前，即公元前 1321 年。再上一次埃及人看到该天文现象的时间就应该是 1460 年前，即公元前 2781 年。迈耶通过分析认为第一王朝的时间应该更早，那么就应该从公元前 2781 年再往前推 1460 年，即公元前 4241 年。这样，迈耶就得出古埃及历法初创于第一王朝杰尔法老统治时期，其年代应该是公元前 4241 年。然而，后来的研究表明，第一王朝最早也不可能早于公元前 3100 年。如果迈耶的推算方式正确的话，那第一王朝就要向后推一个天狼星偕日升周期，即公元前2781年。而这个时间对于第一王朝来说似乎又有点太晚，于是有人提出质疑，认为这个象牙牌可能并不代表天狼星偕日升。

如果对将第一王朝杰尔法老的象牙牌作为第一次关于天狼星偕日升现象的记录还存有疑问的话，那相关的第二个记载确定无疑地记录下了天狼星偕日升现象。这次记录中的该种天文现象发生在第十二王朝法老辛瓦瑟瑞特三世（Senworet Ⅲ）统治的第7年，观察地点应该是在当时的首都伊茨-塔维（Itj-Tawy）。据此可以推出第十二王朝的时间应该是公元前1963年至公元前1786年。都灵草纸王表上的第十二王朝的统治时间共213年，而根据这一天文现象推断，第十二王朝的统治时间减少到206年。显然，这一修正对于使整个埃及历史大框架趋向精确意义重大。第三次有记录的天狼星偕日升现象发生在第十八王朝初期阿蒙霍特普一世统治时期，学者一般认为观测地点是在当时的首都底比斯。根据这个天文现象埃及学家确定阿蒙霍特普一世在位时间为公元前1525年至公元前1504年。然而，这只建立在观测地是在底比斯的推测基础之上。如果观测地实际上是在孟菲斯、赫里奥坡里斯或三角洲的某个地方的话，第十八王朝的整个年表就会因此发生改变，要因此多出20年左右。

后来的埃及学家对天狼星偕日升周期断代进行了进一步的研究，发现观察地点的不同对时间的断定影响很大。但问题是古埃及文献中留下来的有关这种天文现象的记录本就不多，要想弄清楚其观测的准确地点更是困难。大体上只能默认当时的都城便是观测地点。观测地纬度不同，推算出的时间会有很大差异。在无法确证某一观测记录是否确切的时候，采用天狼星偕日升周期推断时间的做法还需谨慎。

对于新王国以后的历史，我们没有古人留下来的王表可资利用。除了曼涅托的《埃及史》外，我们还有一个可供计算新王国之后的年代的途径，那就是阿匹斯葬礼。阿匹斯（Apis）是古埃及人崇拜的神牛。尽管阿匹斯神牛从第二王朝就开始受人崇拜了，但在新王国之前相关的记录很少。该神拥有孟菲斯普塔赫神的更新生命的力量，人们坚信其死后将成为奥西里斯的阿匹斯，化作奥西里阿匹斯（Osiris-Apis）。法国埃及学家奥古斯特·马里埃特（Auguste）于 1851 年在萨卡拉发现了赛拉皮翁（Serapeum）——阿匹斯神牛丧葬神庙与陵墓。60 多个神圣动物丧葬陵墓陆续被挖掘出来，其祭司石碑铭文对阿匹斯神牛的出生年及死去时候的年龄都进行了详细的记录，这对于新王国之后特别是第二十二王朝以后的年代框架的建立意义重大。

古埃及历史的年代框架还有待完善，然而，即使有完善的框架，学界对于古埃及历史的研究也只是为修建高楼大厦奠定了坚实的地基，余下的工作还有很多。政治史的研究、经济史的研究、神系的梳理、日常生活的复原，这一切都需要考古和文字文献做基础；古埃及神庙、陵墓及石碑上的铭文就成了历史研究的第一手资料。金字塔铭文、棺文、亡灵书、政令以及刻写在大臣陵墓中的传记铭文都为丰富埃及历史研究做出了贡献。

附记：那尔迈调色板

1894 年一个晴朗的清晨，太阳从尼罗河东岸时隐时现的丘陵上升起来，照在黄色的荒漠上，给冰冷的荒丘涂抹上一层暖暖的橘色。一声驴叫唤醒了昏昏欲睡的、骑在驴上、走在驼队前头的英国人，他从头上摘下鸭舌帽，理了理已有些变白的头发，两眼向尼罗河西岸望去。那里就是他要去挖掘的内伽达遗址。这个人就是现代考古学的奠基人威廉·弗林得斯·皮特里（William Flinders Petrie），随他前往的还有他的学生——考古学家詹姆斯·奎贝尔（James Quibell）。这一季节的发掘收获颇丰。2000 个浅坑陵墓被发现，文物包括象牙雕像、木梳、石板调色板及各种陶罐。但遗憾的是文物上没有文字出现。

1897 年，发掘终于有重大突破，在希拉康坡里斯遗址（古埃及名字为内痕[Nekhen]）的主坑中出土了一系列带有象形文字的文物。其中最为人所熟悉的就是蝎子王权杖标头和那尔迈调色板（如图 2-1）。权杖是打击敌人的武器，标头以石头磨制而成。但该权杖标头上刻有精

图 2-1　那尔迈调色板

美的浮雕图案，显然不是用来战斗而是在仪式上使用的王权的象征。调色板为化妆用具，但那尔迈调色板很大，有 64 厘米高，显然也是为仪式制作的。调色板两面都有精美的浮雕和文字，栩栩如生，艺术水平很高。令人惊奇的是，该调色板的年代经断定为公元前 3100 年，为距今 5100 多年前的文物。

调色板正面浮雕分为四段。第一段为两边各有一个牛头浮雕，中间是一个宫殿的正面图案，里面有一条鲇鱼和一把凿子。第二段为一队小人举着上有动物形象的长杆前进，后面有一个巨人头戴下埃及王冠手持权杖殿后。队伍前面是两排被砍掉头颅的尸体。第三段是调色板的中心，为两人牵引两头长颈巨兽，巨兽颈项交错环绕，形成调色板中间的调色盘。第四段为一头硕大的公牛以一脚踩着卷发人，用牛角顶破一座城池。

调色板背面分成三段。第一段和正面相同，同为牛头居两侧，中间为宫殿的正面图案，上刻鲇鱼与凿子。第二段为一个巨人头戴上埃及王冠，一手揪住跪于地上的卷发人的头发，另一只手挥舞权杖，做欲打击状。右上有鹰隼站于人头和莎草形的土地符号之上的图案。第三段为两卷发人望风而逃。

这样巨大的调色板显然不具有实用性，一定是仪式中所用的道具，以纪念历史上一件惊天动地的大事。然而，是什么仪式呢？该仪式纪念的又是怎样的历史事件呢？

调色板正反两面第一段，即顶端几乎完全相同，为牛头夹着宫殿正门的图案。我们知道，古埃及人崇拜公牛，视公牛为力量的象征。埃及人把法老视为强壮的神牛，公牛图案常随法老的名字一同于铭文中出现。此调色板由此可以推断为国王宫廷中的物品。中间符号称塞瑞赫，是书写国王名字的地方。就如同我们各家各户的门牌号一样。鲇鱼在古埃及语中读作"那尔"，而凿子读作"迈尔"。不管这位国王与鲇鱼和凿子有什么关系，一提到"那尔迈"人们就知道指的是他。于是人们就称该调色板为"那尔迈调色板"。

谁是那尔迈王呢？调色板正面第二段中的巨人就是他，他面前有文字为证：鲇鱼和凿子。他戴着下埃及的红色王冠，手执象征王权的权杖和连枷，身后有随从为他提鞋拎水。身前有长发者手执两个器具，象征王权。其头前亦有标注：侪特。侪特为官衔，我们称之为维西尔，相当于我国古时候的宰相。宰相前面的几个小人各代表一个诺姆（古埃及的行政单位）。木杆上分别为代表某种动物的图腾，第一个图腾代表的动物不详，然后是狗图腾，最后是两个鹰图腾。这些人去干什么？他们前面是十具尸首，被砍下的头颅置于尸体分开的两脚之间。其上是一条船，还有一扇门与一只鹰。显然，这一图画记述的是那尔迈率军征讨，建立一个诺姆的事件。门、鹰、船可能就代表这个新建诺姆的名称。第三段中出现两只长颈动物，由两人牵引，它们颈项相绕，围成一个中空的圆环，这便是调色之处。两颈相交，意为统一，这已是一个古老的主题。最后一段，强壮的公牛顶破一个城池，记述的仍为战争。

背面内容更为简洁。下面一段是两个被征服者的裸体形象，其上各有一个符号，城墙和绳结，应该代表两个被征服之地或部落的名字。中间部分描述的又是征伐战争。那尔迈右手高举权杖，左手揪住长发者的头发，欲打击跪于身前的敌人。他身后有提鞋官，其名字注于头后，但不知读音为何。身前的敌人头后亦注有符号，为一个鱼叉和一个水塘。起初人们认为这代表该地区或该部落酋长的名字，后来人们发现鱼叉读作"wa"，在古埃及语中为"一"的意思。因此有人分析，这两个符号的意思可能表示第一次征服水边地区。在此之上是一只象征国王力量的鹰将长有纸莎草的土地踩在脚下，鹰的一只爪子牵引着这片土地符号左边的人头，象征对该地的征服。值得注意的是，这幅浮雕上那尔迈戴的是上埃及的白冠。被征服的地区以纸莎草为其标志，在古埃及，纸草代表的是三角洲一带地区，即下埃及。于是人们猜想，这幅浮雕记录的是上埃及对下埃及的征服。

至此，一切都已清晰。调色板背面所记述的历史事件在先，即上埃及征服下埃及。正面所记述的内容在后，即那尔迈征服下埃及后，经过众多大小战役的征讨，将整个埃及统一。众多历史学著作上都写着公元前3100年上下埃及统一，其根据就是这块现藏于开罗博物馆的那尔迈调色板。詹姆斯·奎贝尔这位考古学家发现了这块调色板，他的名字也随之被载入史册。

第三章　古埃及的语言文字

第一节　古埃及语言文字

古埃及人使用古埃及语。现代埃及人讲阿拉伯语，是因为经过了数百年的外族统治之后，古埃及语早已从人们的口中消失。现在已经没有人能够听懂这种语言，更不用说讲了，埃及语已成人类历史上一个死去了的语言。然而，这一死去了的语言却留给后世大量的文字记录。即使到了今天，在埃及语言消失了 2000 多年之后，如果我们来到埃及，书写着古埃及语言的文字仍保留在神庙的墙壁上、巨柱的表面上、陵墓的墙壁上、石棺上、石碑上，在古埃及人用过的器具上可以随处发现记录这种语言的刻画生动的象形文字。另外，在草纸文件上也有大量的记录这种文字的草书体留存下来。于是人们开始试图破译这一语言，让数千年前的古埃及人能够开口说话，讲述他们古老的历史。

象形文字的破译是一个很长的故事，历经几位天才学者的努力才最后宣告完成。

破译一种已死亡千年的古代语言文字不是一件简单的事，必须具备一定的条件，否则无法完成。其中最为重要的一个条件是要有一件作为对照文本的文献，当然精通相近或相同语系的语言也是必不可少的条件之一。对照文本文献一直没有出现，这导致了早期学者对于古埃及文字的研究出现了方向性错误。因为古埃及象形文字中的所有字符都是刻画得栩栩如生的图画，人们自然会首先试图根据其图画翻译解释其隐含的意义。但古埃及人留给后世的文字早已不停留在人类原始的结绳记事、以图画表达意思的阶段，而是已发展为一种非常完美的语言记录方式和书写体系。

破译工作的转机出现在英法在埃及战争中的一件小事上。拿破仑的军队在埃及地中海沿岸的罗塞塔构筑防御工事的时候，挖掘出一块石头，周边均有破损，但重视文化的法军士兵看到石头上有文字后立即予以高度重视，叫来了学者。这块罗塞塔石碑（如图3-1）成了成功破译埃及象形文字的一把钥匙，借此英国学者托马斯·杨（Thomas Young）和法国学者商博良（Jean Fruncios Champollion）等人最终打开了通往古埃及象形文字与古埃及语言的大门。

图 3-1　罗塞塔石碑

在破译埃及象形文字的过程中，有三位学者代表着不同阶段的方向。罗塞塔石碑在英法争夺埃及的战争中因法国战败而被交给了英国，但法国保留下了石碑的抄本。东方学家希尔维斯特·德·萨西（Silvestre de Sacy）首先承担起破译埃及象形文字的任务，但出师不利。于是他将抄本交到对东方学非常痴迷的瑞典外交官阿卡布雷（Akerblad）手中。后者的研究很快取得了进展，他将石碑中的希腊语和埃及世俗体文字进行反复对比后，正确地找出了希腊文中名字的世俗体对应文字，并正确地找到了代表"神庙""希腊人"以及后缀代词"他"的世俗体文字。接着他做出判断，认为埃及世俗体文字是一种完全的拼音文字。这个判断的局限性让他以后的研究止步不前。后一个重要人物便是著名的英国学者托马斯·杨了，他是一位博学多才、兴趣广泛的学者，当1814年他得到一份罗塞塔石碑的抄本时，一下子迸发出极大的热情。他很快认识到阿卡布雷的错误，石碑上的世俗体不是完全的拼音文字。之后他做出判断，认为石碑上的世俗体文字和象形文字应该密切相关。他发现，碑上的希腊文中有很多词汇重复出现，他便以此为基础，从希腊文与埃及世俗体文字中划分出86组对应的字符来，这一划分基本正确。接下来他又找到一篇亡灵书的抄本进行研究，结果，不仅发现了许多埃及祭司体文字字符与象形文字字符间的对应关系，还正确地判断出象形文字中被圈在椭圆圈里的文字应该是法老的名字。

破译古埃及象形文字的使命历史性地落在了法国天才青年学者商博良的身上。这位出生于1790年的法国学者幼时因家境贫寒，并没有上过正规的学校，是哥哥教会了他读书写字。但他凭借自己对古典文明和东方学的热爱，刻苦学习，渐露才气。他16岁的时候就已经能懂12种语言，20岁时就已经能讲拉丁语、希腊语、希伯来语、阿姆哈拉语、梵语、阿维斯陀语、婆罗钵语、阿拉伯语、叙利亚语、迦勒底语、波斯语及吉兹语。这样一位语言天分十足的学者经过多年的努力，总结了前人的经验教训，终于破译出了埃及象形文字的全部字母表，并将古埃及语语法规则的关键揭示出来。他宣布其研究成果的一封公开信于1822年发表，后来埃及学界为了纪念这一日期，将这一年定为埃及学诞生之年。

古埃及象形文字破译的路线是这样的：首先确定世俗体文字和象形文字同属一种语言，然后确定象形文字中椭圆圈中的文字是法老的名字，并通过名字的拼写破解出象形文字中的全部字母表，接着弄清象形文字的结构有 3 种，即表意符号、表音符号和表音符号加表意的限定符号。接下来的工作就是确定词义，分析语法结构。这属于语言学研究的范畴。因为有一种古埃及晚期的方言科普特语仍有流传，所以古埃及语的语法结构便不难弄清。破译工作关键的一环是字母表的破译，当埃及学学者判断出椭圆圈里面的文字是法老名字的时候，他们首先知道了 𓊪𓃭𓅓𓏺 是法老的名字托勒密，希腊语写作"Ptolemais"。于是他们将两种文字的字母一一对应，得出这样的结果：□＝p，◆＝t，𓂋＝o，𓃭＝l，𓈖＝m，𓏭＝ai，𓊃＝s。根据这个对应关系，再以克里奥帕特拉的名字验证其判断的准确与否：𓂋𓏭𓏺𓂝𓃭 是克里奥帕特拉的名字，根据已知的字母发音，第 2 个字母𓃭应该发 l 音，第 4 个字母𓂋发 o 音，第 5 个字母发 p 音，第 7 个字母发 t 音。跟希腊语种的克里奥帕特拉名字对比 Κλεοπάτρα（Kleopatra），完全正确。剩下来的工作就很容易了，第 1 个字符一定读作 k，第 3 个字符暂时有点不清晰，根据托勒密名字中出现的双羽毛符号，这个字符应该读作 i 或 e。接下来是第 6 个字符——一只鹰的形象，希腊语中与之对应的是 a，这个字符就应该发 a 音。最后一个字符尚无法破译，暂且搁置，留待以后再说。根据这样的办法再翻译一个王名，𓇳𓄟𓋴𓋴，这是谁的王名？已知的字母有两个重复的 s，那就是 ss，倒数第三个字符暂时不知道，倒数第四个字符是个太阳的形象，而古希腊人已经知道埃及人崇拜太阳神拉，所以该字符即 Ra，而古埃及法老的名字中叫拉某某斯的只有拉美西斯。如果是这样，倒数第三个字母𓄟就应该读作 m。前边的字符暂时不管，再尝试翻译下一个王名，𓅝𓄟是谁？第一个字符未知，后两个是 ms，法老名字里以 ms 结尾的有 Thutmose，因闪含语系的文字大多不记元音，写下其拉丁化的文字就应该是 Thutms。而学者们又知道古埃及有一位智慧之神，叫斋胡梯（Thehuti），拉丁化之后变作 Thut，所以，这个名字正是图特摩斯的名字。就这样，埃及象形文字中的字符被一个个破译出来。当然，光破译字母表还不足够，毕竟文字是记录语言的，而埃及语中又有很多文字是只用意符，这就需要破译者对该语系的相近语言有很精到的了解。而商博良早年便已精通埃及语的相近语言。

　　古埃及语言属于何种语系，学界有两个术语称呼之。一个称之为亚非语，另一个称之为闪含语。各自侧重略不相同，强调重点亦有差异。但无论怎么界定，我们都可以据此找到其在语族上的亲属，这对于我们理解这一古老语言已经提供了足够的帮助。

　　能够阅读古埃及的象形文字，这让我们对古埃及语言有了越来越深刻的了解。从语言文字的发展上看，埃及语的发展经历了古埃及语、中埃及语、晚埃及语及科普特语几个发展阶段。古埃及语大体上从埃及王朝初期开始，经过前王朝的第一、第二王朝进入古王国，直到古王国末期的第六王朝结束。古埃及语留给后世最多的文献是丧葬文字，其中包括金字塔文、棺文和亡灵书。此外，也有很多政令、陵墓铭文、自传体铭文留存下来。

　　中埃及语阶段又称埃及语言文字的古典时期，因为此时的文字最为标准。其时间大体上从第一中间期开始一直持续到新王国后期。现今留传下来的古埃及语文献中埃及语文献最为丰富，不仅亡灵书等丧葬文字继续应用，陵墓铭文、自传体铭文和政令较之以往亦篇幅更长，文字更顺畅，而且出现了长篇的记叙性文字。《西努亥的故事》(*Story of Sinuhe*)、《遇难水手的故事》(*Tale of the Shipwrecked Sailor*)等长篇故事已成为古埃及文学中的经典。

　　晚埃及语的文字形式包括象形文字和僧侣体文字。在此前的埃及语言文字中几乎没有冠词的概念，无论是定冠词还是非定冠词。但晚埃及语中开始出现定冠词和非定冠词，声符的发音也发生了一些改变。第二十六王朝的时候，世俗体文字开始成为为人们所接受的书写形式。在波斯人统治埃及、希腊人统治埃及以及罗马人统治埃及时期，世俗体文字成为法律文书、文学作品以及宗教文书的书写文字。著名的罗塞塔石碑上的三种文字中除了希腊文和象形文字外便是与它们相对照的世俗体文字。

　　古埃及的象形文字是一种杂合表意文字、象形文字、表音文字与形声文字的古老文字体系。这有点像我们的汉字，只是我们的汉字用笔画将文字形象抽象化，而古埃及的文字则刻画生动，每个字符都栩栩如生。古埃及象形文字的这种性质与其文字诞生的过程相关。古埃及在文字出现之前就已经开始出现记录事件的绘画，然后绘画中出现标记人名的符号和所有权符号。这些符号就成了后来文字演化的雏形，也决定了埃及象形文字主要的结构是声符和定符结合的形声字的基本方向。之后 3000 多年的历史中埃及象形文字文献中大多伴有图画，并且始终保持这一特征。

象形文字最初多以滚筒印章的形式出现，之后多出现在木质制品上、金属制品上，最后大量出现在石头上、陵墓和神庙的墙壁上。象形文字是现代人对这种文字的称呼，古埃及人自己称之为𓊪𓏤𓈖①，意为"神的话"。古希腊人来到埃及之后，看到其文字庄重而神圣便称之为 ἱερογλύφος，即"圣书"，西方文字中对于古埃及文字的称呼都是源自这个希腊文，如 hieroglyph，我们一般翻译成"象形文字"，专指古埃及圣书体文字。

僧侣体其实就是象形文字的草书体系。该书写体系的称呼最早来自希腊语 ἱερατικά，意思是"祭司文字"。不像象形文字那样主要刻写在石头上或墙壁上，僧侣体文字主要以古埃及的毛笔写在草纸上。其字符完全来自象形文字，只是书写得较潦草，因此，如果不是熟悉埃及象形文字并对僧侣体文字也有一定程度的熟悉的话，就很难将其与象形文字字符一一对应。古王国和新王国时期书写在草纸上的宗教文献与刻写在墙壁和石头上的象形文字并无差异，到了第二十一王朝的时候，才有了自己的草写体系。换句话说，只有到了这个时候，真正意义上的僧侣体才诞生。

世俗体出现较晚，其实就是在书写上更加潦草的僧侣体，所记录的内容也从宗教转向日常生活。世俗体文字自第二十六王朝时开始出现，一直持续使用到希腊罗马统治埃及时期。

科普特文字出现得更晚。科普特语是古埃及语发展的最后阶段，

---

① 古埃及象形文字中，同一词语有多种书写形式，此为其中之一。

而科普特文字是基督教传入埃及后基督教徒们用来书写教义、进行祈祷的文字。因此，其语言同古埃及世俗语文字、僧侣体文字以及象形文字所记录的语言没有本质的区别，只是在书写体系上采用了希腊语字母来进行拼写，又从世俗体文字中借用了 7 个希腊字母中没有的字母。直至今日，埃及仍有些科普特教徒能讲科普特语，但其数量已经非常少了。

古埃及象形文字主要由 3 种字符组成，即声符、意符和定符。声符是表音的符号，尽管这些符号本身都是象形字符，但在文字中已经失去了表示图画的作用，只表示发音，与其所刻画形象已毫不相关。意符是表意的符号，其所刻画的形象就代表其所画之物。当然这类字符也有发音，但或在其前面加上音符，或干脆不加音符，因而变成纯粹的表意文字。定符跟意符很相似，不同之处在于定符不单独使用，只是放于表音符号之后用以限定或指示文字的归属，其作用是区分同音词和指示类别。

以下是古埃及象形文字字母表：

符号	字母	所绘物体	发音
	A	埃及秃鹫	类似汉语拼音 a
	i	开花的芦苇	类似汉语拼音 i
，‮‬	y	双芦苇	发汉语拼音 i 的长音
	a	前臂	喉音 a
	w	鹌鹑雏鸟	类似汉语"乌"音
	b	脚	类似汉语拼音 b
	p	凳子	类似汉语拼音 p
	f	角蛇	类似汉语拼音 f
	m	猫头鹰	类似汉语拼音 m
	n	水	类似汉语拼音 n
	r	嘴	类似汉语拼音 r
	h	田中芦苇棚	类似汉语拼音 h

	H	亚麻绳	强音 h
	x	胎盘	发 h 音，音位靠下
	X	动物的肚皮	发 h 音，音位更靠下
	s	门闩，布条	类似汉语拼音 s
	S	水池	类似汉语拼音 sh
	q	山坡	发 h 音，音位靠后
	k	带环篮子	类似汉语拼音 k
	g	水罐架	类似汉语拼音 g
	t	一块面包	类似汉语拼音 t
	T	绳套	类似汉语拼音 ch
	d	手	类似汉语拼音 d
	D	蛇	类似汉语拼音 zh

　　古埃及识字人口不多，除了宫廷中的皇室成员和贵族子弟有机会进入学校接受识字和书写的教育之外，平民基本都不识字。负责书写记录的人是书吏，为社会中层等级，其职位父子相继。古埃及的纪念性建筑很多，其建造过程都是在书吏的指导之下完成的。经济活动及其管理也都由书吏记录。下层民众中口耳相传的故事以及外国传来的故事也都由书吏记录下来，传给后世。古埃及书吏之神是女神塞沙特（Seshat），其典型形象是一位头戴其上倒扣着牛角的长茎七瓣花朵，手持象征"年"的植物和芦苇笔的女神。书吏一般从属宫廷，无须纳税亦不用服兵役。一般而言，负责陵墓、建筑、家具、雕像的画匠与工匠也属书吏行列。

　　古埃及象形文字有极强的象征装饰功能。这不仅在审美上如此，在贯穿整个古埃及人社会生活的思想意识方面也如此。因为古埃及人把象形文字看得很神圣，赋予象形文字一种神秘的崇高力量。古埃及人修建的神庙的结构大体相同，其正面都是一个塔门。塔门形状是象形文字中的⌣字，读作"Dw"，意为"山陵"。当太阳每天从东方升起越过神庙的塔门的时候，便形成另外一个文字⌣，读作"Axt"，意为东方的"地平线"。按照古埃及的创世神话，东方的地平线是神诞生的地方。这样的建筑设计不仅让神庙具有了再现创世神话的神秘寓意，还使神庙成为文字意象的表达形式，增加了其审美的魅力。法老的王座两侧都有象形文字▯装饰，该字读作"smA"，意为"统一"，既漂亮又有象征意义。这个王座两旁的符号装饰在石雕中又有了进一步的发展，工匠将"统一"一词延伸开来，给这一象形文字加上两个肚皮下垂者的形象，他们头顶莎草、手持莲花，用代表上下埃及的两种植物将这一符号扎起。这两个肚皮下垂者便是尼罗河神哈匹。在建筑上、石棺上、法老的家具上，到处都能看到用象形文字符号刻画的装饰。此外，古埃及还有大量的护身符，大多是埃及象形文字符号的形状，最常见的有▯（心，愿望）、▯（赫坡瑞，创造）、▯（伊西斯之结）、▯（永恒柱）、▯（姆特女神）、▯（金项圈）、▯（巴，灵魂）、▯（荷鲁斯神之眼）、▯（生命）、▯（美丽）。这些护身符陪伴着死去的人进入陵墓，保佑他们顺利地进入永恒的世界。活着的人亦佩戴这些护身符。

第二节　古埃及书吏

书吏对于想要了解古埃及文明的人来说异常重要，因为我们所知道的有关古埃及的一切文献，绝大部分来自书吏笔下。没有书吏留下来的文献，要想切实了解古埃及文明的历史文化除了依靠对考古材料的推测和猜想外几乎别无他法。古埃及的文字刻写在墙壁上、石碑上，或者书写在草纸上。仓库记录、宫廷日常管理、魔法咒语、遗嘱文书、医疗技术、税收情况，甚至家族谱系、军队及神庙的管理都经过书吏之手记录在案。所以，古埃及社会生活的正常运行没有书吏便寸步难行。

古埃及人称书吏为▯▯，原意为"画画""描绘"。作为一个职业，书吏在古王国时便已经出现。许多古埃及留存下来的雕塑展示了书吏的标准形象：他们盘腿而坐，将草纸卷展开放于膝盖之上，或读或写。书吏既是个职业也是个身份，书吏的身份非常容易辨认，因为他们常配备着书吏所特有的装备：一块木质调色板、一卷草纸和若干管芦苇笔。5000多年以前古埃及人就已经开始使用调色板了，但书吏使用的调色板一般为木质长方形。中间有一个长方形开口，用来装载芦苇笔，上方有两个圆形凹陷，用来进行调色，其中一个里面用来调和黑色粉末，另一个里面用来调和红色粉末。这是书吏在草纸上书写文字所主要使用的墨水的颜色。

据说古埃及只有百分之一的人能够识文断字，尽管有人认为这个比例有些保守，但无论如何古埃及人中有文化者不多。显然下层民众没有太多受教育的机会。能够上学读书的只能是社会中上层家庭的孩子，特别是男孩。女人中能识字者仅限于皇家成员的女儿，或有可能进入神庙做神职人员的女人。古埃及人受教育比例极低的原因有二：一是古埃及文字难读难写，学习起来非常困难；二是因为文字学习困难，加之书吏在社会上的地位又非常之高，所以学费自然也很高，不是每个家庭都有能力支付得起这笔费用。这样，皇家成员子弟和书吏的后代就成了学校里学生的中坚力量。学校一般设置在法老的皇宫里或神庙中，神庙不仅是宗教圣地，还是古代的"图书馆"和"学园"。这些孩子从5岁开始接受教育，但正规的书吏培养教育从9岁开始，完成学习需要约10年的时间。

因为草纸相对较贵，学生书写练习无法使用草纸。废弃破损的陶罐中较大的碎片便成了古埃及学校中孩子们用作书写练习的主要材料，此外还有一些较平整的石片也被用作练习书写之"纸"。正是因为这些陶片和石片，才让我们有机会发现并复原了一些脍炙人口的古埃及文学作品，包括古埃及的爱情诗，以及一些较长篇的故事。这些入学校学习的孩童们都学习些什么内容呢？他们的主科是书写，包括古埃及圣书体（即我们称之为象形文字的字体）、僧侣体和后来的世俗体。后两种文字是圣书体的草书形式。抄写和听写都是很容易令人厌烦的功课，为了缓解重复书写带来的厌烦，古埃及的教师选择了有趣的动物故事作为学生书写的范本。当然，用以练习书写的内容还少不了一些严厉的道德戒律以及数学知识。除了书写，这些未来的书吏还要学会画画。在石碑上和墙壁上刻写铭文是书吏的基本工作之一，而古埃及的铭文往往伴随着大幅的绘画或浮雕。绘画的功夫需要从小练就，所以绘画自然便成了古埃及学校教育的一项重要内容。

古埃及人将书写的能力看作是由托特神（Thoth）授予的技艺，因为这位经常以朱鹭头人身的形象出现的神被古埃及人认为是创造文字之神。因为他不仅创造了文字，还传授给人类以智慧。另一位神祇是塞沙特女神，她集智慧、知识与书写创造于一身，在众神间负责记录文献并保存。书写下来的文字被称作⸮，意为"神的话"。所以，文字在古埃及人眼中特别神圣。既然文字是神圣的神语，学习书写者就必须认真对待。教师对学生的教育非常严厉，这一点从古埃及文字"教"中便可知道。⸮，前四个字符是该字的发音，读作"sbA"，最后一个字符是意符，称作限定符号，为一个人手持一根棍子，大有棍棒教育的味道。这与我们汉字"教"字的构成倒是有异曲同工之妙。甲骨文中"教"的右侧是一只手拿着一根棍子的图画，左侧下边为一小孩，其上是表示算筹的两个叉号。可见文明古国在古时教育方面都很相似。

第三节　古埃及语语法

一、文字构成

古埃及语的书写体系主要以记音为主，而非象形。像大多闪族语系的书写体系一样，埃及语只记辅音，不记元音。在早期的古埃及语书写体系中，像 w 和 j 这样的半元音也不书写，到后来它们才渐渐开始被书写出来，成为古埃及语书写体系中必不可少的符号。这些半元音多出现在词根中，而不是词尾变化中。书写的方向一般从右向左居多，但也有些从左向右书写的；既可以横着书写，也可以竖着书写。文字中没有标点符号，需要阅读者自行加以句读。

（一）意符

⊙ ra "太阳"，hrw "日"

▯ Ht "房屋"

☻ Hr "脸"

意符经常被加上一个竖画，以示其是独体象形字。

Hr "脸" 　　　　a "胳膊" 　　　　niwt "城市"

sA "儿子" 　　　　TAt "维西尔" 　　　　Hr "在……上"

（二）声符

pr "房屋"→pri "向前走"

nb "篮子"→nb "主"和 nb "每一个"

xpr "甲虫"→xpr "变成"

Hr "脸"→Hr "在……上"

字母表见上文，这里略去。

24个单辅音字符构成埃及语的拼音，但这是现代学者为了方便而做的总结，古埃及人并没有字母表一说。

（三）其他单独符号

代表 w，（实际上是 im）代表 m，　、　、　、　都代表 m；代表 n，（实际上是 ti）代表 t 或 T。

（四）两辅音符号

Aw	pA	HA	st
Ab, mr	pr	Hm	SA
rw	pH	Hn	Sw
im, gs	mA	Hr	Sn
im	mi	HX	Ss
in	mn	HD	qd
ir	mr	xA	kA
is	mr	xa	km
aA	mH	xt	gm
wA	ms	XA	tA
wa	mt	Xn	ti
wp	nw	Xn	tm

wn	nw	Xr	TA
wn	nb	sA	DA
wr	nm	sA	Dw
wD	ns	sw	Dr
bA	nD	sn	
bH，Hw	rw	sk，wAH	nn

（五）三辅音符号

anx	wAH，sk	HqA	xpr
tiw	aHa	nfr	htp
sDm			

（六）定符

男人， 女人

人	吃，喝，讲，想	承载
死，敌人	动作，力量	赞美，领导，企求
孩子	神，国王	神，国王
眼睛	鼻子，呼吸，高兴，愤怒	肉，四肢
否定	力量	拥抱
来，去	返回	腿，步伐
穿越	皮	小，坏，弱
鸟，昆虫	轻	树
植物，花	木，树	天，上
夜	太阳，日，时间	路，旅行
土地	水	山，荒漠，外国土地
城市	节日	火
计算	书，写，抽象名词	

有时候比较难写或"危险"的定符会用一个倾斜的笔画╲来取代，

如 ⚏（读作 msi，"生育"）取代 ⚏。

符号书写过程中出现倒置、翻转与非常规书写的情况，主要有以下原因：

第一，是为了看上去美观。

⚏ HAt；⚏ 变为 ⚏ wD

第二，是为了宗教的原因。

⚏ mi Ra "像拉神一样"

第三，是符号合体。

⚏ Sm "走"；⚏ tr ；⚏ wAD

第四，是由于历史原因。

其中一种情况是音符发生了改变。⚏ swr 变为 swi ⚏（"喝"）
另一种情况是其本身属于古字。

二、词形变化与句法

(一)名词

1. 性与数

古埃及语名词有阳性、阴性之分，但无中性名词，需使用中性名词的地方便用阴性名词来代替。

⚏ Dwt "邪恶"，⚏ Hr. s "由于"

(1)单数、复数与双数

	单数	复数	双数
阳性	⚏ sn	⚏ snw	⚏ snwy
阴性	⚏ snt	⚏ snwt	⚏ snty

(2)复数与双数的书写

复数的书写形式：

第一种方式是以三代复，即将一个意符重复书写三遍(尤其在古埃及文字的早期阶段)，如 ⚏ prw "(多间)房子"。

或者将音符重复书写三次，如 ⚏ rnw "(很多)名字"。

或者只将后一音符重复三次，如 ⸺ mnw "（很多）建筑"。

第二种方式是将定符重复三遍，如 ⸺ nhwt "（许多）榕树"。

第三种方式是使用定符符号 ⁞⁞⁞ 或者 ⁞，如 Hmwt "（许多）女人"。

双数的书写形式如下：

prwy "两间房屋"

txnwy "两个方尖碑"

双数定符 ⸝⸝ 经常作为一个声符用，表示 y，如 awy "双臂"。

以 w 结尾的名词词尾经常被错误地写成复数形式，这种情况主要见于抽象名词：

nfrw "完美"

也见于集合名词：

mnmnt "群"， Say "沙子"

mw "水"有时是单数，有时则是复数。

值得注意的是， 读作"rmT"，或者读作复数"rmTw"；而作为一个阴性集合名词，它却应该读作"rmTt"（偶尔写作 ），意为"人类"。 ixt "事物"为阴性名词，但作为"谋事"解时却是阳性名词。

2. 属格

（1）直接属格

sA wab "祭司的儿子"（ 是"儿子"， 是"祭司"）

nbt pr "家庭主妇"（ 为主人［阴性］， 为"房子"）

（2）间接属格

"的"字与后面的名词性结构构成"的"字结构修饰前面的名词，"的"字有性和数的变化。

单数　阳性 ⸺ n　　　　复数　阳性 nw

　　　阴性 ⸺ nt　　　　　　　阴性 ⸺ nt

r n Kmt "埃及的语言"（ "语言"， ⸺ "的"； "埃及"，原意为"黑色之地"）

〇🏠〰🏵 Hmwt nt wrw "王子的妻子们"（〇🏠"女人"，〰"的"，🏵"大人物"）

⅃🏠⚖〰🏛 st wrt nt Dam "伟大的金子王座"（⅃🏠"王座"，⚖"伟大的"，〰"的"，🏛"金子"）

⅃🏠🐕〰🦎 st Hr nt nfrw "完美的荷鲁斯王座"（⅃🏠"王座"，🐕"荷鲁斯神"，〰"的"，🦎"完美的"）

（二）形容词

1. 形式

第一种形式来自可变词根，阳性大多无词尾变化：

🦢 nfr "完美、好、漂亮"

🦎 bin "坏、邪恶"

阴性和复数变化和名词相同。

第二种形式来自名词和代词，以 i 结尾的形容词，称作"nisbe"：

🦢 nTry "神的"，🏠 Xry "在……下的"

形容词的形式如下：

单数　阳性 i　　　　复数　阳性 w（iw）

　　　阴性 t（it）　　　　　阴性 wt（iwt）

形容词的书写形式如下：

第一，imy "在……中的"，来自代词 m "在……中"：

单数　阳性 ✝🦅 或 ✝🦅　　复数　阳性 ✝🦅

　　　阴性 ✝🦅　　　　　　　阴性 ✝🦅

第二，xnty "在……前的"，来自介词 xnt "在……前"：

单数　阳性 〰 或 〰　　复数　阳性 〰🦅

　　　阴性 〰　　　　　　　阴性 〰

第三，双数书写形式如下：

🦢 nTr niwti "当地之神"，🐕 Hr axti "地平线的荷鲁斯"

2. 用法

作为名词时用法如下：

⬭🐦–🐝 Dwt "恶人"

🐀🐦 xfty "对手、敌人"

作为修饰词时跟在名词后面，此时要和前面的名词保持性数的一致。

做谓语时的用法留待后文详述。

由名词修饰时用法如下：

🏳🏳🏳🐀🐦🏛 iqr sxrw "意见的完美"

用于比较的时候无特殊形式，跟在形容词后的被比较者前加 ⌒ r 即可。

🐦⌒🏳🐝 wr r if. f "比他父亲更伟大的人"

3. **注意事项**

🏳〰(🏳)iry，是 ⌒("到""属于")的 nisbe 形式，无变化，作为第三人称后缀代词用于表示拥有的时候可以用它来取代。

⌒ nb "每一个"从不用如名词；阴性和复数词尾也常被省略。

⌒🏳🏳 ky "其他"有形式变化：

单数　阴性 ⌒ kt　　　复数　阳性 🐦🐥 kywy

阴性 ⌒ kt

⌒🏺🏛 (读作 kt xt，"其他事情")，也以复数形式出现，它总是出现在其谈论的名词之前，用作名词。

(三)代词

(1)人称代词

①独立人称代词

第一人称 { 单数　中性 ⌣ ink

复数　中性 🏳🐦〰，🏳🏛 inn

第二人称 { 单数　阳性 ⌣ ntk　阴性 ⌣(⌣〰)ntT

复数　中性 〰🏛(⌣🏛)ntTn

第三人称 { 单数　阳性 ⌣ ntf　阴性 ⌣🏳(⌣)nts

复数　中性 ⌣🏳〰(⌣🏛)ntsn

②非独立人称代词

第一人称 { 单数　中性　🐦🐤 wi

复数　中性　〰 n

第二人称 { 单数　阳性　▭🐤(▭🐤)Tw

阴性　▭(▭)cn

复数　中性　〰(〰)Tn

第三人称 { 单数　阳性　🐤🐥 sw

阴性　‖, ‖〰(—, 〰)sy

复数　中性　‖〰(〰)sn

中性代词：‖▫ st

不定代词"一个"：▫🐤 tw

人称代词的用法如下：

第一，做动词的宾语。在没有反身代词的情况下用作反身代词。

第二，在某些语气词(🐦▭，‖▭，‖，▭，〰)后面做主语。

第三，在形容词谓语后用作主语。

③后缀代词

第一人称 { 单数　中性　🐤(🐤；🐤；🐥)i

复数　中性　〰 n

第二人称 { 单数　阳性　▭ k　阴性　▭(▫)T

复数　中性　〰(〰)Tn

第三人称 { 单数　阳性　〰 f　阴性　‖(—)s

复数　中性　‖〰(〰)sw

双数：〰 ky，〰 fy，‖〰 sy

后缀代词的用法如下：

第一，名词后用作直接属格，表示所属关系；附于不定式后做不定式宾语。

第二，用作 sDm.f 限定动词主语。

69

第三，用作介词宾语。

第四，与单词 Ds 构成"……自己"：𓂝（𓂧）Ds，后接后缀代词 Ds. f（"他自己"）。

𓇓𓂝𓈖 nsw Ds. f "国王自己"

𓂋𓈖𓂝 rn. k Ds. k "你自己的名字"

𓇋𓏏（𓈖）、𓇋𓈖 可以取代后缀代词第三人称。

（2）指示代词

单数　阳性 𓊪𓈖𓃀　　　复数　阳性 𓇋𓊪𓈖 𓇋𓊪

　　　阴性 𓏏𓈖 𓃀　　　　　　阴性 𓇋𓊪𓏏 𓇋𓊪

　　　中性 𓈖𓈖 𓈖𓈖 𓈖

以上指示代词放在所指名词后。

𓅮𓃀、𓏏𓃀、𓈖𓃀 这几个指示代词放在所指名词前。

中性指示代词常后加 n（"的"）来使用，用时放在所指名词之前，此种情况大多为复数，偶尔为单数。

𓈖𓈖𓈖𓈖𓊪𓀀 nn n srmw "这些官员"

𓈖𓈖𓈖𓈖𓊪𓊪𓏏𓊪 nw n ntrw "这些神"

𓈖𓈖𓈖𓀀𓊪 na n Xrdw "这些孩子"

后来 pa、ta、na 失去了指示代词的功能，成为冠词，常和后缀代词搭配用作物主代词：

𓅮𓃀𓇋𓇋𓈖　 𓏏𓃀𓇋𓇋𓈖　 𓈖𓃀𓇋𓇋𓈖 我的

𓅮𓃀𓎡　 𓏏𓃀𓎡　　 𓈖𓃀𓇋𓎡 你的

（3）疑问代词与疑问副词

𓅓，𓅓 m "谁"

𓊪𓏏𓂋 ptr "谁"（𓊪𓅱𓏏𓂋 pw tr）

𓇋𓐍 ix "什么"

𓏏𓈖 Sn "哪儿、从哪儿、到哪儿"

𓋴𓇋𓇋 sy "谁、什么"

（四）非动词谓语句

非动词谓语句是以副词词组、名词或形容词作为谓语的句子。非动词谓语描述的是一种情况，而动词谓语句表述的是一个事件。

（1）副词谓语句

副词谓语句的词序为 S—P（主语—谓语）。

🔶🔶🔶🔶🔶 it. k m pr. f "你父亲在他房子里"

🔶🔶🔶🔶🔶 sn. i im "我兄弟在那儿"

代词主语要由一个语气词引导，后接非独立人称代词。

🔶🔶🔶🔶🔶 mk. wi r-gs. k "我在你身边"

非谓语动词句用 m 引导谓语也属该列。

🔶🔶🔶🔶🔶 ib. i m snwy. i "我的心是我的陪伴"

副词谓语句中，🔶🔶 iw 可以置于非动词谓语句前。

名词性主语表重要陈述或描述。

🔶🔶🔶🔶🔶 iw dAb im. f "无花果树就在其中"

代词主语用 iw 引导，使用后缀代词。

🔶🔶🔶🔶🔶 iw. f Xr Hswt Hm. f "我受宠于陛下"

🔶🔶🔶🔶🔶 iw. f m nswt "（现在）他是国王"

（2）名词谓语句

名词谓语句的词序为 S—P。

🔶🔶🔶🔶🔶 snt. f Spdt "他姐姐是天狼星"

🔶🔶🔶🔶🔶 ink nb iAmt "我是优雅之主"

独立代词的词序为 P—S。

当 nm（"名字"）作为主语时如下：

🔶🔶🔶🔶🔶 Imny rn. f "阿蒙尼是他的名字"

当指示代词作为主语时如下：

🔶🔶🔶🔶🔶 it. k pw "这是你父亲"

当疑问代词为谓语时如下：

🔶🔶🔶🔶🔶 ptr rf sw "他是谁？"

带系动词 pw(无形式变化)的句子如下：

𓊪𓐍𓂋𓏏 pXrt pw "这是一种治疗"

𓏏𓐍𓊪 tx pw ns. k "铅锤是你的语言"

ns. k 最初为 pw 的同位语，但后来变作另一种形式：P pw S。同样，m 替代 pw 也会有同样的变化：ns. k m tu。

（3）形容词谓语句

形容词谓语句的词序为 P—S。形容词谓语无形式变化。

𓄤𓏏 nfr Hrrt tn "此花很美"

人称代词主语要用非独立人称代词。

𓄤𓏏𓏤 nfr Tw HnH. i "你与我很快乐"

但第一人称不这么用，比如，𓇋𓈖𓎡 ink wr（"我是一位伟大的人"）。该句中的形容词用如名词，变成了名词谓语句。

惊叹词 wy 常插在 P 与 S 之间。

𓄤𓃹𓏤 nfr wy sw "这多美啊"

ny（"属于"，介词 n 的 nisbe 形式）也可以引导第一人称主语。

𓈖𓅱𓏤 ny wi Hr "我属于荷鲁斯"

𓈖𓏤 n(y) sw Hr "他属于荷鲁斯"

（五）数词

（1）基数词

①书写

𓏤 个位（表示日期时常用）　　𓂭 万

𓎆 十位（表示日期时常用）　　𓆓 十万

𓍢 百　　　　　　　　　　　　𓁨 百万

𓆼 千

②读音

1—wa 𓏤	6—sysw 𓏿	100—St
2—snwy 𓏻	7—sfx 𓏽	1000—xa
3—xmt 𓏼	8—xmn 𓏾	10000—Dbo

4—fdw 🖐‖ 9—psD 〇⌐‖‖ 100000—Hfn

5—dyw ‖‖ 10—mD ⌒ 1000000—HH

数词跟在其限定的名词之后，名词通常为单数，偶尔也用复数。

（2）序数词

"第一"为 🐍、🯁 tpy, tp 是"头"的 nisbe 形式。

"第二"到"第九"时，在基数词尾加 nw ⌐〇🖐。

"第十"及更高的序数词由分词 me（"填充"）构成，即 ⌐⌒"填满十的数"＝"第十"。

（3）日期

🯁 读作 rnpt（"年"），但是 🯀 在日期中读作"HAt-sp"。

☉ 读作 hrw（"日"），但在日期中却读作"sw"。

（4）季节

🯂 Axt "泛滥季"

🯃 prt "收获季"

🗝〰☉ Smw "旱季，夏季"

🯁, ⌒, ⌒, ⌒月

🯀⌐‖⌒☉⌐⌂‖‖‖ "第 39 年，泛滥季第 4 月，第 19 日"

（六）动词

（1）动词种类

①强动词

三辅音动词　⌐🯄 sDm "听"

两辅音动词　🯅 Dd "说"

四辅音动词　🯆〰🯄 wsTn "大步行走，自由行动"

②弱动词

第二音双衍　🯇🯄🯄 mAA "看"

第三音弱化　🯈🯄 mri "爱"

　　　　　　🯉🯊🯄 rSw "喜悦"

第四音弱化　🯋🯌🯄 msDi "恨"

但需注意，一些以 i 为其第三音的动词是强动词，如 eei（"寻找"）、tni（"长大"），等等。

③不规则动词

iri"做"： ⟨hieroglyph⟩ iri，⟨hieroglyph⟩ irr

rdi"给"： ⟨hieroglyph⟩，⟨hieroglyph⟩，⟨hieroglyph⟩ rdi

⟨hieroglyph⟩，⟨hieroglyph⟩ di

⟨hieroglyph⟩，⟨hieroglyph⟩，⟨hieroglyph⟩ dd

⟨hieroglyph⟩（读作 iwi）和 ⟨hieroglyph⟩（读作 iii，"来"）相互补充，也有重叠使用的时候。

④使役动词

使役动词的前缀加 s 如 ⟨hieroglyph⟩（读作 smn，"使牢固"）、⟨hieroglyph⟩（读作 sanx，"使生存"）。

加 s 但词形发生变化如 ⟨hieroglyph⟩（读作 sab，"使净化"），该词为 wob（"纯净"）前加 s 构成，但失去了 w 音。

（2）动作动词与状态动词

动词有及物动词和不及物动词之分。古埃及语中不及物动词又可分为动作动词和状态动词。所有的动词都有被动式。

①祈使语气

祈使语气只有单数复数，没有性的区分，只有第二人称。

单数"听" ⟨hieroglyph⟩

复数 ⟨hieroglyph⟩ 或 ⟨hieroglyph⟩

"给"： ⟨hieroglyph⟩ im，也作 ⟨hieroglyph⟩ 或 ⟨hieroglyph⟩

"来"： ⟨hieroglyph⟩

②加强祈使语气

第一种情况为加非独立代词。

⟨hieroglyph⟩ wDAw Tn "走！"

第二种情况为加反身与格。

⟨hieroglyph⟩ sxA n. k hrw n qrs "记住下葬的日子"

第三种情况为加 r ＋ 后缀代词（⟨hieroglyph⟩，⟨hieroglyph⟩）。

sAi r. k "等等！"

（3）sDm. f 形式

sDm. f 形式指代一种动词加名词主语或中间插入表示时间的中缀成分 n、in、xr 或 kA 的形式。代词主语要用后缀代词。

	单数	复数
第一人称	中性 sDm. i	中性
第二人称	阳性 sDm. k	中性 sDm. Tn
	阴性 sDm. T	
第三人称	阳性 sDm. f	中性 sDm. sn
	阴性 sDm. s	

"某人"（一人）sDm. tw ＞ 被动态 sDm. tw. k（　） sDm. tw. k "你被听见了"。

名词作为主语时：　；　

以名词作为主语的时候，如果宾语是代词，则宾语要放在主语与动词之间，如　。

弱音动词作为谓语时，有三种时态之分。

第一种时态为完成时 sDm. f。

二弱音双衍　（变化形态　仅限该动词）

第三音弱化　也用于第一人称单数

iri	iri. f
rdi	rdi. f，还有 di. f
iwi/iii	iwi. f，还有　、　或　iii. f

值得注意的是如下两个变化形式 init. f 及 iwit. f。

完成时 sDm. f 的动作没有时间表述，主要为现在时或过去时。

第二种时态为未完成时 sDm. f。

二弱音双衍　iri 　

第三音弱化　rdi 　

第四音弱化　iwi/iii 　

这是一种表示未完成的动作、重复出现的动作，或者习惯性动作的时态。也常于允许、希望等句子中出现。宾语可跟随许多动词，如rx（"知道"）、mAA（"看见"）、wD（"命令"）等，但不可以跟在 rdi（"使、允许"）之后，在该情况下只用将来时 sDm. f。

第三种时态为期待时 sDm. f。

强动词有时也用或作为词尾，如、。

二弱音双衍

第三音弱化

iri

rdi

变体形式，

期待时 sDm. f 表达可能、期待、动名词的动作。在状语从句中，期待时 sDm. f 可以做其他动词的宾语。只有在遇到困难的时候该种结构才与完成时 sjm. f 相区分。

sDm. n. f 形式：；

二弱音双衍（而"看见"却为）

第三音弱化

iri

rdi ；

iii/iwi 或者，偶尔

当第一人称代词宾语 wi 作为反身代词的时候，sDm. n. f 形式中的后缀代词通常省略，例如，（读作 di. n. (i) wi er Xt，"我自己肚子朝下趴着"）。该结构表达的是完成的动作，通常为过去时、陈述式。在从属从句中还可以表达过去完成时态。

rx（"得知"）的 sDm. n. f 形式通常表达现在时态，但也表示过去时态"曾得知"。

第一人称用作共时现在时，特别是在仪式铭文中。

di. n. k tAw nbw "我现在就给你所有的土地"

在主语和动词之间的 n 有时候还可以用另外三组字符取代，即 in、xr、kA。

sDm. in. f 的形式表示结果、结局，表达过去时态；表示叙述中的突出事件。

sDm. xr. f 的形式表示指令或结果，通常为将来时。

sDm. kA. f 的形式表示将来结果。

以上三个结构都只在主句中出现。

（4）被动语态 sDm. w. f

时态标志 w 常不书写，更绝不会出现在后缀代词之前。第三音弱化动词 y(𓇌)却通常出现在后缀代词前。

该结构主要表达过去时和完成时，也表达祈愿语态。逻辑名词主语由 in(𓇋𓈖)来引导。

①假性分词形式

	单数	复数
第一人称	中性 sDm. kwi	中性 sDm. wyn
第二人称	阳性 ( )sDm. ti	中性 sDm. tiwny
	阴性 ( )sDm. ti	
第三人称	阳性 ( )sDmw	中性 ( )sDmw
	阴性 ( )sDm. ti	阴性 sDm. ti

词尾 w 和 t 要写在定符之前，而不是之后。它们和动词词根间不能有其他成分插入。

假性分词的用法如下。

第一，及物动词的假性分词在主动态中已经很少见，仅 rx "得知"仍在使用；其他动词第一人称偶尔可见。

第二，假性分词在主句中只有第一人称时才仍然被使用。在其他情况下，假性分词都依附于一个先行名词或代词。当其做谓语的时候，我们称之为假性动词性结构。如果做定语，则它常描述一个动作或移动的结果。

"此命令传给我，我当时正站（在我部落人中）"

"我发现他（已经）知道此事"

第三，假性分词早期也用于希冀形式。

𓋹𓊽𓋴 anx wDA snb "愿他长寿、富有、健康！"

第四，假性分词的阴性形式如下。

𓋹𓊽𓋴 "愿她长寿、富有、健康！"

②动词弱词根形式

二弱音双衍	𓍿𓇋𓈖𓏏𓏭	qbti
第三音弱化	𓉻𓄿𓂻𓀁𓈗	hAi. kwi
iri	𓂋𓂋𓀁𓈗	iri. kwi
rdi	𓂋𓂻𓀁𓈗；𓂝𓀁𓈗	(r)di. kwi
iwi/iii	𓂻𓀀；𓏭𓊃𓍯𓈗	iwi. ti；ii. kwi

(5)助动词结构

古埃及语中主要有三个重要的助动词：𓇋𓅱 (读作"iw")、𓂧𓈖𓈖 (读作
"wnn")、𓂝𓉔 (读作"aHa")。

①iw

该词词源不详，可能为一个分词，没有时态和语态变化。

iw 常置于独立从句或时间及环境从句前，只偶尔引导非独立从句。

在 sDm. f 和 sDm. n. f 结构前，可以没有人称或带一个后缀代词作
为主语。

不带人称代词时，iw sDm. f 用在谚语、俗语和习惯用语中。

iw sDm. n. f 最常用于过去时的叙述形式中。

带人称代词时，用法和 iw sDm. f 相同，但也用于环境从句中，但
禁用代词主语，比如，𓇋𓋴𓃀𓏭𓈖𓊤𓀁𓈗𓂋 ["我听到他的声音（当他讲话的时
候）"]。

②wnn

该词是一个不与 iw 同用的助动词，一般时态为将来时，因此可用
于非动词性副词谓语句，比如，𓂧𓈖𓈖𓋴𓂋𓈗𓄿𓌢𓈖𓂋 ("仆人将跟在其主
子身后")。

wnn 也有用于过去时态的时候，结构为 wn. in sDm. f 和 wn. in. f
sDm. f。

𓈖𓇋𓍿𓈖𓏏𓈗𓂋𓊤𓈗 "因此陛下对我说"

③aHa

该词意为"站起、站立"，圣书体为𓀠，也不带定符。

aHa. n sDm. n. f 是非常常见的陈述句形式，特别在用及物动词时，表示一个新动作的开始。

𓀠𓏤𓏤𓏤𓏤𓏤𓏤𓏤𓏤𓏤"因此它们构成了三个统治者的王冠"

aHa＋名词＋sjm. n. f 的形式只见于名词作为主语的句子中。

aHa 跟随被动语态的 sDmw. f：与 aHa sDm. n. f 主动结构结合使用。

𓏤𓏤𓏤𓏤𓏤𓏤𓏤𓏤𓏤"然后其颈被斩断"

aHa 与假性分词相同，总是主语跟在 aHa. n 之后。

𓏤𓏤𓏤𓏤𓏤𓏤"然后她沉默"

④不定式

不定式有如下的形式：

三辅音 𓄿𓈖 sDm

二弱音双衍 𓊃𓏤𓏤𓏤 qbb

两辅音 𓏤𓏤 mn

四辅音 𓈖𓏤𓏤 wsTn

不完全四音弱化 𓈖𓏤𓏤𓏤 mAwi

三音使动词 𓏤𓏤𓏤

不定式的阴性词尾如下：

第三音弱化 𓈖𓄿𓈖 hAt

双音使动词 𓏤𓏤𓏤 smnt

不完全四音弱化 𓏤𓏤 Hmst

不规则变化 𓏤𓏤 irt

　　　　　　𓏤𓏤 rdt

　　　　　𓈖𓄿；𓏤𓏤𓄿 iwt/iit

　　　　　𓏤𓏤𓏤 int

在"不规则动词"中提到的以 i 结尾的动词有阳性不定式，如𓏤𓏤𓏤

（读作"HHy"）、（读作"tni"）。

双辅音词 Sm（，"走"）有阴性不定式。

不定式可以为主动态，也可以为被动态。不定式可用作名词，其宾语为其属格。代词宾语要用后缀代词，如（"我来了，跟着他"）。

例外情况如，以（st）代替中性或第三人称复数。

不定式主语一般由两种方式引导，一为使用（in），二是在不及物动词不定式中作为起属格出现。

不定式一般在叙事文本的开篇中使用。

不定式作为介词宾语的情况如下：

Hr ＋ 不定式表伴随情况（"而"）。

m ＋ 不定式的形式在用动作动词时可代替 Hr ＋ 不定式的形式。

r ＋ 不定式表示"意欲、将来"。

nn＋不定式表示"没有"。

sDmt. f 形式主要为过去时态。

跟在否定词（n）之后，表示"从前"，如（"从前天空诞生"）。

跟在介词之后的情况如下：

在 m 之后表示"而"。

在 mi 之后表示"像……一样"。

在 xft 之后表示"当"。

在 m-xt 之后表示"……之后"。

在 r 之后表示"直到"。

（6）假性动词结构

谓语由假性分词或跟随介词 er、m 或 r 的不定式充当的句子被称作假性动词结构。

假性动词结构又分为以下两种形式：

第一种情况为谓语由假性分词充当，假性分词包含以下几类动词。

第一类为表被动意义的及物动词。

第二类为可预见结果的动作动词。

第三类为表述状态的形容词性动词。

第二种情况为谓语由 Hr(m，r)＋ 不定式充当，分为以下几类。

第一类为主动态及物动词不定式，其动作本身、过程均可预见。

第二类为动作动词不定式，其动作、动作的起始均可预见。

第三类为形容词性动词，其起始可预见。

第四类为表示动作的不及物动词。

例句如下：

[象形文字]"船头绳索已经固定在土地上"

[象形文字]"军队向前进发"

[象形文字]"他的内心快乐"

[象形文字]"这支军队在观察"

[象形文字]"我跟随它"

[象形文字]"虚弱已恢复"

[象形文字]"我向你请求"

不定式 Dd("说")在介词 Hr 之后常常被省略，如 [象形文字]（"每人都这么说"）。

假性动词结构只有在其为名词时主语才没有语气词支撑，而是以下列成分取代。

iw：[象形文字]"我已负载"

[象形文字]"该神已平静起程"

在从属分句中，助动词 iw 只接代词主语。

mk：[象形文字]"我向你请求"

同样情况还有[象形文字]或[象形文字]。

wnn 表将来时。

[象形文字]"我将与你一起被审"

动词 wnn 以 wnn in 形式出现，特别在陈述一系列事件的时候。

[象形文字]"因此他们肚皮朝下趴在地上"

[象形文字] "因此陛下的心变冷"

(七)分词

1. 分词词形

分词具有形容词和动词的特性。像形容词一样，分词要区分数和性，像动词一样，分词有三个时态。

(1)未完成时

	主动	被动
三音词	[象形] sDmw	[象形] sDmw
两音词	[象形] Ddw	[象形] Ddw
三弱音双衍	[象形] hAAw	[象形] mrrw
第二音双衍	[象形] qbbw	[象形] mAAw
iri	[象形] irrw	[象形] irrw
rdi	[象形]，[象形] irrw	[象形] ddw
iwi/iii	[象形] iiw	

词尾 w 在主动态中很少被写出，但一般却在被动态中被写出。复数形式为[象形]和[象形]，或者只用[象形]（拉丁化时一般写作-iw，阴性-iwt）。未完成时的特点是第二音双衍、第三音弱化。

(2)完成时

	主动	被动
三音	[象形] sDm	[象形]；[象形] sDmw
两音	[象形] Dd	[象形]；[象形]；[象形] Ddw；dDdy
二弱音双衍	[象形] ma	
第三音弱化	[象形] mri	[象形]；[象形] mriw
iri	[象形] iri	[象形] iriw
rdi	[象形] rdi	[象形]；[象形] rdiw
iwi/iii	[象形]；[象形] iw/iii	

双音词除了 Ddw 之外都有另一个被动形式，即重复式 Dddi 或 Dddw。三音弱化的单数阳性分词通常由[象形]构成。

（3）表期待时

		主动	被动
三音	阳性	𓂝𓀀（𓀀𓏭𓏭）	𓂝𓀀（𓂝𓀀𓏭𓏭）
	阴性	𓂝𓀀，𓀀𓏏𓏭	𓂝𓀀，𓀀𓏏𓏭
两音	阳性	无	无
	阴性	无	𓏏𓏭
三音弱化	阳性	无	无
	阴性	𓅓	无
iri	阳性	无	𓏤𓏭𓏭
	阴性	无	𓏤𓏏𓏭
rdi	阳性	无	无
	阴性	无	𓏤𓏏𓏭

主动期待分词总是被 sDm. ti. fy 形式所替代。

2. 分词用法

分词具有动词和形容词两种特性，既可以像形容词一样修饰名词，也可以和动词一样用作谓语。

分词的非完成时表达正在执行的动作、重复的动作、反复发生的动作；此外还有希望、情况等。因此，大多为现在时态或将来时态，但也有过去时态。

分词的完成时表达持续并且不明显的动作，大多为过去时。

分词表期待时表达的是可能或期待的动作，此外还用作动形词。

分词用如形容时其词性如下：

𓏭𓏭𓈖𓀀𓈖𓅓𓀀𓀭𓂝𓏤 "跟随他的众神"

分词用作名词时，用法和形容词用作名词时相同，此种情况下分词常加定符。

𓎡𓊪𓀀𓏏𓀀𓈖𓏤 Hmsiw "坐着的（人）"

分词用作谓语时和形容词的用法相同。

被动态分词的扩展用法如下：

𓊪𓏤𓊪𓏏𓈖𓈖𓀀𓏭𓀀 "给其子书的女人"

〔象形文字〕"其子之书被给予我的女人"

〔象形文字〕"在其屋中书被给予讲经祭司的女人"

因为埃及语中有被动分词的扩展用法，所以不及物动词也可以这样使用。

〔象形文字〕"一个人根据其计划来去"

3. 关系动词

当句子中的分词有其自己的主语而不是由其所修饰的名词充当其逻辑主语的时候，我们称之为关系动词。关系动词一定由一个概括代词跟随。

〔象形文字〕"你兄弟给其书的女人"

关系动词在以下两种情况下没有概括代词跟随。

第一种情况是当其为动词宾语的时候。

〔象形文字〕"其孩子深爱的母亲"

第二种情况是当一个副词用后缀代词取代介词表示地点的时候，但 Hr、xr 两词例外。

〔象形文字〕"我的心逗留的地方"（也作〔象形文字〕）

关系动词的时态共有四种。

根据动词有完成时、未完成时及期望时的 sDm. f 和 sDm. n. f 的情况，关系动词也有如下四种形式。

第一种为完成时关系动词。

三音、双音及四音动词：〔象形文字〕 sjmw. f "他听到的人（阳性）"，

〔象形文字〕 sDmt. t "他听到的人（阴性）"

双音可以重复。

二音弱化〔象形文字〕 wn. f

三音双衍〔象形文字〕 mry. f，〔象形文字〕 msi. f

rdi 〔象形文字〕 dit. i（阴性）

第二种为未完成时关系动词。

三音、双音、四音同完成时关系动词相同。

二音双衍 wnn. f

三音弱化 mrrw＋名词主语， fAat. f

rdi ddw. Tn

"来" ，阴性 ，

第三种为期望时关系动词。

三音阳性与完成时相同。

三音阴性 (𓇋)

两音阳性没有词尾，但有一词形式例外，即 。

两者阴性

二音双衍同完成时改写动词形式相同。

三音弱化阳性与完成时关系动词相同。

三音弱化阴性大多加 。

iri 与完成时关系动词相同。

第四种为 sDm. n. f 形式关系动词。

三音、双音、四音为 （读作"sDmw. n. f"），但通常不写 w，意为"他听到的人"。

二音双衍 mA. tn＋名词主语

三音弱化 iri. n. f "他创造的人"， gmt. n. f

rdi 为 （读作"rdi. n. i"），偶尔出现 （读作"di. n. i"）的形式。

"来" ii. n. sn

这些时态的使用与期望关系动词 sDm. f 形式及分词相一致。关系动词也可以由不及物动词构成。

"他来的路"

像分词一样，关系动词也可以用作名词。

"其城热爱之人"

关系动词也见于 in 句式，强调主语"正是其子……"。

in 句式中的主语，常以下列形式出现。

第一种形式为 in 后跟名词主语。

第二种形式为代词主语在句首，主语用独立人称代词。

in 句式中的谓语，常以下列形式出现。

第一种形式为过去完成时态分词。

第二种形式为现在未完成时态分词。

第三种形式为将来期待时 sDm. f，对应关系如下：

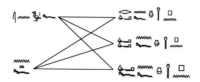

在这个结构中，分词没有词形变化。

〔象形文字〕"正是他妹妹使其名字永生"

疑问词 m（"谁"）常用在 in 句子中与 in 构成一个新词：〔象形文字〕＞〔象形文字〕。

iit pw iriw. n. f 表示一个新动作的开始。该结构实际上为一个以 pw 为系动词的非动词谓语句，不定式为其谓语，关系动词 iri（总为阳性）为其主语，此结构仅限于移动动词。

〔象形文字〕"然后我们向北方航行"

关系动词也包含形式助动词 pAi。

〔象形文字〕pAi 可以像任何其他动词一样变化，构成"已经"怎么样的意思，其后常跟一个不定式。

〔象形文字〕"我们已经听过此类事情"

sDm. ty. fy 形式（动词形容词）如下：

该形式的词尾仅见第三人称。

单数　阳性〔象形文字〕；〔象形文字〕ty. fy　阴性〔象形文字〕；〔象形文字〕；〔象形文字〕sy. sy

复数　〔象形文字〕；〔象形文字〕ty. sn

该形式的动词词根如下。

二音双衍重复，如〔象形文字〕。

三音弱化偶尔在词尾会出现 w，如〔象形文字〕。

不规则变化动词：🜚🜚 rdity. fy，🜚🜚 iw. ty. fy

该形式的意思为将来分词，大多为主动语态，偶为被动语态。像分词一样，其形式可以用作形容词、名词，但从不用作表语。

🜚🜚🜚🜚🜚🜚"一个对他忠诚的国家"

🜚🜚🜚🜚"将发生的事情"

该形式的否定词为 tm，如 tmty. fy Sd sw（"将不动它"）。

（八）介词

介词后面不仅可以跟名词或后缀代词，也可以跟动词分句，这并不是因为后者在句法上有什么不同寻常之处，而是因为用作名词的动词形式可以作为名词来使用。跟在介词后面的带名词或副词谓语的名词分句由 wn. f 或 wn. n. f（将来时）引导。在形容词谓语的句子中使用形容词、动词的 sDm. f 形式。

🜚（读作"m"）后跟后缀代词🜚🜚，表示"在……里""从……""通过……""随着"，后接谓语。

介词用在动词不定式前时，后跟移动动词，取代 er。

介词用在 sDm. f 前时，表示"当……""虽然……"。

在 sDmt. f 前时，表示"当……"。

nisbe：🜚🜚 imi

🜚（读作"n"）表示"到""为""因为"，为与格。表示时间时，意为"……以内"；在不定式前表示"因为"。

nisbe：🜚

🜚 r 表示"到""朝""从""比"。

nisbe：🜚🜚

🜚（读作"Hr"）跟后缀代词时，也作🜚或🜚，表示"在……上""在……里""由于""关于""为了"。跟不定式时，表示"在……上""当"。

nisbe：🜚🜚

🜚（读作"xr"）表示"在……下""带着"。

nisbe：🜚🜚

🔲（读作"xr"）表示"在……前""随着""在……下"。

🔲（读作"xft"）表示"在……对面""在……前面""根据"。跟动词不定式时，表示"在……时候"。跟 sDm. f 时，表示"当""按照""像"。跟 sDmt. f 时，表示"当""在……时候"。

nisbe：🔲（限定符号为🔲时指敌人）

🔲（读作"mi"）表示"像""按照"。在 sDm. f 前时，表示"当……""按照"。在 sDmt. f 前时，表示"像"。

🔲（读作"Hna"）表示"与……一起""和"。在不定式前时，表示继续前述动作。

🔲（读作"HA"）表示"在……之后""……左右"。

🔲（读作"xnt"）表示"在……之前""从……之中"；表时间时，意为"以前"。

🔲（读作"Dr"）表示"从……起""因为"。在 sDm. f 前时，表示"从……起""因为"。在 sDmt. f 前时，表示"从……起""在……之前""直到"。

🔲（读作"imitw"）表示"在……之间"。

除上述之外，还有复合介词。

🔲（读作"m-a"）表示"在……手中""与……一起""从""由……控制""通过"。

🔲（读作"m-bAH"）表示"在……前"。

🔲（🔲），读作"m-m"，表示"在……当中"。

🔲（🔲），读作"m(r，Xr)-Hat"，表示"在……前"。

🔲（读作"xft-er"）表示"在……前面"。

🔲（读作"m-xt"）表示"……之后"。在 sDm. f 前时，表示"在……之后"。在 sDmt. f 前时，表示"在……之后"。

🔲（读作"r-gs"）表示"在……旁"。

1. 介词的词序

非动词谓语词序已经在前文论述过，这里不再重述。动词谓语句子的词序为：谓语动词—主语—宾格宾语—与格宾语—状语。状语也可以置于句子开头。

代词宾语通常放在名词主语前。

🔳🔳🔳🔳🔳🔳🔳🔳"国王任命他为王友(一宫廷官职)"

与格名词＋后缀代词通常置于名词或代词宾语前，也置于名次主语前。

🔳🔳🔳🔳🔳"他给我黄金"

🔳🔳🔳🔳🔳🔳"国王给我黄金"

因此，一个名词不可以置于一个代词之前，一个独立代词也不可以置于一个后缀代词前。

2. 介绍的用法

(1)强调

如果说话者想要强调什么，可以将一句话的任何部分放在句子的开头来完成强调。这部分可以不用引导词，也可以放在 🔳 ir 之后，而在该词应该在的地方填补一个代词。置于句首的状语短语也可以由 ir 引导，但在其原来的位置上不再需要填补一个代词。

Nft sjm. f 结构有一个特殊的意思，它构成 in 结构的将来时态，也表强调。

(2)否定

①动词句的否定

表达动词句的否定时主要使用否定语气词 🔳 n 和 🔳 nn。

🔳🔳🔳 nsDm. n. f 为主动语态 sjm. f 的否定。

🔳🔳🔳 n sDm. f 为主动语态 sjm. n. f 的否定。

🔳🔳🔳 nn sDm. f 将来时，意为"他将不会听到"。

以下几点需要特别注意。

第一，n sDm. n. f 否定的是多少有些持续时间的动作。一般意为"他不能"。大多为现在时态，偶尔为过去时态，极少为将来时态。

第二，🔳跟随完成时 sDm. f，一般为过去时，偶尔为现在时。

第三，总是将来时，有时也作希望用"希望他不"。

第四，⚊🗟🎍读作"n rx. i"，意为"我不知道"（实际意思为"我还未得悉"），但也作"我不曾知道"解。

第五，被动词尾 w 和 tw 也用 ⚊ 来否定，时态可为过去时，也可为现在时。

第六，在 ⚊🗟🐦🎍⚊ n sp sDm. f 结构中，sp 可能是一个不完全变化动词，意为"发生"，只在 sDm. f 形式中出现，其主语为其后的 sDm. f，意为"他听到了但并未发生"（"他从未听到"）。

⚊🗟🐦🎍📖🎍🗟⚊"任何一个书吏都未发现它"

第七，否定动词有如下几种。

✝🎍（读作"im"）只用在 sDm. f 和祈使语气词🎍m 中，表示否定希望（m＋否定词为表达阻止的常用形式，如🎍⚏🎍，"别怕！"）。

✝🎍（读作"im"）和🔜🎍（读作"tm"）

两词都跟随含有动作并有动词形式的动词，表示否定补语，其词尾 w 常不书写出来。

双音🗖 Ddw

三音🗟🎍 sDmw

二弱音双衍🔜🎍🎍 mAAw；🗟〰 wnnw

三音弱化🔜🎍 mriw；🗖🎍🎍 hAiw

rdi 🗟 rdiw

"来"🔺🎍 iwiw

ini 🎍 iniw

否定动词的名词主语后跟否定补语。

🔜🎍🗟🔺🎍📖🗟🗟⚊"邪恶将不会伤到你"

然而，代词主语却以独立人称代词的形式出现，跟随在否定动词之后。

🔜🎍🗟🔜🎍🎍🎍"你（阴性）为什么划（船）"。

②非动词句的否定

带副词谓语的非动词句用 〰nn 否定；句中的代词主语要使用独立代词，跟在否定语气词后面。

〰〰〰〰〰〰〰〰〰〰〰〰 "他的名字不(将不)在生者当中"

〰〰〰〰〰〰〰〰〰〰〰〰 "它(心)不在其位"

不存在用〰(nn)、〰〰(nn wn)或〰〰(n wnt)＋主语来表达非动词句的否定的情况。

〰(nn)＋不定式的形式表示"没有"。

(3)问句

问句或者是表面上无法辨别的(只可通过语调识别)，或者是有〰〰〰〰 in iw 引导的。问句和一般陈述句在词序或句法上都无区别。

疑问代词和疑问副词在相应的一般陈述句中没有位置的差别。附属语气词〰(rf)和〰(tr)常在各种问句中出现。

①条件从句

条件从句在句子前面，或无引导词，或用〰(ir)引导。条件从句总含有一个期望时的 sDm. f。主句可以用各种从句形式表述。

②关系从句

关系从句是定语性从句，定语可以由形容词、分词和关系动词形式充当，也可以由动词或非动词句子充当。只在后两种情形下我们才涉及关系从句。但关系从句的先行词必须非常清晰。

限定先行词和独立关系从句(用如一个名词)的定语被看作是一个由关系形容词引导的从句表达的惯例。

	单数	复数
阳性	〰 nty	〰 ntiw
阴性	〰 nt(y)t	〰 nt(iw)t

如果先行词与关系从句的主语相一致，那么后者不用特别表述，其本身为关系形容词这一事实非常明确。

〰〰〰〰〰〰〰〰〰〰〰〰 "与他一起的埃及人"

如果先行词与关系从句的主语不一致，那么就需要重新审视该先行词，而这是通过一个再提代词完成的。

〔象形文字〕"王子所在之船"

此外，一个副词可以取代介词＋再提代词在关系从句中的位置。

〔象形文字〕"神所在之处"

一个关系从句的代词主语由一个跟随关系形容词的独立代词来充当。

〔象形文字〕"我所面临的情况"

关系从句的代词主语也可以用一个后缀代词来充当，在此种情况下，ntif 通常写作〔象形文字〕。

〔象形文字〕"他在的地方"

但有一点需注意，〔象形文字〕意为"无论谁"。

像形容词一样，关系从句可以用作名词。

〔象形文字〕"跟随他的人"

〔象形文字〕"其中的一切"

与 nty 相对应，埃及语中也有一个表否定关系的形容词〔象形文字〕（〔象形文字〕），读作"iwty"，意为"不……的人""没有……的人"，其阴性为〔象形文字〕，读作"iwtyt"。

〔象形文字〕"无人能敌之人"

〔象形文字〕"一个一无所有之人"

〔象形文字〕"一个叫花子"

有一点仍需注意，〔象形文字〕意为"存在与不存在的""一切"。

非限定先行词定语用非动词句子或动词句子来表述，其形式和独立从句相一致，需要参照先行词。

〔象形文字〕"而且他是一个独一无二的神"

〔象形文字〕"像一个已经吃了无花果的人"

由 iw 引导的时间从句或环境从句经常显示出与先行词的这种定语的关系。

𓂝𓏤𓈖𓏏𓆓𓅓𓏤𓊖𓂋𓏜𓆙𓏏𓏜 "我发现一条蛇正在靠近"

附记：古埃及象形文字透露出的文化
细节——用鼻子亲吻

　　古代埃及有浪漫的爱情吗？肯定有。有刻写在陶片与草纸上的古老爱情诗为证。只要有爱就会有爱的表达。当今爱的表达已经充斥在每一部有男女出现的电影中和电视剧里。不仅如此，艺术化的场景也时常在我们日常生活中出现，人们一不留神就会遇到一对青年男女不顾严寒酷暑热烈亲吻、难舍难分的场面。亲吻已是我们司空见惯的街景，没人会感到吃惊，没人会对此好奇。然而，如让时光倒流回3000多年前，在古代埃及这块神秘的土地上，古埃及人的爱的表达也这么热烈吗？具体地说，他们也以亲吻表达爱吗？

　　这个问题有点难以回答。尽管古埃及人也留下了一些记录爱情的文字，特别是缠绵悱恻的爱情诗，但关于古埃及人如何亲吻的描述却一直未被发现。当然，我们不是想了解古人亲昵的技巧，而是要就一种文化现象探索其来龙去脉与古今的不同。古埃及壁画多以敬神内容为主，即使所绘的内容是生活场景，也绝无亲吻场面出现。这倒不是因为古埃及有"扫黄扫非"的运动使人们不敢妄为，也不是因为古埃及人总是那么严肃，觉得亲昵之事难登大雅之堂。如果是这样，我们就见不到那些不堪入目的涂鸦之作了。比如，在戴尔-艾尔-巴赫瑞为哈特舍普苏特女王修建神庙的工匠们，驻扎在第十二王朝法老阿蒙尼姆赫特二世的残破的神庙中，他们闲来无事就在墙壁上画下了许多描绘女王与大臣塞南姆特私通的图画。由此可知古埃及人并不保守。

　　当然，宫闱秘事外人无法亲睹，即使是女王也不会在自己正在亲昵时命几个画家在旁记录或呼喊口号以加油助威，那些关于颠龙倒凤的图画终究不过猜测而已。当然这些猜测也非空穴来风，俗话说无风不起浪。第十八王朝所留下的雕像就一反常态，出现了多尊形象为塞南姆特将哈特舍普苏特女王的女儿抱于膝上的雕像，于是人们怀疑女王的女儿是她和塞南姆特的私生女。言归正传，古埃及无论在文学抑或浮雕壁画中都无亲吻场景出现，这应该不是出于严肃，而是另有原因。

埃及学家已熟练地掌握了根据词源及其在文献中的应用来分析历史的方法。既然图画浮雕中没有亲吻场面，那我们就追查一下，看古埃及有无"吻"字出现吧。如果没有，那我们便该就此死心，至少我们能据此断定古埃及人不懂亲吻为何物。

熟悉古埃及文明的学者都知道《西努亥的故事》，故事讲述了一位第十二王朝的大臣因老法老被谋杀而害怕得逃往亚洲，他经过多年的域外历险之后想落叶归根，回到埃及后，这位大臣请求辛瓦瑟瑞特法老开恩。法老在回信中允许其返回埃及的同时也写下这样的字句：（sn. k tA r rwty wrty Xnm. k m smrw），即"你就可以亲吻两巨门之土地，回到朝臣中去"。由此可见，古埃及语中并不缺少"吻"字。

光亲吻土地还不行，毕竟对祖国的爱过于庄重，并不是浪漫的爱情。我们想要探究的问题是，数千年前古埃及的男女恋人之间也互相亲吻吗？答案是肯定如此。因为我们在另一篇熟悉的传奇故事《遇难水手的故事》中找到了证据。故事中不止一次出现他人鼓励遇难生还的水手振作起来的句子，比如，高兴起来吧，（qni. k m Xrdw. k sn. k Hmt. k mAA. k pr. k nfr. st r xt nbt），意为"你将拥抱你的孩子，亲吻你的妻子，看到你那比任何事物都好的家"。

我们总算有了证明古埃及人亲吻的证据。可是，令人不解的是，为何不见古埃及的图画和浮雕中有对亲吻的描绘呢？其他可用的方法我们都已经用过，看来只有词源学分析这种方法才能为我们答疑解惑了。

只要我们翻开为数不多的几本埃及语词典一查，就会发现每本都收录了"亲吻"一词。"亲吻"一词在象形文字中作，读作"sn"，前三个字符是声符，即表音符号，第四个符号表意，埃及学者称之为"定符"或"限定符号"。"亲吻"一词在埃及语中的发音我们只需记住就行了，并不需要讨论其是否合理。但表意的限定符号却直接影响我们对该词的理解，我们不得不对其倍加留意。不留意不要紧，一旦对其多加留意有趣的事情就出现了。古埃及象形文字中的"亲吻"一词的表意符号居然不是嘴，而是鼻子。

我们都熟悉表意符号，汉字的构成有六种基本方式，即象形、指事、会意、形声、转注、假借，前四种中都有表意成分出现。从某种程度上说，古埃及文字的构成跟我们的汉字非常相像，都象形、指事、会意与形声。古埃及文字中最常用的文字构成方式也像汉字一样，为形声。形声字一部分表音，一部分表意。就像"吻"字，汉字中右侧的"勿"表音，左侧的"口"表意。埃及文𓏤𓏤𓏭中前三个字符表音，第四个字符表意。再如汉字"呼"，按《说文解字》的解说，是"呼，外息也，从口，乎声"。意思很简单，呼是向外呼气，与口相关，读"乎"音。埃及语中的"呼"为𓇋𓄿𓂝𓏤，前三个符号表音，读作"iAS"，有点像汉语中的"伊亚什"。第四个符号表意，形象为一人手指着嘴，表明该动作与口相关。

有趣的是，我们都知道吻是要用口的，汉字中"吻"字表意部分就是"口"。人们表示亲密时，用手是抚摸，用口才是亲吻。这一点毫无疑义。可我们回过头来看埃及象形文字中的"吻"字，我们不由得大吃一惊，其表意符号居然不是嘴，而是鼻子！莫非古埃及人不用嘴而用鼻子亲吻不成？用嘴亲吻的情景人们都习以为常，可有人能想象到用鼻子亲吻的景象吗？

古埃及人真的用鼻子亲吻吗？我们无法在古埃及文献中找到相关的记载，但从间接的文字中却找到了一些证据。2001 年纽约阿尔格拉出版社出版了一部叫作《古埃及的精神》的书，作者是安娜·鲁伊兹。她在该书中谈及妇女权利的一章中有这样一段记述："如果妻子不忠，她将不再享有权利获得财产；实际上，她很可能要承受失去鼻子的痛苦和毁容的惩罚。"为什么出轨者要被割掉鼻子而不是耳朵呢？安娜继续说："因为古埃及人是用相互蹭鼻子来表达亲热的。"古埃及人的亲吻不用嘴而用鼻子相蹭，看来这一猜测并非无稽之谈。难怪古埃及象形文字中的"吻"字的定符是用一只鼻子的侧面图画来表示呢。

鼻子是不是用来表达亲昵的器官我们此前还真没有研究过，但鼻子为嗅觉器官却无人不知、无人不晓。古埃及人于数千年前不会用鼻子互相磨蹭以示爱意反而用嘴充当嗅觉工具吧？我们来看看"嗅"一字在古埃及象形文字中是怎么写的吧。"嗅"在象形文字中作𓂝𓏤𓂻𓂧，读作"xnm"，表意符号也是鼻子。看来对于古埃及人来说鼻子并没有失去其嗅觉的功能。不过再仔细一看，"嗅"在象形文字中还有另外一字形，与"吻"字𓏏𓂝𓂧完全相同。看来对于古埃及人来说，嗅等于吻，吻等于嗅。

体味让人愉悦，令人兴奋，青年男女身上的体味尤为如此。为增强身体的芬芳，于是古埃及人要沐浴净身，要在身体上涂抹香精。此时我们应明白古埃及的香水为何发明应用得那么早且古埃及人的制香技术为何那么先进的了，原来是有爱情作为动力。不过到目前为止，我们总还是觉得有点奇怪，试想一下，两个恋人逃开所有人的视线，历尽波折终于于尼罗河岸边见面，他们不是热情相拥、热烈亲吻彼此，而是互相嗅嗅闻闻，蹭蹭鼻子，这似乎总让我们感觉这不是两个恋人在约会，而是两只动物在互相表达友好。

文化不同，习惯不同，表达方式自然也就不同。没有体验过古埃及人的亲吻的我们也许根本无法体会其中的奥秘。就像庄子《齐物论》中所说："彼亦一是非，此亦一是非。"究竟怎么亲吻才对，还真难以下定论。让勇于探索创新的人们去追寻吧，美好的世界一定就在不远处。

第四章　古埃及的金字塔

公元前 2 世纪，古希腊有一位名叫安提帕特（Antipater of Sidon）的诗人，在公元前 140 年写了一首诗，其中一段写道：

> 我将目光投向巴比伦的城墙
>
> 战车奔驰在高耸的墙上
>
> 宙斯神像屹立阿尔普斯河旁
>
> 空中花园还有太阳神巨像
>
> 高耸的金字塔万众之殇
>
> 摩梭鲁斯陵墓巨大异常
>
> 但当我的目光落在高耸入云的阿耳特弥斯的房屋上
>
> 所有奇观立即失去耀眼的光芒
>
> 我于是默念：啊，没有奥林普斯
>
> 太阳下的万物都不再辉煌

诗中所涉胜景中的第一个就是为我们所熟悉的古巴比伦空中花园，然后是巨大的宙斯神像，再次是金字塔，接着提到的是摩梭鲁斯陵墓，最后赞美了阿耳特弥斯神殿。诗中所赞尽为古代世界奇观，如果再加上亚历山大灯塔及罗德岛上的巨像，那么人们常说的古代世界七大奇观便一个都不少了。古代世界七大奇观是古希腊人眼中的人间奇迹，随着时间的流逝，现今七大奇观中有六大奇观已不复存在，唯有埃及的大金字塔仍巍然屹立在吉萨高原之上。

第一节　天梯——从萨卡拉到达赫述尔

如今每当人们提到埃及时往往会想到金字塔，但人们谈论金字塔的时候脑海中出现的往往是关于胡夫(Khufu)法老祖孙三代位于吉萨的陵墓的景象。吉萨的金字塔群的确壮观，古代世界七大奇观中唯一幸存的胡夫大金字塔高约140米，已有4500多年的历史，现今仍巍然屹立在吉萨高原，吸引着古往今来无数怀着各式各样的心情的游客来到这里。然而，吉萨金字塔群虽然是古埃及金字塔建筑奇观中的巅峰之作，但其既非金字塔之始，也非金字塔之终。围绕着金字塔有无数传说，一个比一个神秘，一个比一个诱人。欲知其真相，必先对第一座金字塔加以探究。就像弗洛伊德在分析精神病的成因时，一直追到病人儿童时代的经历一样，这就叫追本溯源。

关于金字塔的种种疑问中，最大的一个问题是谁建造了金字塔。在距今那么久远，而地球上大多地区仍未见文明端倪的时代，古埃及人就已经修建起令今人都赞叹不已的金字塔。巨大的石块如何被开凿？又怎么被运输？靠什么来起重？金字塔的结构如此庞大，但修筑它的方法却没有被记载下来。修造者是人是神？于是人们的猜测不断，甚至出现了认为金字塔的修造者是外星人的推想。

吉萨金字塔群是埃及古王国第四王朝第二位法老胡夫与其儿子哈弗拉(Khafra)及孙子曼考拉(Menkaura)三代人的陵墓。其中胡夫的金字塔最高最大，原有140多米高，其次是哈弗拉的，原先也140多米高。这都是人们熟知的常识。然而，人们却很少知道在胡夫和其子哈弗拉之间还有一位短命的法老拉斋代弗。这位仅执政8年便从历史舞台上消失的法老的死因虽然疑虑重重，但从历史的角度来说，他并不怎么重要。然而，要理解金字塔，我们却无法绕过这位法老。

古埃及人不厌其烦，无论在神庙、陵墓墙上还是在方尖碑、石碑上，每当他们所刻写铭文提及法老的时候，总要加以长篇大论的赞美，"荷鲁斯，底比斯升起的强壮神牛；两女神，王位像天上的太阳一样永恒；金荷鲁斯，强大的力量，神圣的王权；上下埃及之王，曼赫坡尔拉；拉神之子，图特摩斯，形象美丽，绿宝石之女神哈托尔所钟爱"（𓀀𓀁𓀂𓀃𓀄𓀅𓀆𓀇𓀈𓀉𓀊𓀋𓀌𓀍𓀎𓀏𓀐𓀑𓀒𓀓𓀔𓀕𓀖𓀗𓀘𓀙𓀚𓀛）。书吏常为此累得两手发麻。上述文字为古埃及最强盛的第十八王朝的第五位法老图特摩斯三世的名字。其他法老的名字也是如此。后来人们发现，虽然每个法老的名字不同，但其头衔中都有 5 个是相同的，分别为：荷鲁斯、两女神、金荷鲁斯、上下埃及之王及拉神之子。后两个名字中一个是登基名，另一个是出生名。

　　"拉神之子"非常神圣，一出生就与众不同。而第一位使用这一称呼的法老就是胡夫的儿子拉斋代弗。胡夫死后，他继承了王位。既然他称自己是拉神之子，那么其父胡夫自然就成了拉神，拉神崇拜由此而盛。胡夫在世时崇拜太阳神拉的文字材料未被发现，但他修建的巨大金字塔建筑却给我们留下了拉神崇拜的实物证据。为什么崇拜太阳神就要把死后安身之所建成金字塔的形状呢？因为古埃及人希望死后升入天堂，法老更是如此。中王国时期著名叙事作品《西努亥的故事》开篇便说："第三十年，泛滥季第三月第七日。神降临地平线，上下埃及之王，塞赫特普伊布瑞升入天空，与太阳神结为一体。"（𓁨𓁩𓁪𓁫𓁬𓁭𓁮𓁯𓁰𓁱𓁲𓁳𓁴𓁵𓁶𓁷𓁸𓁹𓁺𓁻𓁼𓁽𓁾𓁿𓂀𓂁）这么多文字其实只说了一件事，法老死了。登天需要梯子，而金字塔便是天梯。可作为梯子必须要有台阶才成，金字塔高则高矣，似可接近天空，可天梯的台阶又在哪里？

　　天梯台阶在萨卡拉，也在达赫述尔。两地离开罗都不算远，从开罗往南走大约 20 公里即可到达，是古王国首都孟菲斯的主要丧葬地。[①]

　　来到萨卡拉，首先看到的就是世界上最古老的金字塔建筑——阶梯金字塔。在它之前，埃及最豪华的丧葬陵墓也不过是只相当于梯形

---

　　①　2007 年初笔者走访萨卡拉与达赫述尔两地，可谓天梯之旅。

金字塔底层的长方形的陵墓，被称作玛斯塔巴墓。玛斯塔巴是阿拉伯语，意为板凳。古人自己称之为伊司或玛哈特（𓏤𓈖、𓏤𓇋𓏏𓉐）。玛斯塔巴可以说是天梯的第一个台阶，第三王朝的佐塞尔王首先将自己的陵墓加高到六层阶梯，形成方锥体结构，为后来的金字塔提供了雏形。佐塞尔是古希腊人对这位于 4600 多年前统治埃及的国王的称呼，他本来的名字叫内彻瑞赫特（Netjerikhet，𓊹𓄤𓏏），意为神本人。神是天上的星宿，死后自然要回到天上。所以，其陵墓一定要向高处修建。

阶梯金字塔从设计到建造的过程都由一人统一筹划组织，这个人就是伊姆霍特普，他是人类历史上第一位名字得以流传下来的建筑师。他既为建筑师，又是佐塞尔法老的维西尔，相当于中国古代的宰相，还兼任赫里奥坡里斯的主祭司。这个地名是古希腊人所用的名称，意为太阳神之地。从法老到建筑师都与太阳有关，太阳神被看作埃及的主神的传统便从这时开始。

位于达赫述尔的红金字塔和弯曲金字塔的年代都比我们所熟知的胡夫金字塔早。[①] 它们虽不及胡夫金字塔高，但除了胡夫的儿子哈弗拉的金字塔之外，便没有哪座金字塔在规模上可以与这两座金字塔比肩了。这两座金字塔都是胡夫的父亲斯诺弗汝的陵墓，弯曲金字塔在建造过程中被发现其坡度过陡，如果照此建造下去，金字塔就会因太高、太大、太重而使内部墓室无法承受如此大的重量。于是，建造者改变了主意，将坡度降低，结果在金字塔腰部位置出现了弯曲。由此可知今人所见的金字塔完美的外形是古埃及人不断积累经验的结果，并非来自外星的更高级生物之所为。

萨卡拉的佐塞尔法老的金字塔呈阶梯状，是第三王朝时期的建筑。斯诺弗汝是第四王朝的开国之君，他建造了好几座金字塔，梅杜姆阶梯金字塔应该就是他的作品。梅杜姆离当时的首都孟菲斯较远，因为

---

① 笔者的天梯之旅先到萨卡拉。看完萨卡拉后，我们驱车前往达赫述尔。两地相距不远，从萨卡拉向南望去，灰蒙蒙的天际下红金字塔与弯曲金字塔宛如海市蜃楼般飘在天地之间。不到 10 分钟后，我们来到了达赫述尔。红金字塔和弯曲金字塔孤零零地站立在荒漠间，让人有些许凄凉的感觉。

没有以佐塞尔王阶梯金字塔作为参照，结果梅杜姆阶梯金字塔建得有些像炮楼。一位追求完美的法老怎会容忍自己的金字塔建得与前人的登天之梯相比差得如此之远呢？于是他决定再建一座金字塔，他将地点选择在离佐塞尔阶梯金字塔更近的达赫述尔。在达赫述尔建造的第一座金字塔因设计失误而弯曲了，于是斯诺弗汝决定再建一座，红色金字塔就这样诞生了。为了追求完美，斯诺弗汝法老下令用石灰石块将金字塔阶梯修平，使其变得更加光洁漂亮。第一座完美的锥形金字塔就此诞生。每当太阳从东方地平线上升起，其光芒首先凝聚在金字塔尖顶，辉煌耀眼，仿佛与太阳合为一体。此后的法老纷纷效仿斯诺弗汝，直到因盗墓猖獗，陵墓遭受亵渎，新王国的法老才不得不改变思路，在新王国都城底比斯的西岸开凿山体陵墓，形成著名的帝王谷和王后谷，但其所选山体大多形似金字塔。法老修建登天之梯的传统依旧未变。而此前法老陵墓皆为金字塔墓，共有八九十座之多。

胡夫的父亲斯诺弗汝追求完美，在修筑陵墓方面也力求完美。虽没有古代铭文可以证明他是一位追求完美的法老，但他建造了那么多金字塔，直到满意才罢手，其对完美的追求可见一斑。且其名字也透露了他的追求。名字通常反映人之向往，就连古埃及的法老也未能免俗，斯诺弗汝（𓈖𓆑𓂋𓄿）意为"让一切美丽"。他是否真的让一切变得美丽我们不得而知，但他至少完成了让金字塔从原始的阶梯状到完美的锥形的演进。

我们再回到最初的天梯——佐塞尔王的阶梯金字塔。现在的阶梯金字塔虽然仍然巍峨，但其周围的建筑早已残破不堪，很难想象当初这座高大的石头建筑物是被用围墙围起来的。围墙有 10 多米高、1600多米长，就像一座远古的城市。围墙用图拉的石灰石建造，上有凹凸的柱形雕饰，美丽异常。围墙内便是巍峨的阶梯金字塔了，四周有院落空地，有储藏室，有廊柱，有长长的凉亭，一点不像亡者的安息之所，倒像一个法老在世时用来休憩的行宫。

阶梯金字塔南侧的空地南端有一段残墙，残墙上端有一排眼镜蛇正面朝向东方。眼镜蛇从远古时代开始就在埃及就有着特殊的含义，它是王权的象征。在之后的法老的巨大雕像上，以及陵墓墙壁的壁画中，到处可见眼镜蛇正面朝向前方，雄踞法老王冠之上的形象。希腊人最早记录古埃及文明，他们称法老王冠上的眼镜蛇为οὐραῖος，意思就是眼镜蛇，后演化为拉丁语 uraeus，在现今西方国家的语言中专指古埃及王冠上的神蛇标志。古希腊有无眼镜蛇暂且不论，但这一词汇与古埃及语中的同一词汇看上去很相似。古埃及语中称眼镜蛇为 ꙮ（iart），不知为什么，这个词汇跟另一个表示"上升"的词汇同音，两者的差别仅在于限定符号而已。"上升"一词的限定符号为道路符号，而"眼镜蛇"一词的限定符号则为眼镜蛇的形象。如果两词确为由同一词根演化的词汇，那么眼镜蛇成为王权的标志就顺理成章了。法老高高在上，一直向上升腾，直至死亡后进入金字塔，与天上的太阳神合为一体。古埃及法老王权标志有五个，眼镜蛇就是其中之一，此外还有王冠、豹皮、公牛尾、权杖。眼镜蛇又称拉神之眼，是象征太阳神保护法老的标志。这些标志就像我国古代龙袍上的十二章纹，不是随便什么人都可以使用的。

　　法老可以借助金字塔这架天梯登天，但大臣与贵族却没有足够的人力、物力、财力建造金字塔，只好以玛斯塔巴墓为死后定息之所。当然，贵族和大臣即使有足够的人力、物力、财力建造金字塔，恐怕也不敢贸然行事，因为这样做意味着僭越。在等级森严的社会里，僭越行为会招来杀身之祸。在金字塔建筑已达到顶峰之后王公大臣仍修建玛斯塔巴墓。看来他们纵想和太阳神结合却也只能登上一级台阶，而难以登天。王公大臣们虽然只能在天梯上迈进一步，但总归聊胜于无。于是他们将自己所能建的天梯的第一级建得高大雄伟。在佐塞尔法老阶梯金字塔东北不远处有第六王朝法老特提的金字塔，而在特提金字塔的北面有一个外表看上去像一个院落围墙一样的封顶建筑，这便是特提法老的维西尔兼女婿麦尔汝卡（Mereruka）的玛斯塔巴陵墓。

　　经历了约 4300 年的风雨，麦尔汝卡的玛斯塔巴墓外墙上的铭文大多脱落，只在个别地方留下一些文字的残迹，依稀可见其当年外观的美丽。围墙残迹上最为明显字迹是 🐥𓅆，前面的小鸭子读作

"TAty"，意为"维西尔"，后面的两个符号猫头鹰和嘴读作"imy-r"，意思是"监管"。其实，"监管"一词是个组合词，由两部分组成。前面的猫头鹰是介词，意为"用……"，后面的嘴通常代表语言，合起来直接的意思为"使用语言的人"。古时候人分两种，一种为劳力者，即民众，或称被统治阶层；另一种为劳心者，即统治阶层。前者动手，后者动口，因此，时人称后者为"使用语言的人"，这正是麦尔汝卡的头衔。动口者登天尚且如此之难，而民众登天则几无希望。在古埃及，没什么事情比登天还难。

登天，光凭金字塔这个天梯还不够，还要有登天的咒语。在萨卡拉金字塔中我们发现了金字塔文。在萨卡拉的阶梯金字塔北面，还有一座不大的金字塔，已经部分坍塌，略显颓败。这便是第五王朝最后一位法老乌尼斯(Unis)的陵墓。当我们进入这座金字塔的时候，能看到墙壁上刻着排列整齐的象形文字铭文。这就是古埃及最早的金字塔文，也是古埃及最早的咒语铭文。咒语铭文后来演化成棺文，刻写在棺椁之上。再后来演化成亡灵书(有人称之为"死人书")，书写在草纸上并放置在木乃伊周身绷捆着的纱布中。

金字塔文能帮助亡者顺利进入另一个世界，古埃及人称之为度阿特(＊🔲 dwAt)的世界。度阿特原指清晨的星光，后转而指早晨(＊🔨☉ dwA)。早晨星光微明，万物苏醒，太阳神驾舟起航，一切都欣欣向荣。于是人们对天祈祷(＊🔨 dwA)，祈祷在另一世界的永生。人们盛传的古埃及法老的诅咒其实就是由金字塔文到棺文再到亡灵书中出现的一些字句，但其主要内容并非诅咒，而是作超度之用。

萨卡拉的金字塔把我们的思绪带回远古，被视作是天梯的陵墓向我们揭开了古埃及人精神生活的大幕。由于时代久远，我们看得并不十分清晰，但伟大的埃及古人留下的文字却能填补时间的鸿沟，让我们走进古埃及人的心灵世界。

愿法老在天之灵都能顺利通过最后的诘问，进入度阿特的世界与太阳神合为一体，每日循环在天地之间。

第二节　王室坟墓的发展

　　古埃及最早的陵墓出现在尼罗河西岸耕地与沙丘的交界之处。说是陵墓，其实就是个土坑，里边陪葬了一些罐子而已，尸体呈婴儿状面向西方卧在土坑里。真正的陵墓还是伴随着王室的出现而出现的。王朝初期，埃及南北各有一个丧葬墓地，南边的是阿比多斯，北边的是萨卡拉。有趣的是，两个大墓地中出现的陵墓之上经常刻有同一位法老的名字。于是有人认为其中的一处是法老陵墓，另一处是法老的衣冠冢。早期法老的陵墓也比较简陋，尽管地上部分已经出现建筑，但其修建所用材料及其形状都与后来巍峨耸立的金字塔相去甚远。早期陵墓的地上建筑是泥砖结构，形状呈长方形，因其很像后来阿拉伯人所用的长凳，故后人称其为"玛斯塔巴"，阿拉伯语意思就是"板凳"。而这个根本不像金字塔的"板凳"却成了后来金字塔的前身。

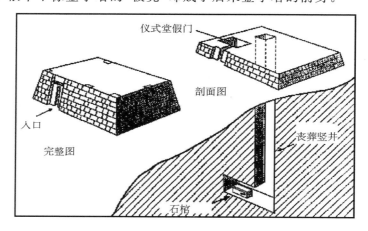

图 4-1　古王国玛斯塔巴图解

　　泥砖建造的玛斯塔巴墓的结构相较于金字塔而言还十分简单，但有一点二者是一脉相承的，即都是在地下陵寝之上建造一个标志性建筑。玛斯塔巴的地上建筑通过竖井与陵寝相通，金字塔则是通过较为曲折的斜坡通道连接地上与地下部分。地上建筑的出现随着丧葬仪式的发展而不断发展，变得越来越复杂。玛斯塔巴的地上建筑由最初只有简单的一个仪式堂发展为有几个各具用途的房间的结构，最后发展成陵墓的地面建筑群。早期的玛斯塔巴的地上建筑都是用泥砖修建的，现存的最早的泥砖墙属于第二王朝最后一位法老哈塞赫姆威（Khasehemwy）的玛斯塔巴建筑综。建筑综是一个由各司其职的建筑构成的整体，也有人称之为"建筑群"，但因"建筑群"一词很容易被误解为一群同类型的建筑，故采用"建筑综"称之。

随着玛斯塔巴建筑综的发展，古埃及人开始试图将几层玛斯塔巴摞在一起，每层比其下的一层小一点，这样就形成了一个近似四棱锥的阶梯式建筑，称"阶梯金字塔"。第一位进行这种尝试的法老是第三王朝的佐塞尔，其设计师便是后来被埃及人尊为神祇的伊姆霍特普。伊姆霍特普作为一位第三王朝的高官曾侍奉过四任法老，但他最为后人所知的却是他为佐塞尔王设计修建的阶梯金字塔。该金字塔被称作地球上第一座独立的石头建筑，是古埃及金字塔建筑的开端。阶梯金字塔总共 6 层，60 多米高，底面为长方形，南北边长于东西边。阶梯金字塔内有一条竖井向下延伸约 27.4 米通向花岗岩砌成的墓室。一个 3 吨重的圆柱体花岗岩封锁住了入口，但地下墓室的北侧有一个洞供人将佐塞尔法老的遗体下葬到墓室中。金字塔周围有约 10 米高的围墙环绕，院落很大，呈长方形，南北长 1 公里左右。围墙由石灰石修建而成，有 211 处突起的掩体，像城堡一样，有 1 处入口和 13 个假门，看上去就像宫殿。

在萨卡拉阶梯金字塔诞生后的 100 年间，金字塔由阶梯式演变成真正的四棱锥式金字塔。从梅杜姆到达赫述尔，由弯曲金字塔到钝角金字塔，最终是矗立在吉萨高原上的金字塔中的登峰造极之作——第四王朝法老胡夫的大金字塔。胡夫金字塔不仅外观不再呈阶梯状，而且四个三角形的侧面上还砌上了石灰岩，让它显得巍峨壮丽，熠熠生辉。胡夫大金字塔原高约 147 米，底面边长原来皆为 230 米左右，所用石料约 260 万立方米。我们很难想象，在 4500 多年前，古埃及人在没有任何现代设备的情况下需要使用多少劳力才能一块石头一块石头地将如此庞大的建筑砌得那样完美。这些人力当中既有劳力，又有工匠。而劳力的主力军又分成采石者和运石者。第四王朝巨大的金字塔建筑似乎将后代人的精力耗费殆尽，第五王朝和第六王朝的金字塔明显小了很多。单是一座胡夫金字塔的石头用量就几乎相当于整个第五和第六王朝所有金字塔用石的总量。之后的金字塔尽管小了很多，但内部墙壁上的浮雕却大有增加。仅第五王朝萨胡瑞（Sahure）法老的阿布西尔（Abusir）金字塔中的浮雕就有 10000 多平方米。金字塔文开始出现在金字塔中的墓室的墙壁上，首例便是萨卡拉乌尼斯法老金字塔内部墙壁上的金字塔文。

虽然中王国的法老们继续修建金字塔，但无论是在规模上还是建筑材料上都寒酸了许多。中王国的金字塔很多都是用泥砖修建的，而剩下的那些，其建筑材料也以泥砖为主。中王国的金字塔外墙用泥砖砌成，里面用碎石填充，只是在最外层用石灰石砌成表面。虽然看上去仍是似乎可以永恒存在的石头建筑，但其内部已经不再能与古王国的金字塔相提并论了。古王国的金字塔之所以修建得那么巨大，其中有一个不足为外人道的考虑，即防盗。古埃及盗墓猖獗，法老们想了很多办法试图解决这一问题，可几乎所有的陵墓仍被盗掘一空。增大工程量也是防止陵墓被盗的一个手段，因为法老们认为那么大的工程，单凭几个盗墓贼是很难进去的。结果还是事与愿违。

到了新王国，法老们试图从根本上改变这一窘迫的现状。他们已经意识到金字塔陵墓是标志性建筑，要想不让其被盗墓者知道是不可能的。新王国的法老们在自己的都城底比斯对岸选定了一群山峦，其中的许多山峰状似金字塔。第十八王朝法老图特摩斯一世的大臣伊恁尼（Ineni）奉命为法老修建陵墓，他就选中了其中的一座山峰，从山峰的地下向山中凿出一个陵墓。这为后世开创了一种新的法老陵墓样式——凿岩陵墓。伊恁尼在图特摩斯一世陵墓的墙壁上刻下了这样一行文字："我为我主修此陵墓，无人得见，无人知晓。"显然其主要用意还是躲避盗墓者的耳目。这一变化不知道应该算是金字塔的发展呢，还是金字塔的衰落。

第三节　吉萨高原

　　吉萨高原位于现在开罗的西南郊，站在吉萨高原上便可以俯瞰开罗。包括胡夫大金字塔、大斯芬克司巨型雕像以及工匠村遗址在内的著名金字塔群建筑就坐落在吉萨高原之上。吉萨高原墓地距开罗市中心大约 25 公里。金字塔群的主体由胡夫祖孙三代的金字塔呈东北—西南方向排列构成。最东北的一座便是著名的胡夫大金字塔，由于地势较低之故，这座最高的金字塔似乎比其儿子哈弗拉的金字塔看上去要矮。哈弗拉的金字塔是古埃及第二高的金字塔，位于胡夫金字塔西南几百米处。再往西南就是哈弗拉的儿子曼考拉的金字塔，尽管它也称得上巍峨，但与其父亲和祖父的金字塔相比就小多了，因为它只有 60 多米高。在哈弗拉金字塔的东面坐落着大斯芬克司巨型雕塑，又称狮身人面像，该像正面面向东方。环绕着这些大的金字塔是一些小的金字塔建筑，为王后陵墓，或称王后金字塔。胡夫金字塔的东部有很多玛斯塔巴墓，南部紧靠金字塔的位置有太阳船船坑被后人所发现，其西部也是墓群。此外还有一些甬道和河谷神庙围绕着金字塔，但因时代久远，大多甬道和神庙建筑都已不在了。

　　胡夫大金字塔东西两边都是墓地，墓地中的陵墓主要以玛斯塔巴墓为主。西边的玛斯塔巴墓大多是第五王朝和第六王朝的，也有第四王朝的。有的用石头修建，有的用泥砖建成。墓主人中有王子和公主，也有法老的大臣，甚至有法老的维西尔。东部墓地中的玛斯塔巴墓与西部墓地相似，所不同者在于东部墓地中不仅有王子和公主的陵墓，还有王后的陵墓。胡夫的母亲、斯诺弗汝法老的王后赫特普赫瑞斯一世（Hetepheres Ⅰ）就埋葬在东部墓地的一个小金字塔中。整体看来，似乎东部墓地比西部墓地主人的地位高。在东部墓地南面还有一个墓地，一般称为中部墓地，它位于大斯芬克司前面的哈弗拉法老陵墓河谷神庙的南侧。该墓地看来是哈弗拉法老的家族墓地，大部分陵墓主人都与哈弗拉法老有关。其中包括他的儿子、王后和女儿。近期埃及学家又在金字塔附近发现了建造金字塔的工人的陵墓，这些工人被葬在泥砖陵墓里，遗体未被做成木乃伊；陪葬品有啤酒和面包，供其在死后的世界里享用。这些金字塔修建者的陵墓对学者研究金字塔修建的情况很有参考价值，对工人陵墓的分析让我们确认他们都是受雇而来修建金字塔的人，而不是奴隶。

吉萨高原的考古工作一直引人注目，同时也不能不提一个人的名字——美国考古学家马克·莱纳（Mark Lehner）。他在埃及考古30多年，作为"埃及研究协会"（Egypt Research Associates）的会长，指导着有多学科学者参与的埃及考古工作，并对挖掘出来的所有文物都进行了仔细的考察，从建筑到花粉，他一丝不苟地描画出吉萨4500多年前的完整图景。

第四节　建造一个金字塔

人们对于金字塔最感兴趣的莫过于4500多年之前的古人是如何用最简陋的工具将庞大的金字塔修建起来的。的确，约140米高，底面边长都为230多米，用了230多万立方米石头的胡夫大金字塔，是怎么被古埃及人修建得如此规整，以至于其四个侧面分别朝向正南、正北、正东和正西呢？每个斜边是如何保持都在约51分51秒这个角度的？要建造这样一个庞大而精密的建筑，一个总设计师或总工程师是必不可少的。这个人一定是一位懂得几何学、建筑学、工程学的人，而且一定是一人之下、万人之上的高官。我们研究一下古王国政治建构就会发现有这样一个职位——𓌀𓏏𓏭，读作"TAty"，这便是一人之下、万人之上的维西尔。维西尔的权势是足够大了，但其能否胜任这样一个史无前例的工程还不可知。古埃及的高官往往身兼数职，如果维西尔同时拥有工程总监的头衔，那一切就都顺理成章了。金字塔的建造总管被称作𓍿𓏤𓎟𓂋𓏏，意为"一切工作总管"。胡夫金字塔的"一切工作总管"是赫姆伊万努（𓏏𓏭𓃩），考古学家在吉萨胡夫大金字塔旁发现了他的陵墓。他是第四王朝法老斯诺弗汝的孙子，曾任维西尔之职。

虽然没有找到确凿的证据证明他就是总理胡夫金字塔建造事宜的"一切工作总管"，但一般认为这项工作应归功于他。迈克尔·赖斯的《古埃及人名词典》中说："传统上一般说他是胡夫金字塔的建筑师，如果正确，那他就应当是古埃及历史上享有其先贤伊姆霍特普的那般声誉的人。"有了主设计师和工程总管，接下来还有一系列的工作。

　　首先是为金字塔选择合适的地址。为金字塔选址需要考虑两个问题：一是按照古埃及人的世界观，永恒世界的入口是在西方。所以，金字塔的位置需选在尼罗河的西岸才行。二是对工程的考虑。金字塔需要大量的石灰石，如果采石场离金字塔修建地很远，就不仅仅会耗费人力，还会导致运输困难、工期延长。最好的选择是就地取材。

　　埃及的金字塔大多选择修建在尼罗河西岸的古王国首都孟菲斯附近的一条荒漠带上。东边是尼罗河谷冲积平原，西边是荒漠。在这个绿洲与荒漠接壤的隆起地带上，古王国的金字塔巍峨耸立着。从西北向东南排列着阿布拉瓦什、吉萨、阿布希尔、萨卡拉、达赫述尔、梅杜姆、哈瓦拉金字塔遗址。这里的石质地面既为建造金字塔提供了石料，又为沉重的金字塔提供了坚实的地基。中王国的金字塔向南延伸，接近法尤姆绿洲地区。

　　选择好了地址，接下来的工作是确定采石场、运输线路、尼罗河码头以及工匠居住之处。采石场是修建金字塔所用材料的主要来源，尽管有些金字塔内部用了碎石填充，但大多数金字塔还是用完整的石头修建而成的。运输路线中最重要的一条是从采石场通向金字塔所在地的斜坡，随着金字塔一层层加高，长长的斜坡解决了垂直升降无法达到相应高度的难题。金字塔所需石料中最多的是主体建筑用石，但有些石头无法从附近的采石场获得，比如用于外层贴面的石头需要比主体石料更加明亮，墓室的用石要比主体用石更加坚硬。这些石头要从远处运送过来，而运送石头的主要途径是尼罗河。所以要在金字塔修建地附近修建一个码头，供运输特殊石料之用。修建金字塔是个庞大的工程，需要大量的人力。金字塔修建者中尽管有些人住在金字塔所在地附近，但大多数人是从远处来到工地的，对于他们的住处也必须考虑清楚。因为人数众多，驻地不能太小，同时既不能妨碍工地工程的运行，也不能离工地太远。

当然，有些小的金字塔因工程量不大，与之相关的一切设计安排都很简单。但像胡夫大金字塔这样庞大的建筑就绝不是轻易可以完成的。在选择好大金字塔所在地之后，首先要选定的就是采石场。考古学家经认真考察之后发现，胡夫金字塔东侧地区无法开辟为采石场。因为在胡夫统治时期，即他的金字塔尚未开始建造之时，这里就已经有陵墓了。西侧亦如此，既不能用作采石场，又不能修建缓坡。北部倒是没有之前修建的陵墓，但考古学家在那里没有找到采石场和缓坡的遗迹。剩下的就只有一种可能，即采石场位于金字塔南侧。尽管南侧有太阳船船坑及小的陵墓，但船坑是拉斋代弗时期的，而小陵墓则是曼考拉时期的，它们都是在大金字塔之后修建的，所以不影响胡夫金字塔的采石场和缓坡选择在南部的推论的正确性。一般金字塔的南侧都有小金字塔及玛斯塔巴墓散布，但胡夫金字塔的南侧却没有。这就更加明确地说明南侧存在通向采石场的缓坡的原址。在胡夫金字塔南 750 米之处，考古学家们发现了一个采石场，金字塔建筑主体的石头都来自这里。第五王朝、第六王朝的金字塔以及后来中王国的金字塔不再有胡夫金字塔这么大的规模了，其石头用量也越来越少，因为他们修建的金字塔只外层是石头修建的，里面填充的是碎石或泥砖。

一切准备就绪，金字塔的修建就进入了实质性的阶段。对于修建进程，现代人的猜测极为丰富。最离奇的猜测是外星人修建说。《来自外星的神》《众神之车》《上帝的指纹》和《法老山》等畅销书都为这一猜想提供了细节性的推测。之所以有这么多离奇的猜测，是因为人们总是很难想象在那么久远的年代，在没有任何现代设备的远古时代，古埃及人是怎么将那么重的一块块巨石一层层垒砌得那么完美的。这个问题如果不能解决，外星人修建说的猜想就会越来越泛滥。

首先考虑缓坡的建造，若没有缓坡工人就无法将石头运送到金字塔越建越高的顶层去。最简单的缓坡是直坡，它从采石场一直通向金字塔。直坡的好处是只占用金字塔四个侧面中的一面，其他三面以及四个角都不受影响。在金字塔的建造过程中确保侧面的倾斜角度是非常重要的，因为工程庞大，很容易最后出现扭曲。所以对其余三面及四角不产生影响便于观察是非常重要的。然而，随着金字塔修建得越来越高，这个缓坡的长度也会随之越来越长。胡夫金字塔原来有140多米高，缓坡要么变成陡坡，要么越过采石场，伸向更远的地方去。且因缓坡的修建也是一项重要的工程，而金字塔和缓坡的修建又不能同时进行，所以直坡的弊端显而易见。

还有另一种斜坡设计，即环绕坡。环绕坡从金字塔每层的四个角修起，一层层环绕而上，直至最后一层。这个方法不仅使设计师在金字塔建造过程中一直能够观测到建筑的施工进程和侧面角度是否正确，还可以不使斜坡越过采石场。然而，环绕坡也有其特有的问题。在金字塔新的一层刚刚建造起来的时候，不仅其尚未完成的层面旁要能支撑住斜坡的重量，而且还要在上面拖拉上数吨甚至十几吨重的巨石，这对于金字塔每一层都是个很大的考验。

第三种斜坡设计是直坡与环绕坡的结合。以采石场为起点修建一个通向金字塔修建地的斜坡。修到一定高度之后使其坡度降低，使斜坡形成一个拱桥一样的形状。然后落脚在金字塔的西南角之处，再随着金字塔一层层的加高使斜坡环绕金字塔而修建，将金字塔包围住。这样既解决了斜坡长度的问题，又不需依靠金字塔体做斜坡的支撑。唯一的问题是当金字塔修建完成后将包围住金字塔的环绕坡清理掉是一项很大的工程。

接下来的问题就是如何将庞大的金字塔修建得完美。我们知道金字塔的底面是个正方形，其四个侧面需要分别面向正东、正西、正南、正北。胡夫金字塔做到了这一点，其偏差非常之小。4500多年前的古人是如何做到这一点的？考古学家在吉萨金字塔周围搜寻，发现胡夫金字塔周围与其底边平行处有排列整齐的一排盘子大小的凿洞，显然是用来竖立木桩的。此外在金字塔周围还发现地面石基上有凿出的沟。这些都向我们展示了古埃及建筑师为将金字塔建造完美所运用的智慧。凿出的沟是用来灌水测试金字塔地基是否与水平面平行，与我们现代的水平仪的原理相同。竖立的柱子是用来确保金字塔每边平行的。至于正南、正北的测量，古埃及人利用的是太阳升起落下的切线。他们在选定的地点中心凿一个标记，这里将来就是金字塔尖的水平投影点所在的地方。然后围着这个中心点画一个圆圈，砌起等高的墙。当早晨太阳尚未升起之时，负责测量的工匠来到圆圈围墙当中，站在中心点面向东方，当太阳升起来与圆墙相交的时候，工匠在墙上的这一交点上画一个记号，傍晚再来到圈里记下太阳落下时与圆墙相交的一点，之后通过两点画出一条直线，直线两端分别指向正东、正西的方向。当然，在一年的什么时候才能以这种方法确定方向正东、正西，古埃及人通过观测天象已非常清楚。

　　还有一个问题需要考虑，即修建金字塔需要多少工匠。根据希罗多德《历史》中的说法，修建胡夫金字塔用了至少 10 万人，耗时约 20 年。当然这是希罗多德听埃及祭司们说的，传说的东西多有不实，所以还需要考古的证据才可信。比如，希罗多德说胡夫为了修建他的金字塔，居然让自己的女儿——埃及的公主——前去卖淫，每位与她有染的人不仅要给她财物，还要献上一块巨石。显然这段记载的可信程度不高，因为虽然在后世传说中胡夫是一个暴君，但因为"层垒造史"的原因，后人会在贬低与诋毁的过程中添油加醋地插入许多故事。考古学家在金字塔东南方发现了一处遗址，其中有修建金字塔的工匠们的陵墓，还有修建缓坡工匠们的陵墓，有粮食储藏地，还有工匠营地。从修建金字塔的工匠营地遗址的情况分析，住在这里的工匠们只有 18000 人左右。当然这不是全部工匠的数量，因为不是所有的工匠都住在工匠营地中，有一部分人住在家里。无论如何，工匠的数量不会像希罗多德说的那么多。工匠应该分成若干支队伍，数量至少为四支，因为金字塔的四面，每面都需要由一队人修建。每队工匠有一个监管者，负责一切调配，而各面的监管者又受总监管者指挥。

　　修建金字塔需要有效的管理体制，因此工匠村的发现对于理解当时的社会结构意义重大。工匠的陵墓尽管规模很小，所用材料与胡夫金字塔相比也有些寒酸，其陵墓所用的材料是泥砖，但其陵墓形状却也呈金字塔状。考古学家在工匠陵墓里面发现大量壁画，通过这些壁画，我们得知当时人们的生活方式、食物结构及穿着打扮。更为可贵的是，在他们的陵墓墙壁上刻写有他们的头衔，这为我们分析当时的社会结构提供了不可多得的依据。此外，壁画中还反映出古埃及人的宗教信仰。

附记：巨像何时倒下

埃及有一处古迹公园。一进门，首先映入眼帘的是在远处高高的棕榈树掩映下的巨大雕像与其前面的斯芬克司雕塑。斯芬克司雕塑的正面与巨大的站立雕像相面对，其背部朝向入口的方向。我的左手一侧是旅游景点里随处可见的卖纪念品的摊贩，右手一侧则是一座只有在热带国家才能见到的单层建筑。它的前面有台阶，像会议大厅或政府的办公场所，只是壁墙不像通常建筑那样从底一直砌到顶，而是在墙壁与屋顶之间留有很宽的空隙。由此可以判断，这里一定终年少雨，不然那并不突出的屋檐无论如何也无法抵挡住雨水的灌入。拾级而上，走进大厅，横卧在其中的巨大雕像难以被尽收眼底，让人顿生敬畏之情。尽管巨像的脚及部分小腿已经断掉不见了，但其长度仍有 10 多米。可想而知，雕像立着的时候人们必定以仰视的姿态方可见其容颜。这里就是孟菲斯博物馆。

巨像头上雕饰着只有法老才可以佩戴的头饰，前额上的"拉神之眼"（眼镜蛇）让人觉出其威严。这是谁的雕像？为何躺于此地？它于何时倒下？

想知道这尊巨像是何人的雕像并不难，因为他是法老，所以，只要能从雕像上找到王名圈且其中的文字没有损坏就可以知道其身份。我们向这尊巨像上看去，其手上、肩膀上、腰带上、手里握着的"厦努"上都能看到椭圆圈，椭圆圈的一头与一条横线相切，这就是被埃及学者称为王名圈的东西，法老的名字就刻写在里面。

雕像肩膀上的王名圈并不十分清晰，而其手腕上和腰带上的却毫无破损。雕像的手腕上和腰带上各有两个王名圈，分别为该法老的出生名与登基名。因为雕像原来是站立着的，现在自然应该将文字顺时针旋转90°来读。旋转之后下边的王名圈应该在左侧，上面的王名圈在右侧。左侧的王名圈里从上到下写着 ⌇▭▭🜊🜊 （读作"imn-mr-ra-mss"），前三个符号为"阿蒙"，第四个字符意为"钟爱"，接下来的符号是头顶太阳的鹰头神祇拉神，最后两个符号代表"出生"。加起来，意思为"阿蒙神所钟爱，拉神所生者"。很少有人知道这个意译出来的名字指的是谁，但如果不对其进行翻译，只读其发音，我们就会豁然开朗。"阿蒙神所钟爱"不读，余下的"拉神所生者"读作"拉美西斯"。接触过埃及文明的人对这个名字太熟悉了，游历过埃及的人就更无法忘记这个名字。因为现今的游客去埃及游览古迹，看到最多的就是法老拉美西斯二世的神庙和雕像。那么，这座巨像真的是拉美西斯二世的吗？古埃及法老中有11位登基名叫拉美西斯，其中一世为古埃及第十九王朝的建立者，二世为一世之孙，是十九王朝的第三位法老。其余9位都是第二十王朝的法老。这11位拉美西斯法老中数拉美西斯二世最为伟大，被后人称作"拉美西斯大帝"。要确定这巨大雕像为古埃及历史上的11位拉美西斯法老中的哪一位并非难事，第二个王名圈中的名字会告诉我们答案。古埃及法老们的登基名可能相同，但其出生时的名字却各不相同。

右侧的王名圈里面的文字是 ☉¦🜊☉⌐〰 （读作"Wsr-MaAt-Ra-stp-n-Ra"）。这就是该法老的出生名，翻译过来意思是"强大的玛阿特拉神，拉神所选中者"。需要说明的是，第一个字符太阳为太阳神拉神，但读起来却应为第三个字符，第四个字符位列第六位。这体现的是古埃及文字体系里的尊神原则，即每当短语中出现神的名字的时候都将其书写在前面。既然出生名已经确定，巨像的归属也就有了定论。果然，这座双腿缺失的巨大雕像正是古埃及历史上最伟大的法老拉美西斯二世。

埃及阿里王朝建立者穆罕默德·阿里曾打算将该巨像赠送给大英博物馆，但因雕像巨大沉重，大英博物馆无法将它运走而使它留在了埃及。这是埃及的幸运，也是拉美西斯二世的幸运。因为在古埃及人看来，不能落叶归根实在是一件可怕的事情。巨像用石灰石雕刻而成，精美细腻，让这位古代世界的伟人看上去非常慈祥。

人们对前人的评价有时并不是以其对人类的贡献为绳墨，却以战争和武力为标准。所以，自古以来的伟人中也不乏以武力扩充帝国疆域的强有力的帝王。拉美西斯二世也未能逃此窠臼。古埃及的新王国又称帝国时代，这一时期南方的努比亚，北方的巴勒斯坦、叙利亚尽在埃及掌控之中。后来赫梯帝国的崛起使埃及在北方的亚洲地区的势力范围受到限制，激战过后，双方签订了世界上第一个和平条约。无论如何，拉美西斯二世的伟大并非因为他在政治方面的建树，而是因为他的战功。伟大的人物往往与众不同，拉美西斯二世连寿命都比别的法老长了许多。他活到 90 岁，有妻妾 200 名，儿女 156 名（儿子 96 名，女儿 60 名）。他在 24 岁时登基，90 岁死去，在位 66 年。他儿子中好多加冕王子都没能熬到那一天便先他而去。可能是他占用了后人的太多的辉煌，他死后，埃及新王国国力每况愈下，直到公元前 1070 年帝国崩溃，政权分崩，古埃及历史进入第三个中间期。

拉美西斯二世修建了很多建筑，但我们知道，新王国的都城是在南方的底比斯，而非北方的孟菲斯。他修建了都城附近的卡纳克神庙中的多柱厅，因为新王国的主神阿蒙神的崇拜中心就在卡纳克神庙所在的底比斯。他还建造了努比亚人一进入埃及就得仰视的阿布辛贝勒神庙中的巨大雕像，因为这里是埃及和努比亚边境，巨大雕像代表国家的威严。而孟菲斯是古王国时代埃及的都城，普塔赫神的崇拜中心。

古埃及是个多神信仰的国度，光太阳神就至少有两个——拉神和阿吞神。加上由太阳神和其他神结合而成的新太阳神如阿蒙拉神（Amun-Ra），太阳神的数量就不止于此。古埃及的神大多与创世神话相关，而不同地域又各有自己的创世神话，故不同地域神的体系各自独立。赫里奥坡里斯诞生了阿图姆（Atum）神系，孟菲斯诞生了普塔赫神系，底比斯诞生了阿蒙神系。每当一个地区获取了权力，统一了国家，该地方的主神也会同时成为国家的主神，受到全国的崇拜。主神的名字也出现在法老的名字之中，如新王国都城为底比斯，其主神为阿蒙神，于是，国王的名字中大多有阿蒙神：第十八王朝有 4 位法老叫阿蒙霍特普，意为"阿蒙神满意之人"。可古王国都城为孟菲斯，其主神普塔赫神的名字却没有出现在古王国法老的名字当中。太阳神的崇拜压倒了地方神普塔赫的崇拜，使其几乎没有在法老的名字中露面，反倒是在崇拜阿蒙神的新王国的第十九王朝和第二十王朝中有 3 位法老将普塔赫神列入了他们的名字当中。他们便是第十九王朝的法老美尔恩普塔赫（Merenptan）、另一位第十九王朝的法老西普塔赫（Siptah）以及第二十王朝法老拉美西斯十一世（Ramesses），他的出生名字叫曼玛阿特拉-塞特普恩普塔赫（Menmaatre-Setepenptah），意为"拉神正义永存，普塔赫神所选中者"。美尔恩普塔赫的意思是"普塔赫神所钟爱者"，而西普塔赫的意思为"普塔赫神之子"。美尔恩普塔赫是埃及第一个名字中出现普塔赫神的法老，这至少说明此时普塔赫神在古埃及历史上的地位最高。

拉美西斯二世的巨像出现在孟菲斯一定与普塔赫神崇拜有关。如果拉美西斯二世在孟菲斯建造过一座普塔赫神庙，这巨雕像出现在此神庙当中就不会显得突兀。而在国家主神为阿蒙神的朝代普塔赫神崇拜异军突起的推论有根据吗？有！当普塔赫神的名字第一次出现在法老名字当中的时候，该神的地位便几乎可以和国家主神阿蒙神平起平坐了。如果这位于古埃及历史上第一次将普塔赫神的名字纳入自己名字的法老与拉美西斯二世有些关系的话，那一切推理就都顺理成章了。法老美尔恩普塔赫正是拉美西斯二世的继任者，是他的第 13 个儿子。拉美西斯二世的前 12 个儿子都在他在世时去世，所以，下一任法老的位置落在了美尔恩普塔赫身上。虽然我们无法从其子推崇普塔赫神这一点推论出拉美西斯二世曾在普塔赫神的家乡修建神庙，但若是美尔恩普塔赫推崇普塔赫神其实是受了父亲的影响，那一切就豁然开朗了。

数千年的历史静悄悄地过去，没人注意到这里曾经的辉煌。当著名考古学家皮特里于 1908 年来到这里的时候，谁也不知道这里曾经矗立过一座规模宏大的神庙。感谢皮特里 5 年的挖掘，让我们知道了这段关于拉美西斯二世的隐秘历史。

　　故事得从拉美西斯二世的儿子哈姆外斯（Khamwese）说起。哈姆外斯是拉美西斯二世的第 4 个儿子，也是他 96 个儿子当中最聪明、最有才华的一个。有人说，如果他寿命长一点，十九王朝的历史就会大为不同。他年轻时就随同父亲远征国外，在描绘埃及远征努比亚的图画中我们可以看到他与其父亲及哥哥驾车战斗的场面，但他回国后却当上了普塔赫神主祭司的职务。他很重视文化和历史，在勘察了许多古迹之后，发现其中大多濒临倒塌，于是向父亲拉美西斯二世请示修复这些古迹。古埃及第五王朝最后一位法老乌尼斯金字塔中出现了最早的金字塔文，而该金字塔此时已经残破不堪，是哈姆外斯修复了它。于是，人们认为他是人类历史上第一位埃及学家。他管理能力出众，底比斯的拉美西斯神庙，卡纳克神庙中其父下令建造的多柱大厅，以及安葬阿匹斯神牛的塞拉皮翁都是他亲自主管完成的建筑。拉美西斯二世对他也极为信任，他在自己统治时期史无前例地庆贺过 14 次塞得节，其中前 9 次都由哈姆外斯主持。因此，他在死后的千年时间里一直受到人们的尊崇。遗憾的是，他的遗体木乃伊至今没有被发现。考古学家曾在塞拉皮翁中发现一具木乃伊，从年龄等因素上分析可能是他，但他为何被葬于神牛陵墓中却不能不让人心生疑问。

　　古埃及人非常看重死后世界的生活，所以修建神庙和陵墓乃法老统治时期的大事。能将这么重要的事务交给哈姆外斯，显然说明拉美西斯二世很器重这个儿子。哈姆外斯自小便加入祭司行列，很快升为塞姆祭司——祭司当中的高层。当然，这个职位通常由法老的儿子担任。在拉美西斯统治的第 25 年，他升任普塔赫神高级祭司。在担当孟菲斯的普塔赫神高级祭司期间，他为其父拉美西斯二世的塞得节庆典仪式修建了普塔赫神庙。神庙中两尊拉美西斯二世巨像巍然耸立，极为气派。但现在这一切都早已消失不见了，只留下一尊腿部残缺的雕像躺在孟菲斯古城遗址供后人瞻仰。

　　孟菲斯城有辉煌的过去，至今余韵犹存。美国田纳西州的重要城市孟菲斯城便取名于古埃及同名名城。然而，如果没有以拉美西斯二世巨像为主的遗迹存留于此，后人也难以推想其 3000 多年前的辉煌。孟菲斯城，美丽的城市，古埃及人称之为"白墙"（⬚），读作"inb-hD"。其名字孟菲斯来自古希腊人的错误。孟菲斯来自古埃及第六王朝法老佩匹一世建于萨卡拉的金字塔，其名字是 ⬚（牢固而完美），读作"Mn-nfr"。古希腊人将之按希腊语拼读成"Μέμφις"，后来演变为西方文字中的"Memphis"。孟菲斯注定要为后世留下太多有重要影响的遗址，我们称之为埃及的这片土地与该土地上诞生的古老文明，其名字也源自孟菲斯。古埃及人对孟菲斯还有一个称呼，叫作 ⬚，意为"普塔赫神卡之殿"。这个地名本该读作"Hwt-Ka-PtH"，又是古希腊人将其传给后世，他们将其读作"Αἴγυπτος"，之后演化成西方语言中的"Egypt"，汉语又从西方文字中将其音译成"埃及"。"普塔赫神卡之殿"显然是普塔赫神庙的名称，当初的祭司不知是否能料想到这一神庙名称后来竟成了其国家及其文明的称号。

今人对埃及这一名称的误解还很多。如果古埃及人能从金字塔中复活走出，当他们听到我们说"埃及"的时候他们会做何感想？他们自己称埃及为 ⬚（可爱的土地）、⬚（黑土地）或 ⬚（两土地），但从来未曾称之为"埃及"。古人早已不在，唯有任凭后人言说。

第五章 古代埃及社会

第一节 王权

  王权，简单地说就是国王的权力。推而广之，指国王的政治体制。古代的王权大多带有神圣的意味，因此常被称作神圣王权。国王被看作神，是神在现实的化身，代表神治理一个国家。古埃及的神圣王权从法老的五个王衔中就可以看出：荷鲁斯神、两女神、金荷鲁斯神、拉神之子、上下埃及之王。法老被看作是现世的荷鲁斯神，受代表下埃及并常以神蛇形象出现的瓦杰特（Wodjet）女神和代表上埃及并常以秃鹫形象出现的内赫贝特（Nekhbet）女神的保护。金荷鲁斯的意义比较复杂，既代表荷鲁斯神战胜塞特神，又具有黄金护佑的意味。这三个头衔都与神相关，可见古埃及王权的神圣性。后两个头衔一个是其出生名，一个是其登基名。虽不代表神，但仍具神圣性。拉神是古埃及的主神，从古王国开始就具有了国家神的地位。法老生下来就是拉神的儿子，显示其出身的高贵与其神性。唯有上下埃及之王这一头衔只具有俗世的含义。

  按照英国利物浦大学埃及学家伊恩·肖（Ian Shaw）的说法，古埃及王权标志充满了象征和隐喻。从那尔迈调色板开始，古埃及王权标志物中就一直存在着代表力量和打击敌人的形象。最为典型的形象是埃及法老一手执权杖，高高举起，另一手抓住外国敌人予以打击。那尔迈调色板上有这样的形象，之后这样的形象在埃及陵墓、神庙、石碑的浮雕和壁画中反复出现。甚至在那尔迈之前的帝王壁画浮雕中该主题也曾出现过，比如希拉康坡里斯史前陵墓 100 号中的壁画。该墓断代为公元前 3300 年，比那尔迈调色板的时代还要早两个世纪。法老的头衔中经常出现称法老为"荷鲁斯神、强壮的公牛"（🐂𓄿）的短语，人们也一直认为这代表的是王权的力量。王权力量的象征除法老手中的权杖和连枷以及王衔中"强壮的公牛"外，法老身披的豹皮及身后系着的公牛尾亦象征王权的强大。当然，"强壮的公牛"因其中"公牛"一词的发音及形象都与代表灵魂的"卡"相近，故有些学者也将其解释为"强壮的卡"。无论何种解释，王权的强大和永恒都是古埃及人意识形态中的重要的概念之一。古埃及人没有历史观念，所以对于历代法老的统治没有连续的记录。每位法老登基后都开始使用自己的统治纪年，因此每次新法老登基对古埃及人来说都是新的开始。对于古埃及人而言，历史是循环的永恒，法老是这永恒循环的守护者。这样的思想意识决定了古埃及人不看重法老的个人特征，却强调法老的共同本质。

埃及的法老拥有绝对的权威，但法老统治却并不可以专断。因为古埃及的法老是作为神的人间代表统治人民的，其目标是维系人间的"玛阿特"。玛阿特是古埃及的一位女神，代表秩序、正义、真理与和谐。玛阿特女神常以头戴羽毛的形象出现，有时只以一根羽毛的形象现身。法老去世后能否进入永恒的世界，关键在于末日审判。无论在亡灵书中还是棺文或金字塔文中，我们都能读到帮助死去的法老顺利进入永恒世界的指导性文字。其中最重要的一个环节是心的称量，天平的一头是即将进入永恒世界的死去法老的心，而另一头则是代表玛阿特的羽毛。所以，具有绝对权威的法老是不能违背玛阿特的。如果违背了，其统治的合法性便会消失殆尽。

古埃及王权传承的合法性基于两个因素，一是先王选中，二是本人的神性。一般来说，王权是按照法老的血统一代代传承的，法老的继承人一般为其正宫王后所生的第一个儿子，很像中国古代的嫡长子继承制。理论上虽是如此，实际上却常常发生改变。因此"选定"的概念变得异常重要。也有特别的时候，因为正宫王后没有儿子，于是其他王后的儿子便有了机会。而当所有的王后都没能为法老生下儿子的时候，法老女儿的丈夫便有了成为法老的机会。埃及王权很强调血统的纯正，只有父系母系皆为王室直系血统才能保证法老血统的绝对纯正。为了做到这一点，法老与自己的姐妹甚至是女儿结婚的例证比比皆是。尤其是非正宫王后所生之子，如欲成为法老，就一定要与自己的姐妹结婚方能确保自己继位血统上的合法性。埃及法老都称自己是现世的荷鲁斯神，是拉神之子，其他人是不能使用这一头衔的。

第二节　家庭

学者用来分析古埃及家庭结构的主要材料来自考古遗址，其中包括壁画、浮雕、雕塑及一些文字材料。在分析古埃及家庭结构之前我们必须明白一点，即我们所依据的材料都是只与古埃及上层社会相关。因为平民没有足够的财力为自己修建千年不朽的陵墓，只有富人才可以将自己来世生活的居所修建得富丽堂皇。但无论上层社会还是下层社会，其基本结构本质上应该并无根本性的差异。

古埃及最典型的家庭模式应该是以父亲为一家之主的家庭。这跟现代埃及人的家庭模式大同小异。古时候，上层社会中作为一家之主的丈夫常担任祭司或政府官员职务，而下层社会中的男性主要职业是农民、狩猎者、画匠、雕塑师、制陶工及其他手艺人。下层男性要想改变社会地位，有两条道路可走，一条是进入军队，通过战功得到提升；另一条是学习认字和书写，有了文化之后便可成为书吏，书吏有大有小，但它是确保生活变得殷实的一条捷径。古埃及家庭的婚姻结构的最基本形式是一夫一妻，但王室并不遵守这一习惯。原因很简单，因为法老需要有一个合格的继承人，而仅靠一夫一妻的家庭婚姻结构是很难保证的。家庭既是经济单位，又是繁育后代的基本保证。男主外女主内是古埃及家庭的基本分工。我们常在壁画上、浮雕里甚至在雕像中看到描述家庭生活的情形。其中女主人肤色很白，而丈夫却几乎都是棕色皮肤的。肤色的深浅反映了这一分工的特点。肤色与性别无关，因为刻画同一个家庭的浮雕中，丈夫肤色很深，而儿子的肤色却很浅。孩子主要在家玩耍，而非外出工作。考古挖掘中发现许多孩子的玩具，包括球、人偶、做成鸭子形状用来拉着玩的小车等；这在以后的章节中会详细介绍。孩子大一点之后会成为父母的帮手。农民的孩子会随同父亲到田里去劳作，工匠的孩子则成为父亲的学徒。如果家境稍好，能够供得起孩子读书，古埃及人会送孩子到神庙中去跟着祭司学习读书写字。孩子一般长到20岁左右就可以自立门户，娶妻生子。一般女孩子的结婚年龄要比男孩子小一些。当父母步入老年的时候，孩子有义务赡养父母。此外，古埃及人在父母去世后要正确地安葬父母，之后继续供奉祭品给死去的父母，这是古埃及祖先崇拜习俗在下层社会中的表现。古埃及的家庭生活充满欢乐，一有闲暇便宴饮欢聚，享受美食、美酒，载歌载舞。除宴饮外，还有很多体育项目及游戏，狩猎、叉鱼、下棋的场面在古墓的壁画中多有出现。

古埃人所居住的房屋遗迹，对于我们了解古埃及的家庭很有价值。但遗憾的是，古埃及几千年的文明留下来的众多建筑却大多与丧葬和敬神相关。不仅百姓的房屋我们无从见到，就是法老的王宫也几乎无一可见。造成这种现象的原因缘于古埃及人对人生的根本看法。他们认为，现世的人生只是人类生命中的一个短暂阶段而已，真正长久永恒的世界是在死后到来的。既然生者的世界是短暂的，其居所也就应当用简单的材料修建；未来的世界是永恒的，那死后的居所也就应该用坚固的材料修建。结果，正像古埃及人所想的那样，用简单的材料即泥砖修建的居所随着时间的流逝全都消失殆尽，但用坚固的材料石头修建的来世的永恒居所——陵墓——却大多保存了下来。此外，供神居住的地方亦用坚固的石头修建，很多历经四五千年仍屹立不倒。此外，泥砖成为古人修建房屋的主要材料还有一个最为简单的原因，即用来制作泥砖的泥土到处都有，很容易得到，而开采石头的工程就相对大了很多。不仅要在很远的地方才能找到采石场，还要用大量的人力将其从远处运来。

一般百姓的房屋相对较小而简单，大多只有一室或两室，大小约三四十平方米。古代百姓的房屋虽然没有保存下来，但壁画却为我们提供了样板。一般房屋都有两层：下一层是储藏室，一般为地下建筑。上一层为平顶，其上往往有凉棚供家人乘凉之用。房屋里有居室和主要活动室。厨房一般设在后院，不在房屋之内。因为埃及一年中大多时间都很炎热，所以做饭之处要设在房屋之外。房屋的窗子比较小，且修得很高，不是为了采光，而是为了通风。每户都有一个院子，由具有防守作用的围墙环绕着。一般房屋和院墙的表面都涂成白色，因为这样可以反射强光，使室内凉爽。

　　房屋的内部是古埃及人生活的地方，因为外面比较炎热，室内成为古埃及人的主要活动区。室内的墙壁上绘有各种图画，一般为自然风景画。墙壁上均凿有神龛，里面供着家庭神。各家有各自的神祇崇拜，所以家庭神各不相同。古埃及人的家里供奉最多的是贝斯神（Bes）和塔外瑞特神（Taweret）。贝斯神既是欢乐之神，又是战神。但古埃及人在家里将其供奉崇拜却是因为贝斯神同时也是生育、妇女儿童、歌舞、幽默及游戏的保护神。如果熟悉古埃及的神祇，初看该神会发觉其似乎不像埃及本土的神。其长相低矮肥胖，面孔长得像过于肥胖的狮子，五官拥挤到了一起，舌头总是吐出来，看着就滑稽可笑。该神也常在壁画浮雕中出现，其雕像也随处可见。在壁画浮雕中他是唯一一位以正面出现在观者面前的神祇，其他神都是以侧面示人。因为其形象异于其他埃及诸神，许多学者认为该神最早应该诞生在非洲的其他国度，是古埃及接纳过来的外来神祇。塔外瑞特神从其名字上就可以看出其基本特点：𓄿𓐍𓏏，意为"大者"。其常以鳄鱼头河马身的形象出现，手执一个象征保护的象形文字符号，有时候也拿着象征生命的符号"昂赫"（Ankh）。下垂的乳房和大大的肚子代表繁盛，她是古埃及的生育与丰产保护神。古埃及妇女，特别在怀孕的时候，常佩戴该神形象的护身符。

　　古埃及的房屋地面一般并不用石头或泥砖铺垫，仅铺上一张苇席。室内设有洗漱间，另有一处相当于我们现代的卫生间的空间。古埃及人如厕所用的主要工具是一个椅面带洞的木凳，其下放置一只陶盆。如厕之后将陶盆端出房屋，倒在户外的土坑里以土掩埋。尽管家里都有这样的如厕设备，但古埃及人还是喜欢到外面去解决问题。

　　古埃及富人的房子比穷人的要大得多，一般为两三层的建筑。富人的院子也比穷人的要大，里面不仅有花园，还有水池。一般富人家里都有自己的储水井，这比穷人每日要到河边取水方便了许多。富人房屋里设有仆人的生活区，他们每天服侍着主人的生活。但和穷人一样，富人的厨房也设在屋外。房屋上下层功能有别，上层为生活区，下层为办公区。富人都为社会上层，承担着许多职责。像穷人的房屋一样，富人的房屋里面也有敬神的地方。所不同者在于富人屋子里面的神龛比穷人的要大要多，且敬神所用的食物和美酒都比穷人的要多要好。富人的房屋内设有专门的浴室，里面有石制的椅子，但其基本功能跟木质的几乎一样。此外，富人家的浴室里有用石灰石制造而成的浅盆，用来洗浴。仆人中有人专门侍奉主人洗浴。

　　古埃及人家居生活比较简单，家里也没有太多的东西需要收藏，所以相应地家具也比较简单。一般百姓的家中没有床，在地上铺上席子便可以睡觉。席子一般用莎草、灯芯草或哈拉夫草编织而成。为了让席子更加牢固，有时候还将亚麻线编入其中。这样的席子从第一王朝就已出现，在之后3000多年的时间里一直被古埃及人所使用。到了新王国的时候，埃及人又开始用纸草编织席子。当然，有的人直接把席子铺在地上，有的则用厚一点的垫子代替席子，不过垫子也多用纸草制成。富人家里东西要多一些，故家具也相应增加。且他们不再睡在地上，而是睡在床上。古埃及人的床一般比较简单，一般在一个框子上面加上用棕榈纤维编制的抑或以皮革或木头制成的床板。与其他文明不同的是，古埃及的床不是与地面平行的，而是头的方向要明显比脚的方向高出一些。为了防止晚上睡熟之后因为倾斜而从床上掉下来，古埃及人的床脚一侧都有横板挡住。古埃及人睡觉不用枕头，取而代之的是高高的颈托。从正面看上去颈托有点像汉字"工"，只不过最上的一横两端向上方弯曲呈月牙状，这种颈托是否舒服我们不得而知，但其象征意义却十分明显。在古埃及壁画中经常能看到太阳的形象，其中很多都有月牙状的衬饰。所以，古埃及人枕着这样的颈托睡觉有自比太阳的意思。

　　古埃及人晚上睡在地上或床上，白天就席地而坐。但无论穷富，古埃及人每家至少都有一只凳子。古埃及人的凳子比我们现在的要矮一些，一般用木料制成。凳子有的三条腿，有的四条腿，是家里一件重要的家具。一般只有在客人来的时候才将凳子搬过来给客人坐，平时家里人是不用的。只有上层社会的家庭才会使用椅子，有的家庭中还会有桌子。无论是哪种家具，其腿部都被刻成动物爪子的形状。有的人家会有一只小木箱用来装一些个人物品，比如亚麻布、衣服和化妆品等。没有木箱的人家就用草编的篮子来收藏这些物品。古埃及人家里都有很多用草、麻、树枝等材料编织的篮子，它们用途不同且形状各异，有盖的、无盖的、广口的、窄颈的、密实的、透亮的。编织手法精巧，有的甚至还有图案。

古埃及人喜欢宠物，在家中常养有各种各样大小不同的鸟。此外狒狒、猴子和瞪羚也常成为古埃及人家中的宠物。上层社会家庭中的宠物更多，甚至有的还豢养狮子。当然在豢养之前，需要将狮子的利爪和尖牙都拔掉。我们可以想象，高大威猛的狮子在宫廷的院子里游来荡去的壮观场面。狒狒和猴子尽管不是埃及本土动物，但很早就被引入埃及。之后于新王国时期古埃及人又从努比亚带回很多品种的猴子。猴子在壁画中出现的频率很高，常做出许多令人匪夷所思的动作。它们不仅可以跳舞助兴，还能像人一样做许多工作。狒狒成为宠物可能与古埃及人崇拜太阳神有关，在许多场面中都能看到狒狒头顶太阳圆盘的形象。这可能源自古埃及人对狒狒生活习惯的观察，每当太阳升起来的时候，生活在山梁上的狒狒便活跃起来，面向东方站起身来吼叫。古埃及人认为这是对太阳神的崇拜，于是他们把狒狒当作太阳神拉神的使者。然而，古埃及人家最常豢养的宠物还是猫和狗。

猫和狗在实际生活中都有很多用途，猫可以防止老鼠泛滥，也可以防止毒蛇对家庭的侵扰。狗则可以看家。古埃及人喜欢打猎，打猎时狗可以成为非常好的帮手。猫和狗成为古埃及人居家生活中的重要宠物大约可追溯到新王国时期，之后一直延续到托勒密时代。在古埃及描绘日常生活的壁画中，我们常可以看到猫陪侍在主人坐着的椅子旁边，当主人病了的时候，猫也陪侍于左右。宠物猫死后被制作成木乃伊安葬，猫的木乃伊在埃及也多有发现。后来猫被神化，成为巴斯泰特（Bastet）女神。狗作为宠物尽管不像猫那么普遍，与主人的亲密程度亦无法和猫同日而语，但在古埃及仍然是常见程度仅次于猫的家庭宠物。古埃及宠物中狗不如猫那样受欢迎的原因可能与古埃及流传的故事有关，在《厄运王子的故事》（*Tale of the Doomed Prince*）中，狗成了王子宿命中的大敌。王子一出生就得到一个可怕的预言：他注定要死于一条鳄鱼，或死于一只狗，或死于一条蛇。因为文献残破，故事没有结尾，我们不知道最后是否真的丧命于三者之一。但无论王子是否命丧于狗，狗都隐约成为人类致命的敌人。所以，古埃及人虽然豢养狗做宠物，但总是多少带点提防之心。狗死了之后也会被制作成木乃伊安葬。

第三节　行政区域与政府

　　古埃及作为一个法老占有绝对统治地位的国度，其政治体制被人们认为是专制主义政体，但以神的代表统治人民的法老也不可以完全按照自己的意志行事。几个中间期的法老就被古埃及人认为是有悖于玛阿特的正义与秩序而不被人民拥戴。当然，作为这个政体金字塔最上层的塔尖，法老在古埃及仍拥有至高无上的权力。法老无法独自总理整个埃及的事务，其下有两个体系维系着古埃及社会的运行。一个是行政机构，一个是祭司系统。法老作为现世之神，理论上是古埃及最高的祭司。但神庙及宗教仪式等大事还是由高级祭司来打理。宗教事务由高级祭司管理，行政事务由法老钦点的维西尔总管。

　　古埃及是个中央集权的国度，但地方的事务却分别由各地方来代行管理。古埃及的行政区划是𓈇，读作"spAt"，一般翻译成"诺姆"。诺姆各不相同，每个诺姆有各自的神祇、图腾和祖先崇拜名表。王朝初期，每个诺姆都有自己的标志。诺姆标志由一个标志杆架支撑，其上是由该诺姆图腾演化而来的神的形象。埃及共有42个诺姆，上埃及有22个，下埃及有20个。每个诺姆的最高首脑称作𓀻𓏞，意为"法老之下第一人"。其实，每个诺姆的"第一人"都受维西尔的监管。所以真正意义上的"法老之下第一人"应该是维西尔。各诺姆都有自己的办公机构，处理当地的管理事宜。其他部门分别是财库、土地、档案文件、粮食仓库以及负责治安的准军队建制。诺姆虽为地方政权，但其建制跟中央几乎相同。

从王朝初建时起，其思想意识当中渗透着"双"的概念，这可能与埃及最初上下分裂有关。此外，埃及的自然环境也决定了古埃及人思想意识中"双"的概念的诞生。埃及境内的尼罗河由尼罗河谷与三角洲两部分构成，尼罗河两岸成为埃及人生存的主要地域，这都促使古埃及人用"双"这个概念来解释和把握世界。于是，在其政治建构中也渗透了这样的思想。宫廷修建有两个门，王座宫殿有两个，甚至崇拜的祖先都有两个。而代表权力的五个王衔中就有两女神、上下埃及之王这样的王衔。外交事务部门也由维西尔代表法老管理。古埃及外交事务中一个重要的内容是派遣远征部队出征国外，尤其是在新王国时期。古埃及的对外贸易带有军事色彩，到远方进行的贸易中有部队参与。财政税收更是中央政府的一项重要事务，为了计算税收，进行人口普查、观测尼罗河水涨落、记录庄稼的长势等用以评估税收额度的参考性工作，都由中央政府负责。公共事务、谷仓管理、军事辎重等也都由中央政府负责。另外，丧葬神事，也是中央朝廷管理工作的一个重要方面。

中央政府由维西尔总理，以法老的名义管理全国的内政和外交事务。维西尔一职出现较早，古王国时期就已有维西尔一职。到了新王国，埃及设立了两个维西尔之职，一个为上埃及维西尔，另一个为下埃及维西尔。以阿西乌特（Assiut）为界，上埃及维西尔负责埃里芬廷（Elephantine）到阿西乌特的事务，下埃及维西尔负责阿西乌特以下的事务。古王国维西尔都由王室成员担任，通常由王子来担任，只有第三王朝佐塞尔王的维西尔伊姆霍特普例外。伊姆霍特普身世不详，传说是神的儿子，因其聪明智慧而被后世敬为神祇。因为维西尔一般都是法老的亲属，且多为王子，在宫廷中长大，所以法老首先将宫中的事务交予他来管理。王室成员一般会参与维西尔的宫廷管理工作，成为维西尔的助手。此外，维西尔一职也为王子们未来从政提供了培训。不仅担当维西尔的王子得到了锻炼，其他王子甚至王后们也都因协助维西尔的工作而得到了锻炼。最为突出的例证要数第十八王朝的两位王后，一位是后来成为女法老的哈特舍普苏特（Hatshepsut），另一位是阿蒙霍特普三世的王后悌晔。她们两人都参与了宫廷的日常管理工作。

维西尔的职责根据伯恩（G. P. F. van den Boorn）《维西尔的职责》（Duties of Vizier）一书可概括为三个方面：王宫事务的总管、内政事务的总管和法老的代理。作为王宫事务的总管，维西尔要每日听取负责王宫大门开启关闭的官吏的报告、进入王宫人员的报告，与国库总管一起开启宫廷作坊与仓库，与国库负责不同部分工作的官吏互相通报情况；听取埃及南北要塞军官的报告以及负责维护国家秩序的官吏的报告，处理手下的不良官吏，询问宫廷成员的情况；任命维持秩序的官员总管，任命负责宫廷外部事务的官吏；听取所有离宫人员的报告，每日下令传令官开启大门，接待地方官吏，派遣传令官将宫廷命令传达给地方，负责法老出行的安全保卫工作；通过信使监管进入王室居住区的人员，听取王室居住区总管的报告，听取王室居住区各部门的需求申请报告并将报告传送给国库总管。维西尔作为内政事务的总管，负责全国的法律事务、全国民事的管理和挑选任命地方各部门的官吏。而作为法老的代理，维西尔是法老的个人助理或私人秘书并代理法老行使权力。当首都在底比斯的时候，上埃及维西尔便住在底比斯，并兼任都城的最高官吏。新王国的时候，因为底比斯都城西岸是法老陵墓区，工程量较大，除此之外修建陵墓的工匠住地工匠村也位于那里，故设立一个西岸总管协助维西尔处理西岸的工作。

其他高级官吏如国库总管、宫中大臣、掌玺长官等都由维西尔统辖，官员管理体系严格，监察严密。随着新王国的对外扩张，第十八王朝开始设立努比亚总督之职以维护努比亚领地的秩序，努比亚总督被称作"法老的库什之子"。

第四节　社会经济秩序

如果用现代经济术语来界定古埃及法老统治时代的经济体制的话，应该称之为指令性经济。国家各级官吏管理着生产生活的各个方面。然而，如果按照现代经济学术语的意义来理解古埃及的指令性经济的话，必然会出现许多认识上的偏差。指导古埃及整个社会经济生活的中央指令往往并不严格，中央并不强令或迫使农民种植某种作物，而是让农民按照自己传统习惯进行种植。当然，中央政府通过税收调节使农民无法随心所欲地想种什么就种什么。

古埃及人口中有 90％ 的人生活在自给自足的农村。其中很大一部分人为上层人士和神庙祭司的地产上的劳力。虽然土地理论上都属法老所有，但实际上很多土地由贵族和高级祭司占有。新王国时期阿蒙神高级祭司所拥有的土地占全国土地的 1/3 以上。古埃及的主要农作物为谷物，各种蔬菜、水果令古埃及人的饮食更为丰富。捕鱼、饲养家畜及家禽亦为其经济生活的重要组成部分。手工业在很早的时候就开始出现在埃及了，手工作坊一般以家庭为单位进行生产。男女分工明确，男人一般负责种植亚麻，妇女则负责将其纺成亚麻线并织成亚麻布。啤酒酿造最早在埃及出现，很多粮食都被用来酿造啤酒。捕鱼是男性的活计，清洗晾干的工作由女人来做。贵族家庭有的开办诸如面包房、酿造场及木工场等作坊，这些作坊一般会雇佣十多个劳动力。矿产也掌握在少数富人的手里，大多用来打造工具。最重要的金属有铜、青铜和铁。铁一般比较昂贵，也是在后期才开始使用的。富人用金属工具，一般百姓用的多为石制或木制工具。宝石更是归上层社会所有，百姓中只有加工这些珠宝的工匠才有机会与这些宝石近距离接触。泡碱因木乃伊的制作而需求量极大，其主要产地在泡碱旱谷。古埃及的动力主要来自人力，此外，畜力也成为人力的重要补充。农业生产中用得最多的是驴，驴做得最多的是运输工作，而耕地等工作则由牛来完成。马是在第二中间期被引进到埃及的，但马在埃及的经济生活中一直没有占据太重要的地位。百姓间很少有人饲养马，因为马的饲养昂贵却干不了太多的活。马主要供军队拉战车之用，也有人开始骑马。但这些都与百姓的生活没有太大的关系。

古埃及的经济是建立在物物交换基础之上的。从古埃及历史开始一直到托勒密王朝，即希腊人统治埃及时为止，其经济体系一直没有发生根本的改变。古埃及人没有货币的概念，甚至没有出现过一般等价物。这样的商品交换形式对于古埃及社会经济的发展是一个极大的阻碍。古埃及曾经发展成一个帝国，但最终没能延续下去。在连续不断的外族统治打击下，古埃及没能逃脱衰亡的命运，但其衰落与其自身经济的缺乏活力，是有很大关系的。当然，只要有交易就会出现等价交换原则。而等价交换是需要有固定的物品作为媒介的。新王国之前，在埃及充任这一交换媒介的是谷物，但谷物只是个衡量单位，没能成为一般等价物。如果当初谷物能够从等价物的衡量标准进化为交换中介物的话，因其不易携带而转化为更轻便易带的物品的可能性是很大的，其结果必然是货币的诞生。可遗憾的是，这一切都终止于谷物作为等价交换的衡量尺度。新王国开始，等价物发生了一些转变，黄金和银子成为确定物品价值的新尺度。其实这一步已接近货币诞生的边缘，可古埃及人就是没有跨越过这道门槛。

古埃及是个农业社会，食物的生产和交换是其最重要的经济活动。这种经济是完全的自然农业经济，完全是靠天吃饭。丰年一切都好，如遇灾荒，国家就会混乱。为了应对这样的危机，埃及采用国家仓库储粮的方法。丰年时国家粮仓中会储存大量的粮食，除分配给工匠们之外，剩余的粮食都储存起来以备荒年救急。

理论上讲，埃及的土地都归法老所有，古埃及人对土地的使用权是法老的赐予。法老既然可以将土地赐予某人，也就可以将土地收回来。这样的实例在历史上时有发生，结果导致埃及社会阶层的分化加重。古埃及的经济活动之所以缺乏活力，土地的法老所有制应负一定责任。此外，因为土地归法老所有，土地上生产的粮食除缴纳赋税后，农民仅剩一年的口粮。没有太多的剩余就意味着农民没有太多的东西可以拿出来交换，所以古埃及商品交换量不大，贸易规模很小。这样，古埃及社会中就没能诞生一个很多文明中都存在的社会阶层——商人。古埃及社会一直没能诞生商人阶层还有另外一个原因，即对外贸易是由国家进行的。法老不仅拥有全国的土地，还拥有对外贸易的权力。古埃及对外贸易的主要对象是小亚细亚的地中海沿岸国家，比如说黎巴嫩就是古埃及所用雪松木材的最主要供应地，其次是上埃及的努比亚，再次是西部的利比亚。

从远古时候开始，埃及的对外贸易就已经出现了。公元前3000年左右，两河流域的物品就出现在埃及了。滚筒印章最早出现在两河流域，在公元前3000年前就已传入埃及。两河流域文明的影响在那尔迈调色板的浮雕中、象牙刀柄的浮雕中甚至在南方贵族陵墓的壁画上都留下痕迹。最典型的是那尔迈调色板上的两只长颈动物双颈相交，构成一圆及一人手持两个脖颈的图画，就是典型的两河流域的主题。埃及缺少木材，特别是可做家具的木材极其匮乏。古时叙利亚盛产雪松，所以成为古埃及木材的一个异常重要的供应地。而利比亚则成为古埃及的橄榄油的重要来源地。

努比亚很早就成为埃及的贸易伙伴。为了确保商路的畅通，第一王朝的第二位法老杰尔（Djer）就曾派兵参与哈勒发旱谷的战役，征服那里的两个村庄。该地位于努比亚境内，现在是苏丹北部的一座小城。第二王朝最后一位法老塞亥姆维（Khasehemwy）在其统治时期曾平息埃及的内部矛盾，之后便派遣军队来到该地区，其用意显然是为了保护这个贸易中心。埃及人用铜器工具、珠宝和护身符与努比亚人交换乌木和象牙。努比亚的部落首领充当了交易的中间人，偏远地区的人们带着自己的货物来到这里，交给这里的首领与埃及人进行贸易。结果是这些首领变得越来越富有，通过他们的陵墓就可以明了这一点。埃及人于第二王朝时期在上埃及布痕建立了一个贸易点，应该为当时埃及一侧的边境贸易中心。埃及与努比亚贸易的境况，在第六王朝佩匹二世（Pepi Ⅱ）统治时期他写给率队从努比亚返回的大臣的一封信中可见一斑。他让大臣安排好带回的货物，尤其是会跳舞的小矮人，要轮班看护，以免小矮人掉到水里淹死。随船带回的有香料、乌木、油、豹皮、象牙等物品。

　　埃及在经历了第一中间期的混乱之后，孟杵霍特普二世再次统一埃及，埃及历史进入中王国时期。埃及的对外贸易再次繁荣起来。红海航路开通，派队前往蓬特通商成为埃及一项重要的贸易活动。为了确保通往努比亚的商路畅通，古埃及人在几大瀑布沿岸新修并重修了一些要塞。这些要塞既为商路的保护哨所，又是商队休息的客栈。与此同时，地中海沿岸的贸易也活跃起来。在埃及的铭文中出现一个外国地名"亥弗提乌"（Kheftiu），起初学者无法断定这个外国地名是什么地方，但后来事情出现了转机，新王国哈特舍普苏特女王时期壁画中出现的亥弗提乌人穿着的服装跟克里特岛上壁画中人们的穿着相同，由此人们断定亥弗提乌就是希腊的克里特。属于克里特文明的陶器也在中王国的陵墓中被人发现，说明当时两地的联系比较广泛，比布鲁斯也成为埃及的贸易中心。

　　新王国是埃及的帝国时代，对外贸易开始出现另一番景象。埃及的军队北到幼发拉底河，南到尼罗河第五大瀑布，已是到达了现在苏丹首都喀土穆之南了。对于远征蓬特的描绘在哈特舍普苏特女王的神庙墙壁铭文和图画中尤为显赫，对外贸易开始带有进贡的性质。利比亚对埃及历来侵扰不断，特别是埃及的第十九王朝和第二十王朝期间，利比亚人与海上民族从西部对埃及构成很大的威胁，但这并没有影响到埃及在该地区的贸易。从埃及在这里收取关税的情况看，利比亚与埃及的往来应该是非常活跃的。埃及新王国时期还与塞浦路斯、奇里乞亚、爱奥尼亚、爱琴海诸岛及希腊大陆进行贸易。叙利亚仍然是埃及的一个贸易中心，埃及人从叙利亚换回木材、葡萄酒、油料、松香、银、铜及牲畜，埃及用来交换的物品则主要有亚麻、草纸、皮革及谷物。新王国在拉美西斯三世（Ramesses Ⅲ）统治之后开始衰落，到了拉美西斯五世（Ramesses Ⅴ）统治之后连向西奈地区派遣开采矿藏的队伍也难以实现。

第五节 社会控制的方法

　　一个社会有一个社会的运行体系和思想意识形态。没有一个完整的思想意识形态和有效的管理体系，一个社会便无法正常地运转。古埃及社会经历过古王国、中王国、新王国和晚王国的稳定，也经历了第一中间期、第二中间期和第三中间期的混乱。古埃及历史的主题是稳定而有秩序的王国时期，三次中间期可看作是稳定秩序社会的间歇。有西方学者形象地比喻三个混乱的中间期为古埃及历史打了三次嗝。思想意识形态既是埃及法老统治合法化的基础，又是整个社会建构的理论基石。

　　整体上看，埃及社会可以说是一个等级明显的社会，最高的一级是神。埃及是一个敬神的社会，大到国家，小到家庭事务神都居于最重要的地位。国家有国家神，比如古王国时候的普塔赫神、新王国时候的阿蒙神。地区有自己的主神，家庭有家庭之神。神的下一等级便是国家的最高统治者法老及其神圣的祖先，再下一级才是百姓。百姓数量最多，但地位却最低。人数最多的社会最底层的人民何以听任法老一个人的统治呢？这便涉及法老统治的合法性的问题。回答这个问题要深入古埃及人的思想意识当中去，理解他们对世界的整体的看法和基本概念。从其留下的大量铭文草纸及壁画雕刻等文献中可以看出，古埃及人思想意识中有三个概念是至关重要的：一是世界是神创造的；二是世界是有秩序的；三是世界的秩序是神通过选定的人间之王来维持的，其核心概念是秩序。古埃及人以一个女神的形象来表示世界的秩序，这个女神便是玛阿特神。玛阿特女神有时以头戴一支象征正义、秩序的羽毛的女人的形象出现，有时就只以一支羽毛的形象出现。要维系玛阿特，就要靠神在人间的代表来担此重任，于是便有了法老。法老是人间之神，是神在现世的代理人，法老统治的合法性直接来自法老是神的化身这一理论。这一理论的基础是奥西里斯神的神话传说。

　　据传说，奥西里斯是第一位人间之王，是神创造世界之后第一位奉神意统治人间的国王。他善良英明，普受人民爱戴，但这却引起其弟塞特的嫉妒。一日趁奥西里斯南巡，塞特在宫中设下阴谋，欲谋害奥西里斯。当奥西里斯南巡归来之时，宫廷里为他举行了盛大的欢迎庆典。庆典中，塞特将事先做好的装饰精美的箱子拿出来作为游戏的奖品。游戏规则是，谁躺在箱子里而箱子里的空间对此人而言又不大不小正合适，这个精美的箱子便归谁所有。结果奥西里斯的身材跟箱子的大小最为合适，塞特趁此时机将箱子钉死，将箱子投进尼罗河。他以这种方法将奥西里斯害死。奥西里斯的妻子伊西斯到处寻找自己丈夫的遗体，最终从亚洲将丈夫的遗体带回，恢复其生机，并怀上了他的儿子荷鲁斯。待奥西里斯的儿子荷鲁斯长大，他与篡位的叔父进行了一场争夺王权的殊死搏斗。最终在已经进入永恒世界的奥西里斯神的帮助下，荷鲁斯神取得了胜利，成为合法的人间之王。这个神话传说为法老统治的合法性奠定了基础，每位法老都自认是现世荷鲁斯，是奥西里斯神的儿子。而奥西里斯是神选定的这个世界的第一位统治者，其儿子自然是王权的合法继承人。

法老的神性使其统治获得了合法性，即我们所说的"君权神授"，但该合法性并不是给予法老本人的，而是给予法老这个职位的。法老代替神对人间进行管理，如果做得好自然会得到神的肯定，如果管理得不好，神完全可以另选他人。这就为改朝换代的新法老寻求其统治的合法性提供了理论依据。但是，法老作为至高无上的统治者应由谁来判断其是否称职呢？其是否称职的"职"究竟是什么呢？

法老要替神维持人们的玛阿特，即正义、秩序、稳定和繁荣，是否做得好，由神和先祖及百姓进行评定。所以法老不仅要维持社会的稳定繁荣，还要安抚神及祖先，以使其统治的合法性得到进一步的肯定。这样，古埃及法老最为重要的职责就有两项：一是维持社会生产秩序的稳定，二是通过敬奉神与宗教仪式来使神及祖先肯定自己的统治。《左传·成公十三年》有"国之大事，在祀与戎"的论述，看来古代文明就其国之大事而论大同小异。接下来涉及的问题是法老王位的传承。既然法老的神性是神赋予的，神也可以赋予别人这样的神性，那法老王位的传承就不能完全由法老决定。但法老作为最有权势的统治者，又是神的代理人、现世的荷鲁斯神，其意志又是举足轻重的。所以，法老王位的传承要有两个必要条件，即法老的选定与神谕的认可。正因为神的认可在王位传承以及统治的合法性方面异常重要，才使得埃及的祭司集团在社会生活中极有势力。他们不仅拥有大量由法老赠予的土地，还拥有足以左右社会走向的实力。这才导致第十八王朝法老阿蒙霍特普四世进行宗教改革，废黜诸神，独尊阿吞。其用意是在削弱干预朝政的阿蒙神祭司的势力，其最后归于失败也从反面说明阿蒙神祭司势力及影响的强大。

法老作为古埃及的最高统治者其合法性来自神与祖先，法老之下的官吏阶层的合法性来自法老的任命。但是，法老不仅要向神和祖先表达敬意，还要表明自己忠于职守，官吏阶层更需要表现出非同寻常的公正勤勉。古埃及大臣留下了大量的自传体铭文，内容除了敬神之外，大多描述自己如何受到法老的偏爱，如何因勤勉而最终晋升到这个位置。大臣的职位理论上是法老亲自任命的，但后来很多都变成子承父业的世袭职位。

理论上的合法性不等于现实中所有的人都能够接受，要让社会中大多数人都接受，仅有理论上还远远不够。要让社会全体成员都接受，宣传和教育便成为古埃及社会控制的关键一环了。

古埃及的教育一般都是父子相传，所以，除了法老之外，父亲都是自己孩子的第一位老师，有的甚至是唯一的老师。古埃及的教育最基本的内容都与孩子未来从事的职业相关，可以说是职业教育。尽管孩子小时候接受的教育都与父亲的职业相关，但在最初阶段都是模仿而不是训练。古埃及的一切职位都可以世袭，小到农民，大到维西尔。农民的儿子学习种田的技艺，工匠的儿子学习手工艺，果农的儿子学习园艺。古埃及学校稀少，大多数人接受的教育都是在家庭中完成的。此外，识字和书写的教育还是在社会上层中代代相传。识字教育的基本内容是教谕文学，许多陶片上留下的擦了又写、写了又擦的文字便是证据。这些教谕文学具有极高的标准性与典范性，为人们设立了最基本的道德规范和行为准则。比如说真话、善待人，便是做人的一般原则。此外还有一些原则需要人们学习遵行，比如，坚持正义、尊崇智慧、服从权力、善良仁慈、克制谦逊等。古埃及人中能够接受良好文字教育的都是社会上层，但这些上层社会人士的生活准则通过各种渠道影响甚至规定了下层人的道德行为规范。农民的孩子在学习播种、拾穗、收割、养殖技艺的同时也从父亲那里学习父辈从上层社会那里学来的智慧。因为人们都羡慕上层社会，所以上层社会的思想意识也潜移默化地对下层有着很强的影响力，对于工匠的孩子而言更是如此，因为很多工匠都识些字，尤其是画工和雕塑工。他们对孩子的教育就更带有思想意识教育的色彩。

此外，古埃及文明是个神秘色彩极其浓厚的文明，敬神的内容渗透到社会的每个层面、每个角落。而敬神的内容与国家主导的思想意识形态是完全统一的，对于社会形成向心力作用非凡。古埃及社会的秩序还通过宗教活动特别是宗教仪式在社会各阶层当中固化下来。

从理论上讲，法老是埃及的最高祭司。因此，古埃及的大多仪式都是围绕着法老来展开的。围绕法老展开的仪式的核心是法老为其父亲拉神奉献上代表正义、秩序与和谐的玛阿特。尽管玛阿特神在现世中几乎没有神庙，但她却一直处于法老进行的宗教仪式的核心。法老通过维系生命进入永恒循环系统，即以举行金字塔为中心的丧葬仪式，让太阳神拉顺利地带其进入永恒循环的轨道。只有法老可以打开天堂之门，面对面地与神相见。法老的仪式是全国的大事，与全体人民都息息相关。这既是一个仪式，又是一次全民的教育课程。古埃及社会的思想意识的传播很大程度上是通过这样的仪式完成的。

古埃及的宗教仪式很多，有白天的仪式，也有晚上的仪式。白天的仪式是一次在神庙里进行的生命的彩排。亡灵书中就有时间赞美诗，祭司当中就有一些是专门负责时间的，以使白天的仪式能够按时进行。晚上的仪式是生命在另一个世界的彩排。白天的仪式和晚上的仪式一起构成宇宙和人生的整体结构。白天的仪式每天都在神庙里进行，先是将神像激活，或者称之为赋予神像以生命。神住在神庙里面，但人们是看不到他的。看不到就无法崇拜，于是埃及人为神雕刻了塑像。神像一般放置在神庙中较隐秘的房间内，用花岗岩或木头制造成圣坛。圣坛有两个门，但要封死以保持内部的纯净。每天早上仪式开始时，神像便准备迎接神的到来。这个仪式完成之后，神像就变作神本身了。神庙里每天举行的仪式有三个，即早仪式、午仪式和晚仪式。午仪式和晚仪式相对简单，但早仪式却非常庄重复杂。

天刚破晓，各个神庙的祭司开始为神准备供品，包括食物、饮料、鲜花以及其他物品。因为不同神庙所敬之神不同，献祭的供品也不完全相同。然后进行净化，一切将要接近神的人和物都要净化干净。取圣湖水用泡碱进行洗礼，每个圣庙都有一个圣湖，其主要功能就是为了净化。之后开始唤醒神。先是高级祭司进入神室，打开圣坛的封印，并将圣坛的门打开，"将门开向东方地平线"，然后歌声响起："醒来，神祇，平静地，愿你平静地醒来!"当太阳升到地平线上时，祭司揭开神像的面纱，神像将伴随着歌声重生："显现吧，神的面孔。崇拜吧，神的面容。升起吧，照耀大地，就像你刚从努恩中升起! 万岁诸神，诉说着他的魅力，就像你东方的孩提。"努恩神(Nun)是原始瀛水之神，宇宙的创造就是从原始瀛水中突起的小丘上开始的，这是古埃及创世神话的起始之地。唤醒神之后是为神洗漱并涂抹油膏，进行熏香，然后为其穿衣。不同颜色的衣服有不同的功能，白衣象征驱逐敌人，蓝衣象征隐匿真身，绿衣象征健康，红衣象征保护。这样的仪式每天在神庙里进行，它不仅是祭司的工作，也影响到普通人的生活。因为这是古埃及人对世界的认识，是对人生真谛的领悟。不仅每日有这样的小仪式，每年还要有许多盛大的宗教节日。到时候不仅法老要亲自参与，百姓也有机会目睹神灵的真面目。此外，宗教节日又是求取神谕的绝好时机，人们有什么悬而未决的事宜都可以借此机会向神询问。更不用说载歌载舞的形式，节日里丰盛的食品饮料，所有的埃及人都聚集在一起，接纳同一种思想，塑造同一种行为模式，积淀下同一种文化。

古埃及人耳濡目染的不仅是宗教仪式，还有神庙里的圣书文字。

无论是在神庙里，还是在石碑上，甚至在各种工地的涂鸦中，古埃及人都能够看到被称作"圣书体"的象形文字。虽然大多数古埃及人并不识字，但圣书体的庄重给人的神圣感却时时冲击着他们的心灵，让人肃然起敬，让人欲知其所承载的让人崇拜的内容。他们会通过各种渠道探听其中所书写的内容，书吏及识字的高级工匠会将所书内容的大意转述给辅助其工作的人。于是口耳相传，古埃及的神化的主流思想便这样深入每一位埃及人的心中。虽然这样的讲述只是梗概，不可能逐字解释给身边的人听，但神庙及各种建筑墙壁上配合文字的壁画和浮雕却以最为直观的形象补充了"文化人"讲解内容中缺失的细节。

此外，古埃及的建筑虽说以实用性为首要的考量，但大多数的建筑都具有很强的象征性。用学术术语说，古埃及建筑都是神学和哲学的隐喻。比如说作为人们文化活动中心的神庙，其建筑都是一样的结构，即正面一个塔门，前面有两个方尖碑守护住入口，进入后是一个周边有巨柱的宽敞的庭院，再往里是巨柱林立的多柱厅，之后地面上升，柱子再次低矮下来，最后是神的圣坛，放在相对狭小的房间里。这个结构充满了神圣的寓意：首先，塔门正面呈等腰梯形形状，这正好是古埃及象形文字中的⌣，意为"山丘"。埃及由南到北被尼罗河分开，西岸大多是沙漠，东岸由荒漠延伸向低矮的山丘。所以，在埃及人心目中，山丘代表的是东方。东方是太阳升起的地方，而东方的地平线正是由该字符加上从缺口处升起的太阳构成，即⌣。所以，神庙隐喻的都是太阳升起的东方地平线。其次，整个神庙中的巨柱中，分布在中间的巨柱数量最多，也最高。这便是巨柱厅中的巨柱，它们不仅高，且其上的装饰都是盛开的花朵形状。神庙周边的巨柱不像中央巨柱那么高，其分布也稀疏了许多，且其顶部的装饰也不像巨柱厅中巨柱顶端那样呈盛开的花朵状，而是含苞待放状。这样的结构正好象征一个原始的岛屿，巨柱是岛上的植物，中间稠密而高大，鲜花盛开，四周低矮而稀疏，含苞待放。而就在这样神秘岛的最隐秘处，即神庙的最深处，出现了圣坛，神就居住在这里。整个神庙是埃及创世神话的再现。按照古埃及创世神话，世界最初是一片瀛水。在这原始的瀛水之中首先出现了一个岛屿，神就降生在这个岛屿之上。而创世的壮举是发生在世界的东方的。因此，我们说，埃及的神庙建筑形式都是有寓意的。而这些深含着对世界规律的解说的建筑每天都在告诉古埃及人，这个世界应该是这样的而不是别的样子。按照这个样子生活是神的意旨，是最高贵的生存方式。

第六节　安全机构

社会的稳定很大程度上依赖于强有力的思想意识形态，古埃及亦是如此。但光凭意识形态作为主导还不足以实现玛阿特神所代表的正义、秩序、和谐。社会组织机构的正常运行是确保意识形态得以贯彻的基本保障。确保玛阿特的实现，就要保证国家安全。对外要能抵御外族入侵和周边部族的骚扰，对内要能维持社会的正常秩序。这就需要有军队、警察与法律。

古埃及自古就有军队。那尔迈统一上下埃及，跟随他出征的有许多部落派出的军队。但是，埃及到了中王国中期才开始拥有属于国家的常备军。古王国只有宫廷护卫，没有正规作战部队。如遇战事，只能临时征集和组织军队。当时的军队不仅是为了作战，更多的是为了采石、采矿以及贸易远征。学者从古王国留下来的文献中找不到有关军队建制的称呼，只有一般意义上的"马杀"，应该是笼统的部队称谓。没有正规的军队，除了"马杀"之外，就只有"马杀监管"这一个头衔。古王国唯一对军队有所描述的是乌尼斯墓中的自传铭文，乌尼斯是第六王朝法老佩匹一世统治时期南方的一位武官。这种情况一直持续到中王国，逐渐在几个诺姆中出现了地方军，他们虽然也听任法老的调遣，但其直接的长官却是各地诸侯，即诺姆长。

古王国没有常备军队，或者说没有正规的作战部队，说明古王国时期埃及的周边环境相对稳定，对外没有爆发过大的战事。即使边界有战事也都规模不大，临时征集调遣部队前往即可完成任务。但经过第一中间期的混乱之后，法老开始意识到地方势力过强对中央权威所形成的威胁。于是在重新统一埃及之后，从第十二王朝辛瓦瑟瑞特三世（Senwosret Ⅲ）统治时期开始，法老逐步削弱地方势力并建立国家正规军队。直到新王国第十八王朝，埃及历史进入帝国阶段，军队在社会生活中的地位才真正得到了前所未有的提升。过去古埃及的军事官员从来都是文官的配角，从第十八王朝开始，军人不仅进入了国家管理的最高层，还在政权的交接中登上了最高权力的宝座，当上了法老。第十八王朝最后一位法老赫瑞姆赫伯（Horemheb）便是一步步由平民成为军队的统帅最后当上法老的，而赫瑞姆赫伯的继任者拉美西斯一世（Ramesses Ⅰ）成了由军事首领成为法老的另一范例。

古埃及的军队一般都由王子统率，分南军和北军，分别驻守上下埃及。南北军各有四五个军团，每个军团以一个主神命名，比如阿蒙神军团、普塔赫神军团等。从古王国开始，埃及军队中的士兵成分就比较复杂，除了服役参军的埃及农民外，还有雇佣兵。雇佣兵主要由两部分人构成，奴隶和以担当雇佣兵为业的希腊人及腓尼基人。奴隶为了赎身并重获自由人身份而加入军队，可见当时军人并不是一个人人都喜欢的职业。

军队的基本职责是对外战，在整个古埃及历史中，真正大规模对外战争的时期并不多。军队的另外一个职能是维持社会稳定和治安，即对内职责。尽管军队有此职能，但最有效的方法是用法律来维持社会的稳定和秩序。古埃及尽管并非严刑峻法，但法律的执行也是异常严格的。

从古埃及法律文献中我们似乎得到这样的印象，即其法律比较公正。古埃及似乎不存在刑不上大夫的情况。所涉重罚的罪名大多涉及社会上层，无论犯罪者是贵族还是高官，只要触犯法律一律严惩不贷。文献中提到的重罪有叛逆罪、税收者滥用权力罪、伪造土地清册罪。叛逆罪涉及社会的各个阶层，而税收者滥用权力和伪造土地清册都与执行具体工作的书吏相关。玛阿特的实现要依靠各管理阶层的忠于职守，因此，法老对于玩忽职守的惩罚也非常严厉。犯有干扰行政执法罪、贿赂官员罪、做伪证扰乱司法罪、诬告他人罪的人都会付出极大的代价。人的行为举止要有规范，不良行为要受到惩罚。破坏他人声誉、破坏邻里和谐、伤害他人生命财产的人都受到起诉、审判和惩治。对于隐瞒罪过不报者法律也会追究。都灵草纸文献中就曾记载了第二十王朝法老拉美西斯三世时期一位管家因听到后宫密谋却未报告而受刑法惩罚的情况：

> 重罪者，维仁，管家。他被带入，因他耳闻宅主之言，但当其退回之时却隐下所闻之言，未予报告。故被带到调查厅堂官吏之前，被判有罪，判其接受刑法。

在一个神于社会生活中占据极其重要地位的国度里，亵渎神祇无论是在神庙里还是在神庙外都是极为严重的罪过。这一行为是国家和法老所不允许的，这一行为不仅违反了国家的法律，还直接冒犯了神和神所给予人类的秩序。因为法老是神的化身，是现世的荷鲁斯神，而法老所维护的社会秩序是神给予人类的玛阿特，即真理、正义、秩序。

埃及历史上谋杀法老的事件并不多见，但并不是没有发生过。第十二王朝第一位法老阿蒙尼姆赫特一世（Amenemhet I）即死于一次宫廷阴谋，被其护卫杀害。但遗憾的是学者至今没有发现有关后宫阴谋的审判的文献。

古埃及文献中记录最多也最为清楚的是盗窃罪。盗窃罪的惩罚目标包括盗窃和与盗窃相关的隐藏赃物。古埃及法律对于盗窃罪的惩罚比较严厉，尤其是对于破坏陵墓和盗走陵墓中陪葬品的行为。大英博物馆中藏有一份古埃及草纸文献"艾博特草纸"（Abbott Papyrus），其中记录了一件发生在埃及第二十王朝拉美西斯九世（Ramesses IX）统治时期的案件的审理情况。其中不仅涉及盗墓与审理的情况，还涉及行贿受贿。草纸记录了一伙人合作盗墓、历时 4 年凿开了一条通道，进入到第十七王朝法老索贝克迈塞弗（Sobekemsaf）金字塔的地下陵寝，盗出了墓室中所有的陪葬品，又打开法老及王后的石棺，将黄金面罩、珠宝、护身符全部盗出，之后将木乃伊焚烧。参加盗墓的人中以阿蒙神高级祭司阿蒙霍特普的一个工匠为首，其余 7 个人中有工匠、农民，还有一个船夫。盗墓成功后他们将赃物分成 8 份，每人一份，然后驾船回到尼罗河东岸。后来不知什么原因东窗事发，为首的工匠阿蒙沛诺菲尔被捕。但他贿赂了地方官，结果他们将赃物重新分配，地方官从中得到好处，盗贼被释放，继续其盗墓勾当。后来再次东窗事发，盗贼的母亲被流放到努比亚，阿蒙沛诺菲尔被送上法庭接受审判。不仅百姓盗墓，一些书吏及下层官员也参与其中并分赃获利。

有犯罪就必然有治理犯罪的制度和执行制度的人员。古埃及从古王国到中王国似乎一直没有一支类似现代社会中的警察部队的建制，直到新王国才出现全国范围的治安机构。之前虽无全国性的治安建制，但警察这类的角色并非不存在。早期的治安吏多以门卫及市场巡吏身份出现。神庙入口需要有人把守，城门更需要有人负责，甚至一些工场都有人看管。中王国时期有个著名文献《贸易的讽刺》，作为教谕文字其略带诙谐，对工场中干活的人的生活给予了负面的描述，说他们工作艰苦，就是想出来呼吸一口新鲜空气都要贿赂看门人。这些人大多被个人或地方机构如神庙、土地主等雇佣，不仅如此，地方治安建制已经初具雏形。文献中出现 𓊪𓏤𓎛𓂋𓏲 ("治安吏总管") 这样的头衔，说明地方治安机构已经出现。后来又出现了 𓈖𓉐 ("护院") 这样的文字，显然其最初属于大土地所有者的私人护卫队，但到了中王国却发展成了皇家治安部队，直到晚王国时期仍然存在。他们职责中有一项是协助收税官收税并惩罚抗拒不交者，在壁画中他们手持棍子对付农民。到了新王国，一支半军队性质的部队逐渐演变成全国性的治安部队，其主要成员大多来自努比亚的亚麦扎伊乌，其名字也由此而来，即 𓄜𓃀𓏭𓂝 ("马扎伊")，后来该词成为古埃及治安部队的称呼。其实这支治安部队是雇佣兵部队，他们为生计而工作，因为是外国人，所以不徇私情。

作为全国性的安全部队，马扎伊数量庞大，但究竟其规模有多大，我们没有材料可以从中推断，只能有个大概的推测。新王国第二十王朝时期拉美西斯四世派出的一支 9000 人的采矿队伍便有一支 50 人的治安小队跟随其后。哪里有事哪里就会有治安队伍出现，例如新王国时底比斯墓地遭到破坏，治安部队便被调来守护墓地。虽然我们还不知道其规模多大、组织结构如何，但从文献中读到的一些官职多少可以帮助我们对其结构有个大概的了解。治安部队的最高长官应该是 𓂦𓏤𓌉𓌉𓏥𓏥（"最大马扎伊"），其下有一两个执行官 𓏏𓇋𓂦𓏤𓌉𓌉𓏥𓏥（"马扎伊副吏"），接下来的是地方长官 𓎡𓂦𓏤𓌉𓌉𓏥𓏥（"马扎伊监管"）。显然治安部队是由中央统一调遣，在地方有实质建制的系统结构。其高官都是由埃及人来担任，下层人员来自努比亚。

治安部队的饷钱从国库里支出，地方也承担一部分。具体国库支付哪些级别人员的饷钱，地方支付哪些级别的饷钱我们无从知晓。马扎伊的待遇很好，相当于一个村子当中的首领，人们对其要毕恭毕敬。古埃及人似乎有点怕他们，甚至书吏都告诫自己的儿子不要招惹他们，要请他们到自己家里吃饭，对他们要礼貌。由此可见其社会地位之高。驻扎在不同地方的马扎伊情况不尽相同，因为在偏远地区特别是边境地区不仅有马扎伊，还有戍边的军队。采石场、矿场等地有马扎伊，同时也有军队。还有一支部队与马扎伊类似，他们是从努比亚征召来的弓箭手，他们也承担马扎伊的工作，特别是在矿区和边界上。

马扎伊上层官员大多是退伍的军官，这一职位对他们而言通常作为跟随法老作战有功或勤王有功的奖赏和退伍之后的安排。当然，马扎伊最高长官位置也不能随便指派给不信任的人。因为高级祭司在社会中的地位特殊，他们在很多时候插手马扎伊高层的任命。理论上讲，不仅法老可以直接任命"最大马扎伊"，维西尔也有权任命。文献上有据可查的两位新王国时期的"最大马扎伊"，一位是底比斯的法老马厩主管，另一位是勤王有功的军官。马扎伊招募的主要是埃及周边的人，尤以努比亚人为主，此外还有利比亚人、荒漠和半荒漠中的居民。埃及是块丰饶的土地，周边地区的居民相对而言生活就艰难许多。平时还好，一到荒年，周边地区的居民的生存都面临很大困难。尼罗河河谷地区的富饶对这些人吸引力很大，但进入埃及并非易事。于是，充当马扎伊便成为这些周边居民进入埃及的首选途径。中王国时期的铭文中就有这样的记述：我们来为法老服务，愿他长寿、富有、健康。马扎伊成员的另一来源是战争中的俘虏。埃及的奴隶大多来自战争中的俘虏，对这些俘虏而言，为了赎身，进入马扎伊队伍为法老效力的确是一项非常好的选择。法老之所以要从外国人当中大量挑选马扎伊，有一个非常重要的考虑，这是因为马扎伊治安部队对于国内政治十分重要，一旦这支军队为国内政敌所利用，其结果不堪设想，而外国人不会卷入埃及政治派别斗争之中，因此就不会成为一支对法老的统治构成威胁的势力。

马扎伊的职责比较繁杂，在马扎伊官员的陵墓壁画（如图5-1）上可以看到他们的一些活动，有治安方面的，有护卫方面的，也有礼仪方面的。其最为重要的职责是以下几个方面：维持社会秩序，保护各阶层财产，警卫边境安全，执行法律职责，负责监禁羁押，惩罚罪犯，充当可靠的信使。

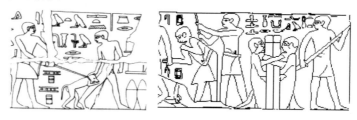

图 5-1　马扎伊官员陵墓壁画（残片）

维持社会秩序是治安部队主要的责任之一。无论是在边界还是在城市抑或在乡村，都能看到治安巡逻部队的身影。不同级别的治安队伍有各自不同的辖区，巡逻辖区是他们每日要完成的工作。一方面如遇纠纷或犯罪他们可以立即解决；另一方面也为震慑人心以防止犯罪的发生。治安部队的另一项工作内容是陪同收税官吏收税，以防止有人抗税。抗税有多种方式，最常见的情况是藏匿收获。遇到这种情况，治安人员就会逼迫有义务缴税者将藏匿的收获拿出来，当然很多时候是要用些手段的。不公经常发生，有时没有证据证明缴税者藏匿，仅凭猜测就殴打逼供的情况会时有发生。不仅如此，巡逻者接到报案后迟迟不缉拿罪犯，反而将受害人关进监狱的情况也有记载。

保护私有财产也是治安吏的职责。有私有财产就会有保护意识，于是房屋有了院墙，房屋装上门窗。古埃及也是如此，而且很多人家里还养狗护院。但古埃及是个很特别的文明，在其 3000 多年的历史当中我们没有发现锁的存在。古埃及有门闩，但没有锁。家里经常有人倒也不怕被偷，但古埃及人素来重视来世，他们带到墓室里面的财富由谁来看护呢？这也是治安吏的职责。尤其是皇家陵墓，里面宝物非常多，觊觎它们的人多不胜数。特别是在动乱年代，盗墓变成了许多人发财致富的捷径。所以陵墓特别是皇家陵墓需要安排治安官吏守护。除了陵墓之外，农民的田产是最容易受盗贼光顾的，而保护农田里的庄稼对治安吏而言又是最为困难的一件事。因为农田范围较大，真正做到有效地保护庄稼绝非易事。其实治安吏也只是在其附近巡逻而已，其威慑作用大于实际效果。如果此举仍无法阻止盗贼横行，那农民也只能自认倒霉了。并且治安吏之所以为农民巡逻，绝不是出于保护农民利益的目的，而是为了保护农民向国家缴纳的赋税。

戍边应该是军队的分内之事，但边境处也时时有治安问题出现，这就需要马扎伊出现在边境地区了。边境地区的马扎伊驻扎的军营附近，有马车供其使用，显然是为了使其行动更快，有点现代警务用车的味道。如有要塞则马扎伊会驻扎在要塞内部，以便能够深入荒漠搜集情报以报告给总部。此时的马扎伊不仅承担了警察的任务，还兼任边境侦察兵。古埃及边境的交通要道都有马扎伊看守，对进入和离开埃及的人员进行审查。如果不符合规定，则将其扣留，或将其遣返。他们还执行搜捕和拦截逃跑奴隶的任务。另外，对于初入埃及的物品，他们都要负责加以盘查并将情况报告给宫廷。

既然马扎伊是治安队伍，像现代的警察一样，抓捕犯人也是他们分内之事。在治安吏陵墓的壁画上我们可以看到抓捕犯人的情景。两个治安吏各执一根棍子押解一名犯人，犯人脖子上戴着像枷一样的东西。逮捕疑犯的工具有点现代化，手铐脚镣一应俱全，但材质应该是木制而不是金属的。最常见的绑缚方式是将疑犯双手放到身后，在肘部将双臂绑住。这种绑缚方式非常像军队在战争中绑缚俘虏的方式，他们将疑犯双手举过头顶绑在一起，如用手铐，就铐住手腕放在胸前。手铐往往做成狮子或其他动物的形状。一般疑犯的羁押时间不会太长，羁押期间可以保释。

抓捕到疑犯之后接下来的程序就是审讯。审讯一般都由高级官员来执行，必要时会由维西尔直接出面。审讯方式比较粗野随意，肉刑是惯用的手段。最常见的刑讯手段是用棍子抽打犯人手脚，这在很多时候非常有效，疑犯刚受刑就招供了。当然，这是在审讯期间采取的手段，还不是真正的刑罚。真正的刑罚是在犯人招供之后，根据其罪行的大小和性质进行惩处。审讯过后便将犯人投入监狱，监狱有大有小，最小的监狱就在治安官府内，一般在房间里挖个土坑，犯人就关在坑里面。大的监狱有点像城堡，跟现代的监狱有些相像。埃及语中有关关押监禁的词汇有三个，分别是 𓉔𓏤𓊖、𓈖𓏤 和 𓊹𓏤𓃭，基本意思都与关押有关，也都代表监狱。但光从词源上还看不出三者的区别。

埃及监狱有大有小，村子里有，城镇里有，宫廷里也有。但犯人关押的时间都不是很长，毕竟关押犯人主要是为了后续的审讯、审理、定罪、宣判，之后就是刑罚了。根据所犯罪行不同，刑罚的方式也不同，常见的刑罚有钉刑、火刑、劓刑、刵刑及棍笞。钉刑的处罚是将木桩削成尖钉状立在地上，然后将受刑者放在尖上，将人一点点以木桩穿透，令其慢慢地死去。火刑是极重的刑罚，一般都是用来惩罚重罪的，比如反叛罪。火刑不仅烧毁了犯罪者的肉体，还使其来世无法进入永恒的世界，无法得到永生。这对于古埃及人来说是极为可怕的。钉刑也是如此，因为犯人躯体受到了绑缚，代表其灵魂的"巴"就无法跟随其身体，变成了孤魂野鬼。古埃及的刑罚不是为了补偿受害者，而是维护玛阿特。所以，惩罚完毕事情就随之结束。限制自由不算惩罚，但也有延长羁押的时候，主要是为了审理案件，而不是作为惩罚。惩罚中还有一项是我们现代法律中很少见的，即将犯罪者的名字从其陵墓中凿去，使其无法进入永恒世界。

古埃及没有正式的邮政体系，所以也就没有正式的邮政人员。治安吏便兼顾起传递文件及书信的任务。不仅官府让治安吏为其传递文件书信，社会上层贵族也偶尔让治安吏充当跑腿，有些杂事也会派他们去代劳。曾有文献记载戴尔-艾尔麦地那的治安官代人购买雄山羊，此类事件在古代埃及社会中并不少见。

维护社会的稳定仅有统一的意识形态和警察机构还不足够。如果缺乏伸张正义的途径，任何社会早晚都会出问题。伸张正义的最好的途径是法庭，法庭的主角自然是法官，而古埃及在古王国的时候还没有专职的法官。遇有需要审理的案件时会组成临时法庭，由各级官员充任法官。一般出任法官的是书吏和祭司，书吏能书写，会记录，这是在法庭中审理案件所不可或缺的技能。因为法律维护的是玛阿特，是神，所以要有"神的仆人"参与。法庭由维西尔直接主持。第六王朝"乌尼斯自传铭文"中对当时的法庭有所记述：

> 陛下任命我为希拉康坡里斯的法官……因为他的心中对我的器重超过他心中任何其他人。我听狱，唯一的最高法官维西尔在场，涉及每个秘密，涉及每一与国王名字相关的情况，涉及王室后官与六大宫。

"六大宫"相当于我们现在的最高法院，维西尔亲任"六大宫之主"，相当于现代的最高法院院长。后来到新王国时期，该头衔逐渐成为虚衔，徒具空名，不存在实际的意义。另一法庭叫𓉔𓏏𓏤𓏏𓊖（"三十宫"），但从铭文文献中我们得知这个法庭不是现世的法庭，而是人进入永恒世界之后的法庭。这个法庭由拉神创立，负责审理神和死者的事务。神的法庭对人间法庭究竟有多大影响我们尚不可知，但其构成和审理方式应该大同小异。

法庭维护的是玛阿特，是正义，但正义的实现对于古埃及的法庭来说却是个考验。如果一切审理全听"六大宫之主"一人的意见，正义的实现便全系于维西尔一身。中国有句古话叫"兼听则明，偏听则暗"，若案件仅由一人全权审理正义就很难实现。古埃及人也认识到了这一点，所以他们在法庭上设立听狱者，有点像现代法庭的陪审团，人员包括有地位的人士、工匠、书吏以及普通百姓。这些人在法庭上担任的角色叫作 ⚒️，其词根有"角落"的意思，这些人是否坐在法庭的角落里，没有文献记录，我们也不好轻易下结论，但既然词源上有这个意思，就完全有这样的可能。

法官做到不偏不倚、不徇私情除了需要有陪审团"Kenebet"的监督之外，还需要法官能做到没有私心，不受收买。因此，法官在经济上要独立，不依靠任何人，且其收入应该非常可观。这有点现代的"高薪养廉"的思想。古埃及的法老已经深深地意识到这一点，第一中间期有一位法老迈瑞卡瑞（Merikare），其父亥提三世（Kheti Ⅲ）在留给他的教谕中就曾对他说：

> 让富有者更加富有，他们要执行你的法律；家有财富之人就不会偏狭，因为他所不缺者乃财富；穷人鲜说真话，说"我说的是真的"者并不坦诚；他会偏向于予其回报的一方。

虽然该观点存有明显的偏见，但也不乏哲理。

古埃及法官的称谓是 𓀀𓉐，其限定符是大厅或宫廷的入口，上边有神蛇守护，同音词有"尊者""书吏"等意。可见各级法庭上的法官多由社会上层担任。虽然古王国的时候还没有法官这一职业，但到了中王国，法官成了一个专业职务。不仅如此，法官一般都世袭，而且有家族化的倾向。有些家族不仅父子都是法官，其兄弟也都从事该职业。

审判有刑事和民事之分。刑事案件由国家负责，罪行包括背叛国家、法老和神，以及对他人造成严重伤害，比如谋杀或重伤他人；民事罪行包括偷盗、抢劫、私通等，一般都由地方进行审理。

无论是刑事案件还是民事案件，审理常伴随着刑罚。该阶段的刑罚不是惩罚罪犯，而是逼迫当事人说实话，拧胳膊是最常见的方式，此外还有杖笞。法官不仅在审讯罪犯时会使用杖笞，对于目击证人，为了让他们说实话也会施加以杖笞和抽打手脚的惩罚。如果当庭审判中当事人坚持否认对自己的指控而又没有别的证据证明他有罪，此人就会被宣布无罪。但有些被无罪释放者仍被称作"罪犯"，可能相当于我们现在的"嫌疑人"。

民事案件的审理与现代不同，我们没有发现古埃及文献中出现过与现代律师相近的头衔和词汇，这说明古埃及民事案件审理过程中根本不存在辩护环节。当然，刑事案件中也不存在辩护环节。法官的判决根据庭审证据得出，有的是文字的，有的是口头的。书吏负责文字记录，证人证词也会被记录在案。证人要当庭宣誓，以示其证词可信。法官要公正，但是否真正做到公正却只有法官自己知道。没有律师为当事者辩护，但每个当事者都有机会陈述自己的意见。古埃及的民事案件的审理透露着一些人性化的原则，比如说寡妇、孤儿以及怯懦的人都会得到法官的特别同情。一般民事案件的审理速度相当快，所以，其判决结果公正与否就很难说了。法官的判决结果带有很大的主观性，当事者给法官的印象相当重要。《能言善辩的农夫的故事》中所记述的正是一位农夫仅仅因为有难得的好口才就使自己的正义得以伸张的例证。其实所谓的好口才，里面包含了许多对当权者甚至法老的阿谀奉承。该故事最后的结果非常具有戏剧性，眼看就要申诉无门的时候，法官突然改判。农夫不仅要回了自己的驴子，还让跟他作对的贵族失去了所有财产，变得一文不名。而他反倒拥有了贵族的财富。如果不是他口才出众，他的案子就不会一审再审，他也不会有被带到法老面前的机会。那么，他为自己伸张正义的可能性也就不存在了。

尽管司法审判一直是国家的行政事务，但在新王国的时候，高级祭司集团却从国家的行政司法体系中窃取了一些权力。当然他们窃取司法权力时是以神的名义来实现的，因为古埃及法律所追求的最高目标正义、秩序和稳定即是玛阿特神。祭司审判的方式是借助神谕，就是一切由神来判断，由神来审判。神谕的操作很简单，因为神不会回答过于复杂的问题，不会长篇大论地讲道理，所以只能做二选一的判断。例如卡纳克神庙内的一篇塔门铭文中就记载了神谕审判的例证。

一名涉嫌挪用法老公款的官吏接受神谕审判，问题写在两张草纸上，一为肯定，一为否定：

> 哦，阿蒙拉神，众神之王，我善良的神祇；调查成功者，苏笛阿蒙之子，成功者，总管图特摩斯，没有关系。

另一草纸上书写：

> 哦，阿蒙拉神，众神之王，我善良的神祇；调查成功者，苏笛阿蒙之子，成功者，总管图特摩斯，有关系。

两张草纸都放在阿蒙神像面前，阿蒙神像两次示意选择其中一张（这自然是有人在神像背后操纵），该草纸宣布图特摩斯无罪，他因此官复原职，并且更加受人尊重。神谕审判的方式有几种，比如，神像在选定的草纸面前向后倒退几步即表示否定，前进几步即表示肯定。还有更简单的方法，即▨▨"点头"，如同今天的"点头 YES、摇头 NO"的方式。神像选定哪个草纸便在其前点头，没有选定的便摇头。这样的审判自然有很大的欺骗性，虽然名义神圣，但都是高级祭司在操纵。这样的审判源自神庙中经常进行的个人向神请示神谕的行为，我们在神庙中发现了很多陶片，其上书写的内容都是回答简洁的语句，如"这些事情是真的吗？""塞提会被任命为祭司吗？""是他偷了这块席子吗？""是他们盗窃了皇室陵墓中的财物吗？"显然这些陶片是用来请示神谕的。

附记：神王的得意与厄运——共治传统的诞生

3500 多年前的一个清晨，当太阳刚刚从远处地平线上升起的时候，王宫内一处宽敞的房屋里的气氛也开始活跃起来。孩子们一边打着哈欠一边将石片、瓦罐片搬入房屋。一位老者已先于孩子来到，手里拎着纸草卷、水罐和装笔的木匣。孩子们在房屋内的席子上坐下，手持尖利的小石块，准备听写老师昨天教的内容。当大家都已经坐好的时候，老者打开纸草卷，声音缓慢却洪亮地读起纸草上的内容："iry pat HAty-a sAb aD-mr ity m styw rx nswt mAa mry. f Smsw sAnhAt Dd. f：ink Smsw Sms nb. f bAk n ipt nswt irt pat wrt Hswt Hmt nswt snwsrt m Xnm-swt sAt nswt imn-m-HAt m qA-nfrw nfrw nbt imAx..."房屋里很静，当老者读完，接下来只有尖利的石头在陶片和石片上刻写的声音：⟨象形文字⟩。偶尔传来尖利的石头刻在硬石片处的刺耳尖哨声。

3500 多年后，这些被丢弃的陶片和石片越过久远的时间迷雾被人从废墟和土堆的底下挖掘出来，人们惊奇地发现，这些陶片石片上像图画一样整齐排列的图案有许多相似的地方。于是人们开始买卖并珍藏这些从远古留存下来的残破的文物。其中最大的一片辗转流传，最后落脚于英国牛津阿什默林博物馆，德国柏林博物馆则收藏了两件写有相同文字的纸草卷。埃及学家对这些纸草卷及陶片上的文字做了精心研究和释读，发现这些文字所记竟然是一个语言优美、充满悬念的故事。故事开篇便是：

> 第三十年，泛滥季第三月第七日。神降临地平线，上下埃及之王，塞赫特普伊布瑞升入天空，与太阳神结为一体，其神之躯体与其创造者合二为一。都城沉寂，喧嚣不再，双门紧闭，朝廷上下以头触膝，贵族悲戚。

这段文字其实只表达了一个意思：法老死了。而这份纸草上的文字便是所谓的《西努亥的故事》。当时西努亥是后宫中的一位高官，用纸草上西努亥的自述来说就是："我乃陛下之亲信，国王后宫中负责世袭王子、最受赞美之辛瓦瑟瑞特法老于卡诺夫汝金字塔中的妻妾、阿蒙尼姆赫特的皇室女儿之尊敬的仆人。"显然他是位后宫随从。然而，在法老死去后，他却突然逃离埃及。为什么逃离，文中未讲，这使得后世学者苦苦猜测，至今仍未得出答案。

文中疑问很多，前任法老死于何因？后宫中的高层仆人为何匆忙逃离？他害怕什么？仅凭《西努亥的故事》中记述的内容我们无法解答这些疑问。然而，历史无论如何诡谲，总会留给后世一些线索。就在这些疑问几成千古疑团之时，埃及学家找到了另一篇文字《阿蒙尼姆赫特教谕》(Teaching of Amenemhat)。其原本现在已不知去向，可能已经永远消失在了历史之中。我们能够读到的是佩隆(A. Peyron)于1843年抄录的摹本，该摹本被称作"米林根草纸"(Papyrus Millingen)。此文献虽然书写于古埃及第十八王朝后期，但原稿应该是中王国初期的作品。文献以死去的法老阿蒙尼姆赫特一世的口吻直接教导他的儿子——现任法老辛瓦瑟瑞特，告诉他不要相信任何人，尤其是身边的亲信。离奇之处是前任法老为了使自己的说教有力，讲述了自己被谋杀的经过：

> 吃过晚餐，天已渐暗。我想休息一会儿，我躺在床上，因为我已疲惫不堪。我的心开始追求睡眠。突然间侍卫手执武器向我袭来，我像沙漠上的蛇一样躲闪。我惊醒抵抗振作精神，身边宫廷侍卫混战。如果我能迅速拿剑在手，我本可以让邪恶者后退慌乱。但黑夜无法造就英雄，没人能孤立作战。

结果可想而知，前任法老就这样在一场宫廷阴谋中殒命。

根据两篇文献所记法老名字，我们得知，西努亥因老法老突然死去而逃离埃及，这个突然死去的法老正是《阿蒙尼姆赫特教谕》中自述其被害经历的那位法老。我们还不知道后宫阴谋的主谋为谁，但有一点毫无疑问，此次阴谋没有得逞。因为即位的法老正是被谋杀的阿蒙尼姆赫特法老的儿子——远征利比亚的辛瓦瑟瑞特，埃及历史上第一位父亲还在位时就与父亲共同统治国家的法老。他听到消息后立即班师回朝，平定内乱。这对于他很容易，因为其父在位时就已将他扶上了法老的宝座，成为第一位共治的君主。对于此次宫廷阴谋老法老似乎早有预料，只是他至死不知道谁是阴谋的主使者。他还在世时就将儿子扶上法老王座显然是为了防止意外，一旦自己与世长辞，王位的继承也不会出现混乱。不幸的是，他的担心一语成谶。共治因此成为埃及政治生活中的一个传统，法老生前就将王子扶上王位，两人共同统治国家。

阿蒙尼姆赫特一世开创了古埃及政治生活中的共治传统，可谓前无古人，以当今使用频率最高的词汇来说就是"创新"。但此次创新并非阿蒙尼姆赫特一世一时的异想天开或心血来潮，其革新总有根据，其担心也总有道理。

阿蒙尼姆赫特是第十二王朝的创立者。然而，他却并非出身王族。虽然百姓偶尔也做帝王之梦，那也只是黄粱一梦而已。只有离王位并不太远者才有可能将帝王之梦转变为现实，离王位越近，其梦想越真切，真切得令人战栗。阿蒙尼姆赫特一世建立自己的王朝之前是否常怀帝王之梦我们不得而知，但他距法老王座之近可谓间不容发。他是第十一王朝最后一位法老孟杆霍特普四世的维西尔。维西尔者，宰相是也，可谓一人之下万人之上。孟杆霍特普四世的死因仍是一个历史之谜，但其维西尔阿蒙尼姆赫特一世却摇身一变成了法老。关于这次权力的转移，我们至今没有发现太多的相关材料，只有在阿蒙尼姆赫特做维西尔时，他率一万人前往哈玛玛特旱谷，为孟杆霍特普法老石棺寻找制作棺盖的材料时留下的一篇记述此事的铭文给我们提供了一点线索。铭文中记录了两个奇迹：一件是一头怀孕的母鹿将人们引到一块非常好的石头处，母鹿在石头上产下小鹿；另一件是人们在那里发现一口充满水的水井。这两个奇迹的寓意很清楚，母鹿产子暗示诞生；荒谷中的井水象征繁荣。因此埃及学家认为该篇铭文是阿蒙尼姆赫特用以宣传其改朝换代的谶语。但猜测毕竟是猜测，我们还无法确定历史的真相，无论如何，王朝的更替就在这历史迷雾中完成了。

阴谋者常怀防人之心，篡位者最怕被人篡位。这是经验之谈，有时候是血淋淋的经验。阿蒙尼姆赫特一世不能不思考，自己作为维西尔可以攫取最高权力，当自己成为法老的时候，自己的维西尔就不会如法炮制取自己法老之位而代之吗？所以阿蒙尼姆赫特的创新来自经验，起于需要。

这一距今约 4000 年前的创举恐怕在人类历史中难有先例。之后埃及法老共治经常出现，每当法老年老体弱或感到精力不足之时，便重拾共治的传统应对，且屡试不爽。在此后的其他文明中，共治现象也屡见不鲜。罗马帝国、希伯来早期甚至近代的法国都存在共治的例证。它们是否都有过政变的惨痛经历我们暂且不去考察，但至少每一次共治在一国诞生都是发生在权力继承出现困难之时。

一切传统的诞生都有其根据。共治的诞生有两个基本条件：首先，权力的私有，进一步而言权力被当成遗产。自从人类开始在自己的物品上刻下自己的标记以来，私有观念便开始左右历史的进程。在刻画所有权的符号演化成文字的过程中，私有观念对人类文明做出了无法估量的贡献。直到权力变成私有，私有观念膨胀到了极致，私有的神圣性仍然没有受到任何挑战。尽管权力一直在角逐中更迭，但都是换汤不换药的变换，是最大私有财产的改名换姓。千年延续的传统，直到人权思想诞生，其存在的合理性才开始受到动摇。其次，危机的诞生。人尽管是万物的灵长，但往往不是在激变之后就是大敌当前时才开始居安思危。在风平浪静、一派安定繁荣之时往往无人考虑日后应如何应付危机，即使有过考虑，但是人们关于危机的概念也很模糊，也很难有的放矢地应对。当危机来临或大难过去，人们或自卫或痛定思痛之际，此时新智慧最易诞生。古埃及的共治应该是痛定思痛的结果，只是真正该痛苦的人不是首创共治的阿蒙尼姆赫特一世，而是被其取而代之的孟枯霍特普四世的后代。

一旦应对危机的措施被证明有效便会作为传统被传承下来，世代遵行。即使以后人们忘记了先人创立传统时的初衷，它也仍然被人们维护着、奉行着。古埃及的共治传统延续了近 2000 年，直至由希腊人统治埃及的托勒密王朝时，仍存在共治的传统。被称作埃及艳后的克里奥帕特拉七世 18 岁登基，与其弟弟托勒密十三世（Ptolemy XIII）共同执政。显然这早已违背了古埃及共治传统的初衷，因为他们的共同执政不仅没有带来政权的平稳过渡，反倒引起内乱，姐弟俩为了权力兵戎相见。这是阿蒙尼姆赫特一世没有预料到的结果，是这一政治传统在其发展过程中的异化。

上述两个条件导致了共治只能在一定的历史阶段出现。

回顾人类历史，到目前为止人类已经经历了四次大的危机，即人类物种生存危机、氏族城邦生存危机、民族国家生存危机和个体生存危机。人类物种生存危机是指当人类还处在蒙昧时期，种群数量上还很少，抵御自然侵害能力还很低，整个人类还未摆脱灭绝的危机。这一危机直接威胁着整个人类的生存，在这一危机面前，其他一切个体的生死存亡都显得无足轻重。人类面临的首要任务是维持人类整体的生存而不至于灭绝。正如摩尔根在其《古代社会》中描述的那样，当时"人口稀少，生活资源简单，栖息的地域有限，人类刚刚进入他们的新生活。在这样遥远的一个时代，既谈不上有任何技术，也谈不上有任何制度"，"动物在数量上和力量上正处于其全盛时期……人类部落正居住在树丛中、洞穴里和森林中，他们为了占有这块栖息之所而与野兽做斗争。同时，他们依靠大地的天然果实来维持自身的生存……既无经验，又无武器，而周围到处都是凶猛的野兽"。

人类的生存在此阶段极其艰难，要想生存就必须积聚足够的力量，而当时人类的力量主要体现在数量上。人类是有理智的动物，这就决定了人类不仅要保证个体的生存，还要保证人类整体的生存，于是繁衍便成了人类最为理智、最为高尚的行为。生殖崇拜就在这一时期的这种生存的重压下产生了。

氏族城邦生存危机是指人类摆脱了自然环境的致命威胁之后，不同氏族之间为了争夺生产资料和财富进行的征伐给各个氏族城邦所造成的生存危机。随着人类生存压力的减缓，人类赖以生存的资源问题便日益凸显出来。解决这个问题有两条途径：一条是开发资源，另一条是掠夺别的种族、部落、城邦的财产。自然环境给予不同种族的财富的不均衡使人类除了生产和贮藏食物、驯化和饲养野生动物外，对别的城邦的财富常怀觊觎之心，于是冲突、掠夺以至小规模战争不断发生。人类生存危机过去了，人类生存压力也不那么紧迫了，这时生存压力的范围已从人类整体缩小到各个氏族和城邦。人类作为一个整体不会被轻易地灭亡，但就某一个氏族或城邦来说，生存压力却越来越大。为掠夺资源和财富而发生的冲突、战争，时时都可能将某个部落或城邦从地球上抹杀掉。于是，危机便落在了氏族城邦身上。如何抗拒这一危机，应对这一压力，维护氏族城邦的生存成了这一人类历史时期的主题。能够率领其人民出生入死地保护住自己的城邦不被毁灭并有效地劫掠他邦财富的人就成了英雄，从而成为城邦的领袖。英雄崇拜成为这一历史时期的主要价值观念。

民族国家生存危机是指城邦解体，现代意义上的国家和民族诞生之后国家和民族面临欺凌、侵略、压迫的危机。这一危机的直接承受者是国家和民族，却关系到每一个国民的生死存亡。随着生产的扩大，随着人类对新的世界的拓展，人类生活的范围越来越宽广。氏族城邦的生存危机在扩大的生产所带来的财富面前越来越弱。氏族城邦间的冲突给各方造成的灾难使人们开始考虑用别的方式取代战争以解决问题。生产的扩大，财富的积累，生存范围的拓展，让人们把目光投向远方。而远方敌人的到来又使一个民族、一个国家的凝聚力增强，城邦间的冲突被向远方开拓的热情和抵御远方敌人的民族国家的凝聚力所取代。这是一个民族意识觉醒，国家观念开始神圣起来的时代。两次世界大战将这种生存危机发展到了极致。爱国主义是这种危机中人们意识中的最高价值观念。

与民族国家生存危机交织在一起，呈现此强彼弱局面的是个体生存危机。个体生存危机在民族国家没有面临外来威胁时突出地显露出来，而只有在这种情况下人类才把目光转向个体，看看个体的生活境遇，思考个体的生存价值。人类意识到个人在现实和精神领域的不自由，于是高扬起自由、平等、天赋人权的旗帜。

随着人类生存危机、氏族城邦生存危机、民族国家生存危机和个体生存危机而出现的生殖崇拜、英雄崇拜、国家崇拜和自由崇拜成为主宰人类文化发展的主线。首先诞生于古代埃及的共治只能出现在英雄崇拜和国家崇拜的历史阶段，因为只有在这两个阶段中权力既集中又私有。在英雄崇拜和国家崇拜成为人们的集体无意识之时，一切传统都会打上英雄崇拜和国家崇拜的烙印。共治是英雄崇拜与国家崇拜时期最高权力拥有者维护权力私有的政治手段。

　　共治传统的开创者没有躲过后宫的阴谋叛乱，然而其后继者却依靠这一创举保住了王位。就阿蒙尼姆赫特个人来说其结局有些悲惨，但对于王朝的稳定和强大而言，他功不可没。尽管一切创举最终都没能抵挡住古埃及文明衰亡的结局，但这是历史规律使然，个人的创举终归无能为力。

第六章　古埃及的墓葬及来生观

古埃及文明深深植根于其宗教式的人生观之中，人死后再生的观念不仅生发出一套完整的神学世界观，还衍生出一套完整的丧葬习俗。古埃及人世界观中的一个基本概念是永恒，而这个永恒包含了时间的有始无终和人生的反复循环两层含义。古埃及语中就有两个表示永恒的词汇🔲与🔲，前者表达的是时间一直伸向远方的无限，后者则代表死而复生的循环。永恒是古埃及人对理想世界的不懈追求，这导致其特殊丧葬习俗的形成并得以延续数千年。古埃及丧葬习俗从史前开始萌芽，到古王国形成，经中王国、新王国的完善，一直持续到晚王国，最后影响到统治埃及的外来者。要理解古埃及丧葬习俗，我们首先应该走入古埃及人的精神世界，看他们是怎样认识世界的。

第一节　对来世的深信不疑

古埃及人对来世深信不疑。🔲（杜阿特）一词有点"冥界"的意思，英语的埃及语词典中对其的解释是"netherworld"，德语的埃及语词典中对其的解释是"Unterwelt"，都是冥界的意思。但从古埃及文献中我们可以看出，冥界似乎并不是古埃及人心目中的🔲。与其词根相同的词汇大多与时间相关，比如🔲、🔲、🔲的词根的读音跟🔲完全相同，分别意为"初升""拂晓"和"早晨"。因此有理由相信，该词指的是一个时间阶段。古埃及人认为，时间是一个永恒的循环，太阳神就在这时间的永恒循环中日复一日年复一年地循环着。每天早上从东方的地平线上升起，乘坐着太阳船在天空中从东方向西方驶去，傍晚在西方落下，进入时间的另一个阶段。这个阶段便是🔲

的世界。在这个世界里太阳神乘坐着太阳船继续行进，由西向东走来，直到第二个清晨，来到两个世界的交界处。在这个黑暗与光明的交界处，太阳船上的太阳神要和巨蟒状的阿波菲斯进行殊死搏斗，最后太阳神在塞特神的帮助下打败阿波菲斯，从东方的地平线上再次蓬勃升起。这是古埃及人对世界的基本认识。既然世界如此循环，人生和万物也都会遵此规律。时间是在循环中永恒，人也经历由出生到成长到死去的循环。这种联想让古埃及人认为，人的一生就像太阳一样，出生后会越来越亮越来越强大，然后日薄西山，最后落入 ⌐⌐𓅓𓃀，等待明日的出生。所以，对于古埃及人来说，所谓的"冥界"不过是永恒循环中的一个环节而已。因此，⌐⌐𓅓𓃀 并不是我们所说的一去不返的"冥界"，而是走入永恒的一个阶段。

杜阿特是地下的一大片土地，与原始瀛水努恩相连。杜阿特是奥西里斯神及其他神祇居住的地方。对古埃及人来说，杜阿特与我们生存在其中的这个世界非常相像，里面有河流，有岛屿，有田野，有湖泊，有山峦，还有洞穴，此外还有燃烧的火湖、钢铁之墙和绿宝石之树。不像冥界那么阴暗，而是个神奇的世界。其入口在尼罗河的西岸，那里是每日太阳神进入的地方。然而，这个地方还不是人们死后的最终归宿。杜阿特是一个世界，但这个世界却和另外一个世界相连接。它像一个通道，引导亡者的灵魂走过去，进入真正的永恒。尽管杜阿特概念形成的时间比较早，但古埃及各个时期对其描述却不尽相同。杜阿特一直没有在埃及的历史上形成一个完全统一的理论，我们关于杜阿特的一切全都来自古埃及的丧葬文字。其中最为人们熟悉的是"亡灵书"，此外还有"众门之书""洞穴之书""棺文""杜阿特世界"等，都是引导亡灵顺利通过杜阿特进入真正的永恒世界的超度之书。

那么，人是什么呢？人与这个世界的关系又是什么呢？

从古埃及丧葬文献中，我们可以看到古埃及人对人的认识。他们认为，人体由一个可以消失的躯体 𓄿𓏏（"哈特"）构成，而这个躯体又由另外三个不朽因素 𓄿（"阿赫"）、𓅓（"巴"）、𓂓（"卡"）构成。一般将 𓄿 看作精神，𓅓 看作灵魂，𓂓 看作孪生。

ᗷ（"阿赫"）以一个戴冠的朱鹭形象出现在文字中，但其含义却跟朱鹭没有任何关系。这种鸟生活在阿拉伯半岛的红海岸边，冬天飞到埃塞俄比亚过冬。而这两个地区古时候都生产香料，古埃及人称之为"神的土地"。鸟的羽冠与其墨绿色的斑点，在阳光下闪闪发光，让人看到便立刻想到"闪耀""绚丽""明亮"等。古埃及人用这个形象来象征人的躯体，其寓意是非常深刻的。它象征着人的精神是一道光，从黑暗当中走来，变作光明。ᗷ是个抽象的概念，在创世纪之前就作为一个精神存在着，人就是被神按照这个抽象的概念创造出来的。在一篇丧葬铭文中我们读到这样的句子："你更是一个阿赫而不是阿鹄。"显然指的是这种抽象的纯粹精神与现实世界结合并具体化为一种人的精神的转换过程。ᗷ和 ᗡ 正好是一个对立统一体，前者要转化为后者，进入人的躯体给人以精神，而后者有了前者才能获得生命。后者会腐朽，而前者永恒。金字塔文中就有这样的字句："阿赫上天，哈特入地。"

我们不知道这种作为抽象理念的"阿赫"具体化为哈特从而使人诞生的思想究竟在多大程度上影响到了古希腊哲学，但古希腊哲学家柏拉图的理念却同这一古埃及思想不谋而合。古埃及这一思想诞生3000年之后古希腊涌现出许多哲学家，且古希腊人自从发现了埃及之后便对埃及极为着迷。因此有理由相信，至少古埃及的这一思想对古希腊柏拉图的哲学思想的形成有过启发。

构成人的躯体"哈特"的另一个不朽因素是ᗴ（"巴"）。"巴"常以一个带胡子的人头飞鸟的形象出现，燃香的小罐在其胸前。这也是一个不朽的存在，"巴"在人死去的时候离开人的躯体，但盘旋于木乃伊之上，随意飞出其陵墓，再飞回来守护着躯体。作为一个不朽的存在，"巴"有时也以其他形象出现，各种动物的形象就被古埃及人看作神的"巴"。比如在赫里奥坡里斯，奔努鸟就被看作是"拉神之巴"，在孟菲斯，阿匹斯神牛被看作是"普塔赫神之巴"或"奥西里斯神之巴"，有时候甚至奥西里斯神本身也被称作是"拉神之巴"。"巴"在世界的创造中扮演一个将抽象的"阿赫"演变成具体的生命使者的角色。"舒神之巴"

就是阿图姆神在创世喷发时的火焰，创世之神从其"巴"中开始变形，开始显形，开始使世界以可见的形态出现。人死之后，其"巴"就会离开肉体，与天上的星宿结合。但不朽的"巴"会回到躯体当中去，以使生命重生。因此，古埃及人特别重视死者躯体的保存，精心地将死者躯体制作成木乃伊，其目的之一就是让其"巴"有家可回，人能借此得以重生。

　　躯体构成的第三个不朽因素是凵（"卡"）。这是个对于现代人来说很难解释的概念，一般认为"卡"是生命力量的显现，但这很难说明古埃及人为什么在丧葬仪式上要将雕像和供品献给"卡"，为什么要在陵墓中建造假门供"卡"进出，以方便其来吃那些画在或刻在墙壁上的食物。人们最初将"卡"解释为"孪生"，因为每一个生命诞生时都有一个"卡"伴随而来。例如，在卢克索神庙里的"降生室"中我们发现了下面的图画（如图6-1）。羊头神祇哈努姆（khnum）正用陶轮制造两个小神，两者孪生而来，一模一样。这孪生而来的两者，一个是神，一个是该神的"卡"。之后，两者被送到阿蒙神那里，由神牛给他们俩喂奶，然后由代表神秘力量的赫克特神（Heket）和代表繁荣的哈匹神给予其生命和幸运。然后两者被放于荷鲁斯神面前进行净化，从此"卡"与其主人便不可分离。"卡"是象征一个人的意愿或愿望的抽象因素。

图 6-1　降生室图画

　　"哈特"是人的躯体，"阿赫"作为抽象存在化身为躯体，而"巴"作为一个生命的使者给"阿赫"灌注生命，使该人获得生命，在死的时候

"巴"便离开躯体。"卡"作为与天上的星宿相关的生命呼唤生命的再生。但是，人的再生是有条件的，并不是每个人都能成功地重新获得生命，不论这个生命是在此岸世界还是在彼岸世界。

古埃及人认为人死之后便进入了杜阿特，即我们所说的冥界。但杜阿特还不是人的最终归宿，人的最终归宿是在永恒世界中再生。因此，古埃及人异常重视丧葬。因为丧葬关系到人能否在永恒世界中再生的重大问题。要想进入永恒世界，有几个条件是必不可少的。首先是躯体的保存。如果没有了躯体，"阿赫"便没有了寓所。没有寓所的"阿赫"，无论其"卡"怎么召唤，其"巴"怎么努力，赋予其生命的对象都已不存在了。人死的时候"卡"和"巴"都会离开躯体，如果没有了躯体，"卡"和"巴"便成了孤魂野鬼。所以古埃及人的丧葬中一个重要的环节便是将人的遗体保存起来，最常见最有效的方法是将遗体做成木乃伊。光有躯体还不行，通往永恒世界之路并不一帆风顺。虽不至于经历三灾八难，但也处处面临危险。

人死后，首先从西方进入杜阿特的世界。最先遇到的是一系列的门，这些门由稀奇古怪的动物、昆虫，以及以火炬或利刀为头的人身鬼怪守卫。这些鬼怪的名字也都非常奇怪，比如"来自屠场的喝血者""食其粪便者"，等等。新死者首先要通过这一道道门才能进入到接受最后审判的地点。

死者首先由阿努比斯神（Anubis）引领，来到奥西里斯神面前。然后在神面前发誓，宣称没有做过任何一件罪行。这就是"亡灵书"中记述的非常有名的"42项否定供认"：

1. 我没有犯过罪
2. 我没有犯过暴力抢劫
3. 我没有偷盗过
4. 我没有杀过男人或女人
5. 我没有偷过谷物
6. 我没有盗窃过供品

7.　我没有盗窃过神物

8.　我没有说过谎

9.　我没有拿走过食物

10.　我没有发过诅咒

11.　我没有通奸过

12.　我没有做过同性恋

13.　我没有让任何人哭泣过

14.　我没有懊悔过

15.　我没有攻击过任何人

16.　我没有欺诈过

17.　我没有窃取过神的土地

18.　我没有偷听过别人的谈话

19.　我没有诽谤过他人

20.　我没有无故对人发怒过

21.　我没有勾引过任何人的妻子

22.　我没有让自己不洁过

23.　我没有恐吓过他人

24.　我没有违背过法律

25.　我没有无端愤怒过

26.　我没有在真理面前闭上过眼睛

27.　我从未亵渎过

28.　我不是个暴力者

29.　我不是个惹是生非的人

30.　我从不匆忙判断

31.　我从不到处打探

32.　我从不言过其实

33.　我从未冤枉过他人，从不作恶

34.　我从不施行巫术、违抗主人

35.　我从未断水截流

36. 我从不大声喧哗

37. 我从未诅咒神祇

38. 我从不傲慢自大

39. 我从未偷盗神的面包

40. 我从未拿走过死者的供品

41. 我从未抢夺过孩子的面包，也未轻蔑地对待过城市之神

42. 我从未杀戮过神的牲畜

　　过了这一关之后亡者才能来到最后审判处。阿努比斯带领着死者来到一个巨大的天平处，天平的下面蹲着一个生有鳄鱼头、狮子身、河马腿的四不像的动物，另一头是长着朱鹭头的神托特（Thoth）。托特神是智慧之神，也是书吏之神，在最后的审判中负责记录审判的结果。最后审判通过称量死者之心来判定，天平的一头要放死者的心脏，另一头是一支羽毛。这支羽毛是玛阿特神的象征，代表着正义、真理和秩序。称量由阿努比斯神主持。死者如果生前行为得体，没有做过恶事，那么天平两头就会维持平衡。而如果死者的心脏比羽毛重或比羽毛轻，则说明死者生前行为不端。行为不端者的心脏会立刻被守候在天平下的被称作阿迈特的四不像的动物吃掉，死者没有了心，生命就此结束，无法进入永恒世界，这被古埃及人称作"第二次死亡"。这"第二次死亡"跟很多文明中的地狱概念有些相像。如果顺利通过了这个考验，死者将由荷鲁斯神带到奥西里斯神的面前，在奥西里斯的欢迎下进入真正的永恒世界。这个世界就是 𓇋𓄿𓂋𓅱𓅱𓇑 （"伊阿泇"），有点类似于天堂的概念。该词的意思本来是长满芦苇的田野，由奥西里斯神统治。有的文献中称之为"尼罗河三角洲之卡"，是众神休养生息之地。伊阿泇通常位于东方，太阳神升起的地方。

　　进入伊阿泇这么困难，以至于古埃及人在死去之前就要学习如何顺利而成功地进入这个天堂。人生苦短，要做的事太多。要想在此生就学会认识所有神的名字，学会在面对神的42项诘问时做出正确的否定回答，这实在不是一件易事。这就需要有人指导，最好有一本指导

手册。如果有了指导手册在身边，即使到了奥西里斯神的大厅，也能根据手册的指导正确地回答问题，顺利通过最后审判而进入伊阿泇。这样的指导书在古王国就出现了，但不是以书卷的形式供人阅读学习，而是写在陵墓的墙壁上、石棺上、陪葬的草纸上。这样，死去的灵魂在进入杜阿特的进程中，就随处都能看到这些指导自己如何通过杜阿特走向伊阿泇的文字了。这些文字得以留存下来，被后人称作"金字塔文""棺文"和"亡灵书"。

金字塔文是刻写在金字塔丧葬室墙壁上的咒语，帮助亡灵顺利到达永恒世界。后来，古埃及宗教的主要思想都是在这些丧葬文献思想的基础之上发展起来的。最初，金字塔文都是些分门别类的孤立的咒语，后来越来越完善，成为完整的"亡灵书"。我们最早发现的金字塔文是刻写在第五王朝的最后一位法老乌尼斯（🔲）金字塔陵寝的墙壁上，该金字塔就在位于萨卡拉的第三王朝法老佐塞尔著名的阶梯金字塔旁。金字塔文内容庞杂，没有一个金字塔里面出现的文字能囊括金字塔文的所有咒语。从乌尼斯开始，古王国所有王室金字塔内都刻有金字塔文，丧葬室和前厅的墙壁上为其刻写的主要地方。乌尼斯金字塔中的金字塔文咒语有 227 条，在其后的金字塔文中又有许多新的内容出现。出现咒语最多的金字塔文是第六王朝法老佩匹二世金字塔中的金字塔文，有 675 条之多。从佩匹二世开始，不仅法老金字塔中出现这样的咒语，王后陵墓中亦开始刻写超度亡灵的金字塔文。古王国之后，这样的文字又开始出现在大臣的陵墓中和棺椁上。下面选一段金字塔文，以供读者参考：

> 天上的芦苇船为荷鲁斯备好
> 他将乘船穿越地平线，亥尔阿赫梯
> 天上的芦苇船为我备好
> 我将乘船穿越地平线，亥尔阿赫梯
> 天上的芦苇船为晒塞姆梯备好
> 他将乘船穿越地平线，亥尔阿赫梯

> 天上的芦苇船为我备好
>
> 我将乘船穿越地平线，亥尔阿赫梯
>
> 护育之河已经开启
>
> 弯曲的水路已经盈溢
>
> 灯芯草的土地已充满河水
>
> 我驾船而行
>
> 越过东方的天际
>
> 那是神创造我的地方
>
> 我出生之地，新鲜而年轻的土地

金字塔文内容比较繁杂，后人将这些铭文整理出来形成较为完整的文献，从中我们能够看到金字塔文的大致内容。金字塔文尽管不如亡灵书那般完整而统一，但其基本用途是超度亡灵。在这一点上，无论是金字塔文、棺文还是亡灵书，其功能都是一致的。

中王国的时候棺文完全取代了金字塔文，成为古埃及的主要丧葬文书、超度亡灵的咒语。在古王国末期，棺文就已经出现，但金字塔文仍是丧葬文书中的主角。棺文取代金字塔文成为丧葬文书中的主角缘于古埃及历史上的一次民主化，因只有王室特别是法老才可以在其陵墓里刻写金字塔文的权力发生了改变，棺文让所有能在经济上承担得起的埃及人都有权享受死后遵循正确指导并顺利进入永恒世界的权力。

棺文主要书写或刻写在大臣及中层人士的棺椁上，但也有刻写在其陵墓的墙壁上、石碑上、凯诺匹克箱子上、草纸上甚至在木乃伊的面罩上的。棺文文字一般竖写，分成一栏一栏，有时为了节省空间，一栏文字可能会从中间断开。有时某些文字用红笔书写，其用意是为了强调，有时也是为了将一条咒语和另一条咒语区分开，有些重要的咒语干脆完全用红笔书写。金字塔文只有文字，没有图画，但棺文却开始使用图画描述来世的生活以及进入杜阿特的程序。棺文常被分成上下两部分，各用蛇身图画将象形文字铭文分割开来，在这条线的上方常出现各种各样手持利刃的动物，有时蛇的身上还画有刀插在其背上。这一切都表达一个意思，这里安葬的亡灵不容受到侵害。

棺文中的这一部分被称作"双路之书"，这是古埃及第一次出现描绘来世的图画。棺文中的"双路之书"内容非常广泛，常被刻写在棺椁底部的内侧。埃及学家们经过研究，将其内容分成四部分或九部分，包含有长篇咒语或短篇咒语。"双路之书"到新王国发展成为"亡灵书"，通过杜阿特之路走向来世成为其最为重要的主题。"双路之书"中的双路指的是水路和陆路，两者中间有一条火湖。双路都通向𓊖𓈈（"罗塞塔坞"）和奥西里斯的住地，罗塞塔坞指大墓地，特别是位于吉萨高原上的墓地。这一词语也用来指称吉萨高原，其原意是"一片土地的入口"，这片土地指的是伊阿泇，即我们概念中的天堂。

虽然棺文从金字塔文发展而来且功能与金字塔文完全一样，但金字塔文中没有出现过的内容却在棺文中出现了。过去让死去的法老以一只鸟即"巴"的形象飞上天空的咒语，现在也可以用这些咒语让死者化成一些不同的神祇了。另一些咒语可以将死者变化成火焰、空气、谷物、小孩甚至鳄鱼。中王国是棺文最为盛行的时代，而此时圣甲虫护身符最为盛行，其原因正是圣甲虫形象在象形文字中的含义为"变成"，正符合棺文中死者可以借助这些棺文咒语变化的观念。在其他棺文中，死者还可以通过这些咒语与其所爱的人及家人在永恒的世界里重新结合成一体。

到了新王国，帮助死者超度其亡灵并使其进入永恒世界的丧葬文书又有了新的发展，出现了现在称之为"亡灵书"的咒语。其实亡灵书最初出现在第二中间期之初，即公元前1700年左右。最早含有亡灵书在内的咒语的金字塔文和棺文文献出现在第十三王朝法老孟杆霍特普的王后的石棺里。到了第十七王朝，亡灵书不仅为王室成员墓葬所广泛使用，还在官吏们的丧葬陵墓中流行起来。这时候的亡灵书文字多书写在包裹木乃伊的亚麻布上，偶尔也会出现在棺椁或草纸上。真正的亡灵书到了新王国才被广泛使用。最著名的第125号咒语"心的称量"首次出现在第十八王朝法老哈特舍普苏特和图特摩斯三世的墓葬中，其年代大约为公元前 1475 年。从此时起，几乎所有的亡灵书都开始书写在草纸上，咒语都配有图画。到了第十九王朝，亡灵书中的图画面积越来越大，甚至挤占了书写咒语的空间。到第三中间期，亡灵书开始使用僧侣体文字书写，当然，象形文字仍然在亡灵书中使用。亡灵书所用纸张越来越小，其中的图画自然也变得小了许多。第二十五王朝、第二十六王朝期间，亡灵书出现了一些变化。我们能读到的最晚的亡灵书书写于公元前 1 世纪，而亡灵书中的一些内容在罗马统治埃及时期仍然可以见到。

　　亡灵书是现代人给予其的名字，古埃及人称之为 𓇳𓏤𓃀𓏏𓊪𓂋𓏏𓇳𓏤（"白日前行之书"）。每一篇亡灵书都有其自己的内容，如果比较一下就会发现，亡灵书中的咒语哪条在前、哪条在后并没有一个固定次序。尽管如此，亡灵书的基本内容却是一致的。大体上包含这样几个内容：亡者通过陵墓进入杜阿特，解说神的诞生，死者随早晨的太阳再生，死者随太阳船在天空中驶过，晚上来到奥西里斯神的面前，通过最后审判而化作神并获得宇宙力量。新王国丧葬文书中除了亡灵书外，还出现了一些新的内容，其中最具代表性的是"阿姆杜阿特"。

　　"阿姆杜阿特"（𓇋𓅓𓇯）意为"在杜阿特里"，又被译为"杜阿特密室之书"，也是用来指导死者顺利通过杜阿特的。如果说亡灵书是"白日前行之书"，那么阿姆杜阿特就是"黑夜前行之书"。阿姆杜阿特不像亡灵书、棺文以及金字塔文那样可为大臣所使用，它是只有法老才能用的丧葬咒语。阿姆杜阿特咒语中讲述的是太阳神拉穿过杜阿特世界的故事，从太阳神自西方进入杜阿特开始，直到第二天早晨他从东方升起。死去的法老会跟太阳神一样经历这个过程，最终与太阳神拉结合为一体，获得永恒的生命。阿姆杜阿特中的杜阿特之行被划分成 12 个小时，每个小时有不同的敌人把守，危机四伏。阿姆杜阿特咒语的目的是告诉死者神的名字，这样在每次遇到敌人的时候就都可以呼唤神的名字以寻求神的帮助，从而打败敌人。

　　太阳神拉进入杜阿特后的第一个小时被称作"拉神敌人头额之粉碎者"。拉神乘坐太阳船驶过天空，来到杜阿特的入口处。太阳神失去了他的光，也失去了他的威力，成为"黑夜之光"。

第二个小时被称作"深谙如何保护其主之人"。拉神和死者进入杜阿特中的尼罗河附近的土地，遇见杜阿特众神之灵，要求死者分别叫出他们的名字。

第三个小时太阳船进入"屠杀者"的世界，越过奥西里斯河，奥西里斯呈现出各种形象，拖着三条船伴着太阳船经过。

第四个小时拉神与死者进入众蛇荒漠索卡尔，圣船变作一条蛇在荒原上滑行，安全通过。

第五个小时拉神和死者仍乘坐着蛇船，继续穿越索卡尔荒漠。代表一个月中的 14 天的 7 对男神与女神陪伴着太阳神和死者走进索卡尔神秘之洞。

第六个小时拉神和死者再次回到太阳船上，来到三角洲的奥西里斯圣坛。奥西里斯圣坛在一个巨大的大厅里，内有 16 个房间，每个房间里面都装有木乃伊。拉神用供品让这 16 个房间中的木乃伊高兴，从而帮助他杀死敌人。

第七个小时太阳船进入奥西里斯的隐藏处，接着太阳神与其强敌巨蟒阿波菲斯进行殊死搏斗，因为阿波菲斯挡住了太阳船的去路。

第八个小时拉神与其随从进入特巴特-内特鲁之城，在这里让神和死者接受强大的神蛇魅痕（Mehen）的保护。在这里，当拉神经过他们的家的时候，他们才得以复生，拉神命其杀死自己的敌人以及这里的鬼怪。

第九个小时太阳船到达"阿蒙泰特密圈"，任何人如果能够知道神的名字及其家乡都会在该城中得到尊敬。拉神和死者由 12 个神中桨手陪伴，每位桨手手持一只桨在水中划动，划起的水溅到河岸边的精灵们的身上。

第十个小时太阳船继续航行，拉神手执一条蛇作为自己的权杖。许多条载着杜阿特中神祇的船只护送着太阳船，他们杀死敌人为太阳船开道，一直护送太阳船到第十一个小时。

第十一个小时拉神手持权杖，太阳船船头载有一个太阳轮盘并有一条蛇围绕着它。该蛇被称作佩斯图，象征着时间，它吞食夜里由此经过的代表夜间小时的星星。

最后进入第十二个小时，拉神和死者离开杜阿特的黑暗，进入重生之圈。拉神化为升起的太阳进入白日的世界，而死者将安全地进入到永恒世界——天堂伊阿洳。

借助这些咒语，古埃及的死者便可以进入到永恒世界中去。但是如果他们无法通过最后的审判或在某一个关卡处未能通过那结果会如何呢？那就危险了，死者的灵魂便会进入我们所说的地狱。地狱中的灵魂将受到各种各样的惩罚，他们被剥夺了感知的器官，在自己的头颅上行走，吃自己的粪便，在炉上被火烤，在锅里受煎熬，司酒之神将他们的血液挤压出来，强令他们在自己的血中游泳。

既然通往永恒世界的天堂之路是如此艰难，而进入永恒世界又是每个人的最后也是最好的归宿，古埃及人因此就非常重视丧葬。他们重视保护自己的遗体，精心建造自己的陵墓，以使通往永恒世界的道路顺利通畅。古埃及人将遗体做成木乃伊就是为进入来世做必要准备。可为什么他们要将遗体用亚麻布包裹起来并将内脏取出分别装在凯诺匹克罐中呢？这涉及古埃及人深信不疑的一个神话传说。

第二节　奥西里斯的传说

故事发生在远古时代，这是一个神与人类共同生活于大地之上的黄金时代。在古埃及第一位法老的祖先尚未出生之前，太阳神拉神的孙子奥西里斯就已经坐上了神的宝座，开始像拉神统治众神一样统治人类。他是第一位人间之王，伊西斯女神则成为人间第一位王后。这对夫妻善良正直，按照玛阿特来统治人们，人间一片祥和、有序、稳定、繁荣，人民拥戴他们，爱戴他们，玛阿特神也在天上对他们露出满意的笑容。然而，这一切却引起了奥西里斯的弟弟塞特神的嫉妒。他嫉妒奥西里斯，嫉妒他受人爱戴，特别是嫉妒奥西里斯坐上了人间之王的宝座。这种嫉妒每天咬噬着他的心，让他不得安宁。他是拉神

通过杜阿特世界的太阳船的守护人，每当太阳船即将从黑暗的杜阿特
世界离开，进入此世的白日之旅时，他勇敢击退巨蟒阿波菲斯，这一
功绩他非常骄傲。他下决心要将王座从哥哥奥西里斯手中抢夺过来。
于是，他做了一只非常精美的箱子，在箱子里书写下了咒语，可以将
进入箱子的人封死在里面。

　　一日，奥西里斯外出巡视，归来的时候宫廷里为他举行了盛大的
欢迎晚宴。塞特等待着时机。奥西里斯在宴会上喝了很多的啤酒，待
他喝得有些醉了的时候，塞特提出要和奥西里斯比试力量。奥西里斯
孔武有力，非常自信，就应允了塞特的要求。但这时候因为喝了很多
酒，他已经有些失去判断能力。比试的内容是二人分别进入箱子，看
谁能挣脱出来。奥西里斯进入箱子中躺下，将箱子盖关闭，但因为箱
子已经被施了魔法和咒语，无论奥西里斯怎么挣扎也无法打开箱子盖。
这时，邪恶的塞特便用早已准备好的铅水灌入箱子里，奥西里斯——
人间第一位善良正直的君主——就这样被弟弟塞特谋害了。塞特将箱
子抬到尼罗河岸边，将其扔入尼罗河湍急的河水中，河水带着箱子流
向了远方。塞特登上了王位，自立为王，成了人间之王。人们知道塞
特的邪恶，但都惧怕他的力量，没人敢反抗。拉神知道了这件事，非
常悲痛，但他并没有惩罚塞特，而是顺其自然。唯有奥西里斯的妻子
伊西斯不仅悲痛，还意欲反抗。

　　塞特在统治之初，一反奥西里斯统治时的澄明，将黑暗再次带回
到埃及。他既残忍又邪恶，根本不顾维护玛阿特的平衡，无视正义、
秩序和真理，人间爆发战争，埃及陷入了混乱，民不聊生，人民忍无
可忍，于是向拉神呼吁求救，但拉神的心已经因为悲伤而变得如铁石
般坚硬，对一切呼吁他都充耳不闻。只有奥西里斯的妻子伊西斯不惧
怕塞特，仍然在暗地里与其抗争。她沿着尼罗河顺流而下去寻找丈夫
的遗体，最后一直寻找到地中海，又来到亚洲的土地，终于发现装有
自己心爱的丈夫奥西里斯的木箱，木箱已经卡在树丛中，最后被包裹
在树干中，而这棵树的树干因为长得太好而被当地国王选中伐下，充
当皇宫大厅的立柱。伊西斯化作一个流浪的仆人在宫女汲水的井边守

候，趁机结识了宫女，被举荐进入宫中。在宫中她干完一天的活就来到那根柱子跟前，变作一只鸟围绕着柱子飞翔哀鸣。因为她在宫中服务得好，国王决定给予她赏赐，她什么都不要，只要大厅里的这根柱子。就这样，她将自己丈夫的遗体带回了埃及，藏在了尼罗河岸边的树丛里。然而，邪恶的塞特知道了这件事并找到了藏在树丛中的奥西里斯的遗体，将其肢解成 14 块，抛撒在埃及大地各处。伊西斯忍着悲痛在其妹妹内弗梯斯（Nephthys）的帮助下一块一块地将奥西里斯的肢体找到，但没有找到奥西里斯的阳具。于是便用木头做了一个，然后请阿努比斯神将奥西里斯的身体缝合起来，洗净其内脏，用香料将其遗体熏过，然后用亚麻布将其包裹起来，复原成一个完整的奥西里斯。然后进行了"生命仪式"。在托特神的帮助下，奥西里斯的口被再次打开，生命力重新进入到他的身体中，奥西里斯的灵魂再次复活，他不仅复活，而且得到了永恒的生命，不再死去。在这个过程中，伊西斯每天化作一只鸟在奥西里斯身上飞翔，唱着哀歌，成功地让自己怀上了奥西里斯的孩子，这个孩子便是后来的人间之王荷鲁斯神。伊西斯将奥西里斯的遗体带到阿比多斯安葬，从此奥西里斯进入天空，成为天神中的一员，分管杜阿特，最后的审判就在他的监视下进行。

荷鲁斯长大后，要夺回父亲的王位，与塞特进行了一场殊死搏斗。在这场搏斗中，天神们也分成两派，有的支持荷鲁斯，有的支持塞特，最终还是在父亲奥西里斯的支持下，荷鲁斯成功地夺回了王位，成为合法的人间之王。

奥西里斯的传说在古埃及影响巨大，它既是一个引人入胜、充满爱恨情仇的传奇故事，又涉及古埃及人对宇宙人生的根本认识。世界如此，人生如此，人的终极目标亦如此——进入永恒世界。于是，古埃及人死后都仿照奥西里斯的葬礼来超度自己的亡灵，以便能够像奥西里斯一样达到不朽和永恒。

第三节　木乃伊制作工艺的发展及工序

古埃及人认为人要想成功进入永恒世界，必须有两个条件：一是让自己的"卡"有一个寓所，灵魂必须有肉体作为依托；二是要有一个正确的仪式确保自己死后能像奥西里斯一样进入到永恒世界。而这两个条件都需要将自己的遗体完好保存下来。古埃及人从远古时沙漠边缘的土坑丧葬习俗中得到启示，意识到只要让尸体脱水便可以长久保存。于是，古埃及人发明了一种人为地将尸体脱水的方法——将遗体制作成木乃伊。

史前时期的丧葬习俗一般只是将遗体埋在沙漠的边缘处，因为耕地是要种庄稼的，不能浪费。考古学家称此时的陵墓为坑墓，即挖一个坑，将遗体埋下去便草草了事。遗体一般呈婴儿姿态，因为对于古埃及人来说，死亡是在另一个世界中的诞生。遗体要面向西方，因为西方是另一个世界即奥西里斯主宰的世界的入口所在的方向。此时的坑墓都比较浅，反映出当时丧葬理论还不那么完善。

后来，随着社会文明的进步，墓葬也变得越来越大，越来越豪华。古埃及的墓葬，以玛斯塔巴墓的出现为标志完成了一次大飞跃。然而，尽管陵墓的形式更壮观了，此乃社会分化的必然结果，但一个新的问题出现了，即玛斯塔巴墓不再修建在沙漠边缘处，而是挪到了其他的地方。即使是仍在沙漠的边缘的陵墓，陵墓里面用石头或泥砖修建的漂亮的墓室也让遗体离开了有利于其妥善保存的干燥环境——沙漠。没有了这样的干燥环境，遗体的保存立即出现了严重的问题。这时出现了一个非常有趣的现象，穷人因为没有足够的财力支撑其建造奢华的陵墓，所以他们仍旧将逝者埋葬在沙漠的边缘。贵族的陵墓奢华，但里边的遗体却腐烂了；平民的陵墓寒酸，但遗体却保存完好。这让对未来永恒世界深信不疑的贵族和祭司们非常害怕。遗体腐烂灵魂就没了着落，"卡"和"巴"就都无所依附，成了孤魂野鬼，别说进入永恒世界，就连最普通的平民都有的进入杜阿特的机会，贵族甚至法老都无缘享受。这对古埃及人而言是天大的事情，必须尽快想办法解决。

最初，祭司们尝试着在陵墓的外面竖立起死者的雕像。这样，死者的"卡"和"巴"就能够认出自己的陵墓，就会回到自己的躯体了。但这仍然没能解决遗体腐烂的问题，祭司们继续尝试解决这一难题。首先，他们为死者举行一个时间非常长的丧葬仪式，将遗体用浸满树脂的亚麻布紧紧地包裹起来，这样就会在遗体的表面形成一层硬壳。这层硬壳在一定程度上延缓了遗体的腐烂，但当遗体放入陵墓之后过了一段时间，硬壳里面的遗体还是腐烂了。与保存遗体相关的实验继续进行，这不仅成为王公贵族的重要工作，也是祭司以及各阶层人士的重要工作。丧葬石碑开始在此时期出现，国王和王后的陵墓附近修建了许多小的陵墓并且将主人的陵墓环绕起来。这可能是陪葬者的陵墓。古埃及只在这个时期，这个非常早的时期才可能有用人殉葬的事情发生，之后的几千年中，这种残忍的用人殉葬的习俗便再也没有在埃及这块土地上出现过。

包裹遗体既出于防腐的目的，又包含模仿奥西里斯进入永恒世界的考量。但仅仅将遗体包裹住还无法防止尸体的腐烂，让遗体不腐的尝试还要继续下去。防腐在埃及语中叫𓊪𓈖𓉔，意为"用香料浸泡"，古埃及人采用的就是这种方式对遗体进行防腐处理。这样处理完之后的遗体叫作木乃伊，这一术语来自波斯语，最初的含义是指沥青。因为波斯有一座山，常年流淌出黑色的浓稠液体。波斯人称这座山为"麻密山"（Mummy Mountain），"麻密"（Mummy）就成了指代沥青的术语。古埃及人最初用来捆绑木乃伊的亚麻布要在树脂中浸泡，待用其包裹完遗体，遗体就会渐渐变成黑色，这种颜色很像波斯的麻密山流出的沥青，于是就称之为"麻密"，汉语翻译为木乃伊。这一程序在木乃伊制作的历史上一直没有改变，后来的木乃伊甚至坚硬到可以在其上画画。然而，真正的防腐处理方式很快就被古埃及人发现。这可能是实践出真知的古老印证，经过了多次试验，他们终于发现防腐的最佳方案——使用泡碱。

泡碱是一种自然生成的碳酸盐混合物，色呈白色或透明。埃及西北部有一个地方叫泡碱旱谷，盛产泡碱。泡碱有一个功能，即可以让尸体脱水。这正好满足了古埃及人在非沙漠环境下保存遗体不腐烂的需求。于是，古埃及木乃伊防腐技术得到了完善，成为古埃及丧葬的主要形式。

木乃伊的制作在不同的历史阶段会有所不同，但其基本程序没有太大的改变。首先要将大脑从遗体的头中取出，因为大脑里的液体会腐烂，所以必须去除。取出大脑的方式有几种，最常见的是早期的从鼻孔中探进钩子将大脑钩出来的方法；后来古埃及人又采用将遗体的一只眼球取下来，然后将钩子从眼窝处探入将脑子钩出的方法；晚期古埃及人还使用过在后脑处凿洞，从这个洞中将大脑钩出的方法。

木乃伊制作的顺序是从头到脚进行的。处理完了头，便开始处理身体。仍然要将身体中带有水分的器官都取出来，在遗体腹部的左侧切开一个口子，将肺、胃、肝和肠子取出来处理。先是用香料将这些内脏处理过，然后分别放在四个罐子里。这些罐子被称作凯诺匹克罐，其盖子被制作成人头、狒狒头、豺头和鹰头的形状。按照古埃及的神话传说，这分别代表荷鲁斯神的四个儿子。一般这四个罐子是用雪花石雕刻而成的，也有的用的是陶器。将这些罐子称作凯诺匹克罐缘于埃及学家的一个误解，其名字来自希腊神话传说中一位英俊的少年舵手。荷鲁斯的四个儿子分别负责保护死者的四个器官，豺头神叫＊𓊵𓏺𓏏（"杜阿姆特弗"），代表东方，其罐装胃，其守护神是内特女神（Neith）；鹰头神叫𓎟𓏏𓏏𓏏（"凯贝赫塞努艾弗"），代表西方，其罐装肠，其守护神是赛尔凯特女神（Selket）；狒狒头神叫𓎛𓊪𓏭𓏭（"哈匹"），代表北方，其罐装肺，其保护神是内弗梯斯女神；人头神叫𓇋𓅓𓊃𓏏𓏭（"伊姆塞提"），代表南方，其罐装肝，其保护神是伊西斯女神。放入四个罐子的内脏要用泡碱浸泡，使其脱水，最后将其包裹起来装入罐中。

遗体被掏空的腹部要用泡碱袋和香料填充起来并缝合好，其上镶嵌一个金子做成的装饰，上面画有荷鲁斯的眼睛以保护死者。荷鲁斯神奇的眼睛被称作𓂀（"瓦斋特"），神话传说中荷鲁斯跟塞特争夺王位，荷鲁斯的一只眼睛被塞特打伤，但在其母亲伊西斯女神的保护下很快痊愈。所以荷鲁斯的眼睛就具备了保护和治愈的功能。此外，"荷鲁斯的眼睛"一词来源于另一个词汇"瓦扎"（Wadj），意为绿色，有再生之意。且对于古埃及人来说，该词又与王权保护者神蛇直接相关，故又有保护之意。最初在制作木乃伊时死者的心脏是不取出来的，因为这样就便于阿努比斯带领死者进入杜阿特接受最后审判，将心放在天平上称量。但后来心脏也被取出来另外保存了，原来遗体心脏所在的地方要放一个用石头制作而成的圣甲虫雕像护身符，以使死者再生。因为圣甲虫在埃及语中的意思是"诞生"，有再生的魔力。这之后，遗体被放在有斜坡的台子上，用泡碱埋起来。经过 40 天的掩埋，尸体完全脱水。而脱去的水则顺着斜坡流下并被收集起来。

40 天之后，木乃伊要被用刷子蘸上油来清洗，以免有水残留在体内。之后身上还要三次涂抹松香以保护遗体。如果想要遗体看上去像活着时候一样富有活力，就需要皮肤不至于僵硬。古埃及人用树胶、雪松油、蜡和泡碱摩擦皮肤，这样处理之后木乃伊的皮肤不仅光亮，还能保持柔软和弹性。下一步要将项链等珠宝放在遗体的身上，其中大多是具有符咒力量的护身符。这之后，要开始用亚麻布将遗体一层一层包裹起来。法老的木乃伊都模仿奥西里斯神的形状，双臂弯曲交叉在胸前，一手拿着象征权力的钩子，一手拿着象征统治的连枷。包裹好之后木乃伊便宣告完成了，接下来就是将其放入棺椁里面，棺椁内层为三层人形棺，最外层是石棺。整个木乃伊制作过程要用 70 天。之所以是 70 天，可能跟天狼星有密切关系。70 天可能正是天狼星从天空中消失到再次出现的时间。古王国时，人们认为死去的人将回归一颗星星，70 天之后会像星星一样再生。有一个木乃伊制作过程中使用的咒语就这样写道："你将再生，你将永生，看啊，你将永远年轻。"

当然，这是法老的木乃伊制作过程，不仅正规而且细致。但古埃及社会阶层分化严重，不是每位死者都有足够的财力奢华地对待自己的遗体。但木乃伊的制作不能因此而放弃，因为每位死者都希望进入永恒世界。于是出现不同的制作方法，这一点希罗多德在《历史》当中有这样的记述：

　　　　有人建立起自己的职业专门从事这项工艺。当一具遗体带到
他们面前的时候，他们向来者展示木制的木乃伊模型，描画得跟
真的一模一样。最好的制作方法据说是按照一个我不能在文字中
写出其名字的人（即奥西里斯）来制作的。他们展示的第二种方法
显然简单了许多，也便宜了许多。第三种方法是最便宜的。展示
完三种方法后他们会询问选择哪一种方法。当来者同意一个价格
离开后，工匠们便开始了他们的工作。

　　希罗多德提到的第二种方法比正规的方法简单了许多，制作者不
再需要打开遗体的腹部取出内藏，而是用一种混合有泡碱的雪松油注
入遗体的体内。经过若干天之后，将封住的注射口（一般为肛门）打开，
放出液体。这种液体的腐蚀性很强，会将遗体的内脏完全腐蚀融化成
液体流出。不仅内脏被腐蚀干净，就连肌肉都会被腐蚀殆尽。之后遗
体便只剩下骨骼和皮肤，随后制作者用亚麻布将其包裹起来，木乃伊
制作即宣告完成。第三种制作木乃伊的方法的工艺就更为简单，工匠
们用药水将遗体腹腔清洗干净后就直接将其包裹做成木乃伊了。当然，
广大百姓没有足够的财力建造像样的陵墓，也没有足够的财力将自己
的木乃伊制作得非常奢华。木乃伊制作从一开始就仅限于社会上层，
是王室和贵族的特权。
　　木乃伊制作成为一项职业之后就有了正规的管理体系。负责木乃
伊制作行业的是🕱▯▮🔏（"神秘主人"），他是阿努比斯神在现世的化
身，管理整个木乃伊制作的过程。他的助手为🕱▮🔏🕱▮🔏🕱（"神的印章
携带者"），该头衔最早为奥西里斯神祭司所拥有。在木乃伊制作过程
中要宣读咒语，宣读咒语的人是🕱▮▯▯（"宣读祭司"）。所有这些人都
见证着木乃伊的制作过程。从这些头衔中我们可以看出，木乃伊的制
作过程自始至终在模仿奥西里斯的传说。制作过程很像一个仪式，重
复讲述奥西里斯神的故事。

第四节　古埃及的葬礼

古埃及的葬礼一般都在尼罗河谷神庙举行，也有时候是在木乃伊制作地举行。早晨天刚亮的时候，参加葬礼的人都聚集在神庙前，葬礼开始，木乃伊被抬出来运往丧葬墓地。王室和上层人士的葬礼非常豪华，在将木乃伊运往陵墓的过程中有专门营造悲伤气氛的哭丧队一路陪同。这些哭丧队的成员大多是女人，她们穿上表示悲伤的颜色的服装，一般为蓝灰色，脸上涂上灰尘和泥土，做出高声尖叫、哭号、撕扯头发等举动以表示对死者去世的悲痛。走在葬礼队伍前面的还有死者的奴隶和穷亲戚，他们手里拿着各种陪葬的物品跟着队伍前行。他们手里拿着的供品有鲜花、供盘以及食物，富有的家庭还会有一些献祭用的动物。还有一些人拿着衣物、家具以及死者的个人用品走在队伍的后面。这些陪葬的物品中最引人注意，数量也最多的是"乌沙伯提"，这是古埃及人放在陵墓里供死者驱使役用的小人雕像。该词来自动词 🝖𓏏𓏥×𓀢（"应答"），所以，"乌沙伯提"的基本意思为应答者。古埃及不用活人陪葬，这些乌沙伯提就成了活人陪葬的代用品，供死者在永恒世界使用。乌沙伯提的功用在乌沙伯提铭文中可以清楚地看到：

> 噢，你是那书吏与姆特瑞塞塔努主人之子内卜森尼书吏的乌沙伯提，如果我被召唤，如果我被判定去做任何工作，无论是什么一定要在另一个世界做体力工作，看，因为你的反对已被当值者驳回，就让判定总是落在你身上而不是我身上吧，无论是在田地上播种，还是向水道注水，或者将东部的沙子移到西边去。

乌沙伯提回答："我在这里，无论你让我去哪里我将立即到来。"

乌沙伯提一般都呈现木乃伊的形状，从第十八王朝图特摩斯四世统治时期开始出现仆人手提篮子、袋子和其他农具形象的乌沙伯提。乌沙伯提大多是用泥、木头或石头制成，早期还有用蜡制作的乌沙伯提。后来，越来越多的乌沙伯提开始使用可长时间保存的材料制作而成，比如石头、陶土、金属、玻璃，最常见的是彩陶乌沙伯提。

在手捧葬礼物品的队伍之后是祭司的队伍，祭司队伍中走在前面的是𓊹𓏤𓈖("塞姆祭司")，即丧葬祭司。丧葬祭司的主要工作是主持陵墓仪式，从木乃伊的制作到葬礼都有塞姆祭司参与。从远古的时候起，该祭司之职就一直是由国王的儿子充任的。而在民间，一般由死者的长子充任。跟在塞姆祭司身后的是𓂓("卡祭司")和其他祭司，包括木乃伊的制作师。这些祭司的主要职责不仅体现在葬礼中，而且贯穿于整个丧葬过程。他们在整个丧葬过程中一直念诵咒语以确保死者能够顺利进入杜阿特世界，顺利通过最后审判。这些祭司除了念诵咒语之外，还负责向死者的灵魂进奉血食，以让死者的灵魂能够有充足的体力完成进入永恒世界的旅程。

祭司队伍之后便是葬礼的主角木乃伊了。木乃伊被放在一头牛拉的沙橇上一路被拉着行进，到了河边被送上船。最初木乃伊被放在一个敞口的棺椁里，有的则被放在用芦苇或其他植物捆起来的一个芦苇捆中。但后来盛装木乃伊的棺椁越来越精美，不仅棺椁要封口，棺椁也由一个变成了一套，像套娃一样一个套在另一个的里面。棺椁也像木乃伊一样由一个牛拉的沙橇拖拉着走在队伍当中，到了陵墓之后这个沙橇就会被焚烧掉。

之后的队伍是死者的亲属和朋友，如果死者是法老，理论上全国人民都要跟在葬礼的队伍中，但实际上这是不可能的。这支庞大的葬礼队伍浩浩荡荡地前行，一直来到尼罗河岸边，登上早已等在河边的丧葬船。如果是法老的葬礼，因为参加的人多，要由许多船载着送葬的队伍渡过尼罗河来到西岸。载有灵柩的船上有一个神龛小舱，其上用鲜花和棕榈叶装饰，象征着再生。在横渡尼罗河的整个过程中，塞姆祭司不断地为死者熏香，死者的女眷也与塞姆祭司一起做这项工作。职业哭丧队也同船渡河，她们大声哭喊，有时登上神龛小舱之顶，大声哭喊以营造悲伤的气氛。

送葬的队伍来到尼罗河的对岸之后，队伍继续行进到陵墓处。在塞姆祭司主持下人们将棺椁卸载下来放到陵墓的入口处，准备进行仪式。早期进入陵墓的仪式比较简单，但后来变得越来越复杂。首先人们要在陵墓入口处竖起一尊早已雕刻好的死者的塑像。另有一个死者之"卡"的雕像也常用于此时的仪式，其形象是死者，头上有一双手臂弯曲举起，形成一个像埃及象形文字中的 ⊔ （"卡"）的字符。接下来是开口仪式。这个仪式是非常重要的，因为经过这个仪式，死者就有了生命，就可以在另一个世界中永远活着。所以这个仪式也相应比较烦琐，主持祭司要做 75 个动作。祭司要用不同的工具触碰死者身体的不同位置以激活这个人的生命。其所用工具有凿子、刚切割下的牛腿和棍子、棒子等各种道具。

　　像套娃一样的层层套叠的棺椁最后被放进早已安放在陵墓里面的巨大石棺中，封上石棺后，人们将凯诺匹克罐小心翼翼地放在石棺的周围，将陵寝封死。墓门出口一般由巨石封堵。整个丧葬过程都伴随着仪式，包括净化仪式和奉献仪式。仪式进行过程中职业舞者一直在陵墓前面跳着舞蹈，以庆祝死者进入永恒世界。人们放入陵墓的东西因死者的地位不同而不同，也随着时代的不同有所增加。从新王国开始，墓室中出现了两样新的东西，一个是装满尼罗河泥土的盒子，泥土中种上了谷子的种子。这个盒子被称作奥西里斯盒，因为该盒被做成奥西里斯的形状，以此象征复活。另一样东西是四块用尼罗河泥土制作而成的没有烧制过的泥砖。这四块泥砖被放在墓室中四面的墙下，里面各装有一个护身符。西面的泥砖里面的护身符是象征永恒的斋德（Djed）柱；东面的泥砖里面的护身符是阿努比斯神的形象；北面泥砖里面的护身符是木乃伊形象的人形；南面泥砖里的护身符是芦苇捆成的火炬。所有的护身符上都刻有神秘咒语，守护着墓室的四方不被人侵入。墓室内还有一些其他的护身符散落在地上，加上木乃伊身上捆绑的护身符，整个墓室内是充满了护身符保护的世界。

　　这一切都完成之后，陵墓被封上，而封上陵墓的地方要加以标记以示陵墓主人是谁。此外，人们围绕着陵墓安放半尺高的泥锥，上刻死者的头衔和家系。这之后，人们将所有不再有用的物品就近掩埋，参加葬礼的亲朋好友在陵墓附近举行一个宴会宣告葬礼的结束。葬礼结束并不意味着仪式结束，在之后一段时间内每日都会有仪式在这里进行。每天早晨，祭司要将木乃伊或死者的塑像放在小台子上进行开口仪式。用凿子触碰死者雕像的嘴唇，然后为雕像洗礼献食。为其"卡"献上食物以便其有足够的力量在来世重生。这些仪式种类繁多，有114种之多，都是为了让死者的"卡"能够接受奉献的食物。到了新王国时这些仪式变得越来越少了。这些仪式中的一项非常重要的内容是呼唤死者的名字，因为古埃及人深信，神是不会记得和认出一个没有名字的灵魂的，人同样也不会记得这样的灵魂，一旦灵魂失去其名字，那么这个人就真正死掉了。

负责法老陵墓的这些祭司由国家供养，接受国家给予的待遇，他们要恪尽职守。很多时候丧葬祭司成了世袭的职务，父亲死了儿子便继承。其他阶层人士的陵墓仪式主持工作则由这些祭司与死者家人签订合同履行，根据死者家庭的财力的不同，祭司的数量、仪式的种类以及仪式时间持续的长短各有不同。

附记：循环与永恒

要了解古代埃及人的世界，我们必须理解古埃及人对世界的认识，理解由该认识推演出来的古埃及人眼中的客观世界。古埃及文明留给后世的丰厚遗产，无一不是其思想意识中的世界的外在化及物质化的产物。法老的陵墓为何建成金字塔的形状；其神庙为何以塔门为入口，其间为何巨柱参天；方尖碑、奔奔石为何与金字塔形状相似。这一切的答案都将带我们走入古埃及人的精神世界。古埃及人重生，更重死的世界。生死两界如何统一，对于古埃及人来说是极为重要的课题。古埃及人的世界观并不复杂，其核心为两个密不可分的概念——"循环"与"永恒"。

1. "永恒"的词义考证

古埃及文献中经常出现"永恒"一词。像"永恒之城""你的名字将在外普瓦乌特神庙中永恒""赋予永恒的生命""像拉神一样生命永恒"这样的字句比比皆是。

古埃及象形文字中有两个词具有"永恒"这一含义，分别为"斋特"（Dt）和"内亥赫"（nHH）。这两个词都表示"永恒"，但除了读音不同之外，两者的限定符号也不相同。前者的限定符号表示"大地"，而后者的限定符号表示"太阳"。后者与白天相关，前者与黑夜相关。白天是太阳神拉神的世界，黑夜是"杜阿特"（冥界）之神奥西里斯的世界。太阳船载着太阳神每天从东方地平线上升起，巡游世界后返回到"杜阿特"的世界。这个进程每天都在上演，从世界诞生之日起便循环往复，没有终点。显然，这是古埃及人思想意识中完整的"永恒"概念。它既是日夜的交替，又是两个世界的循环，世界在更新中永恒。

罗斯玛丽·克拉克（Rosemary Clark）在其《古埃及神秘魔法》（*Sacred Magic of Ancient Egypt*）一书中对古埃及人世界观中的"永恒"概念做了清晰的解说：在古埃及人的世界观中，创世的力量反映在自然世界之中。这些创世力量是超自然的，又是循环的。在古埃及人看来，一切生命之流，包括人类、自然以及神，都要参与一个终将返回其创世力量然后再次以新的形象在客观世界中显身的过程，这个过程永远循环下去，这个过程就被称作内亥赫。

图坦卡门神龛内壁上有一幅图画，上面左右两侧各有一个神手持权杖支撑着天空。在这两个神头上刻着他们的名字，分别是内亥赫与斋特。两神身下是一行文字："我知道伟大神祇之名字。"再下面的左右两侧，即两神身下各有一句话，分别为"此为内亥赫"与"此为斋特神"。进一步说明两个永恒的含义密不可分。

2. Bnbn、Wbn、Bnw 考

"Bnbn"读作"奔奔"，一般称之为"奔奔石"，是一块形似金字塔的小四棱锥。"Wbn"读作"崴奔"，意为"升起""照耀"。"Bnw"读作"奔努"，是一种神鸟的名字，该神鸟就是我们常说的不死鸟。"不死鸟"一词的英文名字"phoenix"来自希腊语，而希腊语中的该词却来自古埃及词"Bnw"。

　　这几个词汇的词根相同，即"bn"。其基本含义是"上升""再生"与"创造"。古埃及人之所以崇拜金字塔状的"奔奔石"，之所以将法老的陵墓建成金字塔形，都由其创世观决定。各文明对世界的起源解释各不相同，但却没有一个文明忽略这一认识世界过程中的最根本的问题。古埃及人认为最初的世界是一片黑暗的原始之水"努恩"，后来在水中升出第一块陆地——原始之丘。其上荒凉晦暗，长满原始植物。就在这晦暗的土丘上，诞生了"阿图姆"神。之后，阿图姆神生下空气之神"舒"（Shu）和潮气之神"泰夫努特"（Tefnut）这对兄妹，这对兄妹神结合生下天后"努特"（Nut）与地父"盖博"（Geb）。天地诞生，世界出现。"奔奔石"模仿的就是世界创造之初从原始之水中出现的原始之丘，法老的陵墓之所以修建成金字塔的形状，其根本原因也在于此，都是对创世神话的模仿。

　　世界诞生后，原始之水"努恩"应该消失。但古埃及铭文中仍保留了"努恩"的位置。倒不是因为古埃及人喜欢黑暗和混乱，而是他们认为躲在世界边缘的努恩神总有一天会回来毁坏这个世界，然后，世界将在毁灭中重新诞生。为什么"奔奔石""升起"和"不死鸟"的词根会相同？因为它们都与世界的创造以及永恒相关。古埃及人认为，永恒是一个不断的循环，但这个循环不是原封不动的重复，而是再生，是蜕变，是突破了旧的束缚的创造。

　　3. 太阳神崇拜

　　古埃及丧葬习俗从古王国开始发生改变，之前古埃及人的丧葬地都选择在沙漠边缘地带，其形式先是坑墓，后来发展成玛斯塔巴墓。玛斯塔巴墓是长方形陵墓，相当于金字塔的第一级阶梯。到第三王朝，出现了阶梯金字塔墓。第四王朝，金字塔发展到了顶峰，在吉萨出现了最大的胡夫金字塔和哈弗拉金字塔，成为古代文明的奇迹。

　　金字塔的建造与太阳神崇拜有关，"奔奔石"就是金字塔的原型。在古埃及人的意识中，死亡并非人的生命的完结，而是进入永恒的关口，金字塔就是通过这个关口的关键。太阳神拉神每天乘坐太阳船巡游世界，从东方升起，在西方落下。这每天的循环象征着两个世界的联系。我们在金字塔中发现金字塔文，后来它演变成"亡灵书"，其用途都是超度亡者进入永恒。

太阳神拉神自古王国开始一直到古埃及历史完结都是古埃及人崇拜的主神。古埃及不同的地区有不同的神系，在不同的神系中，各有其自己的主神，但后来大多与拉神结合在了一起。我们常在铭文中看到这样的结合词："赫努姆-拉""阿蒙-拉""拉-荷鲁-阿赫梯"。这一结合将所有地方神系与太阳神的创世神话联系到了一起。这些与拉神结合的神都是各神系中的主神，也都是创世之神。这一结合将所有神系纳入统一的太阳神创世神话体系之中，它既是国家统一、宗教统一的需要，又是将现实一切纳入永恒的仪式。

我们在古埃及的壁画或浮雕中常能看到世界创造之初"奔努"鸟站在"奔奔石"上的图画。"奔努"鸟就是太阳神拉神最初的原型。金字塔既是世界的创造之地，又是世界的再生之地。

我们常能在古埃及的壁画浮雕和雕塑中看到狒狒的形象，卢克索神庙方尖碑下面的基座上就刻有许多狒狒的形象。古埃及人之所以喜欢狒狒，是因为狒狒这种动物每天清晨都站在山梁上面向东方等待太阳的升起。而当太阳升起的时候，狒狒便高声尖叫，为太阳的升起而欢呼。于是，古埃及人认为这是狒狒对太阳神的崇拜，正好符合古埃及人的心声。

4. 塞得节

塞得节在古埃及语叫"Hb-sd"，是古埃及法老庆贺其统治三十周年的大型庆典活动。第一次庆典之后，每三年进行一次。庆典仪式中最为重要的内容是"阿匹斯神牛跑"，法老伴着阿匹斯神牛在举行该仪式的神庙的院子里一圈圈地奔跑，以此证明其超凡的体力。这是一个脱胎换骨的仪式，仪式过后，法老焕然一新，王座焕然一新，统治焕然一新，世界焕然一新。

第一中间期的"亥提一世铭文"中对于塞得节的记载，明确地告诉了我们塞得节的用意。

城市之神热爱你，泰菲比之子，亥提。他让你出现，这样他就可以看到未来，为的是恢复其神庙，为的是修起古代之墙，最初的献祭之地，[□□□□□]神圣的土地，[□□□□□]普塔赫神用他之手建造的，托特神为之奠基的，为外普瓦乌特神，斯坞特之主，国王，两土地之统治者，上下埃及之王，美瑞卡瑞下令建造一座伟大的神灵阿努比斯之心之建筑；他（国王）要为其（神）度过数百万年，他要重复其塞得节；在国王，泰菲比之子，中埃及伟大统治者之信心之引导下；看吧，你的名字将在外普瓦乌特神庙中永恒，你的记忆将在廊柱中闪耀。有些将会传至别处，[□□□□□]未来[□□□□□]年，一百年又一百年，增加地上之生命；你仍在地上之生命中间……

塞得节源于何时已不可考，但有证据显示，至少其在第二王朝时就已经出现。考古学家在阿比多斯帝王陵墓中发现的油罐上的小乌木标签上就刻有阿匹斯神牛跑的图画，距今已有近5000年的时间。这一仪式一直持续到马其顿人和希腊人统治埃及的托勒密时代，贯穿了整个古埃及的历史。显然，古埃及人对永恒的渴望是建立在不断更新的基础之上的。

第七章 古埃及人的日常生活

古埃及人的日常生活是一出演绎古埃及历史和社会的生动话剧，让我们走进历史，让历史走近我们，让僵硬的史料活动起来，有血有肉地出现在我们的面前。古埃及人生活在2000多年以前的埃及，当时的生活条件和现在完全不同。而古埃及文明为后世所认识、所了解的过程却非常有趣。不像许多历史研究那样，学者是从破晓开始，一点一点走向光明，学者对古埃及文明的研究倒有几分像一次从傍晚开始的旅行，从对其文明还有一点了解到知道得越来越少，之后完全走向黑夜，一片漆黑，直到最后再次破晓，露出一抹曙色，一线亮光，再走到天亮。托勒密王朝是希腊化的开始，尽管埃及已经进入外族统治时代，但古埃及的语言文字还有人讲、有人识。不仅希腊人在记述着埃及，埃及人自己也写出了一部对后世影响巨大的历史著作《埃及史》。罗马统治时代能讲能识古埃及语的人越来越少，真正到了古埃及文明的黄昏。待到阿拉伯人统治埃及时，古埃及文明进入了黑暗时代，自此1000多年之后，以商博良为首的埃及学家才成功破译了古埃及象形文字，古埃及文明才再次从黑暗中迎来破晓。在这黎明曙光的照耀下，我们再去看古埃及的人与生活，我们会发现很多奇异的东西，但也会发现一些似乎熟悉的东西。因为这毕竟是我们人类自己的文明。

第一节 古埃及人的民族认定

古埃及人是什么人？这是个现代人经常会问的问题。换一句话说，现代的埃及人还是古埃及人的后裔吗？提出这个问题是件很自然的事情，因为古埃及人在那么久远的前时代就已经远远走在了其他民族前面，但其文明却突然消失，而现在的埃及人无论从哪个角度上看都很不像古埃及人。

人种的认定非常复杂，我们在谈论古埃及人是否是现代埃及人祖先问题的时候，这一概念也并不清晰。因为人种问题最简单地讲既有自然人类学意义上的人种概念，也有文化人类学上的人种概念，这中间的差异非常之大。比如说，如果古埃及人是黑人，而现代埃及人不再是黑人，那从自然人类学的意义上说现代埃及人就不是古埃及人的后裔。但如果现代的埃及人仍是黑人呢？那么现代埃及人从自然人类学的意义上说，就仍然可能是古埃及人一脉相承繁衍下来的后裔，可从文化人类学的意义上讲两者却毫无关系了。因此，对古埃及人人种的分析就需要从至少两个方面入手，即自然人类学和文化人类学。

古埃及人离我们太过遥远，想对其进行人种学的分析会有一定的难度。好在古埃及人不仅给后人留下了大量的壁画、浮雕以及雕像，成为我们今天研究古埃及人种的材料，还为后人留下了大量的人体标本——木乃伊，成为包括 DNA 在内的现代手段的研究对象。这样，对于古埃及人的人种就可以从两个方面进行分析和研究了。

从古埃及留下来的图画形象分析，尽管它们给予我们很多有用的信息，但给我们带来的问题也不少。就以古埃及历史初期的文物那尔迈调色板上的人物形象为例，其上出现了典型的埃及人打击敌人的画面。画面上出现的人有那尔迈及其跟随者，他们都是古代埃及人，这一点毫无问题。那尔迈打击的敌人的形象显然与那尔迈不同，但问题是，这场被认为是实现埃及第一次统一的战争，究竟是一场内战还是与外国人之间的战争？如果是对外战争，就意味着埃及的北方，即我们说的下埃及，当时是被外国人占领或统治的地区，甚至还有可能是外国人长期居住的地区。若是这样，埃及民族就有上下之分。以那尔迈为代表的南方人战胜了留着长胡须的下埃及人从而统一整个埃及，这要是真实的话，古埃及这个民族还真不那么好定义了。上埃及人是埃及人，下埃及人就不是吗？如果也是，那古埃及人就是一个多种族混杂的民族，而不是个单一的民族。无论北方被那尔迈打败的民族是利比亚人还是亚洲人，抑或既不是利比亚人也不是亚洲人而就是当地的土著，都让我们很难将古埃及民族定义为一个单一的种族。古埃及文明刚刚开始萌芽的时候，其图画中常出现一些亚洲主题，于是这个问题就更加复杂。被称作古埃及文明的这个文明究竟是埃及南方还是北方文明？如果是北方，以那尔迈为首的南方人战胜北方而统一埃及会不会被当时的埃及人看作是身为外国人的南方势力取得了最后的胜利，窃取了埃及的国家最高权力呢？图画留给我们的信息与其引申出来的问题同样多，需要埃及学家一个一个去解决。

古埃及种族问题之所以复杂与埃及的地理位置不无关系。埃及处在一个许多因素交叉的地理位置上，几大世界不同文明区域在埃及交汇，使其形成一个文化要冲——地中海、中东、撒哈拉与东部非洲的文明的影响汇聚于此。加上埃及历史上数次被外族统治，迦南人、利比亚人、努比亚人、亚述人、库什人、波斯人，最后是希腊人和罗马人，这使得其人种的问题更加复杂。也就是说，古埃及人作为一个民族，其成分比较复杂，在不同的历史时期，其民族成分也在发生着一些变化。

史前时期的古埃及尚未统一，北方以马瑞姆达文化为代表，南方是巴达里文化，接着是内伽达文化。北方文化与地中海东部关系密切，南方文化很明显与努比亚、东非关联密切。从文化人类学上分析，必须将这些因素考虑进来。

玛利亚·加托（Maria Gatto）在对库斯图尔皇室陵墓进行研究比对后发现，这属于努比亚 A 文化的遗迹与后来的埃及法老文化有很深的渊源。因此一些学者推断，古埃及人起源于努比亚 A 文化，该文化的创造者即古埃及民族的祖先，属于下努比亚人。如果这个推断正确的话，那么创造了古埃及文明的古埃及人，其祖先应该属于东非人。努比亚人讲的语言是非洲众多语言中的一支，即尼罗-撒哈拉语族中的一种语言。从而断定古埃及人讲的古埃及语应该属于非亚语系。

另一位学者托比·魏尔康森（Toby Wilkonson）认为埃及人的祖先来自东部非洲荒漠。其根据是史前埃及人的生活情况在很大程度上与传统的非洲苏丹南部畜牧文化相似，如今东部非洲的牧场仍让人想起埃及史前文化的情形。在苏丹北部发现的一些岩石上的图画中出现了埃及白冠的形象，显然早于古埃及王朝时代。当然，古埃及的山羊和绵羊来自亚洲西南部，由此亦可证明古埃及人的来源不只是东部非洲，还有亚洲。

追溯文化起源的方式对于推断古埃及民族的种族构成非常有效，但若要确证还需自然科学的手段。DNA 测定是埃及学家们用以解决这一问题的首选自然科学手段。DNA 测定需要测试样本，而样本由于时间久远常会受到污染，所以这一测试仍需极为谨慎才行。科学家对达赫拉绿洲陵墓遗址出土的人类遗存进行 DNA 测试，结果发现在约2000 年的时间中，来自亚撒哈拉地区的人越来越多地移居到了尼罗河河谷。对第十二王朝木乃伊进行的 DNA 分析亦告诉我们，古埃及人种中有亚撒哈拉成分。

提取古埃及人的 DNA 样本十分困难，但提取现代埃及人的样本却非常容易。而古埃及人和现代埃及人的 DNA 对比对于我们了解埃及种族的演变也非常必要。对古埃及人线粒体 DNA 与现代埃及人 Y 染色体进行对比的研究表明，尽管埃及经历了那么多次的外族统治和入侵，但其种族中的外族因素并不占太大的比重。因此学者们普遍接受这样的论点，即现代埃及人仍然是古埃及人的直接后裔。一般说来，DNA 研究都表明现代北非人口的基因频谱基本上属于东非洲之角人种与欧亚大陆人种的融合，基因更接近于欧亚大陆人种。古代埃及人正是属于这一种族。

尽管身体测量学对于界定一个种族归属已经不能成为一个绝对科学的标准，但其对一个种族的界定仍然很有意义。颅面测量越来越不被人类学家作为划分种族的标志加以利用了，因为颅面的特征会随着环境的变化而变化。如果环境变化较大，颅面特征在经历几代人之后就会"面目全非"。尽管颅面特征发生了变化，但仍会留下痕迹。研究表明，非洲苏丹和埃塞俄比亚人的典型特征与阿拉伯人及柏柏尔人的特征非常相似。

美国人类学家 C. 洛林·布雷斯（C. Loring Brace）对古埃及人颅面特征进行研究之后表示，上埃及前王朝与下埃及晚王朝人非常接近，总体来说显示了其与欧洲新石器时代人的联系，而跟亚撒哈拉非洲人毫无关系。他认为古埃及人在更新世后期就已经生活于埃及这块土地之上了，并未受到外来移民的影响。英国埃及学家肯普（Kemp）在对古埃及人头盖骨进行仔细考察后发现，古埃及人作为一个整体族群与现代埃及人相似，也与亚洲及地中海人种相似，却不像早期的亚撒哈拉非洲人种。但以人类学家南希·洛弗尔（Nancy Lovell）为代表的学者却认为应该综合考虑判断人种的诸多因素，要有来自考古学、语言学、地理学等学科的数据。他们认为古埃及人仍然是非洲人，只是在面部特征上显示了由于基因流动、遗传漂变及自然选择等进化因素以及文化和地理因素的影响而出现的变异而已。之后的研究仍分歧很大，但越来越多的学者将古埃及人种限定于非洲人种与欧亚大陆人种之间。

人类四肢的结构也与其生活的地区有关。人类学家布雷斯指出，四肢的长短特别是末梢的长短直接与人类所生活的地区纬度相关联。气温高的地区，人的新陈代谢特别是散热的需求会导致其四肢与高纬度地区人的四肢出现明显的差异。学者根据这一原理对古埃及人四肢比例进行分析，发现其平均长度要比居住在靠近赤道的西非人长。因此，有学者称古埃及人为"超黑人种"，但又进一步解释说，尽管古埃及人四肢比例更趋近黑人，这并不意味着古埃及人是黑人。之后的学者各有论点，不过就体格特征分析，大多数学者的观点都更倾向于古埃及人为非洲人，而不是欧亚大陆人。

身体测量学中还有一种方法可以用来界定人种，即牙齿形态分析。2006 年有学者对来自法尤姆陵墓的古埃及人牙齿样本进行了牙齿形态学的生物考古学研究，其特征表明古埃及人既有现代本土北非人种的特征又有一些西南亚洲人种及南欧人的特征，但却唯独没有亚撒哈拉非洲人的特征。有些学者却认为，牙齿形态在很大程度上受到人所吃食品的影响，经过长久的时间可能其原初的特征会发生很大变化。到目前为止，持有互相排斥的观点的学者们仍没能找到一个让大家都信服的观点。显然，对古埃及人最初人种的认定还有很长的路要走。

古埃及人的种族尚无法得到最终而准确的认定，但从文化学的角度来说，古埃及人却是独一无二的。首先，从语言上说，古埃及语属于非亚语系。大多数语言学家认为这一语系诞生于东北非，也有少数人认为其诞生于古代迦南。非亚语系包含有多种古代语言，比如说古埃及语、古希伯来语和古阿卡德语。古埃及语属于该语系中的闪米特语族，该语族仍然存在于亚非两洲交接之地。从语言学的角度上讲，古埃及人是使用闪含语族中的埃及语的民族。除此之外，古埃及有其独特的宗教体系和经过千年的共同生活形成的共同的社会习俗。虽然离给出一个关于古埃及人的民族的精确定义还有一段距离，但正像有些非洲主义者所说的那样，古埃及人就是古埃及人，他们祖祖辈辈、世世代代生活在这片土地之上，虽有受到来自地中海沿岸和南部非洲移民的影响，但埃及人就是埃及人。他们是创造了辉煌的文明的民族，创造了人间奇迹的民族，为后代和世界留下无穷遗产的民族。

第二节　古埃及的婚姻与生育观

家庭不仅是社会结构中最基本的组织单位，也是社会生活中最基本的单位。古埃及人的家庭就其性质来说与我们现代社会的基本家庭结构没有本质的不同。古埃及人将家庭看作一个神秘的纽带，将其中各成员联系在一起。古埃及人一般的家庭结构是父亲主外、母亲主内。母亲的工作包括做饭、洗涤、养育子女。古埃及婚姻大多是一夫一妻结构，但王室成员的婚姻并无这个局限。古埃及人寿命不长，所以一般女性的结婚年龄是 14 岁或 15 岁，男性一般是 17 岁到 20 岁。有时候男性的结婚年龄会更高，因为有些男人会在离婚后再婚，而无论是离婚还是成了鳏夫，都可以再婚。

古埃及的婚姻一般多为门当户对式，很少有跨越社会等级和阶层的婚姻。古埃及人没有给我们留下多少关于婚姻情况的文字材料，但他们留下来的壁画、浮雕以及塑像中有些却反映了数千年前的婚姻和爱情。古埃及夫妻雕塑经常被人发现，其造型往往是女人以一只手臂从后面挽住男人的腰，表现得恩恩爱爱。表现夫妻二人日常生活的画面也经常在壁画或浮雕中出现，我们仍能从其图画中感受得到古埃及夫妻之间的恩爱。这种恩爱甚至在浮雕中以二人亲吻的形式被记录下来。

古埃及夫妇间彼此以"哥哥""妹妹"相称，但这并不意味着他们一定是兄妹结婚。古埃及语中有表示丈夫和妻子的词汇，丈夫是▭◁◁▨，妻子有两个词，一个是▯◁，另一个是▨◨◁◨◁。前一个词比较常用，后一个在意思上有分歧，但基本意思是清楚的。尽管我们将▯◁一词译作"妻子"，但它是否跟我们现代概念中的"妻子"一样却很难说。多数埃及学家更倾向于将该词看作"女性伴侣"，而丈夫一词▭◁◁▨则被看作"男性伴侣"。表示妻子的另一词▨◨◁◨◁一般被学者认为有"妾"的含义，或者是在第一任妻子过世后再娶的妻子。在新王国时期的一些文献中，常出现▯◁和▨◨◁◨◁交替用在一个人身上的情况。

古埃及年轻人的婚姻一般是由父母安排，尽管古埃及的爱情诗歌让读者以为爱情在婚姻中具有非常高的地位，但实际上却并非如此。在婚姻中年轻人自己的选择机会很少，特别是女孩一方，几乎没有这样的机会，大多婚姻合同都是由新郎和新娘的父亲签署的。新郎看中了意中人便向女孩的父母请求结亲，然后双方开始谈判。有一点跟中国的情况相似，许多小伙子会找一位中间人来和女孩的父母谈判，在中国就是媒婆，古埃及的这种中间人也为女性。一般女孩的父母为女儿挑选丈夫时看重的多为男方的财富。

谈判就会涉及嫁妆。古埃及的嫁妆在不同的历史时期会有所不同，不同阶层的人之间也会有所差异。早期，未来的丈夫要赠送给未来妻子的父亲相当于一个奴隶的礼物。此外，未来的丈夫要给予女方"童贞礼"，如果是二婚则叫"新娘礼"。作为回应，女方家也要给予男方回礼，称作"成亲礼"。这些礼物其实只具有象征性意义，因为大多数情况下双方都不会真给。因为双方既然结婚那么彼此就是一家人了，不论是你给我还是我给你，其结果是财富仍在这个家里。但有一种情况例外，就是当双方不幸离婚的时候。这时夫妻会索要属于自己的"结婚礼物"。当然，年轻人结婚并建立一个新的家庭通常是从一无所有开始的，双方父母以礼物的形式帮助他们建立新家应该是顺理成章的。

一切都谈妥之后便进入了下一个非常重要的程序——签署婚姻协议。协议分两种，一种是口头协议，另一种是书面协议。一般穷人都不签署书面婚约，因为他们没有那么多财产以至于在婚前需要分清权利义务，更何况请书吏是需要费用的，所以只有富有家庭的婚姻才会签署书面婚约。口头协议的履行情况如何，因为没有被记录下来我们不得而知，但书面协议却让我们了解了古埃及婚姻的许多细节。婚姻协议可以在结婚之前签署，也可以在结婚之后签署，有的甚至在有了孩子之后才签署。正规的婚姻协议被称作"嫁女之资"，出现在第三中间期之后，内容主要为婚姻当中及其后的财产权与赡养问题。尽管这一正规的婚姻协议出现较晚，其最初的形式可能多为口头协议，但也可能是早期的书面协议没有留存下来。最初文献中出现的协议内容主要是女孩的父亲和她未来的丈夫之间的协议，到第二十六王朝之后女孩本人的要求和意见开始在协议中占据一席之地。协议达成之后一般被保存在第三方处，有的会被保存在当地神庙里。标准的婚姻协议会包含以下内容：

第一，协议的日期，一般形式为某法老统治的第某年；

第二，将要成为夫妻的人的名字；

第三，双方父母的名字；

第四，男方的职业，偶尔也会写上女方的；

第五，起草文书的书吏的名字；

第六，见证人的名字。

以下是一份希腊或罗马统治时期的埃及的婚姻协议：

　　□□□□，□□□之子，其母为□□□□，对□□□女人，□□□之女，其母为□□□说：我已娶你为妻。作为给予女方的聘礼，我送你两块银子……如果我不要你或不再喜欢你而娶另一

位女人为妻，我要给你两块银子另加以上提到的两块银子……我
要给你三分之一……

　　到目前为止我们还没有发现古埃及文献中有关于正式婚礼的记载，
古埃及文字中既没有"婚礼"一词，也没有关于"婚服"的文字。古埃及
有戒指，但它并不是婚礼的信物或结婚仪式上的一个环节的必需品。
尽管如此，从壁画和一些间接的文献中人们还是可以得出一些对古埃
及人婚礼的基本的印象，古埃及的婚礼比较简单，新娘只需带着自己
的东西前往新郎家即可。新娘带去的东西都是其个人财产，一般包括
床、衣物、一些饰品、镜子，以及铃叉等乐器还有贵重的围巾。结婚
那一天，新娘的父亲要送女儿到新郎家，而在新郎家会有许多女眷等
候迎接他们。新郎家里等候迎接新娘的女眷一般包括新郎尚未结婚的
姐姐或妹妹、姑姑、母亲，有时候新娘的母亲也早早过来。新娘的服
装并无特殊之处，只是比平时的穿着要新。新娘会将多年来攒下来的
装饰品都戴在身上，最常见的是将用宝珠做成的网穿戴在身上。新娘
一般穿长袍，将自己从头到脚包裹起来。新郎家的女眷特别是新郎的
姐妹会想方设法和新娘穿得一样，目的是让邪恶的精灵分辨不出哪位
是真正的新娘。古埃及人虽说没有正式的婚礼仪式，但宴会还是会有
的，主要用来招待前来祝贺的亲戚和朋友。宴会上少不了麝香草和大
蒜，据说其味道可以驱走邪恶的精灵。宴会上也少不了音乐和舞蹈，
古埃及人常载歌载舞以庆贺新人的结合。

　　离婚在古埃及并不少见，离婚与结婚一样都是家庭的私事，政府
和祭司对此并不关心。古埃及的离婚的程序非常简单，夫妻双方都有
权提出离婚。最常见的离婚理由有妻子不能生育，或者尽管能够生育
但没能生下儿子。有时候理由更为简单，比如丈夫看上了别的女人或
者干脆因为不再喜欢妻子了。女方提出离婚的理由一般为丈夫的残暴
或出轨。尽管男女双方都可以提出离婚，但男方提出离婚的概率远比
女方多，因为有些时候，女方会因为提出离婚而失去对夫妻共同财产
的所有权。夫妻双方一旦离婚就都有再婚的权利，只要他们想再婚就

不会遇到任何障碍。古埃及文献中有很多离婚后再婚的例证。尽管如此，如果不是到了万不得已，古埃及人还是不会离婚的，因为离婚意味着财产的丧失。如果丈夫提出离婚，妻子不仅将拿走自己结婚时带来的财产，还会将夫妻共同财产的三分之一或者三分之二一并拿走。这对于丈夫来说无疑是一项非常大的损失。

当然，因一方出轨所造成的离婚的情况就有所不同了。一般来说，尽管古埃及婚姻以一夫一妻为主要婚姻形式，但娶妾是可以的。丈夫与未婚女子发生了纠葛并不算作太大的问题，但如果其对象是已婚妇女问题就严重了。之所以这样，主要在于在离婚的财产分割中，过错方会失去更多的权利。古埃及对于妇女比其他文明国家要宽容得多，即使离婚是因为女方的出轨造成的，女方会因此失去一些共同财产的所有权，但她仍然拥有本属于自己的财产的所有权，可以将自己结婚时带来的财产带走。

婚姻的功用有三个：经济实体、性和繁衍后代。经济实体的功用我们已在论述社会结构的部分中有所涉及，后两项功能需要在这里简述。从壁画、浮雕和雕塑上看，古埃及的夫妻大多是比较恩爱的。性在古代埃及比在其他文明国家相对要开放得多，没那么多禁忌。他们认为，性是生活甚至是生命的一部分，不仅在此生应该享用，在来生亦该享用。古埃及神话故事中就不仅有色情表演的记述，甚至有同性恋的记述。熟悉古埃及文献的人都能从其中看到有关通奸、乱伦、同性恋、手淫甚至恋尸的内容。他们这样开放的性观念并不是出于现代概念中的性解放，而是深受其世界观影响的结果。古埃及人崇尚永恒、循环与再生，而生殖正是再生的最直接的体现。生殖是繁荣的基础，繁荣是永恒的保障。且古埃及人赖以生存的土地是那么肥沃，是尼罗河两岸肥沃的土地让他们得以生存、繁衍。而这肥沃与人的生殖在古埃及人的眼里是一样的，所以他们崇拜生殖是非常自然而然的事。

古埃及人崇尚生殖，所以结婚之后要生很多孩子。一般一对夫妻至少也有三四个孩子，平均应该有 4 个到 6 个孩子，有的甚至生育 10 个到 15 个孩子。这还是在未计算夭折的婴儿的情况下得出的数据，由于当时的条件不好，每两三个孩子中就会有一个夭折。生育的孩子多，父母未来的生活就会有保障。书吏安尼就曾教育后人：孩子要报答母亲的哺育之恩。报答你的母亲，为了她对你的所有的培育。给予她足够的面包，背着她就像她当初背着你，你曾是她沉重的负担。当你出生后，她将你吊在她的脖子上给你喂奶三年，并将你洗得干干净净。

要生育后代，就要知道妻子是否怀孕。相关的技术在古埃及就已经出现了，其方法有些古老。卡混草纸、柏林草纸及卡尔斯贝格草纸中都记述了许多检查妇女是否有生育能力、是否怀孕以及怀孕妇女将要生的孩子是男孩还是女孩的方法。这些方法的步骤比较复杂，包括引吐和对眼睛的检查。其中一种检查方法是这样的：看一个女人是否有生育能力，要选用两种植物种子做试剂。一种是小麦，一种是大麦。将大麦和小麦分别装在两个袋子里，让受检查的妇女每天往大麦和小麦上撒尿。如果两种麦子都发芽生长了，那么她就有生育能力，可以怀上小孩。但如果大麦发芽了而小麦没有发芽，此时怀孕则会生男孩；如果小麦发芽而大麦没有发芽，此时怀孕则会生女孩。如果大麦、小麦都没发芽，则她没有生育能力。这样的方法是否有效引起了现代人的好奇。后来人们对此方法进行了验证，结果表明，用男人的尿和未怀孕妇女的尿滋润的大麦和小麦没有发芽，而用怀孕妇女的尿滋润的大麦和小麦有一半发芽生长。试验的结果显示这种测量怀孕的方法是比较准确的，但对于生男生女的测验却并不十分灵验。另一种测验的方法是胸部血管观测。方法是让受测妇女躺下，露出乳房、双臂和双肩，用新鲜的油涂抹于其上。测验要在早上进行，如果其上的血管呈鲜明状，不显干瘪，则该妇女将会怀孕。如果血管发暗，则她不会马上怀孕。还有一种方法，是让受测妇女喝下混合有刚生下小孩女人的奶水的西瓜汁，如果受测妇女感到恶心，则她已经怀孕。

虽然古埃及人喜欢小孩，但有时候古埃及人却也想避免怀孕。古埃及人发明了自己的避孕方法。有一种方法是将阿拉伯树胶、长角豆和枣研磨成粉与蜂蜜调和成膏状让女人涂抹以达到避孕的作用。这样的方法是否有效尚未得到验证。

尽管有人想出方法来避免怀孕，但大多数古埃及人还是盼望着有孩子降生的。在古埃及，从怀孕到分娩是一个非常危险的过程。许多妇女死于怀孕或分娩。考古学家在赫瑞姆赫伯法老的萨卡拉陵墓中发现了其王后的遗骨，经现代科学验证得知，她死时的年龄应该在 40 岁到 45 岁之间。同时被发现的还有一个发育完成的胎儿的骨骼，由此可以推断，王后非常可能死于分娩。为了保护孕妇顺利生产，古埃及人最常用的方法是利用咒语和护身符。护身符是贝斯神（Bes）的形象，其形象有点喜庆。人们将贝斯护身符放在待产孕妇的额头上念咒语："下来吧，胎儿，下来吧！我是荷鲁斯神，我用神力请求，让待产的她一切顺利，就像她以前生产那样。看，哈托尔神正用手将健康护身符放在她额头上！我是拯救她的荷鲁斯。"这样反复四次，才算完成保护仪式。

十月怀胎，一朝分娩。古埃及人对于预产期的判断相对准确，现代医学对于预产期的推算是妇女最后一次例假之后的第 280 天，而古埃及人的推算是在第 271 天到 294 天之间。虽没有现代科学这么精确，但古埃及人在三四千年前就已经有这样的水平应该说已经相当难能可贵了。古埃及医疗草纸文献中并没有关于生产的详细记述，但对法老出生的记载却有文字描述。韦斯特卡草纸中就有这样的描述："伊西斯出现在该妇女面前，内弗梯斯在其身后，赫克特加速其出生……孩子冲出来直接落入伊西斯的怀抱，他骨骼健壮……然后她们为他洗浴，切断脐带。人被放置在砖台的布上。"赫克特是古埃及的蛙女神，因为蛙群数量庞大，故古埃及人赋予其丰产的象征意义。

孩子降生的地方一般是在屋顶上围起来的一个凉爽的小屋子里，有时也在凉亭中。一般以纸草茎捆成的柱子做支撑，上面装饰着青藤。里面的设备也比较简单，只有一个床垫、一只头靠、一块小垫外加一只小凳。在场的人一般为家中的女性亲属或女性邻居，守候在外边的其他人也皆为女性。古埃及文字中没有类似产科医生的词汇，接生婆一词也不存在。一般产妇分娩采用跪姿或坐姿，这不仅在壁画中多有出现，在古埃及的象形文字字符中也有这个字符 🜪 出现。考姆翁布神庙墙壁上的浮雕就有分娩情景的图画出现，所采用的便是坐姿，用的坐具是产凳。产凳下面放着一盆热水，这样，水蒸气便可以使分娩更为顺利。分娩过程中，助产的家人或邻居要口念咒语，请求阿蒙神让产妇的心更加强壮，让即将到来的新生命存活。

孩子降生的过程自始至终有神的陪伴。在壁画、浮雕和文字文献中出现的守护神有造人之神哈努姆，有战争和欢乐之神贝斯，有身躯庞大的塔外瑞特神，自然还有伊西斯和内弗梯斯两女神了。生产的过程中产妇肚子上放有许多用象牙等材料雕刻而成的魔棍，上刻有神、蛇、狮子和鳄鱼，以帮助产妇顺利生产。其他几位女神在别的章节中提到过，因此读者应该并不陌生。但是想必读者会对塔外瑞特神感到陌生，因此需要做一点说明。该神长相奇特，一般以一位怀孕女人的形象出现，但其后腿却是河马腿，她乳房下垂，头发是女人的直发，长着半像狮子半像鳄鱼的头颅。该神经常手里拿着两样东西，一件是𓋹，代表保护，另一件是𓋴，代表生命。该女神的名字也很有意思，读作"tA-wrt"，"tA"是定冠词，"wrt"是"大"的阴性词汇。完整的意思是"庞大者"，是古埃及生育和繁殖的保护神。

生孩子是痛苦的，古埃及人有解决这个问题的药方。伊伯斯草纸上有一则药方是这样写的：将赫佩尔-外尔这种植物、蜂蜜、长豆角汁和奶搅拌在一起外用。至于此方是否管用我们无从知晓。

古埃及人喜欢孩子，孩子的出生对于一个家庭是一件欢乐的事情。然而，因为古埃及婴儿死亡率很高，所以父母对孩子的未来非常担心。于是，古埃及新生婴儿的父母求助于哈托尔神（Hathor）祭司。这是很多新生婴儿都会经历的一个仪式，哈托尔神祭司在孩子摇篮之上挂上被称作"七位哈托尔"的护身符，预测孩子的未来。哈托尔神祭司一般是根据孩子的哭声进行预测的，如果孩子的哭声听上去像"哈伊"，孩子就将能够存活，但如果孩子的哭声是"莫比"，孩子就将夭折。进行完仪式之后，接下来的事情就是给孩子取名字了。名字对于古埃及人来说极其重要，是人生5项不可须臾离的因素之一。这5项因素包括人的卡、巴、阿赫、名字和影子。对古埃及人来说，没有名字是件很危险的事情。孩子的名字有长有短，大多与神名相关，用意是要让神来保护孩子。比较常见的名字有"塞德普塔赫伊吾夫昂赫"，意为"普塔赫神说他将永生"。经常被用于取名的神还有姆特神（Mout）、阿蒙神、荷鲁斯神、塞特神、孟杵神（Montu）等，比如叫阿蒙霍特普的人就非常多，意为"阿蒙神满意之人"。姆特姆维亚也很常见，意为"姆特神在其船上"。最常见的名字是"神名＋霍特普"结构，"霍特普"意思是"满意"。除神名之外还会有其他一些非正式的名字，比如"帕卡普"（逮鸟者）等。孩子一出生，就要被登记在案，主要目的是为了税收和遗产的继承。孩子小时候经常会生病，遇到这种情况夫妻经常通过咒语和魔法让孩子转危为安。这样的咒语一般是这样的："快点出来，你这来自黑暗的造访者，你这鼻子和脸都长在脑后的爬行者，不知道你为何到此！你是来亲吻这个孩子吗？我不许你这么做！你是来制造伤害的吗？我不许你这么做！我已用草药和大蒜研磨成药混着蜂蜜对付你，对于生者是甘甜，对于死者是苦味。"为了保佑孩子，父母会在孩子身体的不同部位绑上护身符。父母也将保护性的咒语书写在草纸上，然后将其卷成草纸卷挂在孩子的脖子上。

第三节　古埃及的衣着、饰品和化妆

对古埃及人来说，衣服本来就是一件奢侈品。古埃及常年高温，尤其是南方，比如底比斯地区。古埃及并不像现在这么干燥，尼罗河谷气候湿润，非常适合庄稼的生长。尼罗河每年定期泛滥，给炎热的土地带来湿气。在这样闷热的环境中，衣物对古埃及人而言就显得有些多余。生活在社会下层的人们身上只穿很少的衣物，从古代壁画上可以看到，他们只在腰间围一块腰带，将特殊部位遮挡起来就万事大吉。随着人的社会地位的升高，其身上的衣服也越来越多起来。不仅如此，其身上佩戴的装饰品也随之增多。尽管这样，就服装而言，古埃及的服装仍然非常简单，且一切装饰都是在人的身体线条的基础上加以修饰，而不是像有些古代民族那样将身体遮掩起来。衣服的复杂并不完全出于装饰性，而是包含权力的象征。古埃及人中穿着最复杂、装饰最漂亮的是法老以及法老的王后们。

从古埃及壁画、浮雕和雕塑上看，古埃及人心目中有一种理想的体型。为了塑造这样的理想体型，他们有一种从小就缠头的习俗。等孩子长大之后，他们的头颅都呈鹅蛋形，而不是圆形。社会上层人士普遍将头发剃掉，然后戴上假发。古埃及人制作的服装饰品留存下来的不多，但还是有一些亚麻碎片保留了下来。这让我们认定，雕塑、浮雕和壁画中埃及人身上穿着的打着褶皱的衣服应该是以亚麻布制作的。

古埃及人的服饰款式并不复杂，大体上可以分为：束腰袍、长袍、裙子。束腰袍是一种束腰的宽松外衣，袍子的上缘有高有矮，腰间扎一根带子。束腰袍不是古埃及自古就有的传统服装，古王国和中王国期间并无身着束腰袍的形象出现在壁画、浮雕及雕塑中，只是到了新王国时期，埃及在对外扩张的过程中才从亚洲引进了这样一种装束。这种服装比较简单，只需在一块长方形的布料中间剪出一个洞即可。穿的时候将头从布料中间的洞中露出，令布料自然下垂，腰部用一根带子束住。一般这种束腰袍都是搭配短裙穿着的。这种外来的服饰在埃及有了进一步的发展，埃及人将垂下来的前后两片布料缝在了一起，使整体效果显得更加挺拔，穿着的人显得肩膀更宽。束腰袍也和埃及人的其他服装一样有一些褶皱作为装饰，一般其颜色为白色。古埃及的束腰袍有了一些改进，主要有三种形式：第一种是去掉了头洞，直接用两片布缝成筒状，上端用吊带挂在肩上；第二种是在束腰袍基本样式的基础上加了两个短袖；第三种是无袖束腰袍，但头洞的开口更大了一些。还有一处变化有悖于这一服装的款式的初衷，那就是这种服装到了埃及后变得越来越紧身了。从古埃及女神的形象中就经常能见到这样的服饰。有点像吊带紧身筒裙，上身配之以装饰精美的项圈。

长袍也有几种，第一种最简单——无带长袍。这种长袍制作起来非常简单，用一块相当于人的身高两倍长的亚麻布为原料，在二分之一处对折，中间挖一个套头的洞。这跟束腰袍的做法相似，所不同的是束腰袍短，且有带子束腰，长袍则没有。制作长袍时可能还要在套头洞的前面开一个不大的口子，以使头能比较容易地穿过这个洞。当然，有可能会把头洞的口子开得大一点，这样就无须在前面开口了。然后将两侧从下向上缝起来，顶端两侧各留一段开口供两臂从两侧伸出。这样的长袍现今在埃及、叙利亚等地区仍有人穿着。古埃及有一位神经常以穿着这样的长袍的形象出现在壁画和浮雕中，这便是奥西里斯神。该神穿的长袍有时干脆将两袖处也一齐缝死，使其像斗篷一样穿在身上。这是最简单的一种长袍，在此基础上还有一些变化。最常见的一种是两侧开口中只缝一侧，一般为右侧，左侧保持开放状态。然后将前面的一片围到后腰处别住，将后面那一片围到前面，再用一条比较宽的腰带系住。围腰比较宽，将腰甚至臀部都围在围腰里面。这种穿法还有几种变化，一般都体现在宽围腰的围系方式上。古埃及人喜欢将身体后面的布面拉紧，这样就可以让身体的形状较好地显露出来。由于布料比较宽大，后面的衣料拉紧之后所有的褶皱就会集中在衣服的前面。宽围腰有的很长，将其系住之后身体前方会垂落下很长一段围腰，作为一种好看的装饰。有时古埃及人喜欢将围腰斜着围住腰部和臀部，将右侧的围过来在身前向左上方围过去；将左侧的在身前由左下方向右上方围过去。这样，围腰便呈现出身后宽身前窄的样子，系在身前。这种穿法多为女性所采用，有的则干脆不用围腰，直接将后面那片衣料下面的两个角提起来，在前面那片衣料的乳房之下的位置从中间处系住。

　　古埃及人的第三种主要服饰是裙子。裙子既是女人的服饰，也是男人的服饰。女人穿的裙子有长有短，男人穿的裙子一般都很短，严格地说有点像围裙，只是不像围裙那样只盖住前面。古埃及男人穿的裙子有点像围腰，从腰间围住，下摆不超过膝盖。男人穿的短裙叫作 ▱𓏲𓄿▱，上至法老，下至士兵都穿这种服饰。这种服饰用布料做成，在腰间系住。整个裙子由两块布组成，一块大的布呈半圆形从身体后方向前围在腰间，这样，后面略长，后面那块布料顶部的两端在身体前方交叉系在腰间，下摆形成一个三角形的空缺，便于行走。另一块布系在身体前方，从三角空缺处垂下，挡住中间部位。因为这种裙子让穿者行动方便，所以一般法老常在运动的时候穿这种裙子，比如狩猎、奔跑或战斗的时候。因此，它也成为古埃及军队中常见的服饰。男人穿的另一种裙子也是短裙，其穿着方式非常简单，就像我们从浴室里出来时围浴巾一样围在腰间。女人穿的裙子一般为长裙，最常见的一种有点像短袍，从乳房下面系住，下摆垂至脚背。这种裙子一般呈三角形，腰间最细，其下的部分垂成一个宽喇叭口直至脚背。上边的系住的带子比较长，系住后留下长长的一段带子从乳房下方的打结处垂下作为装饰，看上去很好看。有的埃及学家称这种裙子为衬裙，因为上边往往搭配一件披肩。披肩一般为一块长方形的布料，穿的时候要揪住一条长边的两个角从后背围拢在肩膀上，将两角在胸前系住。

古埃及女性服装无论是袍子还是裙子大多都配之以围肩。围肩的样式不多，但围的方法却花样百出。围肩一般都比较大，是一块长方形的布料。围的方法一般是先在腰部围过来在胸前打一个结，让整块布向左向后从腰部背后绕过来，然后向上绕两圈将双肩包裹住，最后将两个头系在身体前方腰部的位置上，或只绕一圈露出一只胳膊。还有一种围法是只在腰部缠绕，然后从一肩处从后向前绕过来打一个结。这种围法将整个右肩都裸露在外面。一般这样围法所用的布料比前几种围法的短，但布面需要更宽才行。这几种围法和服装互相搭配，会产生出很多优雅漂亮的造型。

古埃及人用来搭配服装的还有许多独特的装饰，最为常见的有项圈、头饰、腰带和手镯。项圈一般图案复杂，其色彩和图案具有古埃及文化特色。项圈之上的图案常出现水波纹与植物装饰画，有点趋向几何图案，但不失生动的特点。有时候，项圈上还出现在古埃及文化具有很强象征性的图画，比如说长着翅膀的太阳图案。太阳两侧各有一只蛇头。与之相对的是展开双翼的秃鹫形象，其两只爪子各抓一个象征宇宙的环形圈。其余的图案便是莎草、莲花等图案，它们和蛇保护的太阳神及秃鹫形象一起象征上下埃及的统一。剩下的图案都是几何图形了。项圈一般是个圆环后面去掉相当于整个圆环项圈五分之一部分，以使其可以妥帖地围在脖子上。当然，还有些图案是以圣甲虫的形象作为装饰的，其象征意义也很明显。这些装饰图案有的是绣上去的，有的是画上去的，有的是用珠子嵌上去的，也有的是作为首饰别上去的。

古埃及人服饰中的腰带样式繁多，比较讲究。有系在乳房下的窄带，有系在裙子上的长带，更多的则是具有装饰作用的腰带。带子有宽有窄，有的简单，只是一条带子并没有什么装饰；有的则不仅有装饰，还可以在上面插上腰刀等饰品和实用品。有的带子系在腰间，用带子本身打结系住，有的则在带子的两端装有带钩，将腰带扣在腰间。带扣上通常会有装饰，一般以神蛇装饰为主。即使是没有带钩的腰带，其两端在身前或身后系住后垂下的带头部分也有多种款式，其中以伊西斯结样式为主。伊西斯结既是好看的装饰，又具有象征意义。既有保护之意，又可以赋予佩戴者以力量。这时的腰带就变成了一个护身符。从带子的系法上看，有的系在身前，有的系在身后，也有的系在身前的一侧，一般以左侧居多。

古埃及人的手镯非常漂亮，不仅有戴在手腕上的手镯，还有戴在手臂上的臂镯。手镯一般用金箔以及玛瑙、红玉、绿松石和孔雀石等宝石制作，上面还要镶嵌珠宝和模制配件。此外，一些手镯是用银打制的，还有的手镯是青铜制的。手镯在前王朝时期就已经出现了，当时的手镯用象牙或骨头制作而成。古王国时的手镯开始使用镶嵌工艺，同时出现了用几缕串珠隔着等距缝隙结在一起做成的手镯。臂镯在此时也开始出现。手镯上的刻画和装饰图画都有实用意义，最早是圣甲虫形象，其意义显然与再生、创造有关。因为自古以来，古埃及人一直把圣甲虫看作推动太阳船运行的动力。太阳每日更新，其原动力便来自圣甲虫。所以古埃及人佩戴的手镯上便出现了圣甲虫。圣甲虫读作"赫坡瑞"（khepri），也是古埃及神话中的一位神祇。另一个经常出现在手镯上的图案是荷鲁斯的眼睛。

埃及气候比较炎热，所以古埃及人大多不穿鞋。光脚既方便又凉爽。然而，经过几个小时的曝晒，沙土的温度变得很高，光脚踩上去会被烫出水泡来。于是，古埃及人开始考虑通过穿鞋来解决这个问题。古埃及的鞋只有一种——𓋴，读作"侪拜特"，意为"拖鞋"。现代人夏天穿的非常时髦的人字拖鞋，在四五千年以前的古埃及就已经被人们穿在脚上了。古埃及人的鞋都是自己做的，没有人做鞋后拿去交换或卖钱。人们大多用草和芦苇编织拖鞋，还有的人用纸草和棕榈纤维编织，其实只要编个鞋底，上面用绳子系住即可。古埃及人的鞋的主要部件为鞋底，鞋底与人的足底形状相同，鞋尖处做得很尖，向上翘起。绑脚的绳子也很简单，跟现代的人字拖鞋非常相像，正好固定在拇趾与二趾之间。富人穿的鞋所用材料略讲究一些，通常用皮革或木板制造。皮革更加耐磨，可穿更长的时间。法老穿的鞋最为高级，不仅有皮革的，还有以黄金打造而成的拖鞋。这种鞋已经不仅仅是防止脚被扎伤、烫伤的工具，而且成了身份地位的一个标志。考古学家尚未发现古埃及有袜子存在，除发现黄金打造的凉拖之外，他们还在新王国时期的陵墓中发现了黄金打造的手指套和脚趾套。虽然这些都是套在木乃伊的手指和脚趾上的，但活人也有可能佩戴。穷人连鞋都穿不上，不可能戴上手指套和脚趾套，所以戴的人应该都是贵族或王室成员，甚至是法老的王后、公主等人。法老的拖鞋比较精美，鞋的底面上刻有很精美的图案。尽管古埃及有精美的鞋出现，但上至法老下至百姓都习惯于光脚。在壁画、浮雕以及雕塑中我们经常看到人们光着脚，甚至在庄重的仪式上，法老仍然光着脚的景象。连法老都喜欢光脚，百姓就更是如此了。下层百姓中有很多人一生也没穿过鞋，他们不仅习惯了光脚，实际上也的确没有穿鞋的必要。总而言之，特殊的环境造就了特殊的习俗。

古埃及人还对头发加以修饰使之与衣服搭配。头发本来不属于装饰，但古埃及人的头发有些特别。古埃及人特别注重对外表的修饰，尽管随着时间的流逝，随着时代的变迁，时尚也在发生变化，但古埃及人一直把头发的样式看得很重要。很多古埃及人将头发剪掉、刮光，但不是所有的人都这样做。在古埃及无论是男人还是女人都有留长发的，并对头发进行精心护理。自新王国开始，祭司们都将头发刮光，但其他人显然还是留着头发的。因为从古埃及文献中可以看到用来防止脱发和护发的药方，如果古埃及人都不留头发的话，还会有人发明这样的药方吗？

一般来说，古埃及的男孩子是将头发几乎剃光的，只留一绺发髻，而女孩子却要留着头发。从壁画和浮雕的图画中我们经常能够看到古埃及的男孩子在头的一侧留有一绺编织成辫子的发髻的图画。在第十九王朝和第二十王朝，甚至一些祭司也留像男孩一样的单侧发髻。女孩子和成年女性一样将头发编成辫子。哈里斯草纸 500 号中有一首以女人口吻写出的诗歌，其中清楚地表明了女人将头发编成辫子的情况："我的心想着你我的爱，一边编着头发一边等待；急忙奔向你我的爱，不顾头发还有脏态。如果你能容我编好发辫，我就准备享受你的爱。"陵墓中发现的女性的木乃伊也向我们展示了当时古埃及女人将头发编成很多条小辫儿的情形。考古学家还发现了许多整理头发的用具，其中包括梳子、发卡、剃刀和镜子。当然这些精美的用具不是每个女人都能拥有的，只有富裕家庭的女人才能够享用。

从古王国起，古埃及男人就很少留长胡须。古王国的时候，社会上层男人中曾流行过一种很现代的胡须——髭，即位于上唇之上的一字须，以现在藏于埃及开罗博物馆中的雕像拉霍特普（Rahotep）与内弗瑞特（Nofret）夫妻坐姿雕像最为典型。拉霍特普是一位王子，很可能是胡夫的兄弟。从雕像上看，他不仅留着头发，还留着一字须，脖子上戴着项链，项链中间的项链坠是一颗心。由此可以推测在当时这样的一字须很可能是非常流行的。新王国时这样的风尚发生了变化，很少再出现拉霍特普式的一字须了，取而代之的是位于下颌处的山羊须。这时的古埃及男人通常将脸上除了山羊须外其他部位的毛发全都剃除干净。山羊须的长短很有讲究，贵族蓄短须，只有法老才能留长山羊须。这时的山羊须已经是权力的象征了。正因为如此，当哈特舍普苏特女王登上法老的宝座后，尽管她是位女性，但她还是戴起了假山羊须。当然，法老的山羊须很漂亮，其假须是要编成辫子束在一起的。

总而言之，古埃及人身体上留下来的毛发不多。这就需要经常剃除毛发，无论是脸上的、头上的，还是身体上的。但我们从考古学家发现的古埃及的剃刀可以推测，在当时剃除毛发并不是一件轻松的事。当时的剃刀一般用青铜或黄铜制作而成，因为铜的质地相对比较软，其刀口就不会特别锋利。所以，用这种剃刀剃起毛发来恐怕是件很痛苦的事。特别是在剃除头发的时候，因为头发又硬又密，想要将其剃光很是费劲。这种情况一直持续到晚王国时期才有所改观，因为此时埃及人开始用铁来打造剃刀了。剃除毛发的困难，使得古埃及对有技术的专业从业者的需求日益增加。于是在古埃及社会中出现了一个新职业——理发师。古埃及的一篇教谕文字《贸易的讽刺》中有这样一段记述："理发师理发直至天黑。他徒步行走来到城市，在一个角落落脚，或走街串巷，寻找需要理发的人。"

将身体上的毛发剃除只是古埃及上层社会中的风尚。至于下层社会的情况，由于没有任何材料可以佐证，所以我们无从得知。就连对于古埃及上层社会是否都遵行这个习惯这一推测我们也很难断下结论，因为我们所掌握的材料中涉及的样本数量与当时的人口总数相比也只是九牛一毛。所以，尽管有这些材料存在，很多学者仍然怀疑剃除全身的毛发是否是古埃及人普遍遵行的一个习惯。因为用当时的剃刀很难做到这一点。考古学家在胡夫法老的母亲赫特普赫瑞斯（Hetepheres Ⅰ）陵墓里发现了一把用金子打造的剃刀，让人有理由推测古埃及的女人也是将毛发全部剃除的。另外从雕塑、壁画和浮雕中出现的女人接近全裸或穿着透明衣服的形象可以看出，古埃及女人身上是没有毛发残留的，但是这一习惯普遍实行起来非常难。因此我们推测，这应当只是一种在古埃及流行的审美倾向的理想范本，所以古埃及人才将所有的图画、浮雕和雕塑中出现的女性都塑造成这个样子，而不是当时普遍存在的社会习俗。不过即使这只是当时的审美倾向，但既然有这个倾向，人们就不会完全放弃这样的追求。尽管我们不敢说古埃及人人都像图画中出现的人一样剃掉毛发，但这种习俗至少在上层社会中是普遍存在的。这一点可以在古埃及人留下来的药方中得到证实。古埃及有一种脱毛药方，是以碾碎的鸟骨、油膏、埃及榕树树液及树胶为原料混合加热而成的一种膏剂。将这种膏剂涂抹在皮肤上，待其凉下来后就会变硬，将变硬的这层膏剂揭下来就会带走粘在其上的毛发。未除尽的毛发便用镊子来解决，将其一根一根地拔出来。镊子从早期王朝时期就已经在埃及存在了。对于剃除毛发这一行为除了审美的需要和敬神的需要外，卫生的需要恐怕也是值得考虑的因素。希罗多德的《历史》中就将埃及祭司净身的习惯解释为了防止虱子藏匿：祭司每两天全身刮一次毛，以便使在他们侍奉神祇的时候虱子或其他不洁物不至依附其上。

古埃及人很早就有戴假发的传统了。有史以来，假发就在古埃及人的生活中扮演着很重要的角色。古埃及的男人和女人都戴假发，假发一般也都是用人的头发制作而成的。当然到了后来出现掺杂有植物纤维的假发。假发有两种，一种完全是一个假发套；另一种是将假发辫与真发辫接在一起，很像我们现在的接发。假发有一个好处，就是佩戴者可以无视自己头发的质地和长短，完全根据自己喜欢的方式去制作和佩戴。古埃及人是一个很注重形象的民族，无论是在宴饮聚会中，还是在祭祀场面，都需要打扮得光鲜亮丽。最初的时候，古埃及人在佩戴假发时追求一种自然的风格，力图不让别人看出自己戴着假发。所以，令假发的外观像真头发一样是假发制作的最高技术。假发在全社会普遍流行，并不仅限于社会上层。一般上层社会尤其是王室成员戴的假发都是制作精美的完全的头套式假发，只需戴上即可。下层社会中更常见的是接发，即将假发和真发接在一起。古埃及假发的样式多以很多条辫子组成，无论其款式还是编织的精细都让人赞叹不已。由于古埃及人的人种的原因，其头发大多为卷发，这使其在用真人头发制作假发时出现一些困难，即可作为原料的长头发不多。要想让假发显得饱满厚实，就必须用很多上好的头发做材料。古埃及人解决这个矛盾的方法是用植物纤维充当头发编织在假发里面，只有外层用的是真人的头发。这样做出来的假发看上去就既饱满又像真发。女人的假发比男人的假发要长，但男人的短发对制作工艺的要求却更高。假发是古埃及人在郑重场合上佩戴的装饰，为了使假发形状能一直保持有型，古埃及人用香料与蜡的混合剂涂抹在假发上。当然，在宴饮场合中还要在假发上装扮上香蜡包，随着时间的推移香蜡一点点地融化，散发出芬芳的香味。我们经常可以在描绘古埃及宴饮场面的壁画中，看到女人头上放着一个高高隆起的锥体，这便是盛装香料与蜡的混合体装饰。假发随着时代的变化在风格上也会发生一些变化，例如古王国时的图画显示很多男人、女人都是在短头发上戴假发，这种假发一般并不复杂。但后来假发变得越来越复杂，也越来越长了。假发上的装饰也越来越多，比如有佩带、鲜花，等等。

除了假发之外，古埃及人还有很多佩戴在头上的头饰。一般百姓并不戴什么头饰，因为无此必要。但法老与其王宫里的成员却很少使自己的头部毫无遮拦地示于人前，因为法老是神，神的真面目是不能被人们一览无余的。所以，古埃及的图画在描绘神和法老的形象时便都加上了各种各样的头饰。首先是神的形象，其头上要戴有各种各样的头饰。根据这些头饰我们便可以判断此神的身份，例如伊西斯女神头上的装饰是一个王座。但有时候一种本来属于某一特定神祇的头饰也会出现在其他神祇的头上，可这并不会给人们判断该神身份造成麻烦，因为每一位神都还有其他特征可供我们识别。

古埃及的神很多，下面这些神的头饰会帮助我们认识古埃及重要的神祇。

是阿蒙神的头饰，由两支大羽毛构成，被称作阿蒙神的王冠。

是阿蒙泰特神（Amentet）头饰，阿蒙泰特神为死亡女神，在象形文字中该神形象代表西方。

是昂胡瑞特神（Anhuret）头饰，昂胡瑞特为上埃及底尼斯城之神。

是安努凯特神（Anuket）头饰，安努凯特最初为尼罗河女神。

是阿图姆神头饰，阿图姆为赫里奥坡里斯的创世之神。这个头饰又称作双冠，为上、下埃及统一的王冠，即将上埃及的白冠和下埃及的红冠合二为一的双冠。

是伊阿贝特神（Iabet）头饰，阿伊贝特为东方之神，在古埃及象形文字中代表东方。

是贝斯神头饰，贝斯神是古埃及战神和欢乐之神。

是哈神（Ha）头饰，哈神是古埃及西方荒漠之神。

是哈赫神（Heh）头饰，哈赫神为天空之神，他还常将该标志握在手里。

是哈尔阿赫提神（Horakhyt）及塞赫迈特女神（Sekhmet）头饰，哈尔阿赫提为早晨的太阳神，塞赫迈特为狮头的战争与破坏女神。

是哈托尔女神与伊西斯女神头饰，以一对牛角托着太阳的形象出现。

是赫姆苏特神（Hemsut）头饰，赫姆苏特为古埃及命运与保护女神。

是荷鲁斯神头饰。

是伊西斯女神头饰，为一王座形象。

是哈努姆神头饰。

是虹苏神（Khcnsu）头饰，虹苏神为古埃及月神。

是玛阿特女神头饰。

是麦什内特女神（Meskhenet）头饰，麦什内特女神为古埃及母亲生产与新生婴儿的保护神。

是内特女神头饰，为两张弓绑在一起的形象。

是内赫贝特女神（Nekhbet）、伊西斯女神及姆特女神（Mut）头饰，对后两位女神读者应比较熟悉，而内赫贝特女神最初为南方城市内赫布城的保护神，后来成为上埃及的保护神。

是内弗梯斯女神头饰。

是努特神头饰。

是奥西里斯神、荷鲁斯神及拉神头饰，又称阿泰弗冠。

是拉神头饰。

是拉晒弗神（Resheph）头饰，拉晒弗为古埃及战神。

〰 是塞提斯女神（Satis）头饰，塞提斯女神为古埃及尼罗河泛滥之神，是阿图姆神之妻。

〰 是塞尔凯特女神（Serket）头饰，塞尔凯特女神是古埃及蝎子神，有治疗被蜇与被咬的创伤的功效。

✿ 是塞沙特女神（Seshat）头饰，塞沙特为古埃及智慧、知识、文字女神。

〰 是苏霍思神头饰。

〰 是古埃及索贝克神（Sobek）头饰，索贝克神为古埃及的鳄鱼神。

〰 是瓦塞特神（Waset）头饰，为带羽毛的瓦塞特权杖形象。

〰 是赫萨特女神（Hesat）头饰，赫萨特女神为古埃及牛神，为哈托尔神的人间化身。

法老的头饰没有神的头饰这么复杂，但在不同的场合也会佩戴一些不同的头饰，如头带、王冠和蛇形标志。头带在古王国时期就已经为古埃及法老所普遍佩戴，虽然名为头带，但其实大多是用金属制造而成的，其形状保持了布带的特点，因此人们仍称之为头带。其他头饰大多用有机材料制作而成，因此其实物大多没能留存下来。古埃及早期，王冠一般是放在神庙的双仪式厅中的，由分别代表上埃及的秃鹫神内赫贝特女神与代表下埃及的蛇神瓦杰特女神看守。每当法老前来拜谒的时候，法老先要净身，之后戴上王冠进入仪式厅，祭司向法老念诵这样的祭文：

> 你无所失，你无所阻。看，你再生而比上埃及之神与其精灵更有力量。

王冠是力量的象征，与权杖的功能相同。对于戴上王冠的人，王冠会立即赋予佩戴者以王者的力量。王冠可以传承，父死子继，力量不减。古王国的时候，王冠只有两个，即代表上埃及的白冠和代表下埃及的红冠，外加内美斯。但到了新王国，王冠增加了许多。蛇形标志一直是古埃及法老权力的象征之一。蛇形标志是眼镜蛇的形象，以准备进攻的姿态出现，经常出现在王冠等法老头饰上。蛇形标志装饰在王冠等法老头饰的正前方，保护着法老，随时准备消灭敌人。该神被称作"拉神之眼"，可以吐出火焰烧死法老的敌人。

具体来说，包括王冠在内的法老头饰通常有以下 10 种：

内美斯是法老戴的一种两色条纹头巾，它不仅将头部包裹住，而且连同脖子和肩膀也都遮盖住。这种法老头饰第一次出现于第三王朝的佐塞尔法老的雕像上，之后一直持续到古埃及历史结束。内美斯有两个下垂的角从两耳后面垂下来搭在两肩的前面。内美斯常与神蛇搭配，在内美斯前额处的中间有神蛇装饰。这样的搭配最早出现在第一王朝法老登（Den）的象牙雕像中。内美斯在埃及象形文字中写作 ，从其限定符号上看，最初的意思就是"围巾"。

赫普瑞斯又称作蓝冠，因为经常可见于描绘法老出现在战场上的壁画、浮雕或雕塑中，因此又被称作战冠。但赫普瑞斯冠的主要功能并非战争，所以战冠之称并不准确。该头饰最早出现于第二中间期，第一位在其雕像上出现该头饰的法老是阿蒙霍特普三世。这一法老头饰一般用布料制作，也有用皮革制作的。其上染成蓝色，还画有一排一排的黄色的代表太阳的圆圈。这一法老头饰也常用神蛇装饰，在头饰正前方装饰有神蛇。古埃及象形文字中这个头饰的名字是 。

第三种头饰为圆帽头饰，一般为蓝色、白色或金色。制作这种头饰的材料多为亚麻布，有时也配以刺绣。普塔赫神常以佩戴这种头饰的形象出现。该头饰在古王国就已经出现，但到了第二十五王朝，该头饰只出现于库什统治者头上，所不同之处在于库什首领戴的这种头饰上有两个神蛇。该头饰法老可戴，王子也可以戴，甚至有时王后亦可以戴。

斋什瑞特是红冠，代表下埃及的王权。该冠出现较早，在那尔迈调色板中就出现了红冠。红冠的上面有一个向前突出的细长装饰，前端向后弯卷。该装饰被认为是蜜蜂的口器。

赫斋特是白冠，代表上埃及的王权。该王冠也出现较早，在王朝初期就已经出现。那尔迈调色板亦为证明其出现较早的一个证据。

两个王冠合在一起构成了双冠，代表上下埃及的统一。

阿特弗头饰又称阿特弗王冠，有点像白冠上加上了两支巨大的鸵鸟羽毛。奥西里斯神也经常以戴着该头饰的形象出现，后来努比亚王也开始戴阿特弗冠。

舒梯冠经常由阿蒙神佩戴，也是装饰有两支巨大的鸵鸟羽毛的王冠，后来，法老也逐渐开始戴此头饰。

哈特头饰是一种单色头巾，最早出现在第一王朝法老登的象牙牌上。法老和新王国阿玛纳时期的王后们也戴过这个头饰。

亥姆亥姆头饰是由三个阿特弗头饰合在一起构成的头饰，或称王冠。该头饰在新王国阿玛纳时期开始出现，但在托勒密时期出现最多。

这些法老的头饰中，哈特冠、内美斯冠都有实物留存下来，而白冠和红冠以及双冠就没这么幸运，我们只能从壁画、浮雕和雕塑上看到这些法老的头饰。

古埃及人很爱美，不分性别，不分社会阶层，不分活人死人，所有的古埃及人都为美化自己而进行各种各样的美容。美容最主要目的有两个：一个是审美的需要，另一个是健康的需要。很早之前，考古学家就从古埃及的墓葬中发现了古埃及人美容的证据。其最常用的美容物品是各种植物油、油膏、眼影和香水，女人用得更多的，还有化妆用的乳霜和化妆粉。

油膏在古埃及美容与预防疾病方面起着非常重要的作用，一般油膏是用动物和植物油提炼而成的，古埃及人将其擦在脸上和皮肤上防止炎热的太阳灼伤皮肤。古埃及人涂抹在脸上和皮肤上的多为白色的化妆品，古埃及人爱白，因为白会使人显得年轻。用碳、铅硫化物或锰氧化物制造的黑色化妆品也是古埃及人常用的化妆颜料，另外一种常用的化妆颜料是用孔雀石及一些铜矿物制造的绿色化妆品。还有一种用于化妆的颜料是用红赭石与水混合而成的红色颜料，一般用来画嘴唇和两腮。化妆的工具一般为毛刷子，很有现代彩妆刷的味道。古埃及人还用一种以花制作的油来涂抹指甲，最常见的颜色是黄色和橘色。古埃及人最有特色也最为现代人所熟悉的是其浓重的眼影，古埃及人在化眼妆时一般是用小棍充当眼影笔的。通常古埃及人将眼影画得比较大，上下眼皮都要画上眼影，并在眼角处继续延伸向眼睛两侧。眼眉也要画成黑色。据传古埃及人相信化妆具有魔力，不仅可以让人好看，还具有治愈疾病的功能。

　　古埃及人喜欢化妆，但购置各类化妆品毕竟需要一定的经济实力，对于穷人来说化妆就非常简单了。大多数古埃及人自己化妆，只有有钱人会雇佣专业的化妆师来为自己化妆。古埃及语中就有化妆师一词，意为"面部画师"。面部化妆是古埃及人化妆中的最重要的内容，不仅活着的人注重形象，要把自己画得美丽好看，就是对于死者而言，保持良好的形象也是十分重要的。古埃及人不愿意自己在死后进入杜阿特、来到神的面前的时候一脸素颜，所以要求工匠在制作木乃伊的时候一定要将自己的面部画得漂亮。这一方面是为了给神以一个非常好的第一印象，另一方面还是为了使自己的"卡"能够很快认出自己。古埃及的亡灵书中就有这样的话："一个人在他纯洁、干净、穿着新衣、穿上白色的鞋子、画上眼影、涂上上好的美容油膏的时候便可说这样的话。"因为在冥界人们的化妆仍然这么重要，所以在随葬的物品当中就会有很多装化妆品的小容器。陵墓献祭的清单中会出现这样的物品：香、绿色化妆品、黑色眼影膏、上好的油膏，等等。

　　化妆的重点是脸部，脸部的重点是眼睛。古埃及人要将眼睛按照太阳神拉神的眼睛来描画，所以眼影是化妆的重中之重。眼影所用化妆品的材料一般为矿物与植物，如锑、烧化的杏树灰、氧化铜、赭石类矿物。古埃及人将这些材料放在调色板上研磨，配之以树胶与水，最后将其做成膏状，装在罐子里备用。在陵墓中我们发现很多装有眼影颜料的罐子，一般用花岗岩等石头凿制而成。画眼影的用具是小棍，其顶端磨圆。小棍多用木头制作，也有用玻璃和青铜制作的。

　　古埃及人的头发多卷曲，不像东方人的头发这么柔顺，因此，对头发的护理也是古埃及人化妆中的一个重要内容。古埃及人将花一层层放入油脂中制作润发油，这样制作好的润发油呈圆锥形状，使用时将之放在头顶上，润发油会顺着头发融化流下，流到脸上、脖子上。润发油流完之后，晚上将花取下来再浸满润发油，待第二天使用。润发油不仅有润发的功效，还伴有香味，起到使头发散发香气的作用。

古埃及人喜欢吃洋葱、咸鱼等气味很浓的食品，其结果必然导致其身体会散发出很大的体味。由一个体味很重的民族率先发明香水是非常顺理成章的事，古埃及人很早就开始使用香水了。古埃及人喜欢很重的香味，因此其香水的香味也都很浓重。普林尼曾描述古埃及人的香水涂在皮肤上 8 年之后还能闻到其味道。他们从鲜花、水果和种子中提取香料。常用的原料有凤仙花、鸢尾花、百合花、玫瑰花以及银杏皮、桂皮、松节油等。一般一种香水要用 10 多种材料制成。因为当时蒸馏技术还没有出现，古埃及人便将鲜花和香木等原料弄碎加在油膏里，然后放入布中包裹起来，用力扭挤这个布包，直到将最后一滴液体挤出。这些液体便是最初的香水。有时候古埃及人还用另外一种方法提取香水，即将这些原料放入油和水中煮沸，最后将浮在上面的油撇出，剩下的液体便成为香水了。

埃及气候炎热，在日光下很快人们的皮肤就会被晒得发红、发黑。皮肤的颜色的变化还是较为次要的事情，毒辣的日光的曝晒很容易让人的皮肤起皱，让人显得衰老。古埃及人信奉生命力的重生，法老可以用塞得节的仪式来完成返老还童，而百姓呢？除了日晒之外，意外造成的伤痕也是在所难免的，比如烧伤、烫伤、磕碰造成的伤痕。为了解决这些问题，古埃及人发明了皮肤护理术。伤痕一般用油膏涂抹加以遮盖，比如说用赭石颜料、眼影墨、无花果汁等。蜂蜜也成为古埃及人用来护肤的一种材料，因为蜂蜜有抗菌的作用。另外，一种从葫芦巴种子中提取的植物油也是古埃及人用来护肤的材料。古埃及人用来抗皱的护肤品中还有一种是用含有乳香的树胶、辣木树油与某种塞浦路斯植物的汁液研磨而成的，通常这种药膏以蜂蜡作为基底。

第四节　古埃及的家具

古埃及人家中家具不多，因为一般人并没有很多东西需要盛装。一般人家里有一个储存东西的房间，里面有一两个箱子或篮子，这些也就足以满足盛装零碎东西的需求了。古埃及人家中很少有桌子，即使是专门负责书写文件的书吏也很少坐在桌子前进行他们的书写工作，他们通常坐在地上，一手扶着放在膝盖上的木板，上边摊开草纸，另一手书写。厨房中也没有桌子，因为做饭的时候古埃及人并不站着，而是蹲在地上，一切厨房用具都放在身边的地上。尽管古埃及人家中一般都会有凳子，但人们习惯于坐在地上。富人睡在床上，因此家中有床；而穷人就睡在地上，在地上铺个垫子就是床了。至于古王国时期的家具的情况，我们从在胡夫母亲的陵墓中发现的家具便可见一斑，包括两把椅子、一个床架、一个床上的华盖、一只抬椅和两个箱子。

床在王朝初期就已经存在，其结构为木质床框，上面覆盖以皮革或布。最初的床腿多为牛腿形状，但后来越来越多地采用狮子腿的形状。古埃及人的床头装饰着保护神，最为常见的是贝斯神和塔外瑞特神。前者是战神和欢乐之神，后者为生育保护神。古埃及家具中，床是留存下来最多的一种家具，其中有些是可以折叠的床架。古埃及可折叠的家具有很多，不只床如此，有些椅子、凳子等也是可以折叠的。轻便可能是古埃及人喜欢折叠家具的原因。可折叠的椅子在中国叫交椅，古埃及的这种椅子跟中国的交椅非常相像，折叠凳又与中国的马扎如出一辙。如果到埃及开罗博物馆参观的话，我们会在二楼的图坦卡门陵墓文物当中看到折叠椅和折叠凳。我们没有发现它们之间有传承关系，但如此相像却让人感觉有趣。这可能就是英雄所见略同的缘故吧。

桌子在古埃及的出土文物中也占据一定的分量，但出土较多的是中王国时期的桌子。古埃及的桌子一般不大，不论是从高度上还是从大小上而言都属于较小类型的家具。一般桌子桌腿是直的且较短。有的桌子一侧还突出一块，形成一个托盘。桌子表面的边缘处会有些装饰，有时会刻写上象形文字。一般的桌子都是四条腿，但也有三条腿甚至一条腿的桌子。这些桌子有的用来吃饭，有的用来玩游戏，还有一些是供桌，用来摆放奉献祭品。从制作材料上看，虽然古埃及的桌子主要是用木头制作的，但也有一些桌子是用其他材料制作的。比如说石桌甚至金属桌子。祭品桌上需要摆放很多食品，这样的图景在陵墓中的壁画、浮雕中常常可以见到。古埃及人在生活中每逢宴饮场面也用桌子作为摆放食品的主要用具，像在祭品桌上摆满食品一样，宴饮场面中所用的桌子上也摆满珍馐美味。古埃及人在宴饮时是不是真的放这么多食物供客人们吃，抑或只是为了炫耀，并不真的都供客人吃，我们尚无可考证。中王国的《普塔霍特普教谕》(The Teachings of Ptahhotep)中有这样的文字："在比你高贵人家餐桌上做客，只吃他摆在你面前且他给予你的。"这虽是礼仪，但也让人怀疑满桌的美味未必都是真让客人吃的。

古埃及的凳子一般也是用木头制作而成的，上边放有一个用灯芯草编织的坐垫。凳子是古埃及家庭中比较常见的家具。凳子一般较矮，以方形的居多，其四角略有些上翘。一般的凳子都是四条腿的，也有些是三条腿。和其他木制家具一样，凳子腿也常被做成动物腿的形状。富有家庭的凳子会装饰上金箔或银箔，一般百姓家的凳子没那么奢华，但也将其涂画得像装饰有金箔银箔一样好看，使其看上去也很像是昂贵的家具。古埃及的凳子比较矮，有人认为这是因为古埃及人的身高比现代人要矮的缘故，但也有人认为主要原因是其生活习惯的缘故。古埃及一般家庭中的成员都不坐凳子，席地而坐是他们的常态。因此，如果将凳子等家具造得很高，在有的人坐在凳子上，有的人席地而坐的情况下，大家在一起说话就比较费劲，因此古埃及人将凳子等家具制作得相对较矮。随着时间的推移，古埃及的凳子也发生了一些变化，变得更结实、更牢固，有时候还出现不高的靠背，凳子开始向椅子转变了。

古埃及的椅子大多用木头制造，短腿和矮靠背为其特点。椅子腿一般也像床腿一样被制作成动物腿的形状，靠背或用布罩住，或用垫子装饰。靠背一般用有一定弧度的木材制作，顺着这个弧度做成的椅子靠背让人靠上去后感觉更自然妥帖。靠背大多绘有图画，看上去非常像牛皮制成的。一般的椅子没有扶手，但也有有扶手的椅子。有扶手的椅子，在扶手下面的空当处都会装饰有古埃及象形文字中表示"统一"的符号↥，配以表示上下埃及的植物装饰——莎草和荷花。椅子是尊贵的象征，所以一般百姓家中没有椅子。古埃及文字中"贵族"一词就是一个坐在椅子上的人像♙，可见椅子在社会地位中的标志意义。贵族家中的椅子一般也只有主人可以坐，其他家庭成员就没这个待遇了。椅子发展的最高境界是王座——法老的宝座。法老不仅要坐在王位上，脚下还要垫上脚垫。脚垫上往往刻上被俘的敌人的形象，或者刻上代表敌人之一的象形文字九弓，即九把弓箭。法老坐的椅子靠背也装饰得非常漂亮，除了一些保护神的形象被刻画或镂雕在椅子靠背之外，像代表生命、权力、永恒和金子等的象形文字符号也常在法老的椅子背背上出现。

　　箱子在古王国时候就已经出现了。古埃及的箱子的样式比较简单，但箱子盖却有各种形状。最简单的就是一块平板，但有的却是山形、墙形、桶形甚至圣坛形的。箱子有大有小，大的还要安装上两个长杆，移动时可以由一组人抬走。我们可以在古埃及陵墓壁画中看到几个人抬着箱子的场面。中王国时期的箱子大多都是用来装化妆品的，看上去有点像我们现在仍然能够看到的柳条箱，里面主要装着小的雪花石做成的罐子，罐子里盛装的是香水类油膏。有的箱子里放的是化妆用的其他物品，比如说镜子、眼影颜料盒、梳子及其他小的化妆用品。珠宝首饰一般放在比较精美的箱子中，珠宝箱外面常镶有象牙片或直接用从国外带回的木料制作而成。大一点的箱子装的是衣服、亚麻布、珠宝等。书吏家中的箱子可以一眼辨认出来，因为这种箱子外面往往刻画有书吏用具的图画。它里面装的都是书吏的用具，包括调色板等。法老用的箱子一般都很精美，比如在学者从第十八王朝末期的小法老图坦卡门陵墓中发现的箱子上，就雕刻有其乘坐战车狩猎的图画，精妙非常。古埃及的箱子盖大多没有合页相连，关箱子时只需将盖子盖上，打开时将箱子盖取下即可。为了使箱盖不至于在箱子被移动时落下，古埃及人会在盖子边缘处粘上销子，在箱子壁上相应的位置刻出洞，这样箱盖在盖上的时候就扣紧了。古埃及没有锁，所以，要想锁住箱子就必须用绳子将盖子和箱子系住后用泥将箱子封住。

灯是古埃及人必不可少的室内照明用具。古埃及的灯一般都是浅陶器灯盏，里面放上油，灯捻在油中漂动。用来照明的灯油以橄榄油为主，也有一些其他坚果油被用作照明的灯油。此外动物油也被用作照明灯盏内的燃料。据古文献记载，还有一种叫作吉吉油的燃料也常在古埃及被用作灯油。吉吉是古埃及的一种浆果植物。

第五节　古埃及的膳食

古埃及的气候条件使其主要农作物限于大麦和燕麦，埃及人的主食也都与麦子相关。麦子可以做面包，还可以酿造啤酒，这样，吃的喝的就齐全了。古埃及人用来制作主食的麦子是二粒小麦。小麦收割之后经脱粒和扬场，然后储藏在筒仓中。用的时候将麦子取出，将麦穗淋湿，然后放在臼中舂捣脱壳。脱壳之后剩下的麦麸成为饲养动物的饲料。舂捣是男人的工作，而碾米磨面的工作多由妇女来承担。从古埃及留下来的陪葬用的日常生活模型雕塑以及壁画、浮雕上出现的场面中可以看出，妇女每天要跪在地上磨面数小时才能完成任务。日复一日地做着这样乏味的工作会让人感觉极度疲惫，为了驱除疲惫或减轻劳苦感，她们一边工作一边唱歌："愿神祇给予我主以力量与健康。"

古埃及的磨和我们所熟悉的不同，它不是旋转磨，而是分成两个间隔的平石板。磨面的时候，先将谷粒倒在一个隔断里，然后用石头做成的像粗大的擀面杖一样的碾子磨蹭挤压谷子，之后将其放到另外的碾盘上的另一区域内进行筛选，较大的谷粒碎块被再次放回到碾盘上碾压。筛子用灯芯草编制而成，相对于金属筛子来说比较粗糙。因此，晒过的面粉里经常夹杂着谷壳甚至石渣。古埃及人大多牙齿缺损，其主要原因就是食物中偶有碎石块出现，磕坏其牙齿或造成牙齿残破，即使没有明显的破损，牙齿磨损严重也是古埃及人中普遍存在的现象。

古埃及人将磨好的面加水做成生面团，从生面团上揪下一块一块的面团压在模子里做成面包，然后放在炉子里烤。炉子放满面包之后便用泥封起来，剩下的工作就是生火了。古埃及人每次制作完面包都要留下一块面团作为下次发面的引子，这与中国的老面颇为相似。为了让面包味道更好，古埃及人会在面中加入鸭蛋、植物油和草药汁进行调味。

最初，烤面包的炉子比较小。但到了新王国的时候，炉子变得越来越大。新王国有一篇教谕文学文献中对面包师这一行业进行了讽刺，文献让我们对新王国时期古埃及面包的烤制过程有了真切的了解（如图 7-1）：

> 面包师不停地捏着面团，将面包放到火上。他的头就在火炉的中央。儿子拉住他的腿。如果他的腿从儿子两手中滑出，他就会直接落入炉子的火中。

图 7-1　烤面包

显然，新王国时期烤面包的炉子已经非常大了，其上方有一个开口供面包师往其中放入面包。面包可能被做成圆饼形状直接放在炉子的内壁上，或者仍然按照传统的做法被装在细长的面包模子中放在火中烧烤。

古埃及人在还没有烤炉之前是用什么烤制面包的呢？说来很有趣，他们将面团压成非常薄的圆饼直接放在炎热的沙子上，完全靠沙子的热度将薄薄的面饼烤熟。

啤酒作为面包制作过程中的一个副产品，在公元前3000多年即王朝时代还没有到来之时就已经出现了。啤酒𓏺𓄿𓏺一词在古埃及文献中出现的频率很高，盛啤酒的罐子在古埃及文字中就有十几个词来表示，可见啤酒在古埃及人生活中的地位之高。除了该词之外，古埃及语中还有其他词汇指代啤酒，比如𓏺𓏺𓏺。啤酒在古埃及是老少咸宜、不分等级的饮品。古埃及文献中就有过这样的描述："一个完全满足的男人是口中喝着啤酒的人。"不仅人喜欢喝啤酒，神也喜欢。所以在古埃及人对神的奉献当中啤酒是不可或缺的，这也是装啤酒罐子种类繁多的原因之一，因为献给不同的神祇的啤酒使用不同的罐子来盛装。古埃及的啤酒应该不像现在啤酒度数这么高，所以小孩也喜欢喝，古埃及的父母更喜欢让孩子喝啤酒而不是喝水。因为水可能因受到各种各样的污染而不十分干净，但啤酒却是最干净的饮料。书写于第十八王朝的《安尼教谕》（*The Teachings of Any*）中有这样一句话："母亲送你到学校去准备学习写字，她每天在家等着你，为你准备好面包和啤酒。"啤酒到现在仍然是人类仅次于水和茶的第三大饮料，其历史源远流长。啤酒不仅是古埃及人的日常饮品，还是政府用来支付工人劳作的一种"工资"。一般为法老工作的工匠每天的工资除了面包之外还有两罐啤酒，两罐的容积大约相当于现代的4升左右。

啤酒酿造在古埃及是一项规模很大的制造业，尽管大多各自为政，但在古埃及到处都有酿造啤酒的作坊。啤酒酿造的方法可能不尽相同，但大体一致。其制作的方法据说在现在的苏丹仍然被使用。其主要方法为：将小麦、大麦等原料碾碎，一部分面用来制作面包；另一部分留下来酿造啤酒。将烤过的面包碾碎并将其与浸泡过并发酵了的谷物混合起来，加水后再将一些啤酒混入其中，搁置静待发酵，将发酵之后的液体进行过滤，这样啤酒就酿造成功了。为了让啤酒的味道更好，古埃及人常在其中加入一些枣，使其略带甜味。如此酿造出来的啤酒不能放置太长时间，否则就会变酸。为了防止啤酒变酸，古埃及人将啤酒罐镇在凉水中，一方面可以暂时解决啤酒变酸的问题，另一方面也使啤酒更加好喝。埃及气候炎热，喝口凉爽的啤酒会让人心旷神怡。在一份法律文书当中，控诉方指控盗贼的偷盗行为中就包括盗贼闯入家中偷喝镇在凉水中的啤酒的陈述。王室有宫廷酿酒工场，神庙中也有这样的酿酒作坊，乡村中应该也会有这样的场所。

埃及很早就有关于葡萄酒的文献记载。公元前 3000 多年以前葡萄酒就已经在埃及出现，古埃及语中有一个词汇专指葡萄酒，即 $\text{\scriptsize ꜣ}$。当然葡萄酒不仅仅是指用葡萄制作的酒，以石榴为原料制作的酒也被称作葡萄酒，用石榴酿造的酒称作 $\text{\scriptsize ꜣ}$。早在第三王朝就有文献记载了葡萄酒作为法老的礼物被赠送给大臣的事情。《梅腾传记》中就有这样的记载："这些都遵照国王的意旨在那里记录下来，他们的名字遵从的都是国王书写之命。装饰有许多树木和葡萄园，还有大量的葡萄酒在那里酿造。"

啤酒是每个人都能享用的饮品，但葡萄酒却只属于贵族。消费葡萄酒最多的是宫廷，宫廷所用的葡萄酒不仅数量大，每逢节日便会饮葡萄酒，而且对葡萄酒的口味也非常讲究。法老的宫殿里专设了品酒官，专门负责品尝酒的味道。葡萄酒的饮具一般为浅碗，或者是矮脚的酒杯。为了增加葡萄酒的味道，有时候古埃及人会在饮用的时候向葡萄酒中加入一小滴海水。葡萄酒作为宫廷和贵族的饮品，直到进入公元前最后的 1000 年才从高高在上走下神坛，普通百姓才开始有机会喝到它。葡萄酒在节日里是必不可少的，比如一年一度的哈托尔神庆典，哈托尔不仅是爱神，还是欢乐女神和痛饮女神。许多神庙也有自己的葡萄园，他们自己酿造葡萄酒供祭祀和日常饮用。古埃及神庙中的祭司一般没有饮食上的禁忌，除了不得吃鱼外，跟世俗人没什么区别。

古埃及葡萄产地主要集中在尼罗河三角洲和法尤姆地区，后来在一些西部荒漠上的绿洲也开始种植葡萄。对葡萄及葡萄酒的消费并不限于三角洲和法尤姆，还包括尼罗河谷地区，整个埃及都在享受葡萄酒给人们带来的惬意。葡萄成熟之后由人工采摘下来，然后放入用石头凿成的大缸或浅缸之中。大缸或浅缸上方悬挂着绳子或横杆，人们走进大缸手扶上边的横杆或绳子以维持身体的平衡，用脚踩踏葡萄。大缸或浅缸底部有一个孔，葡萄汁就顺着这个孔流出来。人们将剩下的碎葡萄放进袋子里，用力挤压，将剩余的葡萄汁压榨出来。最后，剩下的糊状的葡萄渣，古埃及人也不浪费，他们将这些残余放入袋子里，然后将袋子四角系在两根杆子上，将两根杆子向不同的方向旋转，袋子就像麻花一样被拧起来，将最后的一点汁液榨出来。之后人们将葡萄汁放入敞口的罐子里进行发酵，发酵之后将罐子口用葡萄藤叶与草加泥封死。如果在封罐的时候发酵尚未彻底完成，则在封口上要留有一个小口待其发酵完成之后再封死。封口后的罐子要打上标记，包括日期和葡萄酒酿造监管者的名字。要想尝一下各罐中酒的味道该怎么办呢？古埃及人最常用的办法是用一根吸管，这样就不用打开封泥了。酿造好的葡萄酒一般用陶罐盛装，为了防止储藏的葡萄酒变质，埃及人经常要将储藏的葡萄酒倒罐，即把酒倒入到新罐子里继续储藏。有时候他们甚至将储藏的酒加热一遍后再继续储藏。

肉在任何时代都是人们不能缺少的食物之一。古埃及的自然环境给古埃及人提供了丰富的肉食资源，尼罗河沼泽中有各种动物和禽类，让古埃及人的饮食非常丰富。古埃及人饲养供人食用的动物，包括鹅、牛甚至羚羊。肉的做法主要是炖或烤，也有人干脆将捕捉到的小鸟用盐卤上，然后直接食用。古埃及气候炎热干燥，所以，古埃及人存储肉时不是将其放在屋子里，而是放在屋子外。一般储藏肉的容器都是泥罐，肉要加盐腌制，或者放在外面风干。为了不让肉变质，他们会在肉上加蜂蜜或啤酒。《大哈里斯草纸》(The Great Harris Papyrus)文献中提到的肉食品数量巨大，品种也繁多，包括鸽子、鹅、鸭子、鹤、鹌鹑，此外还有牛羊。古埃及人不吃猪肉，他们认为猪是令人讨厌的动物且不干净。谁要是无意间碰到了猪的身体，就会自己跳到河里去洗干净，并且连衣服也都要洗干净。

古埃及人似乎不把各种鸟类的蛋当作食物，他们珍视这些蛋，用这些蛋来孵出雏鸟，但不把蛋当食物。

尼罗河里有大量的鱼，因此鱼便成了古埃及人的一项重要食品。古埃及人一般喜欢吃干鱼，特别是咸鱼干。尽管吃鱼在古埃及很普遍，但富人还是不把鱼看作是很高贵的食品。富人一般很少吃鱼，而神庙中的祭司则不允许吃鱼。当然，祭司不吃鱼的一个重要原因是他们认为有些鱼是神圣的。古埃及人吃鱼一般是用清水煮，有的也烤着吃，但更多的是腌起来并晾干后才吃。

古埃及人最主要的蔬菜有洋葱、大蒜、韭菜等。洋葱一直是古埃及人的一项主要蔬菜，古埃及人喜欢吃洋葱，不仅因为其美味，还因为据说洋葱的味道可以驱逐邪恶的精灵。因此，洋葱不仅在餐桌上出现，还在一些仪式中被使用。更有趣的是，古埃及的单身祭司是被禁止吃洋葱的。原因很简单，因为据说洋葱有引起性欲的功效，所以单身祭司不可以吃，以免出事。

大蒜是另一种古埃及人喜欢吃的重要蔬菜。古埃及人起誓的时候念着神祇的名字，其所用道具就是洋葱和大蒜。古埃及人似乎非常喜欢味道浓重的蔬菜，除了洋葱和大蒜外，韭菜也是他们常吃的蔬菜。另外，萝卜、白菜、黄瓜等蔬菜也是古埃及人餐桌上的主要蔬菜。西瓜在古埃及的种植也比较早。古埃及人还广泛种植宽豆角和菜豆作为其主要蔬菜。值得一提的是莴苣，因其形状而与古埃及生殖神皿神（Min）联系起来。莴苣的叶子也是一种蔬菜，古埃及人用它来蘸着植物油和盐吃。据说莴苣及其叶子也有壮阳的功效，可以让人多生孩子。

古埃及人的烹饪技术如何如今我们已经无缘得见了，但他们的一些基本烹饪方法却可以根据其留下来的用具推测出来。古埃及厨房中的主要用具有储藏罐、碗、锅、盆、勺子、漏勺以及搅拌用具，这些用具我们大多可从考古学家自陵墓中挖掘出来的文物中见到。古埃及人做饭的炉子都是用泥做的，有时他们干脆在外面架锅而不用泥炉。他们用来做饭的燃料多为木材，偶尔用碳。用来点火的木材是一种从南方运来的特殊木材，因为稀缺，所以需要配给。食物的烹饪方式主要为煮、炖、炸、烤。为了增加菜的味道，他们不仅会用油，还会用大蒜、洋葱、萝卜等调味。当然，盐也是必不可少的。除了以上这些我们非常熟悉的调味品之外，古埃及人使用的另外一些调味品也是我们所熟悉的。这类调味品有孜然、茴香、香菜、生菜籽，没有证据证明他们使用酱油，但却有证据显示醋被古埃及人所使用。芥末从中王国开始就在埃及被种植了，因此，我们认为古埃及人食用辣味食品应该是合理的推测。至于肉桂、迷迭香和薄荷等香料，都有文献记载它们为古埃及人所使用。

古埃及的一般家庭吃饭的用具是碟子，大多用泥土烧制而成。富有家庭的饮食用具会精美得多，他们所用的碟子、盘子可能会由金子、银子或青铜制成。古埃及人不使用吃饭工具进食，而是直接用手指。吃完饭之后，每个人都要在一只小碗里清洗手指。

古埃及人吃的水果以椰枣为主。枣椰树适应埃及的气候，很容易在埃及生长，所以，上下埃及到处都有枣椰树种植。枣椰树不仅能为埃及人提供甘甜的椰枣，还可以为埃及人在炎热日光下提供纳凉之所。古代的时候，埃及人都喜欢在自家的院子周围种植上枣椰树，希罗多德的《历史》中就有这样的记述。因为希罗多德所处的时代古埃及历史尚未结束，所以，他亲眼见到的情形应该是古埃及人一脉传承的生活习惯。从古埃及神庙中的众多巨柱上我们也可以看到枣椰树和棕榈树在远古埃及是多么的普遍，很多神庙中的巨柱都被雕刻成枣椰树的形状。除了椰枣之外，还有另外一些水果为古埃及人所享用，比如苹果、橄榄和石榴。这几种水果并不是从一开始就在埃及生长着的，而是在第二中间期期间从国外被移植过来并在埃及生根的。同样从国外引进的水果还有桑葚、梨、桃、杏和樱桃，不过这些树种的引进比较晚，到了罗马人统治埃及的时候才在埃及出现，所以，古埃及人没机会享用这些水果。传统的埃及水果，即埃及土生土长的水果是一些藤蔓类水果。至于无花果、葡萄等水果，我们也可以从很多古埃及的文字文献中看到其踪影。这些水果大多都是用来生吃，即在其刚被摘下来不久时间内吃，但也有些水果要被做成果干，以便于储藏。

第六节　古埃及的娱乐与消遣

尽管常有传闻说考古学家在古埃及金字塔中发现了电视，但稍有常识的人都不会信以为真。古埃及人既然没有电视可看，那么他们闲暇的时候做什么呢？他们用什么活动来排遣漫长而炎热的季节呢？娱乐和消遣也是人类智慧的集中体现。

古埃及人喜欢运动，特别是男人。其中最为流行的运动是狩猎、钓鱼、射箭、摔跤、格斗和棍术。长跑可以考验一个人的毅力与勇敢，所以也为古埃及人所喜爱。连法老都喜欢长跑，古埃及围绕法老开展的一项重要节日"塞得节"，其最为重要的一项活动便是阿匹斯牛跑。法老在神牛的陪伴下来回奔跑，以显示其过人的力量，这也预示着法老的新生。游泳也是古埃及人喜欢的一项运动，古埃及人不分男女，皆参与游泳。这可能与埃及炎热的气候有关，游泳是适合用来躲避炎热气候的活动之一。

古埃及人是世界上最早的不仅将狩猎和钓鱼当作获取食物的手段，还将其看作是一种娱乐和消遣的民族。中王国留下的一篇很长的文献《捕鱼逮鸟之乐》，让我们不仅了解了他们的活动，还知道了他们参与活动时的心情。

古埃及人的狩猎地点主要在尼罗河谷和三角洲地带，因为这些地区是动物生活的区域，越是荒芜的地区可狩猎的动物也就越多。在现在的埃及，如果不是在动物园里，已经很少能够见到凶猛危险的动物。但在古代埃及却有许多凶猛危险的动物四处游荡。体形庞大的猫科动物随处可见，而尼罗河岸边则是鳄鱼、河马的栖息地。尽管很多动物都被古埃及人看作神，比如鳄鱼，但不同地区的观念并不统一，所以它们仍然是人们狩猎的对象。原因之一是这些身躯庞大的动物经常毁坏庄稼，给农民造成巨大的损失。于是古埃及人要驱逐甚至打死它们。
在古埃及的壁画、浮雕上经常出现狩猎场景，其中出现的动物有羚羊、
兔子、红狐与鬣狗。鸵鸟也是古埃及人狩猎的目标，但他们猎取鸵鸟
的主要目的不是吃肉，而是为了获取鸵鸟的羽毛。除此之外，埃及人
还猎取豹、猞猁以取得它们的毛皮。这样的狩猎尽管很刺激，但其中
功利目的还是非常明显的。还有一些狩猎活动纯属娱乐，目的是表现
参与者勇敢、智慧与胆略。最典型的是猎狮。

猎狮一般都是只有王室才参与的狩猎活动，百姓中能够参与猎狮
的人很少。古埃及有许多法老都喜欢猎狮，法老猎狮队伍有点像出去
打仗的军队，浩浩荡荡。法老驾着战车在荒原上奔驰，追赶着狮子，
逼近之后搭弓瞄准，利箭带着风声射向狮子。法老不仅猎狮，还猎取
大象。据文献记载，图特摩斯三世就曾在亚洲的幼发拉底峡谷猎取大
象。图特摩斯三世还在其"那帕塔石碑"铭文中也记述了他在上埃及突
然遇到一头极大的大象的事件，结果大象的鼻子被人砍断。尽管该铭
文中并没有说是图特摩斯三世亲自砍断了大象的鼻子，但至少说明法
老以猎取大型且凶猛的动物为乐。大臣阿蒙尼姆哈勃的铭文印证了这
件事情的真实性，因为正是这位大臣砍下了大象的鼻子。

古埃及有很多法老喜欢狩猎，这在铭文中都有记载，铭文不仅有
猎狮的记载，还有猎公牛的记载。关于阿蒙霍特普三世、拉美西斯三
世，都有文献记载其参与猎取公牛的活动。古埃及人为了满足狩猎的
需要，驯化了狗作为帮手。从古埃及壁画、浮雕上可以看到鬣狗帮助
古埃及人狩猎的场面（如图 7-2）。

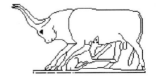

图 7-2　鬣狗帮助古埃及人猎取公牛

捕鸟也是受古埃及人喜爱的一项重要活动。"棺文第 62 号"中有这
样一段文字：

潜伏在你路上的成千只水鸟将扑向你，你要用掷棍投向飞鸟，飞翔的鸟从空中跌落下来，有灰雁、灰胸鹅、白脯鸭，还有针尾鸭。

显然，古埃及人用来捕鸟的一个工具是掷棍。这种工具一般用树杈削成，有点像我们熟悉的"飞去来器"。由于棍子有弧度，有点像老师判分用的对号，所以在飞出去之后其飞行轨迹为一个弧线，最后返回到投掷者身边来。除了掷棍之外，古埃及人还用带尖的投枪打鸟。当然这都是用来打体形稍大的水鸟的，捕捉小鸟则用网。当每年大批的鹌鹑从地中海飞过来落在埃及的沼泽地的时候，古埃及人的捕鸟季节便开始了。古埃及人编织出大大的网，在飞鸟降落地附近设伏，用驯养的麝香猫将鸟惊起，这样就有大量的小鸟被大网粘住。捕捉鹌鹑相对比较容易，但捕捉野鸭和野鹅就不那么容易了。古埃及人捕捉野鸭和野鹅的方法也是用网，要用非常大的两张网。先选好水塘或沼泽，将两张可以将这片水域完全覆盖住的大网沿水边铺在水域两侧的地上。两张网各有一边固定在水域边缘，各留一侧网边使其可自由活动。将这可自由活动的两角中的一角固定在竖立于地面的杆子上，各留一角用绳子系住。系住一角的绳子由隐藏在远处的捕鸟人握住，等待着猎物入网。在水面上要放些食物作为诱饵，野鸭、野鹅等水鸟便飞过来吃这些诱饵，待很多水鸟都进入水域之后，两边暗藏着的握住绳子的人便一同拉起大网，两张网将迅速合拢，将水域中的水鸟罩在网下，然后捕鸟人将猎物一个个取出放进事先准备好的笼子里。捕鸟是刺激的，尽管刺激程度不像猎狮那样令人惊心动魄，但在屏息等待后一下子捕捉到那么多猎物之时的激动也令捕鸟人非常愉快。这种愉快还带有敬神的色彩，因为在古王国时，沼泽之地的主神是哈托尔女神，后来变成了赛赫迈特女神，她们成为捕鸟者的保护神，而捕鸟者对保护神的回报是他们的微笑。

不仅陆地上的狩猎刺激且令人兴奋，水中的狩猎也一样令人激动。希罗多德说"埃及是尼罗河的赠礼"，水给古埃及人提供的不仅是食物，还有欢乐。

古埃及人捕鱼的手段有几种，在捕不同的鱼时会用不同的方法。最常见的几种方法有使用拖网、堰流篮子、鱼叉、鱼钩等。古埃及的拖网跟我们现代的相似，堰流篮子是用树条编织而成的。鱼钩一般不挂在鱼竿上，而是直接用手将鱼钩甩到水里去。一般用面包或小块椰枣充当鱼饵。捕鱼可以是为了获取食物可以是为了娱乐，两者情况不一样。为了生计捕鱼者一般用网，捕上的鱼什么种类都有，捕鱼者没有选择的余地。而为了娱乐捕鱼者就不会什么鱼都捕，而是有选择地捕鱼。这样他们就不会用网，而是用鱼叉捕鱼，在看准了鱼的大小、颜色、品种后才肯去用鱼叉捕鱼。

射箭是一项在古埃及很流行的运动，在古埃及神庙中的壁画上不止一处出现描绘射箭活动的图画。这些图画一般是为了展示法老及王子射箭时的精准和拉弓时的力量。法老阿蒙霍特普二世就曾吹嘘自己用四箭射穿了四个厚厚的铜靶靶心，并设奖征集有同样能力的人前来比试。棍球是否是在古埃及非常流行的一项运动我们无法推断，但从陵墓壁画上我们看到了类似我们现代曲棍球的游戏。玩这种游戏的人手中拿着的棍子在头部也有一个弯曲，棍子是用棕榈树枝做成的，球则是用纸草纤维团成一团，上边缝上皮子制作而成的，只是形状跟曲棍球的形状略有不同，现代曲棍球形似圆饼，而古埃及的则呈半圆形。手球也是用纸草或干草团成一团外包皮革制作而成的。我们不太清楚古埃及手球的玩法，从萨卡拉陵墓的壁画上看是四个女孩分成两方投掷手球，双方同时投球。投球者或站立或骑在同伴的背上。投掷类的游戏还有标枪。标枪最初是用来打猎的，根据所猎动物的不同，标枪的长短也各不相同。能在动物迅速奔跑的状态下一标枪击中目标是人们追求的最高境界。标枪后来也发展成一种娱乐游戏，从壁画上看到的古埃及人投掷标枪的姿态跟我们现代人掷标枪的动作一模一样。

类似拳击的运动在不止一个古埃及陵墓的壁画中出现过。双方用拳攻击对方并自我防卫，旁边有法老和王子等王室成员观战，由此可见，这项活动很可能是有组织的比赛。角力类的比赛不只有拳击，还有拔河。古埃及人拔河不用绳子，而是用手。参加拔河的双方人数相等，面对而立。最前方的两人两手相握，一脚相抵。之后的人每人抱住前面人的腰，一声令下双方向各自背后的方向用力拉，将对方拉过来的一方获胜。类似于拔河的游戏还有双人抢圈，双方面对面站立，各手执一个带钩的棍子，两人中间是一个环，双方一听到口令便开始用钩子抢这个圆环，并努力防止圆环被对方抢去。这项运动对人的注意力、反应能力都是个很好的考验。角力类的比赛还有举重，尽管不像拳击和拔河那样直接对抗，但竞技性也非常之高。举重所用的是沙袋，举重者用单手将沙袋举起，以一定的举姿停留很短一段时间。现代举重运动还一直沿用着古埃及的规则。竞技类的运动还有跳高，但古埃及的跳高游戏性更强。跳高游戏需要三个人来玩，其中两人面对而坐，两人将各自的双脚摞起，再将各自的双手放其上，第三人要从其上跳过。古埃及人可能并不是一次性就将双脚和双手都并摞起来，而是每跳过一次之后再加高一层直到将双脚和双手都摞起来。能跳过最后的高度者算赢，跳不过或跳过时碰到下面人的手脚的算输。输者会接替底下的人，由底下的人继续进行同样的跳跃。古埃及人称这项运动为"鹅跳"。在古埃及的壁画当中我们还能够看到类似现代体操的运动，比如前空翻、后手桥、平衡旋转等。

棋类活动也是古埃及人消遣的重要内容。古埃及有一种棋叫二二（"塞内特"），是各阶层的人都喜欢玩的棋类游戏。棋盘既可以非常讲究，也可以在石头铺就的地面上随手画出。如果细心一点，我们在游览古埃及遗址的时候会从其古老的石头铺就的地面上看到古人画出的棋盘标志。但比较高级的棋盘与棋子却应该是王室或贵族们家里的玩具，在其陵墓中多有出土，比如图坦卡门陵墓中考古学家就发现了"塞内特"。棋盘上有三十个格，分三排排列。对弈双方所用的棋子的颜色、大小、形状都各不相同。"塞内特"应该属于跳棋类，双方棋子的移动通过掷棍决定。每个格子代表好或不好的运气，胜负看谁最先到达终点。具体的规则我们并不完全知道，因为没有说明其规则的文字留存下来。但既然棋盘的格子中有标记，那么下棋者就一定要设法绕过代表坏运气的格子。有很多考古学家及其他方面的学者在研究"塞内特"棋的玩法规则，希望通过这项研究更好地理解古埃及人和他们的生活，并为今天的娱乐增添一项新的内容。

古埃及还有一种棋，叫꒱ꔉ，意思是蛇，所以我们称之为蛇棋。这种棋的棋盘一般为单腿石桌，棋盘上的图案是由一条蛇盘旋而成的一个旋转图形，蛇的身体被分割成非常多的小方格。棋子分为两种，三头公狮和三头母狮。此外还有其他形状的棋子。我们还不知道它的具体玩法，但这种棋在古王国时是非常流行的。

埃及考古发掘中一项重要收获是儿童玩具的发现，其时间之早令人赞叹。考古学家在王朝时代前的儿童陵墓中发现了很多儿童玩具。木头雕刻的小船、泥塑动物以及拨浪鼓等玩具在王朝尚未诞生时期的陵墓中多有出现。当然，我们尚不能确定古埃及人将这些玩具放在儿童的陵墓里的用意，是一般的陪葬，还是有其他的宗教意义，或者有什么魔力？但这些物品在仍在世时的用途却是一清二楚的，毫无疑问它们都是儿童的玩具。古埃及儿童玩具大多用木头、骨头、象牙、陶土或石头制作，比较小一点的孩子玩的是娃娃，其胳膊和腿都可以动。还有一些动物玩具，比如嘴巴可以张合的鳄鱼玩具。考古学家挖掘出来的玩具中还有一种是线偶玩具，用象牙制作而成，拉动线绳，人偶就会旋转。

宴饮是古埃及社会生活中非常重要的内容之一，丰收要庆贺，结婚要庆贺，孩子降生要庆贺，甚至人死了都要庆贺。既然古埃及人生活中离不开啤酒和葡萄酒，宴饮中的借酒助兴也就必不可少。在壁画中我们会经常见到葡萄酒罐上装饰有荷花，这让我们想到古埃及人已经意识到蓝荷花花瓣与葡萄酒混合会产生致幻功能。古埃及人醉酒的场面经常在壁画中出现，甚至法老也在醉酒之列。在考古学家于内痕遗址发现的一个陵墓——帕赫瑞陵墓中的壁画上我们能够看到这样一幅画面，一位显然属于上流社会的穿着讲究的女士侧头对前来服侍的女仆人说："给我 18 份葡萄酒，看，我喜欢喝到沉醉。"

宴饮少不了酒，也少不了载歌载舞，从古埃及陵墓壁画中我们可以看到载歌载舞的场面。舞者穿得很少，几近赤裸。伴奏者手持竖琴、里拉琴、鲁特琴、手鼓和类似笛子一样的乐器，为舞者伴奏。舞女们戴着珠宝在客人面前展现优美的舞姿和高难的柔功技巧，跳跃翻转。伴奏者也挑动着客人加入伴唱，或用手击打节拍，或接过手铃摇晃。

古埃及人喜欢宴饮，但宴饮是需要破费的。贵族能支付得起宴饮的费用，穷人就没这个财力了。不过，穷人仍然载歌载舞地饮酒歌唱，只是地点不在家里，而是公共的酒馆。古埃及城市里有很多这样的酒馆，男人、女人傍晚结队前来娱乐，酒喝至酣，又唱又跳。有人会沉醉于此，于是受到长者的批评。在一篇古埃及文献当中就记载了一个负责教书的书吏训斥一个逃学的学生的事件。文中这样写道："我听说你放弃了书写，到处闲逛寻欢作乐，你走遍大街小巷一身的酒气。啤酒让你不再是个男人。它使你的心灵迷失……现在你磕磕绊绊，肚皮朝下跌倒在地，一身的肮脏。"有供人放纵的酒馆就会有皮肉生意，也就会有妓女存在。长者对年轻人的教诲中可以证实这一点，老人要青年人不要跟"无家的女人"交往过密，这无家的女人可能就是妓女。《昂赫沙尚克教谕》中就曾说："与一位街头女做爱等于在其钱袋上割开一个大口子。"显然古埃及是存在妓女的。当然，这是文明的负面产品，欢乐才是古埃及人的天性。

附记：草纸陶片中的古老爱情

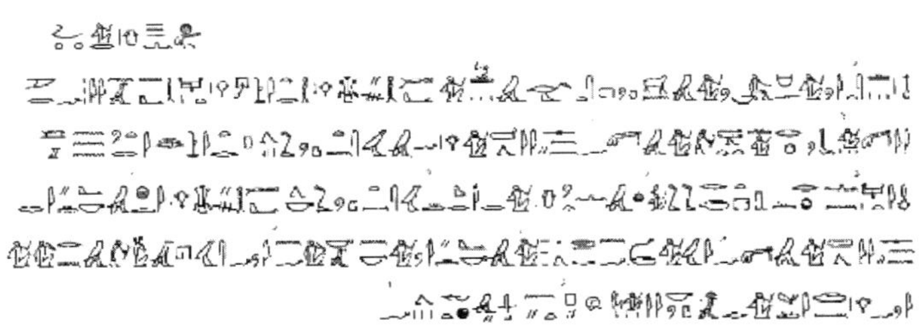

图 7-3　古埃及语铭文

　　图 7-3 是一篇古埃及语铭文，人们大多称之为古埃及象形文字铭文，古希腊人称它是圣书体铭文。这种带有浓厚神秘感的文字，古老得让人对书写这些文字的古人肃然起敬。它神秘、庄重、严肃、美观。它的确古老，这些在 3000 多年前被抄录在草纸上的话语，已有些斑驳，有些残破。原稿收藏在爱尔兰都柏林的切斯特·比梯藏书馆（Chester Beatty Library）中。这座 1950 年建立的藏书馆以收藏神秘文稿、手稿及小型绘画为业，成为研究古代世界学者必须造访的地方。

　　文字的载体草纸（papyrus）虽有些残破，所幸主要内容尚在。我带着对久远文明的崇敬，阅读这篇象形文字，想着虽不至于日沐三次、斋戒七天，但至少要坐姿端庄，平心静气，期盼所读能揭开一个秘密，给人以精神的震撼和神圣的洗礼，不料结果却与期待大相径庭，其内容竟是一首诗：

xmt ib. i r mAA nfrw. s	我心欲观其娇颜
iw. i xms. kwi m-xnw. s	坐于家中心喜欢
gm. i MHy Hr Htr Hr wAt	路上车中麦熙现
Hna nAy. f mryw	相伴各个强壮汉
bw rx. i iT. i m-bAH. f	不知如何在他前
snny. i Hr. f m wstn	轻轻走过不搭讪
ptr itrw mi wAt	看那河水流潺潺
nn rx st rdwy. i	不知哪里置金莲
xm. t ib. i r iqr	我心你别太愚顽
wstn. k mHy Hr ix	伴作闲适步来散
mk ir snny. i m-bAH. f	如果麦熙身旁过
iw. i Dd n. f pXrw. i	我会倾诉为何烦
mk iw. i n. k kA. n. f	我心所系对他谈
iw. f swhA m rn. i	他会为我而呐喊
iw. f Hr dni. i r tA kpy tpy	可他交我于军官
nty imyw-xt. f	结果进入后宫院

　　爱情诗！3000多年前的爱情诗留在了残破的草纸之上。麦熙者，男人的名字也，看来是个军人。他乘车而来，身边的随从"各个强壮"。麦熙一定于强壮的年轻人中最为抢眼，最为英俊，才会让少女一见钟情，手足无措。然而，结局却没那么美好。少女被捉，进入军官的后宫。

　　过去常听说后宫的秘闻，此种故事也为喜好古装戏的作家所津津乐道。古代战争常以掠夺告终，城池被攻破后，战败者的妻儿老小，多被带走，沦为男女奴隶。然而，古代军中养有后宫却无耳闻。是否为军中慰安妇尚无人考证过，但如不是，何以军车出动，壮汉出勤，强行抓人送于军官呢？但愿这不是现代战争中慰安妇的罪恶的古代渊源。于是，有学者开始考证麦熙为何人。尽管关于他的文献很少，但还是透露出一些信息。首先可以肯定的是，他是新王国第十九王朝塞提一世统治时期的一位军人，因为他常出现在战争浮雕中，乘坐战车，率军战斗。可塞提的继任者拉美西斯二世不知何故对他极为仇恨，极力将他的浮雕铲除。由此推断，他可能是一位王子，可能是拉美西斯二世的兄弟，也是争夺王位的敌手。这样，诗中的后宫就有了合乎逻辑的解释，诗中的后宫并非在军中，而是指王室宫廷的后宫。关于慰安妇的推测并无依据，谢天谢地。

　　之后的故事我们无法知晓，可能是怨妇之类的故事吧。但由此可知，古老的埃及有爱情诗留给后人。此篇爱情诗是写在草纸上的。草纸是把莎草剖开，内瓤切片，使其纵横交错排列，压出汁液，晾干而成的纸。它于公元前3000多年诞生于古代埃及，其植物称纸草，其纸同名。因汉语词语大多为偏正结构，且前偏后正，即前面的字修饰后面的字，故称之为草纸更为合适。尽管"草纸"与人们如厕所用纸同名，也顾不了那么多了。

　　虽然埃及的草纸于公元1世纪中国的造纸术改进以后退出历史舞台，但西方世界语言中"纸"一词却来源于埃及的草纸。这个由希腊人称之为 π'απυρος 的词汇经拉丁语转译为 papyros 后进入英语的词汇中，既指产于埃及的这种植物，又指以此种植物制造的纸。埃及草纸为埃及以及后来的罗马人带来了多少利益我们无须做详细推断，但就其制造技术的秘不外传且由政府的专营情况看，草纸所带来的收入应当不菲。

草纸一旦能够赚钱，就立即变得昂贵，价格令人望而却步，变得不再那么贫民化，老百姓也使用不起了。这时的古埃及草纸不再有一点汉语中学生用作练习的"草纸"的味道了。古埃及的学生学习中需要做大量的练习，需要抄写经典文稿。用纸是不行了，于是他们选择了石片陶片。这些材料不仅廉价，而且随处可见。这样，爱情诗便大量地出现在古埃及的陶片上。草纸易损毁，陶片却可以不朽。且因其是学生的练习，相同的内容重复出现的次数较多，即使抄录过程有错误出现，也可以互相参照来读。廉价的书写材料为古老文明的保存立下了汗马功劳，先来读读来自陶片上的爱情诗：

> 我之所爱在岸边
> 河水湍急我俩间
> 鳄鱼潜伏河边卧
> 我不畏惧鳄鱼饿
> 游过河水见对象
> 见到妹妹心花放

这首诗出现在一只大陶罐上，陶罐高 36.5 厘米，直径 43 厘米。陶罐外面本来抄写的是一篇"教谕"，后被抹掉，在其上又写下了一组诗歌，因其收藏在开罗国家博物馆，被后人称作"开罗爱情诗"，此篇便为其中的一首。这首诗有点打油诗的味道，大概是笔者翻译的缘故。出生在 20 世纪五六十年代的人大多熟悉鲁迅，一读此诗笔者自然而然想起了鲁迅的"我的所爱在山腰，想去寻她山太高，低头无法泪沾袍"，于是就将其翻译成了这个样子。结果译文有点打油诗的诙谐，有点调侃的味道。然而，这的确是人类早年借诗言志的真情流露。

此罐发现于麦地那（Deir el-Medina），该遗址是古埃及修建位于底比斯对岸的帝王谷陵墓和神庙的工匠及其家属所生活的城市。麦地那这个名字为阿拉伯语，意为"此城寺院"，而古埃及人称它为 𓉐𓊏𓂋𓏤（读作"pA dmi"），意为"此城"。"此城"于第十九王朝繁荣起来，时间当为公元前1300年左右。此城里发生的故事多而神秘，但流传下来较多的还是爱的表白。随着科学和技术的日新月异，我们周围的一切都在变化。然而，人性中美好的东西却保存了下来，爱情没有变。"关关雎鸠"比古埃及的爱情诗出现略晚，但也有数千年的历史。现在的中国早已不再是"关关雎鸠"时代的古国，然而，人们却还在吟诵爱情诗。古埃及的爱情诗早已凝固在了草纸和陶片上，成了历史，但经古希腊诗人再到罗马诗人直至欧美诗人对爱的颂扬，却仍在感动着西方世界的人们。

古埃及的文明古老，其爱情诗一样古老。古埃及第一首爱情诗何时出现无人考证过，至少在公元前3000年左右就已经有爱情诗在草纸上出现了。

> 她是好姑娘，世上无人比
> 漂亮胜无数，女神升空起
> 新年幸福初，星神辰光里
> 光灿肌肤白，眼神凝波底
> 朱唇微张合，话语甜如饴
> 句句字珠玑，声声妙曼语
> 颈项修且长，乳房白且绮
> 发若蓝宝石，臂如金般丽
> 指像莲花瓣，沃臀围腰细
> 股现曲线美，轻步踏地基
> 一拥动我心，从此被俘取
> 男人都转颈，神思随之去
> 翩然身旁过，万里难挑一

（切斯特-比梯草纸）

　　5000 多年前的情诗竟如此浪漫！对姑娘的描述，堪称典范。古人直率，对爱人的赞美也不拐弯抹角，按中国文人的传统此文应叫作赋，因其直言其事也。公元前 200 多年的宋玉有篇脍炙人口的《登徒子好色赋》，二者对女性的描写读起来如出一辙。"天下之佳人莫若楚国，楚国之丽者莫若臣里，臣里之美者莫若臣东家之子。东家之子，增之一分则太长，减之一分则太短；著粉则太白，施朱则太赤；眉如翠羽，肌如白雪；腰如束素，齿如含贝；嫣然一笑，惑阳城，迷下蔡。"所不同者，宋玉从身材写到肤色，写到眉宇，写到腰肢，写到牙齿，直到笑容；5000 多年前的古埃及情诗从肤色写到眼波，写到朱唇，写到话语，写到脖子，写到乳房，写到头发，写到腰身曲线，一直写到步态。宋玉更概括，画龙点睛；埃及古情诗更具体，栩栩如生。细细品味，其审美趋向类似于我国的唐朝：以丰乳肥臀蜂腰为美。在创作时间和地点方面都相差甚远的两篇文章居然如此相像，可见人性没变，爱情也没变。"男人都转颈，神思随之去"又让人不觉想起汉乐府《陌上桑》中的名句"归来相怨怒，但坐观罗敷"。见到美人，男人就变得没出息。不过男人 5000 多年没出息的历史见证了爱情的美好，愿这美好能够永恒。

　　越过 1000 年的时间，就到了埃及的中王国。经历了第一中间期的动乱，埃及沧桑巨变，物是人非，然而情诗依旧。

> 你的爱渗透我的躯体，像蜂蜜融入水里
>
> 像香料渗透着香味，当人们将果汁调在……里
>
> 而你却跑开寻你的妹妹，像战马奔腾在战场的土地
>
> 像勇士在其车轮上奔驰奋勇杀敌
>
> 你的爱像干草上的火焰因为是上天的旨意
>
> 其到来之速就像一只雄鹰扑地
>
> （哈里斯草纸 500 号）

　　中王国在建筑方面不及古王国，论辉煌亦不及新王国。古王国有

金字塔矗立于吉萨高原，新王国有神庙雄踞底比斯。中王国无论是从建筑还是疆域而言，既无法与之前的古王国相比，又无法与之后的新王国相较。然而，其文学的繁荣与辉煌，却开创了古埃及文化的一个时代——古典时代。教谕文学、哀悼文学、叙事文学、赞美诗，突然空前繁荣起来。著名的《西努亥的故事》《遇难水手的故事》等较长的作品都是这一时期的杰作，只是此时的爱情诗留存下来的却并不多。直到新王国，爱情诗才在麦地那大量出现。我们能读到的古埃及的爱情诗篇多为麦地那工匠及其家属写在草纸和陶片上的浪漫遗产。

　　5000年前的人类如何恋爱我们已无法知晓，好在有爱情诗透露给我们一些当年人们恋爱的信息。古埃及文字中的"爱"字 读作"mri"，前边两个字符表音，后面一个字符表意。表意字符是一个人手指向嘴，看来古埃及人认为爱是需要说出来的。尽管从古埃及的爱情诗歌中我们也看到了羞涩，看到了欲言又止，但善言者一定在恋爱中更有优势。爱在心中口难开，虽难开也得开口。情动于心而形于言，不说就永远无法将心意表达给对方。如果说了还不管用呢？言之不足故嗟叹之，嗟叹之不足故咏歌之。长吁短叹一定是遭到了拒绝的缘故，如仍痴心不改，那就只好唱歌了。诗歌诗歌，诗与歌是密不可分的，诗是歌的内容，歌是诗的载体。至于为弥补咏歌之不足，故手之，舞之，足之，蹈之，则应该属于爱之甜蜜范畴了。

　　诗歌一体，古来如此。新王国之前爱情诗留存不多，一个重要原因是诗存在于人们的口中。诗是唱出来的，易于口耳相传。又因其表达了人们的心声，所以，于田间、作坊、工地上流传。当然，每当聚会宴饮，乐师弹弦吹管，舞者艳舞助兴。席间莲花煮酒，催奋情欲，少不了吟诗作乐。这是诗之盛世，此种景象常于陵墓壁画上出现。诗配有乐方可能朗朗上口，平仄相谐。这是诗之本来面目。商务印书馆推出罗莎莉·戴维的《探寻古埃及文明》译著，将爱情诗归于娱乐文学一类，当有其道理。当今诗苑不盛，诗与歌分离当负一定责任。诗要有乐感，并非以短句形式排列的都是诗。古诗在这一点上毫无问题，问题出在诗的现代化上。一些诗人以为西方代表现代，诗要现代就得

237

西化。而诗人所读外国诗歌又多为翻译作品。诗之翻译较散文更难，往往顾了内容顾不了形式。于是在翻译中失去了韵律，失去了节奏。

古埃及的宴饮场面经常出现在陵墓壁画中，这是爱情诗吟唱传播的重要途径，之后被识字的人记录下来，留存至今。读 3000 多年前的古埃及爱情诗，常让人无法将其与身着长袍的现代埃及人联系起来，古人表达爱情之直率，情感流露之热辣，即使是现代人也会为之赧然。

> 如果你离开我
>
> 你把心给谁？
>
> 如果你不拥抱我……
>
> 如果你不爱抚我的大腿……
>
> 你就因为念着美食要离开？
>
> 你是你胃口的奴才？
>
> 你要起来穿衣吗？
>
> 可我这里只有一被单儿！
>
> 你就因饥渴离开？
>
> 摸摸我的乳房！它为你溢出乳汁。都是你的啊！
>
> 你拥抱的时候蜜从心来。

（哈里斯草纸 500 号）

现代埃及人如何能够容忍这样的诗句。现代埃及人以为，男人肚脐以下膝盖以上的身体都是羞体，而女人则只能将手展示出来，其余皆是羞体。这样的信仰怎会与上边的艳诗同出一源？我们在古埃及第十八王朝的陵墓壁画中可以看到宴饮场面，宴会中助兴的舞者身上只有很少的装饰，就是观者的衣着也都既薄又透，颇具现代时尚。这是现在埃及人祖先宴饮的真实画面吗？我们不能不感叹世事之变迁。

一般说来，对于两种文明，只需看三方面就可以认定其是否同源。一为语言，看其口中所讲是否为同一种语言；二是宗教信仰，看其所奉神祇是否同属一系；三乃习俗礼仪，看其节日庆典是否一脉相承。

从人种上说，虽然长期以来一直有大量的希腊人、罗马人、西亚民族来到埃及，融入埃及，现代埃及人大多仍为古埃及人之后裔。但古埃及人所操语言早已不复存在，写在石头、墙壁、草纸上的圣书体、世俗体、僧侣体文字也不再有人能识。要不是因为以法国天才学者商博良为代表的学者的不懈努力，这种神秘的文字便会永远成为人类眼中的天书。现在如果有人想去埃及，即使是埃及语学者也是没法跟当地人交流的，现在的埃及人讲阿拉伯语。埃及人已不那么"埃及"，此其一也。其二，古埃及人信奉多神教，所有巨大建筑都与神脱不了干系。神像随处可见，巨大、威严且庄重。然而，现在的埃及人多信伊斯兰教，而伊斯兰教为一神教且反对偶像崇拜。现在埃及人又与其祖先走远了一步。其三，古埃及人包括节日等仪式之社会习俗已大多失传，取而代之的是阿拉伯人的传统。要不是在少数人们已不知其来源的习俗与节日中尚残留些许古埃及的影子的话，埃及就已经不再是埃及了。这些残留一为"闻风节"，二是"东方舞"（多称之为"肚皮舞"，"闻风节"之古代渊源我当另文追溯）。古埃及人刻在石头上和书写在草纸文献中的记载，时有打击贝多因人的内容，而贝多因人（现代阿拉伯人）现在却统治了埃及。历史有时候让我们哭笑不得。

伊斯兰教作为一大宗教，作为一种独特的文化对人类有其特定的贡献。古埃及文明尽管辉煌，但其断绝亦有其断绝的理由。埃及文明与伊斯兰文明各构成埃及历史的不同阶段，风格迥异，内容相左。然而，与穿着长袍将身体包裹很严的现代埃及人不同，其祖先十分浪漫。

　　　　我脸向门等待哥哥的到来
　　　　我的眼睛看着街道，我耳朵听着……
　　　　我在等待帕迈亥
　　　　一切都是为了我对哥哥的爱
　　　　无法安静我的心在等待
　　　　可他却打发个使者匆匆送信来
　　　　说他已辜负我让我心头一片阴霾

承认吧！你已经找到另一个人爱

她向你抛媚眼正中你下怀

为什么另一人的诡计能把我拒之门外

（哈里斯草纸 500 号）

帕迈亥是小伙子的名字，这是爱的无奈。姑娘爱着小伙子（也许男方已上了年岁，实情我们无法知道，因为草纸上用世俗体记录的诗歌只用了阳性第三人称），可小伙子却爱上了别的姑娘。这样的哀叹似乎只与女性有不解之缘，而男性主人公中除了某些"小人物"有被女性抛弃的哀伤外，充其量不过有点爱情的煎熬而已。

情诗中也少不了爱的烦恼，而在古时候对于女性来说，最大的烦恼莫过于父母的反对。虽说男大当婚女大当嫁，但也摆脱不掉父母之命媒妁之言。中国如此，埃及亦然。

我不离开他

即使他们打我……

这一天我不得不在沼泽里度过

即使他们拿着棍子追我到叙利亚

拿着棕榈条追我到努比亚

拿着棍子追我到荒野

拿着苇条追我到岸边

我也不听从父母之命

我也不放弃我的爱情

（哈里斯草纸 500 号）

人性伟大，爱情伟大，诗人更伟大。古埃及姑娘的爱情有诗为证，可我总怀疑这些以女性口吻记录下来的诗不过是男性口中常唱的小曲。真的敢于违逆父母之命的姑娘一定会有，但真心希望姑娘这样做的恐怕还是男人。所以，古埃及情诗中姑娘的内心独白中流露着鼓励和怂愿。爱情让人幸福，让人痛苦，也让人狡黠。

𓀀𓃾	我进屋躺下
𓀀𓃾	装作生病
𓀀𓃾	邻居会过来看我
𓀀𓃾	妹妹会在其中
𓀀𓃾	她知道我病的真相
𓀀𓃾	她会糊弄医生

（哈里斯草纸 500 号）

　　为了见面而装病，看来 3000 多年前埃及的地下恋情还不少。埃及是个小国家，尽管其文明古老灿烂，但与中华大地相比其疆域还是小了不少。中国古诗里的生死别离让人读起来潸然泪下，埃及没那么大，所以少有"我住长江头，君住长江尾"的绝望。但离别总会让人痛苦，特别是热恋中的男女。

不见妹妹已七天

我内心疼痛

我四肢慵懒

我浑身瘫软

当医生来到

我心拒绝服药

魔法失效

我的病无人知晓

只要说声"她来到"，我就活过来了

她名字的声音我听了就见好

她信使的身影会让我心痛全消

妹妹胜过一切草药

她对我比什么药都有效

她是我的魔咒

看一眼就见好

当她睁眼向我，我会年轻不少

抱住她疼痛全消

她走了七天了

（切斯特-比梯草纸）

古埃及情诗的基本形式是分节循环重复结构，常分别以男性和女性口吻交替吟唱。"哈里斯草纸 500 号"及"开罗爱情诗"中的情诗都以这样的形式出现。内容除男欢女爱之外，歌颂爱情女神哈托尔的诗歌也当归入爱情诗类。

读数千年前的情诗，于我们的理解似乎并无障碍，就像读着当代人写下的情歌一样。尽管吟唱所用语言不同，记录所用文字不同，民族不同，文化不同，可流露出的情感却又都相同。

如果我不和你在一起

哪里是你心之归处

如果你不拥抱我

哪里是你要走的路

如果你好运到来

你却无法找到幸福

但如果你轻触我的双乳

你就会心满意足

（哈里斯草纸 500 号）

又是 3000 多年前的诗句。

沧海桑田，爱情永恒，人性未变。

第八章　古埃及的神祇与神庙

第一节　古埃及神系

　　古埃及的神祇渗透进了古埃及人生活的每一个角落，将古埃及文明的一切都打上神的烙印。纵观古埃及的历史，大小神祇有 700 多位。在不同的历史时期，有不同的神成为国家的主神。全国都崇拜的是国家神，地方崇拜的是地方神，家庭崇拜的是家庭神。国家主神随着历史的变迁而变化。比如较早的国家主神是太阳神拉和孟菲斯主神普塔赫，但到了新王国，阿蒙神成为法老崇拜的国家主神。古埃及神祇众多，让古埃及人都有些难以把握。因此他们试图对这些神进行整理归类，这就出现了九神系和八神系之说。不同地区的神也有自己的体系，古埃及最为重要的神系中心有赫里奥坡里斯、孟菲斯、底比斯等地。

　　早期古埃及人对神祇的信仰情况我们不甚清楚，相关的证据也不多。就我们知道的情况，早期埃及人崇拜的大多为神化了的动物。每个部落有每个部落的神，这时的神其实都有图腾的影子。埃及统一之后，神开始多起来。在之后的 3000 多年时间里，埃及人一直奉行多神崇拜，只有第十八王朝后期的阿玛纳时期是一个例外。

　　九神系的崇拜中心是赫里奥坡里斯。赫里奥坡里斯位于现代开罗的东北部，已经成为开罗城市的一部分。在古王国的时候，该地地位非常重要，是国家的政治、文化中心。这里是古埃及第一个太阳神神庙的所在地，该神庙是献给拉神的。根据古埃及神话传说，世界的诞生首先发生在这里。当时世界一片混乱，为洪水努恩所控制。创世之神"赫里奥坡里斯之主"阿图姆首先从原始的混乱之水中的一朵荷花中出现，在其脚下出现的是世界上第一块陆地荒丘。这个荒丘被古埃及人称作最初的奔奔，形似金字塔有尖顶。阿图姆的出现给世界带来了光，人们便在该地修建了第一座神庙。阿图姆被称作努恩神之子、自我创造之神。后来在金字塔文中阿图姆神被等同于拉神，变成阿图姆-拉神（Atum-Ra），并被与奔努鸟联系在一起。奔努鸟的名字起源于古埃及语𓅭𓏤𓈖，意为"升起"或"照耀"。阿图姆是九神系中的第一位神祇，他创造了两个孩子：一个是空气神舒（Shu），另一个是潮气女神泰夫努特（Tefnut）。这是神系中最早的单亲繁殖，其所用方法是自慰。之后，舒与泰夫努特结合生下天神努特女神和地神盖博。努特与盖博结合又生下了四个孩子，分别是奥西里斯神、伊西斯女神、塞特神和内弗梯斯女神。这便是九神系中的九位神祇的系谱。由这个系谱又衍生出另外一位重要的神祇——荷鲁斯神。据神话传说，努特与盖博的四个孩子还没出生便两两成对地热恋起来。奥西里斯与伊西斯，塞特与内弗梯斯分别结成恋人，待出生之后便成为两对夫妻。奥西里斯与伊西斯生下了荷鲁斯神。荷鲁斯的出生为以后的神话故事演进提供了最为重要的依据。奥西里斯神被弟弟塞特神所害，王位被篡。伊西斯千里寻夫，让奥西里斯顺利进入永恒世界，并成为永恒世界之王。伊西斯帮助儿子荷鲁斯战胜叔父塞特夺回王位。这一系列对后来的埃及文学有巨大影响的故事的原型都源自九神系的传说。

另一个主神神系是八神系。八神系是古王国时期的一个由八位神祇构成的神系，其崇拜中心在哈姆恩，希腊人称这个城市为赫尔摩坡里斯。这八位神祇都是成双成对地出现的，其中四位女神都与蛇相关，四位男神都与青蛙相关。这八位神祇分别是努奈特（Naunet）与努恩（Nu）、阿蒙奈特（Amaunet）与阿蒙（Amun）、库克特（Kauket）与库克（Kuk）、胡赫特（Hauhet）与胡赫（Huh）。其实这四对神虽为八个，但其实只是四个神，只是性别不同而已。每一成对的男神与女神在文字的表述上也完全一样，所不同者就是女神名字为阴性，只是在男神名字基础上加一个阴性名词词尾"t"而已。努恩神与努奈特女神是原始瀛水之神，阿蒙神与阿蒙奈特女神为空气或隐蔽之神，库克神与库克特女神是黑暗之神，胡赫与胡赫特女神为永恒之神。这四对神祇代表了古埃及创世的四个观念。在这个创世阶段，四对神祇代表的四个观念互相作用，最终导致了不平衡，于是引发一个新的实体的诞生。这便是原始瀛水之中的一个巨大的卵，当这个卵裂开的时候，太阳神拉神从中诞生，从此世界有了光明。又经过一段时间的修正，拉神与其他神祇一起创造了世界中的一切。

孟菲斯神系是围绕着匠神普塔赫神建立起来的。普塔赫神代表原始之火与火所创造的世界。普塔赫神是孟菲斯的创世之神，孟菲斯城的一切都是普塔赫神所创造。他首先创造了月亮、太阳和大地，据传他是用泥土创造的万物。还有一种说法是他首先说出万物的名字，然后他的意愿便通过他说出的名字创造出了万物。普塔赫神的心灵化身为阿匹斯神牛，于是阿匹斯成为孟菲斯城的圣牛。他常以这样的形象出现在壁画、浮雕和雕塑中：头戴紧贴头皮的圆帽，下颌无须，身穿紧身长袍，看上去就像是木乃伊。手中常握佤斯权杖等象征权力与永恒的长杖。古埃及人称孟菲斯城为 ［⬚⬚⬚⬚⬚］（"普塔赫神卡之殿"），读作"Hwt-Ka-PtH"，后来在晚埃及语中变成"Hikuptah"，再后来希腊语将其变成"Aigyptos"，最后进入中世纪法语成为"Egypte"，直至为现代世界各国语言所接受，变成我们现在称呼的"埃及"。孟菲斯神系由三位主神构成，除了普塔赫神之外还有普塔赫神的妻子塞赫迈特女神（Sekhmet）与两者的儿子内弗尔特姆神（Nefertum）。塞赫迈特女神以狮头人身的形象出现，是战争、爱与保护女神。她常被称为"时间之初地之女神""瘟疫女神"和"复仇女神"。她手中经常拿着一个代表生命的符号昂赫或一个叉铃。古埃及神话中有这样的传说，说拉神对人类失望不满，于是欲惩罚人类。拉神抠下自己的一只眼睛，让这只眼睛化作以哈托尔女神形象示人的塞赫迈特女神去往人间，让她去执行其惩罚人类的任务。塞赫迈特于是奉命对人类大加屠杀，造成人间遍地鲜血横流的惨状，这使拉神有些后悔。拉神让塞赫迈特住手，但这时的塞赫迈特女神已经陷入疯狂，根本不听拉神的命令。拉神于是向人间投放七千罐啤酒和红酒，以此冒充人类的血液来迷惑塞赫迈特。塞赫迈特以为这是人类的血液，于是狂饮至酩酊大醉，一睡就是三天，等她酒醒之后，杀戮的狂态已经消失，人类得救。内弗尔特姆作为普塔赫神与塞赫迈特女神的儿子，常被古埃及人称作"两土地之保护者"。他以人形出现的时候头顶盛开着荷花。

底比斯神系主要是在第十八王朝至第二十五王朝期间在底比斯受人崇拜。该神系比较简单，只有三位神祇：太阳神阿蒙神、其妻姆特神及两神的儿子虹苏神。阿蒙神是底比斯的主神，随着第十八王朝的建立，阿蒙神成为国家的主神。阿蒙的名字意为"隐蔽者"，他可以以很多形象出现，但他在壁画、浮雕和雕像中出现时的形象较为一致：手执一只佤斯和昂赫权杖，各代表权力和生命，头戴双羽之冠。当阿蒙神出现在混乱的原始瀛水之中的时候，他的形象是人身蛙首。姆特女神名字的意思为"母亲"，有时候被称作"世界之母"。姆特女神常以两种形象出现，一为戴双冠的女人形象，手执纸草权杖；二为母狮头女神形象。当她以母狮头出现时，她又被看作塞赫迈特女神。虹苏是月神，为两者之子。

古埃及人似乎对于"3"这个数字有很深的偏爱，古埃及神系中有很多三神系谱。除了我们上边提到的孟菲斯三神系、底比斯三神系外，还有埃德福三神系和埃里芬廷三神系。

埃德福三神系的崇拜中心自然是埃德福，它位于底比斯之南，是托勒密时期三神的崇拜中心。荷鲁斯为三神之首，这个鹰头之神在埃德福神庙中地位显赫。无论是在神庙的墙壁上还是神庙里的雕塑中，荷鲁斯形象都是人们崇拜的中心。墙上的铭文记录的主要为荷鲁斯神战胜其叔父塞特神并夺回王位的故事。另一神是哈托尔女神，根据埃德福神系传说，哈托尔是荷鲁斯的妻子。神庙中的文字记述了哈托尔神从自己在丹得拉的神庙来到埃德福神庙会见荷鲁斯并与之结婚的过程。哈托尔女神的名字很有意思：⬚，由两个字组成。一个是外边的房子，古埃及文字中书写为⬚（读作"Hwt"），里边的是另一个字⬚（读作"Hr"），加在一起就是"Hwthr"，转译成现代西方文字就变成了"Hathor"，汉语译为"哈托尔"。如果按字面翻译，其名字的意思是"荷鲁斯的房子"。这有点像我们中国农村对妻子的称呼：屋里头的。

两人的儿子是埃德福三神系中的霍尔萨玛塔维，其名字的意思为"统一两土地的荷鲁斯"。他的出生地有两个，一个是埃德福神庙，另一个是丹得拉神庙，即父亲荷鲁斯的神庙和母亲哈托尔的神庙。荷鲁斯是鹰的形象，哈托尔为母牛的形象，而霍尔萨玛塔维则有时为人形，有时为鹰形，有时又是死去法老的化身，他还有一个名字叫"大地之子"。

埃里芬廷三神系由哈努姆神（Khnum）、阿奴克斯女神（Anukis）与萨提斯女神（Satis）构成，其崇拜中心在阿斯旺地区。三神中的主神为哈努姆神，经常以戴着装饰有公羊角与太阳圆盘的白冠的形象出现。有时他也以头顶罐子的形象出现，象征统一与建设。哈努姆神最初统一了太阳与月亮，创造了第一个卵，生出了太阳，并用陶轮创造了人类。阿奴克斯女神是他的妻子，是瀑布女神。两者的女儿萨提斯女神有时也以哈努姆妻子的身份出现，是尼罗河泛滥女神。

第二节　古埃及的主要神祇

阿蒙神（𓇋𓏠𓈖𓀀）：古埃及新王国时期的最高神祇，古埃及众神中古老的神祇之一。阿蒙神是底比斯三神系中的主神，在古埃及漫长的历史中有许多称呼——"时间已经过去之神""两土地神座之主""东方天空之神之最长者"。他的名字意为"隐蔽者"或"封起者"，表明其本质是不可知的。关于其名字来源的一种可能的解释是其来自古代利比亚词汇"aman"，意为"水"。这让我们联想到创世之初的原始瀛水，该神为最早从原始瀛水中出现的神祇。阿蒙神在塑像和壁画中常以一位男人的模样示人，或立或坐在王座上，穿着短裙戴着王冠。其王冠上的一轮太阳和两支修长的鸵鸟羽毛极为醒目。他的皮肤常为蓝色，可能象征原始之水或埃及人喜爱的宝石天青石的颜色。虽然阿蒙神很早就在古埃及出现了，但其最初的地位并不很高。他最初是作为农业保护神出现的，直到第十八王朝建立，阿蒙神的地位才开始随着底比斯成为首都而从地方神提升为国家主神，进入国家主神的行列当中。此外，人以神贵，神以人贵，互相促进，共同奠定古埃及宗教文化的发展方向，第十八王朝法老多以阿蒙神入名，阿蒙霍特普成为许多法老的名字。阿蒙霍特普的意思是"令阿蒙神满意之人"。当然，古埃及政权的中心随着政治势力的此消彼长而转移，神的地位也就随着政治势力的强弱而起伏。阿蒙神的崛起与衰落便很好地印证了这一规律。阿蒙神最为重要的崇拜仪式是每年一次的奥佩特节，祭司们将阿蒙神神像、姆特神神像和虹苏神神像从卡纳克神庙中抬出，队伍浩浩荡荡来到卢克索神庙，全城为之欢呼雀跃。

阿努比斯神（𓇋𓈖𓊪𓅱𓃣）：豺狗神，古埃及大墓地的守护神。在丧葬仪式当中担负三个重要职责：第一个职责充当为墓地保护神，以豺狗形象出现，脖子上戴着一个上书魔法铭文的项圈，手执代表权力的连枷；第二个职责是用伊西斯与内弗梯斯两女神织成的亚麻布，将奥西里斯神的遗体制作成木乃伊并保护奥西里斯的身体，保护木乃伊进入永恒世界；第三个职责是充当陵墓中木乃伊的保护神，他不仅保护木乃伊，还保护陵寝。在不同的神话传说中，关于阿努比斯的身世会有不同的故事。有的传说称阿努比斯是内弗梯斯与奥西里斯的儿子，而其他传说中却说阿努比斯是内弗梯斯与塞特的儿子。有一个传说称阿努比斯负责将下葬者的心放入木乃伊安放的棺材里，这样一个人的身体才完整，才能顺利进入永恒世界。在实际木乃伊制作过程中，始终有一位祭司戴着阿努比斯的豺头守护着木乃伊。阿努比斯在许多文献中都被提到，但其被提及次数最多的是在亡灵书中。阿努比斯有很多头衔——"木乃伊守护者""身居山上者""圣地之主""西人第一位""神亭之主"。

阿吞神（𓇋𓏏𓈖𓇳）：阿赫那吞宗教改革时期推崇的太阳神。阿吞的形象为下方射出光芒的太阳圆盘，其名字的意思是"圆盘"。该神最早出现于赫里奥坡里斯，但其真正的起源尚不可知。哈特舍普苏特女王就已经开始崇拜阿吞神，之后还有阿蒙霍特普三世，但真正让阿吞神具有国家主神地位的还是阿赫那吞。他废黜诸神，独尊阿吞。阿吞神的第一个神庙建在卡纳克神庙中靠近阿蒙神庙之处，但在阿赫那吞去世之后，该神庙被毁坏了。阿赫那吞宗教改革时期，将首都迁往一个新的城市，并将该城命名为阿赫塔吞，意为"阿吞神的地平线"。这座新都城是献给阿吞神的。

阿图姆神（　　）：阿图姆神被称作"未分者"，意思是其性别未分，既具有男性特征又具有女性特征。阿图姆神是原始神祇之一，也是世界的创造者。其最初被认定为太阳神，被称作"赫里奥坡里斯之主"，该城是太阳神崇拜中心。阿图姆最终与拉神结合，变成拉-阿图姆神。根据赫里奥坡里斯的神话，阿图姆从原始瀛水中诞生，然后阿图姆神创造出世界，创造出九神系。阿图姆神不仅是世界的创造神，还是法老的保护神，其称呼之一是"埃及国王之父"。阿图姆常以人形现身，戴着上下埃及双冠，坐在王位上，手执权杖。

巴斯泰特女神（　　）：古埃及三角洲地区的猫女神，可能起源于利比亚荒漠。巴斯泰特女神有时和伊西斯女神联系在一起，被称作"伊西斯之魂"，有时和哈托尔女神联系在一起，变成音乐与舞蹈女神。其崇拜物为叉铃，她常以手执叉铃的形象出现。巴斯泰特女神的崇拜中心是布巴斯提斯城，该城位于三角洲地区。古王国时，塞赫迈特女神被称作"南方女神"，巴斯泰特与之相对，被称作"北方女神"。新王国时期，巴斯泰特成为大众家庭神，她变成了炉灶女神及孕妇保护神。在献给该女神的节日人们会举行非常快乐的庆典，歌声、鼓声和乐器声充盈天空。

贝斯神（　　）：古埃及的矮神，面目滑稽可笑，但给人带来欢乐。常手执短刀，驱走邪恶和鬼怪，保护家庭。古埃及家庭都喜爱供奉该神，常将他的形象画在家里以给家庭带来好运和财富。贝斯神和塔外瑞特一起保护母亲生产，两者的形象都很滑稽，后者是河马神。贝斯神保护孩子不受蛇和蝎子的威胁。他还有一个称呼，叫"蓬特之主"，显然其影响已超越了埃及。

盖博神（　　）：大地之神，赫里奥坡里斯九神系中的重要成员。他是空气之神舒和湿气之神内泰夫弗努特女神之子。盖博的妹妹和妻子努特是天空之神，他们的孩子是伊西斯、奥西里斯、内弗梯斯和塞特。作为大地和植物之神，盖博有时以绿色身躯出现，背上长出植物，身体涌出水。盖博的一个象征是鹅，有时他会将鹅的符号戴在头上。其女伊西斯就有一个鲜为人知的称呼"鹅之卵"。盖博更多时候还是以人形出现，头戴下埃及的红冠，斜倚着或坐在王座上。有一个神话传说称，当盖博和努特女神成为太阳神之父母的时候，他被称作"众神之父"。盖博神最重要的职责是在荷鲁斯与其叔父塞特神争夺王位的战争中充当法官。"众神之父"盖博将大地给予其子奥西里斯统治，但奥西里斯被妒忌他的弟弟塞特谋杀，荷鲁斯为父复仇，与塞特神大战，盖博便站在荷鲁斯神一边，最终成为人间的统治者。因此，有时古埃及文献中会出现法老为"盖博神之继承者"的称呼。

哈匹神（𓎛𓂝𓊪𓇋）：哈匹神是尼罗河神，住在尼罗河第一瀑布下的洞穴里，更确切地说哈匹神是尼罗河泛滥之神，代表每年尼罗河的泛滥。因为每年尼罗河泛滥的河水给尼罗河两岸带来大量富含腐殖质的肥沃泥土，所以哈匹神就成了农业与土地丰穰之神。常以身躯肥胖的人形出现，头上戴着繁茂的水草，腹部下垂，双乳也下垂，象征丰茂和肥沃。哈匹神的头衔有"带来植物河流之主""沼泽鱼禽之主"等。与之相关的神是蛙女神及鳄鱼神。我们经常能在法老王座两侧看到两位哈匹神的形象，手执代表上下埃及的植物纸草和荷花，将代表统一的像肺管和心脏一样的象形文字字符捆扎起来的图案，意味深长。有趣的是，古埃及人没有留下献给哈匹神的神庙，尽管他的形象常出现在其他神的神庙中。古埃及中王国期间留存下很多歌颂哈匹神的赞美诗，诗中描述了人们见到哈匹神带来预示丰收的洪水时所表现出的欢乐之情。

哈托尔女神（𓉠）：她是古埃及人最钟爱的一位女神，是法老象征性的母亲，也是母牛之神。该神在古埃及历史悠久，早在石器时代她的形象就已经在燧石刻画上出现了。哈托尔女神有不同的形象，有时候她是"伟大的母牛"，住在纸草稠密之处。有时候她是牛头女神，头戴夹着一轮太阳的牛角，手执佤斯权杖或纸草权杖。丹得拉神庙的巨柱的顶部就用哈托尔女神的头像装饰。她在古埃及众神中地位很高，包括伊西斯女神在内的每一位女神后来都被人们认为等同于她，伊西斯女神因此变成哈托尔-伊西斯女神。母牛神崇拜在史前就已经确立起来，古王国时，哈弗拉法老的河谷神庙中就已经出现了哈托尔的形象，她是神庙的守护神。无论从纵向的历史上看，还是从崇拜她的范围上看，哈托尔女神都是古埃及最受欢迎的神祇。古埃及人将她看作现世的母神，亦将其看作是永恒世界的母神。在不同的地方，她被赋予不同的称呼。在孟菲斯，哈托尔被称作"无花果女神"；在西奈半岛，她被称作"绿松石女神"，守护着西奈的绿松石矿。有时候哈托尔被称作"冥界女神"；她的脖子上戴着 ⚏∤∙𐂃，是一种象征欢乐的巨大的项链。在礼拜仪式上，祭司们摇晃项链载歌载舞。哈托尔还有一个称号为"黄金女神"，表明她与黄金及贵重金属的密切关系。古埃及皇室所用的镜子就是用黄金或青铜磨制而成的，其上装饰着哈托尔女神的头像。镜子是圆的，象征着太阳，表明哈托尔跟太阳密切相关。哈托尔的名字由两个象形文字构成，外围的是房屋，里面的是鹰神荷鲁斯，意思是"荷鲁斯之屋"。正是因为这个名字，哈托尔后来在神话传说中成了荷鲁斯神的妻子。因为荷鲁斯神是王权保护神，每一位法老都是荷鲁斯神的现世化身，哈托尔女神自然就成了法老的保护者。还有人将哈托尔女神的名字理解为"荷鲁斯神居住之室"，而这个"室"象征女神的子宫。因此，哈托尔又被称为荷鲁斯神的母亲。开罗博物馆中就有一尊哈托尔神给法老阿蒙霍特普二世喂奶的雕像，很好地说明了该解释不无道理。因为法老是现世荷鲁斯，既然现世荷鲁斯喝着哈托尔女神的乳汁，那么这种母子关系就是一目了然的。此外，哈托尔女神还是太阳神拉神的女儿。根据神话传说，当拉神召唤哈托尔的时候，她就变成了其父拉神复仇的眼睛，她所到之处，到处是暴力与破坏。哈托尔女神被古希腊人认为等同于他们的爱神阿芙洛狄忒，代表爱、音乐、舞蹈和畅饮。她与欢乐密切相关，所有仪式庆典上都会出现她的形象。古埃及宗教仪式上的一个重要内容是抬着神像游行，并伴随着歌舞，且有两件乐器在仪式上必不可少，一件是叉铃，另一件便是门纳特，即哈托尔的项链。叉铃上都装饰着哈托尔女神的头像。她还是女人生育的保护神，据传她在孩子出生的时候可以预测孩子的未来。她还是丧葬女神，在底比斯她有"西方山峦女神"之称。哈托尔神还有很多称呼，其崇拜者、献祭者不可能将这些称号都一一铭记，于是祭司们便总结出主要的七个称号：底比斯哈托尔女神、赫里奥坡里斯哈托尔女神、阿芙洛狄忒哈托尔女神、西奈哈托尔女神、孟菲斯哈托尔女神、希拉康坡里斯哈托尔女神和凯塞特哈托尔女神。每个城市崇拜他们自己的哈托尔女神。

荷鲁斯神（🦅）：即"天空之主"，古埃及神圣王权的象征——鹰神，是古埃及重要的主神之一。在记录古埃及第一次统一的那尔迈调色板上就有他的身影；在第一王朝法老登统治时期的一把梳子上，刻写的登王名字之上亦有荷鲁斯神出现。当法老逝世的时候，宣布此事的文字称"神鹰飞上了天堂"。这不仅表明法老的逝世，还表明法老是荷鲁斯神的化身。虽然荷鲁斯神为鹰神，也经常以鹰的形象出现，但他也经常以人形显身。荷鲁斯神不仅是"天空之主"，还是其父亲奥西里斯神的复仇者。亡灵书中就有荷鲁斯神召集众蛇"吐火焰于父亲的敌人身上！将其躯体烧焦，将其心灵烹烤"的文字。荷鲁斯神有很多头衔，强调与不同神庙、与不同神话传说的联系：

> 荷鲁内宅伊特，这是古希腊人对他的称呼。埃及语原文为🦅𓏏𓂋𓏥𓀀𓏤，意为"荷鲁斯，其父之拯救者"。荷鲁斯为父复仇，战胜篡夺其父奥西里斯神王位并将其谋害的叔父塞特神，夺回王位。该称呼强调的便是这个传说。
>
> 赫鲁姆阿赫特，埃及语原文为🦅🦅𓊖，意为"地平线上的荷鲁斯"。强调荷鲁斯神每天随太阳神于黎明时分从东方地平线上升起。
>
> 赫鲁韦尔，埃及语原文为🦅𓂋𓏤，意为"伟大的荷鲁斯"，是当荷鲁斯在考姆翁布索贝克神庙中受人崇拜之时的头衔。
>
> 赫鲁帕亥瑞德，埃及语原文为🦅𓂷🦅𓈎𓏤，意为"孩提时代的荷鲁斯"。此时的荷鲁斯神还处于童年时代，坐在其母伊西斯女神的膝盖上，头上留着只有古埃及男孩子才留的一绺头右侧发髻，有时甚至还将一只手指放在嘴里吸吮，有时伊西斯女神给他喂奶，一副天童烂漫的模样。此时的荷鲁斯神并非如其外表一般软弱无

力，而是古埃及儿童保护神，其职能是防止儿童受到危险动物的伤害。

　　赫鲁萨伊西斯，埃及语原文为 〔象形文字〕，意为"伊西斯之子荷鲁斯"。该称呼常在金字塔文中出现，此时的荷鲁斯神作为父亲奥西里斯与母亲伊西斯女神的帮助者出现，帮助逝者顺利地通过阿姆杜阿特，来到父亲奥西里斯之处，以便能够顺利进入永恒世界。

　　赫鲁萨玛塔维，埃及语原文为 〔象形文字〕，意为"两土地之统一者荷鲁斯"。该称呼来自金字塔文，称荷鲁斯神维护着上下埃及的统一，到了托勒密时期，荷鲁斯神成了埃德福神庙的"成人荷鲁斯"与丹得拉神庙的哈托尔神的儿子。

　　伊西斯女神（〔象形文字〕）：是古埃及人心目中最伟大的女神，代表了古埃及人思想意识中的一切美德，她既是神圣的妻子又是神圣的母亲。她的影响遍及天堂、人世和冥界。她知道世间所有的魔法与一切秘密。其在天空中的象征星宿是天狼星，与之相对的是其丈夫奥西里斯的星宿猎户星座。在《伊西斯的哀叹》中，女神有这样一句话："你神秘的形象，天界的猎户星座，每日升起又降落。我是天狼星，追随着他，永远不离。"因为天狼星每逢新年才出现，预告着尼罗河水的泛滥，而泛滥的河水将给埃及人带来肥沃的土壤，所以伊西斯与大地的丰产密切相关。在三位一体的神系中，奥西里斯、伊西斯和他们的儿子荷鲁斯共同构成王权继承的合法象征。

　　伊西斯崇拜很早就已经在古埃及出现了，但其最初的崇拜中心却在三角洲地区。赫里奥坡里斯九神系的创世神话中就有伊西斯的位置，她是天空女神努特和大地之神盖博四个孩子中的一位。伊西斯的母亲天空女神努特最初是太阳神拉神的妻子，但大地之神盖博却非常爱慕努特。当拉神知道了这件事情后非常愤怒，便在努特身上发下诅咒，诅咒她在一年当中没有一天能够生育子女。拉神的咒语是强大的，努特无法摆脱咒语的束缚，于是便去找托特神帮忙。因为托特神也爱慕努特女神，于是就答应了她。为了帮助努特女神，托特神便找月亮神打赌，结果赢得了每年年末的五天的月光。努特就利用这五天的月光生下了奥西里斯、伊西斯、内弗梯斯和塞特。

在新王国时期，伊西斯女神与哈托尔女神常被认为是同一个女神，因为两者在许多方面都极其相似。伊西斯女神开始佩戴哈托尔女神的王冠，即中间夹着太阳的公牛角。两者开始拥有共同的称号："天界女神"和"众神之首"。伊西斯女神的形象也开始在帝王谷的丧葬陵墓中出现。

伊西斯女神与其妹妹内弗梯斯女神各有所属，一个嫁给了奥西里斯，一个成为塞特神的妻子，但她们在恢复奥西里斯生命的过程中都表现出对奥西里斯的深情。也因为如此，后来她们都成了木乃伊的保护神，经常以张开翅膀的保护者的姿态出现在棺椁与凯诺匹克罐子上。

关于伊西斯女神的传说有很多，其中有一个传说刻写在一尊雕像的基座上。该传说是这样的：在其丈夫奥西里斯神被害之后，害死奥西里斯的塞特神将伊西斯女神及年幼的荷鲁斯关押在一间房屋里面。这件事被智慧之神托特得知，托特便前来搭救伊西斯女神母子。他将荷鲁斯藏于三角洲的纸草丛中，蝎子神化身为七只蝎子前来保护伊西斯女神逃跑。当她逃到三角洲的时候天色黑了下来，她必须要找个地方休息一晚才行。她找到了该镇首领的家并敲门问好，但当镇首领妻子看到有七只蝎子陪伴着伊西斯的时候，便拒绝了伊西斯的请求，将门紧紧地关死。蝎子们见此情景非常愤怒，其中六只将毒液一同放入第七只蝎子的尾部，让这只尾部集中了七只蝎子的毒液的蝎子进入房屋，将毒液一股脑刺进了该镇首领夫人的儿子身上，夫人立即惊恐万状，沿街狂奔哭号。伊西斯听到孩子母亲的哭叫，知道了事情的原委，很是悲伤，叫来首领夫人，跟她说："到我这儿来，我的言语有保护的魔力，它可以控制生命。"然后伊西斯将手放在孩子身上说："哦，泰芬之毒，出来吧，滴到地面上去吧！我是伊西斯女神，我是魔力语言女神，我知道如何使用咒语，我的话强大无比！"于是，孩子身上的毒流了出来，孩子因此得救。然后伊西斯女神对七只蝎子说："我对你们讲，我很孤独，我的悲痛胜过埃及所有诺姆的任何人……将你们的脸面向土地，领着我到沼泽去，到隐蔽之地去。"另一个传说出现在一块石碑上。托特告诉伊西斯要她将儿子荷鲁斯藏于纸草丛中，等他长大了之后好回来夺回父亲的王位。伊西斯于是照做。但有一天，当伊西斯离开的时候，塞特派了一只蝎子前来蜇伤了荷鲁斯，伊西斯听到儿子的哭喊立即赶了回来，但荷鲁斯已中毒身亡，伊西斯呼天抢地的哀号终于震动了天界，太阳神拉停住了正在天空航行的太阳船，派智慧之神托特作为他的特使来安慰伊西斯女神。内弗梯斯也赶来与伊西斯一起分担其悲痛。托特神安慰完伊西斯便用魔法咒语将荷鲁斯复活，并用魔法咒语保护荷鲁斯使其在天上、地上和冥界不受侵害。

伊西斯最初的象征是她头上戴着的王座，她将王座作为王冠戴在头上，表明她是法老王权的保护神。因为她是先王奥西里斯的妻子，现世之王荷鲁斯的母亲。新王国的时候她开始戴哈托尔神的王冠，即托着太阳的牛角。伊西斯女神的另一个象征是被称作"伊西斯之结"的符号❧。亡灵书中说伊西斯之结是非常重要的丧葬护身符，对木乃伊有很好的保护作用。到了托勒密时代及以后的罗马人统治埃及时期，伊西斯女神仍然受到崇拜。但这时的女神已经是身穿希腊或罗马服装的形象了，唯一还能辨认出伊西斯女神身份的标志便只有其在身前佩戴的伊西斯之结了。伊西斯女神有很多称号：风女神、伟大女巫、伟大魔法女神、天堂女主等。其崇拜中心也很多，遍布埃及，在吉萨、贝赫贝特艾尔-哈噶、阿比多斯、埃斯纳、埃德福、菲莱岛，到处都能找到崇拜伊西斯女神的文字、壁画、浮雕及雕塑。希腊人和罗马人统治埃及时期，伊西斯女神崇拜不仅没有消失，反而影响更加巨大。伊西斯女神被希腊人认为等同于希腊女神珀尔塞福涅（Persephone）、特提斯（Thetis）和雅典娜（Athena）。

亥坡瑞神（❧）：该神是太阳神的一个化身，以圣甲虫的形象出现，其名字的意思是"自我创造者"。该神的诞生与古埃及人的细心观察有关，古埃及人经常看到蜣螂滚着粪球在地上行走，而它们的后代又是从沙土中诞生，这给古埃及人留下了一个印象，即这种昆虫不需要交配即可以繁衍出下一代。该神诞生以后，便成为圣甲虫神，每天推着太阳从冥界升起并走过天空。该神不仅有创造之意，还代表着复活。在亡灵书中就有这样的文字："我像原始创世者一样升腾：我已化作亥坡瑞。我像植物一样生长……我是每一位神祇的果实。"这是留给死人的咒语，使他们借此再生。较早记载亥坡瑞神的文字出现在金字塔文中，文中亥坡瑞作为太阳神拉神的化身出现。在赫里奥坡里斯，该神被称作阿图姆-亥坡瑞，从原始瀛水中诞生的第一个荒丘上升起。中王国时期该神的形象被人们做成护身符，据说其拥有太阳的护佑魔力。护身符的背面常刻有象形文字，包括佩戴者的名字、头衔等。有时还记录一些重要的事件，比如说阿蒙霍特普三世猎狮以及与俤眸王后的婚礼等，都被记录在圣甲虫护身符上了。古埃及神庙中常有巨大的亥坡瑞神雕像竖立其中，象征神庙是埃及神话中创世之初太阳神于其上诞生的最初的陆地。

哈努姆神（𓎛𓈖𓏇𓅮）：该神为古埃及公羊头神，传说是他用陶轮创造了人类。哈努姆神居住在上埃及尼罗河底的隐蔽洞穴中，控制着尼罗河水的泛滥，故其崇拜中心也在上埃及阿斯旺的埃里芬廷岛上。因为他与尼罗河的这种关系，他又被称作"鳄鱼之主"。希腊人和罗马人统治埃及时期，公羊被人们当作哈努姆神并被制作成木乃伊戴上铂金面罩安放于石棺里下葬。托勒密时代的一个古王国铭文抄本文献中记述了这样一件事情，埃及当时出现了持续七年的干旱与饥荒，尼罗河水干涸，给埃及人带来了巨大的灾难。于是人们便翻修了献给哈努姆神的神庙，尼罗河因此再次泛滥，埃及人从此又得到尼罗河的恩惠。

玛阿特女神（𓆄𓏏𓁦）：古埃及最重要的女神。该神是由古埃及的真理、正义、道德规范与神圣秩序观念演化出的一位女神。尼罗河每年的洪水泛滥、太阳的东升西落、埃及军队对其敌人的胜利、围绕法老所发生的一切，都在玛阿特的神圣秩序的范畴之列。人们可以借用中国的天不变道亦不变的思想来表述古埃及人的玛阿特观念。永恒的玛阿特思想也导致了古埃及人数千年来没有发生根本性的变化。古埃及艺术，无论是壁画还是浮雕，抑或雕塑，其风格和主题在 3000 年的历史中都保持不变，我们从中可意识到玛阿特女神所代表的观念是多么深入人心。古埃及的政治亦体现出玛阿特女神所代表的思想对古埃及人的控制程度之深。法老唯一的职责就是维护神圣的玛阿特，所以，敬神是其职责的重中之重。只要神满意，就会给古埃及人以神圣的秩序。甚至古埃及人的对外战争也受到该观念的指引，因为维护神圣秩序需要战胜敌人，于是战争就不可避免。而对于古埃及人而言，一些灾难都是玛阿特所代表的神圣秩序中注定的暂时性的混乱，如饥饿、分裂等。

玛阿特女神常以一位年轻女人的形象出现，或坐或立，手执象征力量的佤斯权杖，另一手拿着生命符号昂赫，代表永恒的生命。有时她被刻画成生有双翼的女人，其最为典型的特征是她头顶上的鸵鸟羽毛。该女神最早出现在古王国的金字塔文中，在后来的发展中，她常与其丈夫智慧之神托特共同出现。在世界创造之初的原始之丘上诞生了太阳神拉，后来太阳神拉用其女儿玛阿特女神取代了 ||||▷ꜣ（即"混乱"）。法老的职责就是维护玛阿特，和拉神一起生存于玛阿特之上。死去的人在进入永恒世界之前要通过杜阿特，通向永恒世界的通道。在这里他们要接受最后的审判，死者的心要被放到天平上去称量，天平的另一头便是玛阿特神之羽毛。如果失衡，这颗心便会立即被等候在一旁的怪物吃掉，该灵魂便万劫不复。如果称量的结果是平衡的，说明这是颗纯净的心，死者就会来到奥西里斯神的面前，最后进入永恒世界。

虽然玛阿特女神受到普遍的崇拜，但古埃及人献给玛阿特女神的神庙却不多。最早献给女神的神庙出现在新王国时期，在卡纳克神庙群中有一个神庙是阿蒙霍特普三世修建的，该神庙是献给玛阿特女神的，其他献给女神的神庙一座在孟菲斯，一座在戴尔艾尔-麦地那。

在古埃及神庙的墙壁上，我们发现在神庙中举行的诸多仪式中有一个仪式非常重要，这便是"奉献玛阿特"仪式，壁画、浮雕上的内容是法老手捧玛阿特献给诸神。这里表现的是法老的责任，法老要对诸神负责，只要献给诸神的是玛阿特，诸神就会满意，世界就会正常运转。不仅是对于法老，而且对于古埃及人民来说，玛阿特仍是他们的生活准则。《能言善辩的农夫的故事》中的主角有这样一句话道出了人民生活的方向和对未来的乐观："说玛阿特，做玛阿特，因为她是力量，她是伟大，她永世长存。"只要这样做了，未来就会美好。因此，古埃及没有成文法，因为他们不需要成文法，玛阿特就是他们的法律。即使在混乱的中间期时代，古埃及人仍然乐观。因为他们确信玛阿特的离开是暂时的，正像祭司们祈祷的："玛阿特将会回到她的宝座；邪恶定会被去除干净。"

内弗梯斯女神（▽○）：该神是赫里奥坡里斯九神系中的一员，天神努特和地神盖博的女儿。作为伊西斯女神的妹妹，她和伊西斯一起成为木乃伊的保护神。内弗梯斯是塞特神的妻子，却与姐姐伊西斯一起保护奥西里斯。有一个神话传说记载了她是阿努比斯神的母亲。内弗梯斯女神是荷鲁斯神的乳母，所以，也便成为法老的乳母。内弗梯斯女神名字的来源尚不清楚，但其字面意思却是"房屋女主"。人们根据字面意思会产生很多猜测，如该女神最初是否为家庭女神。其实其名字的含义是"神庙女主"。在古埃及神话传说当中，她被人接受主要还是因为她帮助姐姐伊西斯寻找保护奥西里斯神的传说。

努恩神（▭▭▭〰〰 ▯）：在赫尔摩坡里斯创世神话中该神为原始瀛水的化身，阿图姆神就是从努恩中出现的创世之神。他是赫尔摩坡里斯八神系四对神祇中的一位男神，虽然被称作是众神之父，但他仍然是一位既没有神庙也没有追随者的原始神。

努特女神（▭▯）：赫里奥坡里斯九神系中重要的一员，伟大的天空女神。在该神系中，努特女神是空气之神舒的女儿，大地之神盖博的妹妹和妻子。作为天空女神，努特经常以一个躬身笼罩世界万物的巨大形象出现在壁画当中，其手脚分别于东方地平线和西方地平线上与大地合拢。因为其在壁画中的形象总是侧面，所以我们所能看到的只是其四肢触地，但实际上她的四肢分别按在了四个方向，即东南西北。在一个古埃及神话传说中，努特女神居然成了太阳神拉神的妻子。她虽为拉神之妻，但却喜爱盖博。后被拉神发现并受到惩罚，在托特神的帮助下才生下了奥西里斯四兄妹。她作为"赫里奥坡里斯女神"，每天晚上吞掉太阳，次日清晨再将太阳生出，因此她又被称作是"生育众神的伟大神祇"。帝王谷拉美西斯六世（Ramesses Ⅵ）的陵墓墓顶壁画中，就出现了日间太阳神驾太阳船沿着努特女神的身体在空中航行，晚上又消失在她的缀满繁星的身体中的图画。努特神崇拜从古王国时期一直持续到托勒密时期。在古埃及人的丧葬思想中，该神的地位非常重要。她被认为是法老的棺椁、法老的陵墓。新王国时期，许多法老石棺的棺盖内侧都刻画有努特神的形象。

奥西里斯神（）：该神为冥神，也是伊西斯女神的丈夫、荷鲁斯神的父亲，并且是古埃及重要的神祇之一。古王国时期的金字塔文中讲述了奥西里斯的身世：天空女神努特和大地之神盖博生下了奥西里斯、伊西斯、内弗梯斯和塞特四个孩子，让奥西里斯统治人类，成为第一个人间之王。奥西里斯恪尽职守，将农业和葡萄酒制造的技术教给人类，因此受到人们的拥戴，称他为"永恒的仁慈之君"。但这却引起其弟塞特神的嫉妒，于是塞特用计将其害死。伊西斯女神四处寻找她的丈夫，终于将丈夫找到，经过不懈的努力，她最终将丈夫制作成木乃伊，使其顺利进入永恒世界复活，并使自己成功生下他们的孩子荷鲁斯。最后荷鲁斯在母亲的抚育下，长大成人并从塞特神手中夺回王位。奥西里斯神经常以穿着如同木乃伊一般的男人形象出现，下巴留着胡须，头上戴着阿特夫王冠。高高的王冠两侧分别有两支羽毛作为装饰。双手握于胸前，分别拿着一只钩子和一只连枷，这两者在古埃及象征权力。奥西里斯神的躯体有时候会被画成绿色，此时他代表植被的繁茂和再生。有时他的躯体又被画成黑色，此时他代表尼罗河肥沃的淤泥和冥界。奥西里斯神在整个古埃及受到崇拜，其崇拜地也遍及整个埃及，从三角洲到尼罗河谷。赫里奥坡里斯、孟菲斯、希拉康坡里斯以及赫尔摩坡里斯，到处都有他的圣殿。但他最为重要的崇拜中心却在阿比多斯。

普塔赫神（）：该神为孟菲斯创世之神。身着木乃伊所穿的紧身长袍，头戴像游泳帽一样的紧紧的帽子，手从身前的长袍中探出，手里握着一根权杖。该权杖结合了代表权力的佤斯权杖、代表永恒稳定的塞德柱和象征生命的昂赫符号。尽管他的崇拜中心是孟菲斯，但他在埃及全境各大神庙中都受到崇拜，甚至在努比亚的神庙中都有普塔赫神的一席之地。最初普塔赫只是一个地方神祇，是工匠保护神，神话传说中称他创造了艺术。但后来他成为国家的主神，传说他用自己的心和语言创造了世界。在孟菲斯三神系中，普塔赫神处于神系的中心，其他两神为其妻狮子女神塞赫迈特与其子莲花神内弗尔特姆。普塔赫神有许多头衔："两土地生命之主"普塔赫、"其南墙之主"普塔赫、"容貌美丽者"普塔赫、普塔赫-哈匹、普塔赫-奥西里斯、普塔赫-索贝克、普塔赫-索卡尔-奥西里斯、普塔赫-索卡尔-阿图姆等。该神在亡灵书中亦拥有很重要的地位。普塔赫神受到古埃及人的普遍崇拜，上至法老下到百姓，都有人将其名字纳入自己的名字中，如普塔赫霍特普（一般翻译为普塔霍特普）。

拉神（☖☉𓏤）：该神为太阳神，也是赫里奥坡里斯伟大的创世之神。拉神统治着天空、大地和冥界。各地祭司为了使自己的主神具有至高的地位，都将自己信奉的神与拉神结合，这样就出现了像阿蒙-拉神、拉-赫鲁阿赫梯神、哈努姆-拉神（Khnum-Ra）以及索贝克-拉神（Sobek-Ra）等合并神祇。据赫里奥坡里斯的神话传说，拉神最早出现在原始瀛水中的第一块陆地奔奔岛上。另一传说称他诞生于第一朵盛开的荷花之中。他割掉自己的阳具，从滴下的血中创造了神祇胡（Hu）——权力之神。又创造了思想之神希亚（Sia）。拉神常以鹰的形象出现，头顶一轮太阳，太阳下边衬着神蛇，象征着拉神的力量。在永恒世界中，拉神以公羊形象出现，被称作"西方神圣的公羊"。新王国时期，拉神与底比斯主神阿蒙神结合成为阿蒙-拉神，而中王国时期，拉神与中王国崇拜的战神孟杆结合成为孟杆-拉神（Mont-Ra）。

拉-赫鲁阿赫梯神（𓏤𓃥𓏤）：该神是拉神和荷鲁斯神结合而成的神。古埃及人神的信仰较为复杂，总的来说是多神信仰，但随着宗教思想的发展总会有一个神成为至高的神祇，其他神都会被认为是该神的一个方面。拉神便是这样一个至高的神，所以，许多神都先后与该神合二为一。"阿赫梯"意为"两地平线"。荷鲁斯神有时被称作"地平线上的荷鲁斯"，因此，该神名字的意思应该是"拉神-两地平线上的荷鲁斯"。

塞赫迈特女神(𓌙𓏏𓆇)：该神为狮头女神，被称作"强大者"。古埃及神话传说中说她是拉神"毁灭的眼睛"，又是王权的保护神。古埃及人将荒漠上炎热的风称作"塞赫迈特的呼吸"，据传她可以吐出火焰烧死自己的敌人。她拥有非凡的威力，塞特神和阿波菲斯神都害怕她，都会给她让路。神话中还将她与哈托尔神等同，当拉神意欲惩罚人类的时候，就派化身为塞赫迈特女神的哈托尔女神在大地上疯狂杀戮。若不是其他神用计骗过了她，人类会遭到彻底的毁灭。在孟菲斯三神系当中，她作为普塔赫神的妻子出现。在三角洲地区，她又被埃及人认为等同于猫神巴斯泰特女神而受到崇拜。她常以一位狮头女人的形象出现，头戴太阳圆盘和神蛇之冠，身着套筒式的袍子，双乳之上常文着两朵玫瑰图案。底比斯三神系出现之后，姆特女神继承了许多塞赫迈特女神的特点，卡纳克神庙姆特神庙区就兴建了许多姆特-塞赫迈特神塑像。当瘟疫袭击整个埃及的时候，古埃及人便说这是"塞赫迈特女神的心事"带来的灾难，她既然可以带来瘟疫，也就可以防御疾病。所以，塞赫迈特女神兼具破坏与治疗的双重特性。

塞沙特女神(𓋇𓃛𓏏𓆇)：塞沙特是测量与文字女神。她负责兴建建筑时的放绳仪式，特别是开始修建金字塔建筑时测量东西南北方向的仪式。她经常以身着豹皮、头系发带、首顶七星的形象出现。从第十八王朝开始，塞沙特女神与法老的塞得节联系在一起。在这个庆贺法老执政三十周年并恢复法老年轻活力的仪式上，女神负责记录统治时长。之后，塞沙特女神手执上有刻度的棕榈树枝，刻记下法老统治过的年份。

塞特神(𓋴)：该神为古埃及邪恶、混乱与黑暗之神。在赫里奥坡里斯九神系中，他是天空女神努特和大地之神盖博的儿子，是内弗梯斯女神的丈夫。其形象在古埃及王朝建立之初就已经出现了，在蝎子王权杖的标头上以及一块象牙残片上都出现了塞特神的形象。第二王朝的法老们曾将此神当作他们的保护神。古埃及最早的法老名字刻写在象征王宫大门的"赛瑞赫"中，后来被王名圈所取代。有两个神经常出现在最早的赛瑞赫上方：一个是荷鲁斯，另一个便是塞特神。可见最初该神是王权保护神之一。古王国的时候，塞特神出现在金字塔文中。金字塔文中的塞特是和荷鲁斯神一起统治天空的神。天界地面之上有四根柱子支撑着一个平台，在这个平台上，荷鲁斯和塞特神一同帮助奥西里斯到达天界的地面，但他们之间很快产生了矛盾，荷鲁斯成为白日之神，而塞特成为夜晚之神。塞特并不满足于只统治黑夜，于是两者之间爆发战争。代表塞特神的是一种类似于狗的动物，但到现在为止人们尚无法断定这是什么动物。这种动物身体像狗，但它的头部像食蚁兽一样长，它的耳朵高高竖起，但头顶却像被突然削平了一样呈方形，尾巴长而分叉。因为塞特神常以红色的形象出现，所以红色被认为是荒漠的色彩。正因为其颜色是红色，所以直到现在，人们对于长着红色头发的人还存在着偏见，认为这样的人有些邪恶。流传最广的有关塞特神的故事，还是关于塞特神怎样谋害其兄奥西里斯，后来荷鲁斯怎样复仇并夺回王位的故事。尽管塞特神普遍被认为是邪恶之神，但对他的崇拜在古埃及还是非常常见的。这种塞特神崇拜似乎很早就出现了，特别是在一年中的特定季节，古埃及人认为此时塞特神的影响力最大，所以需要对其加以崇拜，需要向其奉献祭品以使其满足。虽然古埃及人一般认为塞特神为诸神中的一位邪恶之神，但并非所有的古埃及人都如此。第十九王朝伟大的拉美西斯二世法老的父亲——塞提一世法老就是用塞特神的名字称呼自己的。

舒神（𓈖𓏏）：该神为赫里奥坡里斯神系中的空气之神。根据古埃及神话传说，是他将地和天分开，因为天和地都是他的孩子，一个是天神努特，另一个是地神盖博。舒神的妹妹和妻子是泰夫努特女神——潮气之神。作为空气之神，舒神被认为是凉爽、平静的化身，也是和平的化身。他常以头戴鸵鸟羽毛的形象出现，与其他神不同的是他头上戴的鸵鸟毛数量不定，有时一根，有时两根，有时三到四根。他的手上经常握着代表生命的符号昂赫和一只象征权力的佤斯权杖。尽管他是和平的化身，但却也时常跟妻子泰夫努特女神吵架。每逢吵架妻子泰夫努特女神便离家出走，前往努比亚。每当这时，因为潮气女神离开，埃及的气候便会急剧恶化，舒神便很快开始思念妻子，他会变作一只猫，谁胆敢接近他便会被他毁灭，不论接近他的是神还是人。为了安抚舒神，智慧之神托特便会化装前往努比亚劝说泰夫努特女神返回埃及。

索贝克神(𓋴𓃀𓎡)：该神为古埃及鳄鱼之神。其崇拜中心有两个，一个是法尤姆地区的鳄鱼城，另一个是卢克索以南的考姆翁布。除了这两个崇拜中心以外，整个古埃及到处都有献给该神的小神殿或小神庙。在一些神庙中的圣池中养着鳄鱼，这些鳄鱼甚至被人戴上装饰，其中有黄金耳环，还有戴在前腿上的珠宝项链。第十二王朝建都法尤姆，索贝克神由地方小神进入国家的主神行列。据古埃及神话传说，索贝克神是战争女神内特的儿子，经常以鳄鱼头人身的形象出现，或以趴在圣坛上的鳄鱼形象出现。他头上顶着牛角，两只角中间夹着太阳。索贝克神后来与拉神结合，成为索贝克-拉神。

塔外瑞特神(𓍿𓂋𓏏𓆊)：该神是位家庭神，大腹便便，是孕妇的保护神。她不仅保佑孕妇顺利生产，还保护婴儿。因为她是孕妇的保护神，所以她的形象被做成护身符，孕妇大多带着这样的护身符以求得到保护。该神的塑像经常被古埃及人放置在家庭中的神龛中，其形象是各种动物的综合体，她生有河马头、狮子腿、大大的肚子、下垂的乳房，身后拖着一条长长的鳄鱼尾，手里经常拿着代表生命的符号昂赫和如同将纸草做成的棚子折叠起来一般的符号撒，意为保护。古埃及人经常用石头凿成塔外瑞特神形状的容器，在其乳头处凿孔以方便从中倒出牛奶。人们在使用这个容器的时候口中要念着咒语，古埃及人相信这样就可以治愈被蝎子咬伤的孩子。该神名字的字面意思是"伟大者"。

泰夫努特女神(𓏏𓆑𓈖𓏏)：该神为赫里奥坡里斯九神系中的重要一员，为潮气女神。据说她的眼泪落到地上滋润香料植物，使其繁茂生长。在九神系的传说中，她和她的丈夫空气之神舒是阿图姆神的孩子，他们生下了大地神盖博和天空女神努特。作为努特女神的母亲，泰夫努特女神帮助女儿支撑着天空，当太阳神每天从东方升起的时候，迎接太阳神的出现。在孟菲斯神话传说中，泰夫努特女神被称作"普塔赫神的喉舌"，通过语言创造出宇宙万物。她还和荷鲁斯神的眼睛及拉神之眼的传说有关，后来又有神话传说说她嫁给了智慧之神托特。

托特神（🐦）：该神为文字和智慧之神。最初是作为月神出现的，其象征物为朱鹭和狒狒。朱鹭和狒狒在古埃及早期历史时期就为人所熟知，托特神常以一只朱鹭的形象出现在早期调色板的浮雕上，同时又以站在神架上的形象作为远古图腾。有些古埃及神话传说称他是月神，但其他神话中又说他是月神的保护神。当他被看作月神的时候，人们称他为"月神托特"。在新王国时期，托特神常与月神虹苏联系在一起。当人们将其看作月神的时候，他是月神的保护者，是天空之神的左眼，而右眼是太阳。左眼代表月的圆缺变化，因此月相变化被称作其眼的受伤与痊愈。在《荷鲁斯与塞特神之战》中，荷鲁斯神受伤的眼睛就是被托特神治愈的。托特神的称呼还有"时间测量者"，因为有时候他手执有刻度的棕榈叶，象征年。因为他是智慧之神，所以古埃及人认为是他教给埃及人数学、天文和魔法。伊西斯女神就是从托特神那里学到的魔法，也是他将被毒蝎咬死的婴儿荷鲁斯治愈，而治愈的手段便是他那神秘的咒语。托特神是神界的书吏，因此成为所有书吏的保护神。他不仅教给埃及人数学、天文等知识，还是一切知识的化身。科学与文学，一切知识都来自托特神。他是"生命之室"的保护神，神圣的草纸卷就藏在那里。托特神在整个埃及以及努比亚都受到崇拜，但其崇拜中心却是赫尔摩坡里斯。

第三节　古埃及神庙

古埃及的神庙是人们献给某一位神的庙宇建筑。虽然每一座神庙都是献给某一特定神祇的，但神庙里面会有一些献给其他神的房屋。古埃及所有神庙的建筑结构都大体相同，前面是塔门，塔门前面竖立着两个方尖碑。塔门后是一个宽敞的院子，四周有粗壮的柱子环绕。这是普通百姓在盛宴的时刻可以进入敬神的区域。从这里向前走便是神庙的巨柱厅，里边有很多排巨大的柱子，上有屋顶遮蔽。只有上层贵族可以进入到这里来敬神。再往里是被称作"神圣之神圣"的神庙内室，这里安放着该神庙主神的塑像，一般是用青铜铸造而成的，神像身上镶嵌有金银装饰。只有祭司可以进入这里，神像被遮盖着，并不轻易示人。

在神庙中的第一个院子和巨柱厅之间有一个坡道或台阶将两者相连，越往深处去，地面就越高，天棚就越低。神庙外面一般会有围墙，以防止外人随便进入神圣的庙宇。当一个新的神庙开始修建的时候，许多仪式会伴随着神庙修建的全过程。开始动工时要举行放绳仪式，测量女神塞沙特成为该仪式的主角。该仪式在夜间举行，一条绳子将被系在两个柱子中间，神庙的四角则根据天空中四颗星星的位置来确定。法老一般会参与这个仪式，并亲自观看四角地基的挖掘工作。当用于四角奠基的泥砖被人们用泥和草以脱坯的方法制作完成之后，由法老将泥砖放入四角的位置，然后用土掩埋。这相当于现代建筑工程中的奠基仪式。接下来是运送新土，人们将许多带有魔法性质的小东西放入地基里，包括用金银制成的物品、刻写有国王名字的牌匾。这个仪式完成之后，神庙的修建工作便正式开始了。神庙修建完毕后人们要里里外外进行熏香，准备迎接神的入住。法老和王室成员都会来参加这盛大的仪式。这个仪式中最重要的环节是"开口仪式"，因为在仪式完成之前，所有的神像都还只是雕像，并不是"活"的神祇，通过开口仪式，神的灵魂便进入了该雕像，这个雕像便"活"了，成为该神本身。

古埃及的神庙结构都相同，其原因是每一座神庙都是对古埃及神话中创世纪的模仿。古埃及创世纪传说中世界最初是从一片原初瀛水中诞生的，首先诞生的是一块陆地，创世之神便在这荒丘上诞生。荒丘上长满了茂密的植物，四周的植物稀疏低矮，中间的植物稠密高大。越到中间越是阴暗，因为植物稠密，遮天蔽日。就在这稠密阴暗的荒丘上，居住着创世之神。古埃及神庙的入口处，院落中的柱子相对低矮，柱子顶端的装饰也都呈苞待放状，而进入巨柱厅之后，其中的巨柱不仅稠密而且高大，顶端装饰都呈盛开状。神庙里面的地面越来越高，天棚随之越来越低。这一切都是对创世之丘的模仿。且神庙的塔门是古埃及象形文字中的 ⌣ 的形状，意为荒丘。当太阳升起将塔门中间的缺口填平的时候，则变成了另外一个古埃及象形文字中的字符 ⌒，其意思正是"地平线"。按照古埃及的神话传说，创世之丘正是在远方的地平线上出现的。塔门前的方尖碑上则是奔奔石的形象，和金字塔一样象征着世界的创造。

附记：神路为何倾斜

神路为何倾斜？

来埃及的人，首先想去的是吉萨，因为那里有世界上最大的金字塔；然后要去的恐怕就是卢克索了，因为那里有世界上最大的露天博物馆——卡纳克神庙。人们赞叹古人的想象力，赞叹神庙里柱子的巨大，赞叹浮雕的精美，但也许很少有细心的人会发现，卢克索神庙前面的公羊大道和神庙里面排列的巨柱，并不在一条直线上。

巨柱排列的方向正对着塔门，公羊大道也正对着塔门，理论上讲两者应该是成一条直线才对。卡纳克神庙前也有公羊大道，也正对着神庙的第一塔门，和神庙里面的森严而立的巨柱排列成一条直线。这种设计不仅看着舒服，而且也符合人们的审美心理。然而，卢克索神庙的公羊大道却歪了，这是为什么呢？

想弄清楚这个问题，还得先从公羊大道说起。"公羊大道"之得名，是因为有无数公羊雕像列于大道两旁。我们走近一个公羊雕像，就会发现称之为公羊并不精确。因为尽管雕像都是公羊头，但身体却都是狮子，其整体造型为公羊头狮子身。当然，这种形象在古埃及的雕塑、浮雕和壁画当中并不少见，古埃及的神大多都是身首各异、由不同动物构成的形象。我们最熟悉的狮身人面像叫作斯芬克司，然而，其实很多身首由两种动物组合而成的雕像都可以被称为斯芬克司。所以，古埃及神庙塔门前的公羊大道也被称为斯芬克司大道。

　　我们再仔细看看这些长着公羊头的斯芬克司，特别是卢克索神庙塔门前的公羊大道上的雕像。我们会发现这些长着山羊头的斯芬克司两腿间都有人的塑像，这让我们萌生两个问题：第一，这些雕像有什么寓意？第二，这些长着公羊头的斯芬克司两腿间的人是谁？

　　对古埃及文化有了一些了解之后我们会得知，凡是两臂或两翼做环抱状的动作都有保护的意思。这样的例证在古埃及壁画、浮雕和雕塑中俯拾皆是。第四王朝法老哈弗拉有个著名的雕像，在其头部后方荷鲁斯神就以鹰的形象出现，两翼环抱着法老。伊西斯女神也常以带翅膀的形象出现，用意也是保护。所以将人的塑像雕刻于这些公羊头斯芬克司的两腿间同样意在保护。那么这个人是谁呢？这很简单，走近一看就会知道，因为其上刻有名字。这个人是谁呢？是古埃及最著名的法老拉美西斯二世。显而易见，这条公羊大道很可能是拉美西斯二世下令修建的。

　　拉美西斯二世是位伟大的君王，也是伟大的法老，这大家都知道。但这样一位伟大的法老为什么要由一只长着山羊头的斯芬克司来保护呢？法老是现世的荷鲁斯，死后将成为神。这样地位显赫的人物，不是一只公羊所能够保护得了的。能保护他的，也只有神了。这位有着公羊头的神是谁呢？

　　我们最熟悉的长着公羊头的神祇是哈努姆，根据古埃及神话，人类就是被这位羊头神用陶轮创造出来的。他从尼罗河中取来泥土，放在陶轮上做出人形的泥偶，然后交给拉神，拉神便用生命之光照耀该泥偶，于是人便有了生命。但是，拉美西斯二世生活在新王国的第十九王朝，当时的政治中心在底比斯，而这里是阿蒙神的家乡。拉美西斯二世怎么会抛弃自己信奉的阿蒙神而去追求哈努姆神呢？

　　要解决这一疑问，我们必须追根溯源，寻找哈努姆神的故乡，我们发现哈努姆神最早的一个崇拜地在库什。我们知道库什是努比亚的文化中心，而在拉美西斯二世时代库什正在埃及的控制之下。如果我们来到阿布-辛贝勒就会知道，拉美西斯二世的四尊巨大雕像正面对着努比亚，让努比亚人望而生畏。答案似乎已浮出水面，长着公羊头的哈努姆神最早的崇拜中心在库什，而拉美西斯二世时期正是埃及人统治努比亚时期；而埃及又有将不同地方神合二为一的传统，比如说将拉神和阿蒙神结合成为阿蒙-拉神。这让我们联想到当时的古埃及人会不会将努比亚地区崇拜的哈努姆神与以底比斯为崇拜中心的阿蒙神合二为一呢？翻看铭文查对后，结果正如我们所料。古埃及人的确在新王国时期曾将哈努姆的公羊头形象融入阿蒙神。我们因此可以得出结论，崇拜阿蒙神的拉美西斯二世修建公羊大道，是因为公羊大道两侧的公羊雕像其实是阿蒙神雕像，其两腿间的法老正是拉美西斯二世。

阿蒙神列队保护的大道直通神庙，但卢克索神庙的公羊大道却与神庙的主体轴线呈现出一定角度的倾斜，这是为什么呢？

人们的第一个猜想来自对古埃及神庙建筑的了解。对于古埃及人来说，每个神庙都是对创世神话的模仿。神在原初瀛水中出现的第一块岛屿上诞生，岛屿四周的植物稀疏低矮，中间的植物稠密挺拔。对于古埃及人来说，每天早晨太阳都从这里升起，与小岛上的丘陵一起构成一幅美丽的图案。古埃及人称之为地平线，象形文字中的"地平线"一词正是太阳从一个丘陵缺口上升起的形象。这是神的住所，是太阳升起的地方。于是，每个神庙便都模仿这个创世之岛修建。神庙中间是巨柱厅，其中的巨柱又高又大，顶端装饰呈花儿盛开状。周围的院落中巨柱稀疏，也不及中间的巨柱那么高，且顶端呈含苞待放状。这都是模仿创世之岛。最后是塔门——神庙的入口，它是中间有一个缺口的一面墙，等待太阳升起时便与之构成一个代表地平线的象形文字图形。所以，神庙的塔门要正对着神庙中由巨柱构成的纵轴，古埃及的神庙也都是这样修建的。于是我们想，因为塔门只有当太阳升起与之合在一起的时候才像象形文字中的"地平线"，卢克索神庙塔门及其前面的公羊大道与巨柱构成的轴线呈现倾斜是否出于对太阳升起方向的考虑？

我们设想一下，古埃及人先建神庙主体，最后修建塔门。建完主体后，才突然发现如果按照神庙主体修建塔门，塔门和太阳升起的方向不一致，这样就无法构成象形文字"地平线"。地平线是古埃及人认定的神创造世界的创世之岛所在的地方，如果不能构成地平线，神庙就失去了创世之岛的意义，于是调整塔门方向以使其与太阳的方向一致。

这一猜想虽有道理，但如果我们看一看古埃及的众多神庙，就会发现没有哪个神庙的塔门总能和升起的太阳结合形成象形文字"地平线"的字样。显然这个推理没有说服力。

既然这个推理不对，我们不妨换个思路。有没有可能是因为地势之故？古埃及人先修建了塔门，后修建神庙的主体。当塔门建好之后，他们突然发现，如果照这个方向建下去，神庙的后部恐怕就要修到尼罗河里去了。于是他们不得不改变方向，使整个神庙主体向陆地方向倾斜一定的角度，这样就不至于让神庙修到尼罗河中去了。

这个猜想也合乎逻辑，我们只要能证明古埃及神庙的修建都是从塔门开始建起就可以确认其正确性。这个推断并不难得出，但仍有一个问题。整个神庙最难修建、技术要求最高的是神庙的主体部分，巨柱的竖立，院落的排列，雕像的摆放，浮雕和壁画的制作，都是主体工作的一部分，而塔门却没那么复杂，只需修一面墙就可以了。如果古埃及人先建了塔门，他们发现塔门修得不对后为什么不拆了塔门重建，却非要违反常规地使神庙主体的角度呈现倾斜呢？除非有一个理由使塔门无法改变其所面对的方向，否则这个推理也不能成立。

要想知道塔门的方向是否真的不能改变，唯一的方法就是顺着公羊大道搜寻，看看这条现在已经被现代人生活区所切断了的神路究竟通向何方。若是在古代，这项工作恐怕要费很大的气力才能够做到。但现代技术与设备可以帮助我们轻易完成这项工作。通过卫星照片和实地的考察，我们完全可以找到这条现今已然中断的神路的踪迹。结果，我们顺着卢克索神庙的公羊大道的方向向东北方向寻找，在距卢克索神庙2.5公里的地方发现了另一座神庙——卡纳克神庙。两神庙本来相通，由一条神路连接。原来如此，古时的精巧设计让我们非常激动。但真的是这样吗？于是我们前往卡纳克神庙，看那里是否也有一些神路的痕迹留存下来，是否能找到和卢克索神庙方向的神路方向相一致的遗迹。

卡纳克神庙由三个主要区域构成，第一个是阿蒙-拉神庙区域，这也是卡纳克神庙的主体部分。阿蒙-拉神庙北侧的第二个区域是献给战神孟杵神的。第三个区域就是距离阿蒙神庙南侧稍远一点的神庙区——姆特神庙区域。阿蒙神尽管和孟杵神不同属一个神系，但姆特神却不仅和阿蒙神同属一系，还是阿蒙神的妻子。孟杵神庙修建得较早，所以不受阿蒙神的影响。但古埃及人还是将战神孟杵纳入了底比斯神系，让孟杵神化身月神虹苏，而虹苏正是阿蒙神和姆特神的儿子。

闲言少叙。经过仔细考察，我们发现卡纳克神庙有好几条神路，最引人注意且保存相对完好的是连接阿蒙-拉神庙与姆特神庙的神路，神路两旁的雕像同样是公羊头狮子身，和卢克索神庙外的神路一模一样。还有一条神路，与连接阿蒙-拉神庙和姆特神庙的神路相垂直，向尼罗河的方向延伸而去，之后突然向南转弯。尽管这条神路两旁的绝大多数神像早已消失，但其基座还在，让我们一下子看到了希望。这条神路留下的遗迹，正好通向卢克索神庙的方向。我们在卫星照片上用直尺一量，两者完全吻合！卢克索神庙神路倾斜的原因找到了：卡纳克神庙要修建一条通向 2.5 公里外的另一座神庙的神路，古埃及人修完了神路后，才开始建造另一座神庙的塔门，可当他们修建完塔门后发现，塔门后的地方已经不足以修建神庙主体了，于是工匠们急中生智，使神庙主体改变了方向。

如果事实真是这样，仍有两个问题尚待解决：一是卢克索神庙兴建的年代真的比卡纳克神庙要晚吗？二是古埃及人将这两个神庙用神路连接起来用意何在？

卡纳克神庙的建造与底比斯成为古埃及的政治中心有关。在此之前，底比斯只是个地方文化中心，其所尊崇的神阿蒙、姆特和虹苏都没有被提升至国家神的级别。直到第十一王朝，底比斯才开始变得重要起来。也就是说，从中王国开始，卡纳克地区才开始出现献给姆特女神和孟杵神的神庙。到了新王国，底比斯成了埃及的首都和全国的政治文化中心。之后人们修建了卡纳克神庙的主体部分，每个法老都将一部分建筑奉献给了神明。

卢克索神庙的修建始于第十八王朝的哈特舍普苏特女王时期。之后历代法老不断对其加以完善扩展，使之最终成为现在这个样子。显然，卢克索神庙的建造年代比卡纳克神庙晚。这一点得到证实之后，接下来需要解答的问题就是古埃及人为什么要将这两座神庙连接起来？

古埃及人以神路连接两个神庙的原因很容易被猜到。因为神庙是神的宫殿，既然是宫殿，就会内外有别。神在宫殿里的活动外边的人是看不到的。但神要定期与信徒见面，而这见面的形式就是游行。像皇帝出行一样，神出行的排场更大。皇帝出行要有行宫以供其歇脚休息，然后返回。神出行也要有行宫，也要有个落脚休息的地方。卢克索神庙就是卡纳克神庙的一个行宫。那么在这两个神庙之间举行的游行是什么活动呢？

这就是古埃及重要的节日之一——奥佩特节。

奥佩特节是自古埃及新王国开始每年在底比斯举行的节日庆典。庆典中人们要将底比斯三主神阿蒙、姆特和虹苏神的雕像从卡纳克神庙中抬出，一路向南，一直走到卢克索神庙。这个节日庆典的主要用意是更新阿蒙神和姆特神的婚姻，为其注入新的活力。神的婚姻也像常人的一样，时间长了就会逐渐走入困境，于是便需要更新。这让我想起鲁迅所说的话：爱情是需要时时更新、生长、创造的。人们沿神路走向卢克索神庙，仪式过后从水路返回卡纳克神庙。神路有2公里长，中间有几个小神庙作为驿站，神在这里休息，祭司们也在这里休息。这个节日不仅更新神的婚姻，让神的婚姻更有活力，而且还要借此服务社会。在这一节日中百姓要请示神谕，贵族要祈求平安。而最大的请求来自法老，法老每年要通过这个仪式更新他们的王位，再次加冕，以使其统治更富活力。

据说这一节日源于哈特舍普苏特女王。植物一岁一枯荣，权力也一样。于是埃及人的思想产生了一个重要概念：更新。古埃及的法老基本都是男性，没人感到一定要借助更新才能使其权力更有活力。但哈特舍普苏特女王不同，她毕竟打破了传统，在男人统治的世界里登上了权力的顶峰。所以,她更注重权力的更新,意图使之永葆活力,永远有力量。

这一节日庆典的举办时间很有意思,为每年泛滥季的第二个月,一般持续 14 天,后来庆典越来越长,一直发展到持续 27 天。古埃及人为什么要在这个时候举行庆典呢?因为泛滥季是农闲之时,此时尼罗河水漫过堤岸,冲向田野。只有等到河水退回之后人们才能重新开始农耕。这期间全国百姓赋闲,就如同放了一次长假,正好是举行节日庆典的好时机。

文明,在闲暇中创造!

第九章　古埃及的艺术

　　从古至今古埃及的艺术一直是吸引人们眼球的最优秀的文明遗产。从古埃及壁画和浮雕的图画中我们可以得到这样的印象，古埃及人生活在艺术的氛围之中。就连人们在收获亚麻的时候都有乐器伴奏，古王国时期的陵墓壁画上就出现了这样的画面（如图9-1），图画上还有象形文字说明负责收获的官员也指挥吹笛子的人："哦，伙计，吹吧，别影响我们的工作！"第十一王朝法老尹太弗二世（Intef Ⅱ）石碑上的文字更是将古埃及音乐的动感活灵活现地展示在我们面前："我的躯体在说话，我的嘴唇在应和：神圣的音乐献给哈托尔女神，百万年的音乐，因为你热爱音乐，百万年的音乐。"生活在艺术氛围中的古埃及人给后世留下最为令人瞩目的艺术遗产有四个，即音乐、舞蹈与雕塑、绘画。

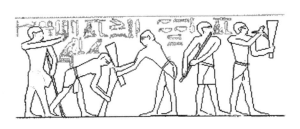

图 9-1　壁画上的乐器

第一节　音乐与舞蹈

　　音乐对古埃及人的生活而言是须臾不可离的。古埃及人音乐形式也很简单，拍手的节奏是一种音乐，唱歌是一种音乐，演奏乐器的声音更是一种音乐。音乐在古埃及无处不在，在神庙里敬神要有音乐，宗教游行或节日游行中也要有音乐，宴饮聚会上更要有音乐，甚至当天慢慢黑下来时，人们也用音乐来驱走黑暗带来的沉闷。对古埃及人而言，不仅休闲时要有音乐，劳作时亦要有音乐。然而，尽管古埃及人给我们留下了各种乐器及演奏的场所，但却没有任何一个古埃及乐谱得以留存下来。这使我们知道古埃及人如何演奏，知道他们在什么场合演奏，却对其演奏的乐曲的旋律及节奏一无所知。尽管如此，我们还是应该感谢古埃及人给我们留下了这份遗产。

一、音乐

古埃及的乐器种类也无外乎吹奏、弹拨、打击三种。吹奏的乐器有笛子，有点类似现代的长笛、竖笛、双管乐器和喇叭；弹拨的是弦乐器，有竖琴、U形琴、鲁特琴；打击乐器有鼓、拨浪鼓、铃鼓及镲。

笛子是古埃及人较早演奏的乐器之一。古埃及的笛子有两种，一种是单管，另一种为双管。双管笛最初是两管并列在一起的，但后来人们将两管分离开来，使之形成了一定的角度。大约在公元前2800年，双管乐器就已经在古埃及出现了，该乐器的两管一大一小，演奏时大的发出嗡嗡声，小的演奏主旋律。大管也有可能是用来扩展小管的低音音区的。古埃及的笛子最早是用芦苇管制作的，但后来改用铜制造。笛子上一般有三到五个孔，吹孔的旁边有个楔形物。吹孔一般可以摘下来，上有两个或一个振动膜。这样的吹孔尽管在壁画中出现，但考古学家一直没有挖掘出它的实物，所以，对于吹孔及笛膜的材质，我们尚且一无所知。

喇叭在古埃及是一种更为流行的吹奏乐器。喇叭制作起来要比笛子复杂得多，但考古学家发掘出了喇叭的实物，这使我们对这种乐器的认识要比笛子更加详细。图坦卡门法老墓中就有喇叭出现。喇叭主体的制作材料是铜或银，而喇叭嘴却用银或金制造而成。喇叭最初是军队所用的乐器，但后来与阿蒙神、拉-赫鲁阿赫梯神、普塔赫神等神祇联系在一起，在宗教仪式中被广泛使用。

竖琴在古王国时期就已经被广泛使用了。竖琴最早是由弓箭发展而来的。人们在狩猎之余，会用手抚摸弹拨弓弦。动物筋做成的弓弦会发出悦耳的声音，于是人们从中发明了竖琴。古埃及的竖琴有的呈三角形，有的呈弧形。竖琴琴弦有五根到十二根，用动物的肠子做成。在古埃及，男人、女人都可以演奏竖琴，演奏的姿势可以是坐着的，也可以是站着的，还可以是跪着的。竖琴有一个共鸣箱，共鸣箱也可以用来弹奏拍击。共鸣箱一般用木头制成，其上镶嵌着金银宝石等，使竖琴不仅是一件乐器，还成为一件赏心悦目的艺术品。当然，也有的竖琴是用乌木制作而成的，比如阿赫莫斯法老的竖琴就是用乌木制作而成的。新王国时期，竖琴有了很大的发展，不仅大小各异的竖琴开始出现，琴弦也越来越多，共鸣箱亦得到了改善。有的竖琴装饰精美，用名贵动物皮来装饰琴身，虽然这样的竖琴并不多见，但至少我们可以从一个陵墓的壁画上看到。显然这样的竖琴已经不仅仅是一件乐器了。最为华丽的竖琴是图特摩斯三世的，其上镶嵌着金银，同时还镶嵌着天青石、孔雀石等宝石。竖琴一般都是在宴饮或聚会上演奏的，而通常又都是与其他乐器一起演奏的。竖琴在美索不达米亚出现的时间比古埃及早，它在古埃及出现的时间是公元前2500年左右，而美索不达米亚出现竖琴的时间却是在公元前3000年左右。但从其形状等特点上看，古埃及的竖琴并非从美索不达米亚传入，而是古埃及人自己的发明。虽然古埃及竖琴有两种，但弧形竖琴在古埃及法老时代更为流行。这种竖琴由共鸣箱和一个弯曲的杆构成，两者之间用两个边柱连接。边柱之间是琴弦，一头连接共鸣箱，一头连接弯曲杆。因为边柱有曲度，当转动边柱的时候，琴弦的松紧就会得到调整，琴弦的声调就会发生变化。三角琴没有两个边柱，而是在共鸣箱上安装一个竖琴杆。这样，共鸣箱和竖琴杆之间就形成一定的角度，琴弦连接在两者之间，呈现一个三角的形状。

U形琴很早就已经在中东一带出现了，但大约公元前2000年它才开始在埃及出现并一直被广泛使用到托勒密时代。该琴最为流行的时代是阿玛纳时代。它是一种非常大的乐器，有时需要两个人一起演奏。有意思的是古埃及壁画上出现的U形琴演奏者常身着迦南人服装，可生活在巴勒斯坦地区的人对该乐器却比较陌生，他们并不熟悉该琴。在美索不达米亚地区，考古学家发现的大约公元前 2500 年的乌鲁克及苏萨陵墓中的封印却让后人知道当时已有大型 U 形琴出现。因此，古埃及的 U 形琴很可能是从两河流域传入的。

鲁特琴是一种类似于我们熟悉的曼陀林的乐器，是一种有几根弦的弹拨乐器。这种乐器最早在新王国时期的古埃及出现，但在托勒密王朝之前，就基本上从古埃及的乐器中消失了。这种乐器同 U 形琴一样很可能是从两河流域传入的，因为在古埃及出现这种乐器之前，U 形琴在两河流域已经非常流行了。像曼陀林一样，这种乐器也是由一个大共鸣箱构成乐器的主体的。共鸣箱一般为略长的椭圆形，用木头制作而成，面板也用薄木板或兽皮盖住，上边开一个口供声音从中传出。

打击乐器应该是最古老的乐器形式，因为节奏是音乐的要素之一，而最简单的节奏是用手拍出来的。因此，古埃及最早的打击乐器是由拍手衍生出来的用兽骨做成的手形拍击器具。这种器具经常装饰得非常漂亮，不仅其上刻有手的形象，还装饰有哈托尔神的头像。有的拍击器具不大，有的就是纯粹的响板。鼓是中王国时期才在埃及出现的。最初的鼓是军事用品，用树干制作而成，里面凿空，上面用皮革蒙住。新王国时期古埃及人从巴勒斯坦地区引进了高脚杯形状的鼓。除了鼓，其他打击乐器还有拨浪鼓、铃鼓等。古埃及最为流行的摇铃式乐器是叉铃，后来这种乐器与伊西斯女神崇拜产生了联系，常以哈托尔神的形象为装饰。镲是古埃及晚期出现的打击乐器。打击乐器尽管声音简单，但却非常有助于营造气氛。各种打击乐器合在一起会产生非常美妙的效果。在中王国时期的一座陵墓的壁画中我们就看到一个乐队在一个叫赫苏威尔的人指挥下演奏的场面，内有叉铃演奏者十人，拍手者十人，众人整齐地排成两排，这说明在古埃及乐器合奏已经是很普遍的一种艺术形式了。

古埃及很少出现独奏或清唱的音乐，大多音乐是合奏或伴奏的形式。歌唱与器乐一样是古埃及音乐中非常重要的一种形式。无论是在古王国时期还是中王国时期，陵墓壁画和铭文中都有歌唱者的身影和对她们的记述。歌唱者在古埃及语中被称作𓄿𓏤𓏤𓏤𓀁，社会地位很高，常常是由高级大臣的女性亲属们来担当。古埃及有一个职业与歌唱者有些类似，即𓇋𓂧𓏏𓀁，所不同者在于后者仅侍奉女神，而歌唱者不仅侍奉女神，也侍奉男神。歌唱者最主要的工作不是娱乐，而是仪式上的歌唱。仪式一般都与神庙相关，此外便是丧葬。古埃及铭文中不仅有对于歌唱的记载，也记录了一些歌唱的内容。阿比多斯内卜昂赫石碑上就有这样的记载。

歌者侪尼阿唱道：

> 你在你永恒的宝座上是何等的稳固
> 你的永恒的纪念碑！
> 里面装满了敬献的食品
> 一切美好的事物。
> 你的卡与你同在
> 绝不让你独处。
> 哦，皇宫玺印佩戴者伟大的内臣内卜昂赫！
> 你的呼吸是北风甜蜜的呼吸
> 这样唱过他的歌者将让他的名字复活。
> 他喜爱的歌手尊敬的侪尼阿
> 每日为他的卡唱歌。

在古埃及，除了在宗教仪式或丧葬仪式上需要唱歌外，日常生活中也充满了歌声。人们为了减轻单调的劳作造成的疲劳往往会边干活边唱歌。这时的歌声不会有乐器伴奏，双手拍击出的节奏就是歌声伴奏。生活中的歌唱内容一般以赞美家庭主人的居多，比如这样的词句："愿埃及所有的神祇都给予我主人以力量与健康。"宴饮时歌唱是必不可少的，这不仅在壁画上有直观的描绘，在文字文献中亦有这样的描述。《维纳蒙的故事》中就有这样的文字："他带给我两罐葡萄酒，再带一只羊。他带给我跟他一起来的滕特诺，一位古埃及女歌者说：'给他唱歌，别让他的心感到忧烦。'"

音乐既然是古埃及人生活中一项必不可少的内容，那么我们完全可以断定其水平应该达到了相当的高度。然而遗憾的是，到目前为止我们没有发现一份古埃及人留下来的乐谱。学者们根据古埃及的乐器得出这样的结论，古埃及的音乐为没有半音的五音程小调音乐。因为根据古埃及笛子的洞孔的距离可以推出其音乐的音程。新王国时期，随着古埃及对外交往的扩大，古埃及人和外国人的接触越来越多，新的乐器也开始越来越多地出现在埃及，随之而来的便是外国的音乐。传统的古埃及五音程小调音乐受到了一定的冲击，但埃及的音乐传统并没有被彻底改变，五音程小调音乐仍旧是古埃及音乐的主流。有的学者称，新王国时期之后的古埃及音乐不再是以五音程小调音乐为主的音乐了，而是变成了含有两个半音的七音程大调音乐。到了托勒密时期，由于古希腊人对古埃及的统治，古希腊音乐开始越来越多地影响到古埃及音乐。但这个影响是双向的，不仅古希腊音乐影响到了古埃及音乐，古埃及音乐也给古希腊音乐注入了新的因素。直到毕达哥拉斯的音乐理论传入古埃及后，古埃及的五音程小调音乐才开始彻底改变。

二、舞蹈

古埃及人是一个生活在音乐中的民族，亦是一个生活在舞蹈中的民族。我们从古埃及的陵墓壁画、浮雕甚至雕塑中都能发现描绘舞蹈的场景，文字文献中亦有证明古埃及人热爱舞蹈的记载。第六王朝法老佩匹二世叮嘱大臣哈尔胡夫照看好从南方带回来的会跳舞的小矮人的信件，为很多研究古埃及文献的学者所熟悉，我们从中可以看到古埃及人热爱舞蹈的风尚。

古埃及的舞蹈种类繁多，总体说来古埃及的舞蹈是单性舞蹈，即无论是双人舞抑或群体舞，舞者或都是男性，或都是女性，几乎没有男女性共同舞蹈的情况。有意思的是，不像现代的舞蹈，古埃及舞蹈中舞者们的动作并非整齐划一。无论是双人舞还是群体舞，每位舞者都是各跳各的，但整体上却非常和谐。从性质上来看，古埃及的舞蹈有世俗舞蹈和宗教舞蹈之分；从准备情况上看，有编排舞蹈和即兴舞蹈之别；从功能上看，有愉悦舞蹈和敬神舞蹈之属。有人对古埃及的舞蹈进行了较为细致的划分，将其划分为11个种类：

1. 即兴舞

这种舞蹈没有事先的准备，完全属于一时兴起的产物。此类舞蹈很少有音乐伴奏，拍手的声音便成了最好的伴奏音乐。

2. 体操舞

这是一种高难度的舞蹈，没有经过多年的训练是很难表演的。其中包括车轮翻、后桥、劈叉等高难动作。

3. 模仿舞

主要是模仿动物的动作，一般出现于娱乐为主的场合比较多。

4. 双人舞

这是一种经过编排的舞蹈，要求跳舞的两人动作配合默契，左右相顾。这种舞蹈对后世舞蹈影响很大。

5. 群体舞

此种舞蹈是精心编排的演出，无论其演出的场合与目的如何，其表演都是非常正式的。虽然在群体舞中舞者各有各的舞步，但整体上看却非常和谐一致，做到了审美上的杂多之统一。

6. 战争舞

这种舞蹈主要是用来娱乐军队中的雇佣兵的。古埃及人打仗时会雇佣很多雇佣兵，雇佣兵都是外国人，以利比亚人、希腊人及被称作"洋人"（人们习惯称之为"海上民族"）的海上游民为主。

7. 剧舞

这种舞蹈是有情节的叙事性舞蹈，舞者根据角色故事表演。多表演历史故事，舞者多为女孩儿。

8. 抒情舞

这种舞蹈有点像现代的舞蹈，略有情节，常用以抒发某种情怀。

9. 矮人舞

从古王国时期起在古埃及的文献中就有跳舞的小矮人出现，他们跳的舞蹈被称作圣舞。

10. 丧葬舞

此种舞蹈是丧葬过程中使用的舞蹈形式，主要有三种：仪式舞、哀悼舞和悦卡舞。

11. 宗教舞

宗教舞蹈比较复杂，因为每一位神祇都有自己的舞者，每一位舞者都为自己的神跳舞。因此，宗教舞蹈各个不同。且宗教仪式和庆典在古埃及又非常之多，每个庆典和仪式的内容又都不同，宗教舞蹈随之变得非常复杂。比如在献给哈托尔女神的舞蹈中就经常出现跳跃的动作，舞者以此来迎接哈托尔女神的到来，以使死者能够顺利地被众神接受。而献给塞赫迈特女神的舞蹈又有所不同，因为该女神曾得到拉神的指示要惩罚人类，所以舞者要用舞蹈取悦她，以使她对人类手下留情。

现代舞者跳舞的时候都穿着特殊的舞蹈服装，而古埃及舞者似乎并无专门的舞蹈服装。这可能与古埃及人普遍衣着较少有关。并且为了跳舞时灵活方便，舞者也会穿得较少。特别是在宴饮场合上跳舞时，舞者仅穿着透明的裙子，有时甚至只在腰间系上一条宽松的彩带，几近裸体。当然，在宗教舞蹈中舞者会因不同的宗教信仰而穿上不同的服装。但古埃及的壁画中并未体现出舞者跳舞时穿着的服装具有特殊的性质。

古埃及的舞者有职业与业余之分。职业的舞者一般都出身显赫，多属贵族家庭。他们从小接受训练，特别是宗教舞蹈的训练。因其出身高贵，社会地位也相对较高。宗教舞者在神庙里接受训练，在宗教仪式中进行表演。之后他们可以进入祭司的行列，成为宗教舞者的教练。这样的舞者，其身份是祭司——专司舞蹈的祭司。业余舞者一般都是王室后宫中的女仆，其舞蹈多为助兴取乐之用。贵族家庭中的仆人也会学习一些舞蹈，当主人宴请宾客的时候他们会以舞蹈助兴。

　　有两种古埃及舞蹈需要笔者多着笔墨，一种是被称作 Muu 舞的舞蹈，另一种便是现代仍然流行于埃及的肚皮舞。

　　Muu 舞是一种丧葬舞蹈，这种舞蹈的舞者被看作是永恒世界的代表，来迎接死者进入永恒世界。舞者并不说话，他们通过手势传达意思。Muu 舞者在丧葬仪式中分三组出现于送葬的进程中。第一组舞者在路上等候送葬队伍的到来，用舞蹈迎接送葬队伍的到来。舞者头戴用柳条或芦苇编织而成的锥形帽子，身着漂亮的短裙。之后舞者会拦截下送葬的队伍，用舞蹈和手势给予送葬队伍进入墓地的许可。第二组舞者等候在 Muu 园中，园中一片绿色，各种植物茂盛生长，中间有一个大厅，供 Muu 舞者舞蹈之用。送葬的队伍在这里停留，Muu 舞蹈在这里表演，场面较为正式，有乐队伴奏。舞者成对出现，作为奥西里斯神的使者迎接新成员进入永恒世界。第三组 Muu 舞者头上不再戴舞帽，他们有时光着头，有时头上戴着纸草做成的花冠。在主祭司的呼喊声中翩翩起舞，他们所跳的舞蹈非常复杂。

　　肚皮舞又称东方舞，现在仍是埃及夜晚俱乐部中的主要表演节目。东方舞的起源众说纷纭，因为现在流行在世界各地的肚皮舞的风格很多，除了埃及风格肚皮舞之外，还有土耳其风格肚皮舞、罗马风格肚皮舞、波斯风格肚皮舞、拉美风格肚皮舞、阿拉伯风格肚皮舞、吉卜赛风格肚皮舞等，其起源也各自不同。要明确哪种风格的肚皮舞起源最早还需要做认真的考证，但无论如何，古埃及的肚皮舞至少在新王国时期就已经风行于埃及，称其为较早的肚皮舞之一当无错误。

　　古埃及肚皮舞的相关的证据来自古埃及陵墓壁画中的舞蹈场面。最为著名的是第十八王朝大臣内卜阿蒙的位于底比斯的陵墓中的壁画。内卜阿蒙是该王朝的一位书吏官和谷物记录官，属于社会上层。其陵墓中精美的壁画不幸被盗，几经辗转，最后被大英博物馆收购，现藏于该博物馆内，成为大英博物馆珍贵的藏品之一。内卜阿蒙的位于底比斯的陵墓不幸消失，人们无法再次找到它。该壁画中描绘了古埃及人的宴饮场面，食物美酒被堆放在桌子上。最为引人注目的是四个伴奏者为两位舞者伴奏的场面。演出者中无论是伴奏者还是跳舞者都是女性，戴着假发和头饰。其中跳舞的两个女人几近裸体，除了头上的装饰和其中一位戴着的项链外，她们身上便只有一条松松垮垮地系在臀部的带子。这跟我们现在看到的埃及肚皮舞十分相像，所不同者在于现代的肚皮舞者尽管也穿着不多，但毕竟不是裸体。但两者有一点十分相似，即现代肚皮舞者也经常在臀部系一条带子。除了内卜阿蒙陵墓壁画中的舞者之外，类似舞蹈还出现在其他壁画之中，然而，壁画所能展示的仅是静态的场景，无法让我们看到此类舞蹈的全部动作，尽管它们有许多相似之处，但要证明它们就是古埃及肚皮舞还需进一步的分析。

要证实古埃及壁画上的舞蹈是肚皮舞，首先需要对肚皮舞有一个基本的界定。什么是肚皮舞？尽管其流派众多，但都有三个共同的特点，即欢快的节奏、较少的服饰以及以手、脚、臀的运动为主的舞蹈动作。

我们就用这三个特点来认真推敲一下我们上面提到的内卜阿蒙陵墓壁画中的舞蹈的特点。壁画中的舞者衣着较少的特点上文已有叙述，此处不再赘述。接下来我们考察其手、脚、臀部的舞蹈动作。两位舞者中的一位将手臂高高举起，双手形成特殊的手型；另一位双手下垂，放在身前，掌心朝上。两者虽然动作不同，但显然上肢的表演都非常充分。手臂与手的表演非常引人注目，显然是这类舞蹈的一大特点。两位舞者都双腿分开，一前一后，显然其舞蹈不是站立不动地表演的，而是边走边舞。两人的步伐并不一致，说明其步伐具有随意性。让人留意的还有前边那位舞者后腿的动作，即将后腿的脚跟提起。在其他壁画里出现的类似的舞蹈中也有这个动作，不像有些舞蹈中舞者会做出杂技一样的高难动作，此类舞蹈中舞者脚的位置都并不太高。这样的脚部动作只有两种可能，一种是用脚踩着拍子，另一种是配合臀部的动作。在另一幅描绘三位演奏者的壁画中也出现了一位穿着类似内卜阿蒙舞者的演奏者，其脚部的动作跟内卜阿蒙舞者如出一辙，显然是在一边演奏一边跳舞。再说臀部动作，这是最难从壁画中看出的舞蹈动作。因为古埃及绘画有一个数千年不变的传统，即画中人物皆以侧面示人，但其肩膀和眼睛却是正面的样子。而肚皮舞的臀部动作却多为左右摇动，这就使得古埃及的壁画无法将舞者臀部的晃动记录下来。这是古埃及绘画的局限性导致的。尽管如此，如果我们认真观察，认真研究，还是能从壁画中推测出舞者的臀部动作。我们知道现代埃及肚皮舞的一个基本臀部动作是将臀部从一侧向另一侧转动半圈，所转向方向的那条大腿便会自然随着臀部的转动向前移动，该动作以这条大腿向后移动再向前恢复原位为结束，然后向另一侧重复相同的动作。该动作伴着节拍反复进行，给观者的印象就是舞者的肚子在舞蹈中左右晃动。尽管做这样的动作舞者的脚部不会有太大的移动，但如果不将脚跟抬起来的话就很难完成，尤其是在连续的快速舞动过程中。因此我们可以推断出，古埃及壁画中的舞者常有一只脚跟提起的动作，是因为其臀部和肚子做半圆轨迹的晃动的结果。此外，此类舞者常做腰身微曲状，也表明其动作的中心在臀部。还有一点可以证明我们的推测是正确的，即舞者臀部系着的带子。这个带子应该是装饰有珠宝的，为的是使这些珠宝能随着舞者的舞动发出悦耳的声音。可是为什么要将带子系在臀部呢？因为臀部动作是该舞蹈的重要舞姿，所以舞者才将带子系在这里。肚皮舞的三个特点中的两个已经得到证实，剩下一个特点便是音乐节奏。肚皮舞的音乐都很欢快，节奏感强。从古埃及壁画中我们却无法知道其音乐的旋律与节奏。但是，内卜阿蒙舞蹈壁画还是透露了其伴奏音乐的一些特点。壁画中有四位演奏者，其中只有一位在吹奏双管乐器，另外三位中有两位明显是在用双手拍击发出的声音为舞者伴奏的。节奏是旋律的要素之一，这么多人拍手伴奏，可见其节奏感一定很强，不然就不会特意安排这么多人来打节奏。现代肚皮舞的三个基本特点都可以在古埃及壁画描绘的舞蹈中得到印证，我们可以下结论：肚皮舞不仅存在于古埃及，而且是非常流行的舞蹈形式。至于古埃及的肚皮舞都在什么场合表演，表演的方式有几种，我们在这里就不做进一步的论述了。至少从内卜阿蒙陵墓壁画中可以看到，肚皮舞会在宴饮的场合出现。至于为什么陵墓中的壁画会描绘下肚皮舞的场景，则可能与死者希望这种舞蹈能够帮助他在永恒的世界中复活有关。

第二节　雕塑与绘画

一、雕塑与绘画的功用

古埃及艺术给后人留下的印象非常深刻。有一位埃及学家曾经说过，后世对于古埃及文明的认识是黄昏开始的，然后进入黑夜，最后走向黎明。因为当古埃及文明留下来的遗迹第一次被古希腊人发现的时候，当时的埃及人口中所讲的还是古埃及语，但在异族的统治下古埃及语很快就消失了，其文字无人能识，宗教改变了，古埃及文明也断绝了。接下来是近 2000 年的黑暗。随着商博良等一批学者努力的成果——古埃及象形文字最终被成功破译——古埃及文明的黎明才再次到来。对于后世来说，古埃及人留下来的遗产中最吸引人的，毫无疑问是其艺术，其精美的雕塑和内容神秘的绘画让人们心驰神往。

古埃及的雕塑和绘画从史前时期就已经存在了。我们不仅可以从史前遗址中看到早期的雕像，还能在史前的陶罐上看到装饰性的图形。这些雕像和图形作为古埃及艺术的早期形式在古埃及史前时期得到了很大的发展，出现了像那尔迈调色板这样的浮雕。此时古埃及的雕刻和绘画的艺术风格开始确立，之后 3000 年的历史中，此风格未发生太大的变化。

古埃及艺术的风格之所以保持不变，这是由其艺术的功用决定的。古埃及艺术最根本的功用有两个：一为娱神，二为施咒。娱神的目的是让死去的人能够顺利进入永恒世界，施咒的目的是通过这些雕塑和绘画使现实生活会按照艺术中的内容实现。比如神庙墙壁上的浮雕描绘法老向神奉献祭品，手执权杖打击敌人，这不仅反映出古埃及法老的责任是替神维持秩序，还反映出法老希望该浮雕所描绘的内容能在现实世界中得以实现。又如，古埃及人将雕像放在神庙里或陵墓中，其用意也在于通过开口仪式将生命的灵魂注入这些雕像中，使之复活。所以，在古埃及人的心目中，艺术中的人和现实中的人并无根本区别，所不同者仅仅是现实中的人的生命是短暂的，而艺术中的人的生命是永恒的。也正因为如此，古埃及人在条件允许的时候一定会首选雕塑，因为雕塑所用的材料是石头，石头属于"永恒"的材料。其次才选择浮雕，再次为绘画。浮雕一般仍刻凿在石头上，而绘画往往是绘制在墙壁上的灰泥表面，其耐久度显然比石头差很远。也正因为古埃及艺术具有这样的功用和目的，所以古埃及艺术的主题经常围绕着这样的一些内容：生命的循环、神的职责、死后的生活、国王的职责等。

创作这些艺术作品的人用现代艺术的眼光来看并不能被归于艺术家之列。因为现代艺术家工作的最大特征是创造，没有创造便称不上艺术。而古埃及雕刻和描绘出这些作品的人是不可以随意创造的，因此，人们更多地把他们称为工匠。这些艺术工匠并不单独工作，而是组成一个小组，用现代的词汇可称之为团队。每个团队有一个头目，用现在的话来说就是首席。首席工匠负责监管一项工作的全部进程，并负责训练刚出徒的新手。古埃及的艺术工匠团队人员构成相对固定，他们在完成一项任务后再进行下一项任务。工作程序根据艺术样式的不同而有所不同，但大致程序都是先从画轮廓开始。轮廓完成后，其他人开始雕刻和涂色。艺术工匠们所用的工具有很多，最为常用的有石锤、凿子、钻和锯等。雕塑和绘画艺术中最常用的材料有石头、木头、金属、陶土及绘画用的颜料。

石头因为坚硬而被古埃及人看作是"永恒的"材料，因此被他们用来建造神庙和陵墓。而古埃及人所居住的房屋却用泥砖来修建，即使是法老的宫殿也都用泥砖修建。尼罗河两岸有很多可供古埃及人开采石料的地方，尤其是石灰岩和砂岩，而在阿斯旺地区则有更加坚硬的花岗岩。像片麻岩和硬砂岩等坚硬的岩石则可在东部荒漠山丘中采到，法尤姆地区则有玄武岩。坚硬的岩石需要用合适的工具才能加工处理，古埃及的工匠最初使用的是燧石工具，后来开始使用铜制工具。铁制工具直到公元前1000年的时候才开始传入埃及。铜制工具对于雕刻坚硬的石头而言显得过软，于是古埃及的工匠便先用石头锤等工具凿出大样，然后再雕刻和打磨。打磨用的工具是坚硬的打磨石。制作雕塑所用的石头尽管坚硬，但也非常脆弱，特别是在雕凿比较细的突出部位的时候，经常会发生断裂，比如鼻子、手指等处。古埃及遗留下的残破的雕像很多，有的是不小心摔破的，有的则是刻意为之。因为古埃及人相信一个人的雕像里面有这个人的灵魂，如果雕像死掉了，这个人也就彻底地从这个世界上消失了。因此，出于对雕像主人的仇恨，工匠会故意损坏其雕像的鼻子、眼睛、嘴或耳朵。石头雕像一旦完成，工匠立刻要对其进行涂色。很多雕像在涂色之前要在大体完成的雕像上涂抹一层石膏灰泥，使之完美平整。这样的雕像要立即在其上涂抹颜色。但较坚硬的石头雕像则不需要涂抹灰泥，涂色的工程一般也只是将眼睛等处简单描画一下即可。

现代埃及的树木越来越少了，除了棕榈树之外便很少有较大的树木。但在古埃及，还是有一些诸如合欢树、埃及榕等树木生长在埃及各处。这些树木为古埃及的木雕艺术提供了材料。树干被用来雕刻较大雕像，树枝则被用来雕刻较小的雕像，有时工匠还要将几块木料拼在一起用来雕刻塑像。木雕艺术所用工具仍然是用燧石和铜制造而成的，有些木雕材料的木质较好，用其制成雕像也非常精细。有些则木质一般，这时工匠则要像制作石雕一样在其表面涂上一层灰泥，再进行细部处理。即使在古代，埃及的上好木料也不很多。因此，古埃及人在制造大型船只时则需要从黎巴嫩地区进口木材。

古埃及金属雕塑的材料主要有金、银、锡、青铜、黄铜合金。金比较贵重，也为古埃及人所喜爱。因为金子的光泽很亮，象征着太阳。古埃及人崇拜太阳神，因此金子在埃及便成为最高贵的金属。此外，金子不易褪色，这又让古埃及人联想到永恒。古埃及的金子主要是从努比亚进口的，东部荒漠地区也有金矿可供开采。银主要依靠进口，大多来自西亚和爱琴海一带。像金子这样的贵重金属经常和宝石一起用来做雕像的装饰，比如胸饰、宽大的项链、手镯以及王权标志。王权标志包括法老王冠上的神蛇、手里握着的连枷和钩子等。青铜最初只用来做工具、武器、铠甲等。金属材料有一点好处是石头和木头无法比拟的，即可以重复使用。废旧的雕像或工具可以重新熔化浇铸成新的工具或雕像。金属雕像一般采用铸造的形式制作，也有的是用薄金属片打制。

　　彩陶也是古埃及工匠雕塑艺术的形式之一。古埃及彩陶塑像一般表面呈蓝色或绿色，里面呈灰白色且带有小孔。彩陶表面的带色光泽有很多种制作方法，有的是将矿物质直接加入陶坯，待其烧制后表面出现光泽。另一种方法是将发光物质掺入到陶土中，待其被加热熔化后在表面形成光泽。还有一种方法是用刷子将发光物质刷入雕像表面使之发光。彩陶雕像一般采用两种方法制作：一种是倒模，另一种是用陶轮。

　　古埃及绘画、浮雕和雕塑所用材料、技法与风格互相联系，但又各自不尽相同。总的风格是清晰、平衡、稳定，几何性设计风格鲜明。

　　古埃及的绘画原则与我们现代的绘画原则并不相同。首先，古埃及的绘画不讲求透视。比如说，在现代二维图画中出现的人物应该是近的人物大，远的人物小。可在古埃及绘画就完全不遵从这一视觉规律，其中的人物是按照地位的高低来决定大小的。如果一幅绘画中出现法老，除非图画中还有神出现，不然法老绝对是身材最为高大的人。这种高大不是其身材被画高，而是在比例上比别的人物要高大许多，有时其比例要放大若干倍。人如此，神亦然。神分也有主次之分，主神的形象永远很高大。这一原则反映了在古埃及绘画艺术中等级观念完全压倒了视觉写真观念的价值观。此外，这种原则还表现在有时画中的物体会被描绘成透明的上。比如向神或先人献祭的容器，本来都是石头雕刻成的或是陶器，但为了表明里面所盛物体的重要性，往往图画中出现的容器只被画出轮廓，而内中本来看不到的东西却历历在目。

　　古埃及绘画中人物形象特点极为鲜明。古埃及绘画中出现的人物有一个共同的特点，即人物的身体都是以侧面出现，从没有以正面出现的时候。尽管人物身体是以侧面出现的，但其双肩却大多是正对着观画者的，即无论人物是什么姿态，其双肩大多会出现在绘画中。这有点违背视觉的直观感受，但古埃及人却很少让人物单肩出现，这表现了古埃及人的平衡和完整的观念。古埃及绘画中人物的头可侧可正，但人物以侧脸出现时，其眼睛眼眉却都是正对观画者的。好在侧面的人没有出现画着两只眼睛的情况，不然就绝对是现代毕加索变形艺术的先驱了。

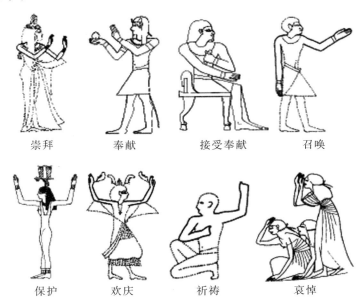

崇拜　　　　奉献　　　　接受奉献　　　　召唤

保护　　　　欢庆　　　　祈祷　　　　哀悼

图 9-2　古埃及绘画中最常见的人物造型

图 9-2 是最常出现在古埃及绘画中的人物造型，从这些造型中，我们完全可以看到古埃及艺术风格的清晰、平衡、稳定，几何设计风格鲜明，人物大多对称，都可以用一个长方形的框子框起来。

古埃及绘画所用颜料大多来自自然物质。颜色的种类并不多，主要有六种，即红、绿、蓝、黄、白和黑。红色和黄色颜料是用荒漠中采来的赭土为原料制作而成的；蓝色颜料是古埃及颜料中制作工序最为复杂的，其原料中包含有荒漠中的沙土、泡碱和混以磨成粉状的孔雀石的黄铜粉末；绿色颜料是黄颜料和蓝颜料混合出来的颜色；白色颜料的原料是石膏；黑色颜料的原料是烟灰和锰。

古埃及绘画中的色彩运用具有很强的象征性。在古埃及人心目中，不同的颜色具有不同的意义。因此，绘画中不会完全按照自然的色彩来描绘事物。红色是火的颜色，象征力量、生命、胜利和愤怒；绿色象征生命，象征生长和繁荣；蓝色象征创造和再生；黄色象征永恒，因为它是金子的颜色，因此也是拉神的颜色，法老的木乃伊面罩多用黄金打造，其用意就在于象征法老死后变作了神；白色象征圣洁和纯净，因此神庙中祭司的用具大多是白色的；黑色象征黑夜、冥界和死亡。

古埃及的陵墓绘画出现得很早，在史前就已经出现了。但真正持续 3000 多年的古埃及艺术风格却是在第三王朝与第四王朝间出现的，其代表作品是在第四王朝创建者斯诺弗汝法老的儿媳妇伊太特的位于美杜姆的玛斯塔巴墓中出现的壁画。这幅现藏于开罗博物馆的壁画是一幅刻画生动、色彩艳丽的描绘鹅的图画，至今已有近 4000 年的历史。尽管现存的这幅壁画只是一幅较大图画的残片，但足以向后世展示古埃及的绘画风格。

古王国时期的陵墓壁画主要用来装饰陵墓中出现的浮雕，即为浮雕涂色。但从第六王朝开始，在非皇家陵墓中，浮雕逐渐被绘画所取代。造成这一变化的原因很简单，因为浮雕的制作工序更为复杂，用工更多，花费也更为昂贵。出于经济的考虑，陵墓绘画开始越来越多地出现在陵墓里。尽管陵墓墙壁上的绘画比浮雕的花费要少很多，但其功用却是一样的，即引导亡灵顺利地进入杜阿特世界。

第一中间期到中王国时期，贵族陵墓中的长方形木棺通常被精心装饰，使之成为亡灵的真正的居所。木棺外面写有死者的名字和头衔，以便让神能够认出死者并给予其保护。名字和头衔之外的地方都画上图画，不仅要画上房屋墙壁的图案，还要画上地板与门窗。木棺顶端要画上"假门"，供死者的灵魂随意飞出飞回。此外，木棺外面还要画上一个非常重要的图画，即荷鲁斯的眼睛，以使死者可以通过荷鲁斯的眼睛看到外边的世界。木棺的内侧也用画来装饰，木棺内侧的头顶处画着死者的头饰，木棺内侧的底部画着死者的鞋，而死者身旁两侧画的则是献给死者的祭品，包括一个桌子，上面放着面包、肉和蔬菜。这些东西是用来确保死者在另一个世界里有丰盛的食物供给的。此外，还刻写着一长串的奉献祭品，这些都是死者的个人物品，包括武器、官杖、陶器、石器、衣物等。棺椁被放在墓室中，墓室是用石头凿出的，因此墙壁表面并不平坦。古埃及人将墓室表面凿平，画上日常生活的场景。常见的有荒漠中的狩猎、农田里的工作、男人的角力、孩子的游戏。这些场景有时会化成连续动画的形式，就像一幅幅的电影胶片，给人以动态感。这些画中还有描绘自然景物的，如描绘鸟在沼泽中自由自在的图景。

新王国时期陵墓壁画得到了长足的发展。底比斯地区的陵墓壁画充分展示了该时期陵墓壁画的丰富。由于用作墓室墙壁的石灰石质量不好，此时陵墓中的墓室墙壁很容易一片片地脱落下来，因此不适合在上边雕刻浮雕。所以，古埃及人就用灰泥在石头墙壁上涂抹，抹平之后在其上作画。壁画的内容仍主要以沼泽中的鸟兽图景为主，笔法细腻，刻画生动。有时在墓室壁画中会出现宴饮的场面，这为我们了解当时古埃及人的日常生活提供了最为生动的直观材料。

壁画不仅被用来装饰陵墓，也被用来装饰活人的世界。无论是住宅中的墙壁还是天棚，甚至是地面都用绘画来装饰。其中所绘内容也是日常生活中的常见景色，芦苇、水塘和鸟兽的绘画让生活在其中的古埃及人有置身自然界之感。王宫中的壁画更加美丽漂亮。遗憾的是因为古埃及人的世界观重视永恒，所以用泥砖建造的活人住的房屋很少得以保存下来，其上的壁画亦异常稀少珍贵。第十九王朝之后，壁画艺术开始逐渐衰落，不再像以前那样刻画精细了。但小物件上的绘画仍栩栩如生，如草纸上、家具上、木棺上的绘画仍保持了一贯的风格。

二、绘画浮雕与雕塑技法

无论是古埃及绘画还是古埃及浮雕，其制作过程的第一步都是将绘画或浮雕的"画布"准备好。在石头上或木头上作画和雕刻浮雕前都需要将这些材料的表面弄平，如果石头表面或木板上不够平滑，古埃及艺术工匠就会在其表面涂抹上一层灰泥，灰泥上面通常还要抹上一层石膏。后来古埃及陵墓中的壁画多数被盗，被盗走的壁画往往是墙壁上面的灰泥石膏层。这种工艺有点像我们现代装修过程中的刮大白，这样涂抹之后的表面就可以作画或雕刻了。

　　无论是制作绘画还是浮雕，第二步的工作都是画草图，或叫打轮廓。这一步很重要，因为古埃及绘画的功用性很强，不允许有任何差错。小型绘画的草稿还好说，如果要在一面墙上进行绘画或浮雕，其草稿画起来难度就非常之大。尤其是当绘画或浮雕中有许多人物出现的时候，人物间大小的比例绝不能出错。古埃及人从很早的时候就开始使用一种打格的方法，这种方法在一些未完成的壁画中可以看到。打格的方法有点像木匠用墨斗打直线，艺术工匠用一根绳子沾上墨在作画的表面上绷出直线来。线与线间的距离相等，纵横交叉，就形成了一个网格（如图 9-3）。不仅绘画、浮雕使用这种技术，雕塑也用这样的技术。古埃及艺术工匠使用毛笔或芦苇笔蘸取红色颜料描出图画的轮廓。

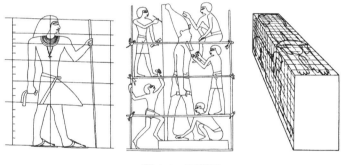

图 9-3　画草图

　　图画轮廓画好后，接下来便是给背景上色。一般绘画的背景色以灰、白、黄为主。涂色的原则是从大到小，先涂背景，因为背景面积最大。然后是人物的服装，因为服装的面积相对较大。再然后是人物的皮肤，身上的装饰，等等。上色的面积越来越小，手法越来越精细。古埃及人以六种基本颜色红、绿、蓝、黄、白、黑为基础，足以调和出他们想要的任何一种色彩。颜料用水与一种树胶调和，因为埃及气候干燥，绘画的色彩得以在数千年的时光打磨中一直保存到今天。古埃及绘画中的每一块色彩都是单色，不像现代油画一样有过渡色。直到新王国时期才出现一些这样的过渡色调，但一直没能成为古埃及绘画风格的主流。

如果制作的是浮雕，古埃及艺术工匠在轮廓画好之后便开始用凿子凿出线描轮廓，让轮廓先突显出来，再将其余部分凿平。突出的轮廓先要打磨圆滑，以免出现断裂和破损。凿完之后就准备上色了，其上色的原则跟绘画相同。古埃及的浮雕有两种，即凸浮雕跟凹浮雕。凸浮雕就是我们上面说的那种浮雕，即凿去轮廓线以外的地方，让轮廓线突显出来。而凹浮雕是只将轮廓线凿深，其余地方不变。凸浮雕更加庄重，但也更加费时费力。

雕塑技法跟绘画、浮雕相似，也是先准备好石料，根据雕塑的大小和形状将石头凿成正方形或长方形的形状。然后打格画线，不同之处在于雕塑的打格是要在六个面上都画上格子。然后画出轮廓线，之后开始雕刻。从大到小，从粗到细，最后将细节一一精雕细刻。

第三节　艺术与象形文字

古埃及的艺术从一开始就与其象形文字密不可分。如果我们仔细研究古埃及绘画、浮雕甚至雕塑的姿态形象，然后将其与象形文字中对应的字符做对比，我们很快就会发现，两者是那么相似。可以说，古埃及艺术中的形象就是象形文字符号的放大。约在公元前 3000 年，古埃及艺术开始形成其独特的风格，而其文字也正是从这个时期开始逐渐定型、完善的。两者同步发展，相辅相成，很多浮雕和绘画中都有文字出现。古埃及文字中有很多表意字符，甚至用来区分词义或限定词义的限定符号也都是表意的形象。此外，其表音的符号也完全是由刻画生动、栩栩如生的形象构成的。这就使古埃及人将艺术与文字看作是同样的东西，即刻画出来与书写出来的东西的功用是一样的。

古埃及艺术中最常见的象形文字符号如下：

圣甲虫，读作"赫坡瑞"，意为"创造"。

绳套，读作"莘"，象征太阳照耀的宇宙。

⚓ 鞋带绳套，读作"昂赫"，代表生命。

⚓ 意为"赋予生命"。

⚓ 读作"斋特"，意为"永恒"。

⚓ 意为"永远赋予生命"。

⚓ 寨德柱，意为"稳定"。

⚓ 折起的牧人帐篷，读作"萨"，意为"保护"。

⚓ 佤斯权杖，代表权力。

⚓ 荷鲁斯的眼睛，读作"瓦斋特"，象征恢复、治愈、保护。

⚓ 举起的双手，读作"卡"，为人的生命力量。

⚓ 伊西斯之结，读作"梯特"，有保护的意义。

⚓ 席子上一块面包，读作"霍特普"，意为"奉献""满意"。

⚓ 意为"国王给予的祭品"。

古埃及艺术中与法老王衔相关的符号如下：

⚓ 王名圈，法老的出生名和登基名写在王名圈中。

⚓ 直译的意思是"属于莎草和蜜蜂之人"，一般译为"上下埃及之王"。

⚓ 意为"两土地之主"，在法老的头衔中出现。

⚓ 意为"拉神之子"，常出现在法老出生名之前。

⚓ 心脏与肺管，读作"内弗尔"，意为"完美、好、美丽"。

⚓ 旗帜代表神，两个符号加在一起，读作"内彻尔-内弗尔"，意为"完美神祇"。

附记：卡纳克——神王诞生之地

我在埃及听到一个赞美古代埃及人的神奇的顺口溜：建最大坟，修最大庙，当最大官，泡最大妞。既然是顺口溜，其所用语言一定是常用的口语，说起来朗朗上口，理解起来亦非常容易，但有时候也需做些注解才行。建最大坟，指的是吉萨金字塔。埃及吉萨金字塔闻名于世，为古往今来的陵墓之首。修最大庙，恐怕说的是古埃及人在底比斯修建的两处神庙建筑群。尤其是卡纳克神庙，宏伟壮观，居世界古代庙宇之首。当最大官，应指埃及人加利（B. Boutros-Ghali）曾任联合国秘书长，作为全球的组织的最高领导人，官可谓大矣。泡最大妞，指的自然是与英国王妃戴安娜谈恋爱的埃及人多迪·法耶兹（Dodi Fayed）。英联邦国家众多，其储君之妻的地位可想而知，而埃及人多迪·法耶兹可与之恋爱，所"泡"对象不可谓不大。加利秘书长任职期间之所为有国际政治学者论证评说，戴安娜王妃的死亡之谜也有喜欢宫闱秘史的记者打探，古埃及留给后人的神奇建筑金字塔受世人瞩目已达千年，解说者、演绎者多矣，唯对古埃及人留给后世的神庙人们所知不多。虽然来到埃及的游人看过金字塔之后大多乘机南行，到卢克索来观看神庙，但大多数人在赞赏其建筑的宏伟、古人之伟大后便离开古迹，尽管带着疑惑也不愿再深思。

古埃及神庙建筑群并不那么简单。庙前的公羊雕像列于道路两旁是何用意？许多方尖碑立于庙前代表什么？庙门为何修成这个形状？里面巨柱林立是何象征？来埃及卢克索访古者对此会多有疑惑。

既然神庙在卢克索，我们就得从卢克索说起。"卢克索"一词来源于阿拉伯语，最初指古罗马占领埃及时在此地修建的兵营。此地之所以出名是因为卢克索有两处神庙建筑群，一处被称为"卢克索神庙"，另一处被称为"卡纳克神庙"。两座神庙都有 3000 多年的历史，因为有了这两座神庙，所以卢克索被称作"世界上最大的露天博物馆"。卢克索是该地现在的名字，古埃及人不懂阿拉伯语，更不知卢克索为何物。该地古时候的名字叫底比斯，是数代古埃及王朝的都城。对于古埃及人来说，底比斯一名他们也不熟悉，因为这是古希腊人给该地取的名字。其实，此名来自古埃及语，读作"niwt rswt"，意思是"南城"。底比斯在上埃及，称其为"南城"有其道理。古希腊人将这一埃及名音译成Θῆβαι（底比斯），从此史书上出现了"底比斯"这个代表古埃及著名的政治经济文化中心的名字。然而，这都不是古埃及人口中所讲、耳中所听的此地的名称，古埃及人自己称该地为，读作"WAst"。尽管中王国之前古埃及的政治中心一直在北方，但 WAst 注定要成为重要的都城，正像其名字所含之意——"权力"。古埃及将全国划分为 40 多个行政地区，称之为"诺姆"。每一诺姆都有自己的标志，而底比斯诺姆的标志正好象征着统治。

卢克索的两座神庙的名字都很有意思。卢克索神庙叫，读作"ipt rswt"，如果直译，其意为"南宫"。古时候帝王之所居被称作宫殿，但"南宫"中的宫殿却为后宫。神庙是神之居所，古时候的底比斯是阿蒙神崇拜中心，此处神庙自然是献给阿蒙神的。尽管阿蒙神的妻子是姆特神，但此神庙却不是献给姆特神的。唯一可以让我们联想到后宫的地方是神庙最南端东侧的"降生室"，里面的墙壁上绘有阿蒙霍特普三世的母亲姆特穆雅（Mutumuya）和阿蒙神结合生下该王的内容。

卡纳克神庙的埃及名字为，读作"ipt-swt"，意为"精选之地"。此地的确经过经心挑选，位于尼罗河东岸不远处，便于祭司抬着神像驾舟出巡。门前的"公羊大道"气势壮观。我记得早年看过电影《尼罗河上的惨案》，讲一位女作家来到这里，看着卡纳克神庙前两排公羊说道："公羊，雄性的力量。"她显然是位西方作家，只有西方人才见公羊而想到性欲旺盛，因为英语里山羊（goat）有色鬼（lecherous man）之意。但在古代埃及，公羊跟色鬼毫无关系，甚至跟雄性的力量也不沾边。古埃及神话中有自己的生育之神，当我们在古埃及的壁画上、浮雕中看到阳具向前突起者，这一定是皿神——古埃及的繁育之神。在大多情况下，皿神以右手执连枷置于脑后的形象出现，有点像一具木乃伊，唯其夸张的阳具让我们很容易辨认出这是古埃及人崇拜的繁育之神皿。

把卡纳克神庙前的公羊雕像认作雄性象征是西方人的错误，当初古希腊人来到古埃及时，看到这些公羊雕像，就将其认作希腊神话中半人半公羊的潘神。这位阿卡狄亚的神祇孤独地生活在山坡的洞穴之中，因他与许多山林、沼泽中的仙女有染而成为雄性力量的象征，可这是古希腊的神话。在古希腊神话尚未诞生之前，古埃及的公羊雕像已排列整齐地守护着通向卡纳克神庙的大道了。西方人错了（不包括西方的埃及学家和了解古埃及文明的学者），这里出现的公羊雕像是代表古埃及的主神阿蒙神的神圣动物。

阿蒙神起初不过是底比斯的地方神，其崇拜中心也仅限于底比斯这块不大的地域。然而，正所谓一人得道，鸡犬升天，随着底比斯势力的不断壮大，阿蒙这个小神也从中得到了好处。古埃及新王国的都城位于底比斯，也就是现在的卢克索，阿蒙神也因此一跃成为古埃及众神之王。阿蒙的形象一般为头戴双羽的法老，手执权杖 ⌐（"wAs"）与生命之符 ♀（"ankh"），与阿蒙神相关的两个神圣动物一个是鹅，另一个就是公羊。卡纳克神庙前的每一个公羊雕像颚下都有一两手交叉于前胸的人像，这就是阿蒙神，其手中握着生命之符 ♀。

神路直接将我们引向卡纳克神庙门口。神庙门口本该有两个巨大的方尖碑，卢克索神庙门前尚存一个，但卡纳克神庙入口处的方尖碑除第十九王朝法老塞提一世所立的小方尖碑尚在那里外，余者皆不知去向。

方尖碑代表的是太阳神的光线，立于神庙门口，上刻赞颂之辞。尽管方尖碑为古埃及人独有，但立于埃及这块土地上的却只剩下 7 座。现立于世界各地的方尖碑约有 30 座，其中以意大利的最多，仅罗马就有 13 座之多。这反映了古罗马人统治埃及时对方尖碑的疯狂掠夺。至于其他方尖碑我们只能到巴黎、伦敦、纽约、伊斯坦布尔等城市去看了。埃及仅存的 7 座方尖碑仍以卡纳克神庙拥有的最多，除塞提一世法老的小方尖碑外，还有第十八王朝法老图特摩斯一世及女王哈特舍普苏特的方尖碑分别立于第四塔门和第五塔门之前。

位于神庙门前的方尖碑都是成双成对的，卡纳克神庙的 10 个门前就应该共有 20 个方尖碑。然而我们能见到的仅存 3 个，这是古迹的遗憾，也是历史的遗憾。

方尖碑后面就是塔门了。塔门被修成类似象形文字 ◻ 的形状，只是没有中间的圆形。该字读作"Axt"，意为"地平线"，中间的圆形为太阳。神庙塔门不用雕出太阳，只要太阳升起，塔门自然就形成了⌒，成了东方的地平线。我们不能不佩服古人的想象力。

东方的地平线是太阳升起的地方，而太阳升起的地方对于古埃及人来说是神圣的，因为太阳神是创世之神。古埃及人认为世界是从原始的混沌中诞生的，世界最初是一片瀛水。首先从原始瀛水中升起来的是一块土丘，土丘上长着最初的植物，越靠近中间就越稠密。神就诞生在这里。创世之神只有一个，但不同的地方有不同的神话传说，且都认为自己的神是创世之神。这就使古埃及的创世之神有好几个。在赫里奥坡里斯，阿图姆神为创世之神，他从原始瀛水中诞生，又由他生出空气之神舒和潮气之神泰夫努特，这是一对兄妹。之后兄妹结合，生下地父盖博与天母努特。接下来就是人们熟悉的天母地父生下的四个孩子了：冥神奥西里斯、其妹伊西斯女神、其弟塞特神与妹妹内弗梯斯。奥西里斯与伊西斯结合生下鹰神荷鲁斯。从阿图姆到内弗梯斯构成古埃及最重要的创世九神系的神话传说。这是古埃及早期的传说，影响巨大，但与底比斯无关。底比斯有底比斯自己的神系和创世传说。

阿蒙神诞生于赫尔摩坡里斯，是该地创世八神中的一位，其崇拜中心在底比斯。从古王国衰落到中王国建立之间，古埃及出现了历史上第一次大混乱，阿蒙神便于此时开始被底比斯势力推崇为战神，从此时开始他逐步成为众神之王。后来，人们又将其与太阳神拉神结合，成为阿蒙-拉神而为全部埃及人所崇拜。

随着历史的发展，古埃及的权力中心南移。底比斯的阿蒙神也随之变得重要，成为众神之王。然而，一个地方神何以能让人相信他是众神之王呢？他有什么力量、资格、"政绩"而领众神之先呢？神话中最大的"政绩"莫过创世了，于是，古埃及人修建了许多阿蒙神庙，因为神庙的格局正是对创世神话的模仿。创世发生在世界的东方，神庙的塔门的形状恰好类似于代表古埃及语中地平线的文字；创世之丘上植物茂盛；越靠近中心植物越茂盛；走进神庙的塔门，人们立刻会见到巨柱林立，环绕在露天院落周围，巨柱顶端雕刻成莎草状；再向里便是巨柱厅，内中巨柱更多、更密集、更高大，巨柱顶端刻饰成含苞待放的花蕾，中间之处，巨柱顶端花蕾呈开放状，迎接创世之神的降生；再向神庙里面走，地面越来越高，屋顶越来越矮。在位于昏暗隐秘处的一间圣厅的尽头处出现一个神龛，此乃创世之神居住之处。卡纳克神庙群中的众神庙盘根错节集于一处，但各神庙结构莫不如此。

这完全是神的世界，每座神庙都是一次创世神话的再现。再往前行，就会发觉景象突然变化，神庙尽头是一汪充盈着清水的湖水，映照着天上的太阳，也映照出古埃及祭司忙碌的身影。阿蒙神每天要洗漱、更衣，当然，神庙里的只是神像而已，但祭司们依然要对其进行细致的护理，不能有差错。其洗漱及饮用的水源就是这汪湖水，神庙距尼罗河不远，湖水自然便来自养育了古埃及文明的世界第一长河尼罗河。现代埃及有句俗语，说如果喝了尼罗河的水，就一定会再次来到埃及。这话我相信，等我离开埃及之后，我想我肯定会再来埃及。神庙规模巨大，除了因为敬神的需要之外，祭司人员众多、势力强大也是原因。众多祭司需要足够的空间、足够的财富来支持敬神的活动。法老想稳定政局，在对外战争中取胜，没有祭司势力的支持是万不可行的。法老每次征讨得胜、班师回朝后都要修建神庙以感谢阿蒙神给予的胜利，其实就是感谢祭司势力给予的支持。阿蒙神祭司的势力之大，从第十八王朝末期法老阿赫那吞宗教改革的失败中便可见一斑。他废除阿蒙神，欲以象征太阳光线的阿吞神取而代之。法老把名字从阿蒙霍特普改成了阿赫那吞，前者意为"令阿蒙神满意之人"，后者意为"阿吞神之仆人"。都城也从底比斯迁往阿玛纳。可他一死，阿吞神一夜被废，都城又迁回到了底比斯，阿吞神的名字尽被铲除。

到此，对卡纳克神庙的走马观花已到尽头，关于巨柱上的铭文、墙壁上的浮雕、一处处的厅堂、一座座的神龛，只能与古埃及学者切磋探讨了。但是，还有一处在这里不能不提。圣湖边上有一块红色花岗岩质地的方柱形石墩，正面刻满了象形文字铭文，其上卧着一只很大的甲虫雕塑。这是阿蒙霍特普三世法老的作品。当地的埃及导游会告诉你，如果逆时针围绕该雕塑转上七圈，你便可以心想事成。摸摸某一物品便可以带来好运的传说到处都有，尤其是在旅游胜地，这并不新鲜。但此雕像历史悠久，距今已有 3000 多年历史，所以更具神秘色彩，更让人相信其有此效用。可如果读一下其上刻写的内容就会发现，古埃及人还没染上这么粗鄙的风气。其上铭文所记不过是阿蒙霍特普三世法老的名字，表达的仅是对甲虫的崇敬而已。

古埃及人崇拜甲虫，称其为圣甲虫，其实就是蜣螂而已。然而，在古埃及语中，该虫子的发音恰巧与另一动词相同，读作"Kheper"。这一词汇恰巧意味着诞生、创造、从无到有。想来也对，蜣螂于沙中产卵，待沙中的卵成熟，幼虫便从沙中突然冒将出来。对于古埃及人而言这是个奇迹，是从无到有。于是他们想到了创世的传说，而神庙正好是对创世的模仿，该雕像出现在神庙中便顺理成章，此其一也。其二，蜣螂喜推粪球，粪球越推越大。粪球是圆的，恰巧太阳也是圆的。太阳每天东升西落，谁推其前行？古埃及人再次联想到蜣螂，于是无论在壁画中还是在浮雕里，很多描绘太阳神巡行世界的场景中都有圣甲虫出现，即使太阳神是乘太阳船巡行的，圣甲虫也仍旧与他相伴而行。古埃及人还将护身符做成圣甲虫的模样，在腹部用象形文字刻下吉祥话语。

对现代人而言蜣螂中蕴含创世神话的观念似乎有点喜剧色彩，但神圣的信念于古埃及人来说却绝不是游戏。他们对世界的认识、对人生的思考、对未来的推测，对所有这一切都以联想的方式做出解答，这既是古埃及人古老智慧的结晶，也是古埃及人唯一正确的生活方式。我们应当尊重古人的智慧。

第十章　古埃及的军队与战争

人类社会的发展是伴随着战争的。战争是力量的凝聚，是资源的凝聚，是人力的凝聚。古埃及文明的发展也是从蛮荒时代伴随着战争走向强大、走向统一的。由于埃及特殊的地理环境，古埃及在由喜克索斯人统治之前，主要的战事都属内战。无论战事的规模大小，这些内战的结果都是将分散的资源逐渐统一到少数地方诸侯的手里，使之形成更大的政治势力。参战的士兵主要是地方诸侯招募的农民和工匠，他们在诸侯的率领下互相征伐，攻城略地。喜克索斯人统治古埃及之后，随着古埃及人赶走喜克索斯人的战争，古埃及的军事历史发生了根本的改变。古埃及人的眼界由最初仅满足于上下埃及丰饶的土地转向更加遥远的地方，南有传统邻邦努比亚，北有地中海沿岸的亚洲土地，东有西奈半岛，西有利比亚，这些地方都成为古埃及人要征服和控制的地方。于是，对外战争开始了。

第一节　战事史

古王国时期是古埃及历史上的第一个繁荣期。由于其繁荣，法老有能力组建一支军队来维持稳定的局势。此时古埃及的敌人主要来自三个方向：南部的努比亚，西部的利比亚，东北部的西奈半岛及迦南地区。繁荣就会引来嫉妒，邻近地区的人就会蜂拥而至，入侵古埃及富饶的土地。此时古埃及的主要威胁来自南部的努比亚，于是法老有了戍边的概念。修建要塞是古王国时期古埃及人对付努比亚人的潜在威胁的最主要的手段，南部埃及的尼罗河两岸曾经有很多要塞。当然现在已经看不到了，因为它们大多都被纳赛尔湖淹没。阿斯旺大坝修建以前，这些要塞都屹立河边，在古代它们曾威慑着努比亚人，使其不敢轻举妄动。古王国时期古埃及并没有属于国家的常备军，军队是地方诺姆长官征集而来的临时军事力量，各诺姆听从法老的统一号令。

随着第六王朝最后一位法老佩匹二世长达94年的统治的结束，古王国时期古埃及的繁荣稳定戛然而止，古埃及历史进入了第一中间期的混乱阶段。这一历史现实让古埃及人的观念发生了一次大的颠覆，古埃及人意识到永恒的繁荣稳定其实并不存在。过去仅希望借助威慑手段而使周边国家臣服的意识彻底改变，古埃及人开始意识到只有建立强大的军队才能守住自己的疆土。

中王国时期古埃及人奉行一种平静帝国政策，军队的建立，是因为国家的土地、资源和边境需要守卫，对外的贸易之路需要确保安全。古埃及的势力范围虽在不断扩大，但并无政治占领的用意。一切出于维护古埃及富有和强大的目的。然而，这样的政策并未能确保古埃及永恒的富有而强大，连独立的目标都无法一劳永逸地得到保障。第十三王朝末期，一个外来民族在古埃及崛起，攻陷孟菲斯城，宣布其对上下埃及的统治权，他们就是喜克索斯人。喜克索斯人宣布统治古埃及后，许多古埃及人逃到南方的底比斯，南北对立局面形成。喜克索斯人在阿瓦瑞斯建立要塞，宣布其成为古埃及的首都。尽管南方的底比斯聚集了古埃及本土势力，但其北方有喜克索斯政权，其南方又有库塞特努比亚人势力，底比斯本土势力被夹在当中，处境十分困难。

正是这样的困境使古埃及人发愤图强，立志改变局面。喜克索斯人的统治不仅给古埃及人带来极大的震撼，即外国人完全可以统治高贵的古埃及人，还给古埃及带来很多新的东西。首先他们将马带到了古埃及，其次是战车，最后是复合弓。这三种东西大大改变了军队的实力，使军队作战的速度更快，攻击距离更远，军队的综合实力更强。改变了的底比斯军队在第十七王朝统治者塞肯南瑞·陶的带领下，立志驱除喜克索斯人，统一上下埃及。战争的惨烈从塞肯南瑞·陶的木乃伊头颅上的伤痕便可推想而知，其子卡摩斯继承了父亲未完的事业。卡摩斯在位三年，也战死沙场。其弟阿赫莫斯又接过父亲和哥哥的旗帜，继续跟喜克索斯人作战，最终将异族赶出古埃及，古埃及的历史进入新王国时期。

新王国时期是古埃及的帝国时期，此时的军队异常强大。但强大的古埃及也遇到了新的强大挑战。北边的赫梯帝国开始和古埃及争夺势力范围，两个帝国间在亚洲的叙利亚、巴勒斯坦一带持续作战，不分胜负。古埃及的另一主要敌人是当时横行地中海东部沿岸国家的"海人"（常被译作"海上民族"），为了阻止其侵入古埃及，第十九王朝的法老与其在海上大战，掠回战俘无数。

新王国时期之后古埃及及其军队都一步步走向衰落，在经历了亚述人的统治和波斯人的入侵后，成为希腊人的臣民，然后变成罗马帝国的一个行省，最后整个文明衰落断绝，让无数热爱其文明的人惋惜不已。

第二节　重要战事

一、新王国之前的战事

公元前 3200 年：那尔迈率南方军队打败北部势力，特别是利比亚诺姆势力，俘获约 120000 个俘虏，统一上下埃及。

公元前 2900 年：第二王朝法老哈塞赫姆威法老在下埃及作战，打败敌人，俘获 47209 个俘虏。

公元前 2600 年：第四王朝法老斯诺弗汝率军远征努比亚，带回俘虏约 7000 人。

公元前 2325 年：第六王朝法老佩匹一世派遣"数万"军队去西奈打击游牧的贝多因人，开古埃及军队五次远征巴勒斯坦地区之先河。

公元前 1898 年：第十二王朝法老辛瓦瑟瑞特三世入侵叙利亚、巴勒斯坦地区。在南方又派遣军队占领努比亚北部地区，势力所及直达尼罗河第二瀑布的哈勒法旱谷地区。

公元前 1547 年：第十七王朝法老卡摩斯抗击统治古埃及的喜克索斯人。

二、新王国的战事

阿瓦瑞斯之战（公元前 1546 年）：第十八王朝法老阿赫莫斯率军围困喜克索斯国王阿波菲斯的阿瓦瑞斯要塞，成功将其攻破，将喜克索斯人势力驱赶出埃及，进入叙利亚。围困沙如痕城三年，最后占领该城。

迈吉多之战（公元前 1479 年）：第十八王朝法老图特摩斯三世率领 15000 至 20000 人的埃及军队与叙利亚王子联盟交战于迦南的迈吉多。在车战中打败敌人。图特摩斯三世围城一个月后将城池攻破，杀死 83 人，俘获俘虏 400 人、战车 924 辆、马 2238 匹、铠甲 200 件。之后又攻克耶诺姆、努格斯、赫任夸等城池，俘获 2503 人。

扎西之战（公元前 1472 年）：图特摩斯三世法老率领军队 15000 至 20000 人远征扎西，攻破阿尔瓦德城。之后继续前进夺取图尼普。

乌尔拉扎之战（公元前 1470 年）：图特摩斯三世法老夺取乌尔拉扎城，俘获俘虏 490 人、马 26 匹、战车 13 辆，缴获其他武器装备众多。

第一次卡迭什之战（公元前 1459 年）：图特摩斯三世法老的最后一次远征，征服厄尔卡图、图尼普和卡迭什，俘获俘虏 691 人、羊 29 只、马 44 匹。图特摩斯三世先夺取图尼普，截断了卡迭什的援军，然后攻击卡迭什，在城墙上打开了缺口，杀入城内。

晒迈什-艾登之战（公元前 1447 年）：第十八王朝阿蒙霍特普三世法老率军在晒迈什-艾登与亚洲敌人作战，他亲率军队，亲手俘获俘虏 18 人、马 16 匹。

公元前 1446 年：阿蒙霍特普三世法老命令军队远征努比亚，俘获俘虏 740 人，杀敌 312 人。

迈吉多和耶诺姆之战（公元前 1313 年）：第十九王朝法老塞提一世征服沙苏贝多因人部落，继续前进攻打迈吉多和耶诺姆城。该年他还在三角洲地区与利比亚人开战，俘获俘虏众多。

第二次卡迭什之战（公元前 1288 年）：第十九王朝法老拉美西斯二世率 20000 军队与姆瓦塔里斯国王率领的 20000 赫梯军队开战。埃及军队分4个军团，每个军团5000人，与赫梯的3500车兵及8000至9000步兵作战。战争过程曲折跌宕，最后双方僵持不下，签订人类第一个和平条约。

匹瑞汭之战(公元前1227年)：第十九王朝法老梅尔任普塔赫率军与梅尔也国王率领的利比亚人、晒尔登人、晒克莱什人、厄卡韦什人、利西亚人、特瑞什人联军展开战斗。利比亚人军队人数超过了20000人。战斗持续了6个小时，埃及军队在强大的弓箭部队的帮助下将海人赶出了埃及土地。利比亚军队战死6359人，其他民族的军队战死2370人，埃及军队俘获俘虏众多，至少有3000人。

第一次利比亚战争(公元前1193年)：第二十王朝法老拉美西斯三世同利比亚人和海人联军之战。这是一次抗击外来入侵的战争，最后埃及人成功击退入侵敌人，杀敌12535人，俘获俘虏1000人。

公元前1190年：拉美西斯三世法老的第二次陆战，挫败了舍尔登与克赫克利比亚人的夹击。

大海战(公元前1190年)：拉美西斯三世法老的第二次陆战胜利之后，埃及军队与海人在海上进行的一场战斗，战场在腓尼基北部一个港口。埃及军队中强大的弓箭兵让敌人损失惨重。

第二次利比亚战争(公元前1185年)：拉美西斯三世法老与利比亚人国王迈晒舍尔(Meshesher)战于哈特索要塞。埃及军队强大的弓箭部队将敌人击退，取得大胜。利比亚军队被杀2175人，被俘2052人，埃及军队缴获战车93辆，马183匹。

第三节　军队组织形式

古埃及的军队组织形式的演变可以分为两个阶段，两个阶段大为不同。新王国之前，古埃及的军队没有步兵、车兵和水师三军的区别。到了新王国，正规的三军建立了起来。

古王国时期埃及没有属于国家的军队，只有少量受过训练的常备队伍可供法老使用。但地方官吏及贵族拥有自己的队伍，这些贵族还包括神庙的高级祭司。此时的军队并不正规，接受的训练也非正规的战争训练。士兵由农民和工匠组成，对他们而言，从军只是完成必要的服役而已。他们没有工资，但吃穿不愁，由国家或军队的拥有者供给。关于古王国军队的数量，古埃及文献中并没有留下太多的记载，唯一提到的是"数万"，还提到了兵营，对于古埃及军队的建制组织形式我们一无所知。军中官阶的设置我们也不清楚，文献中只提及了"军队统领"，一般由王子担任。

中王国时期埃及有了属于国家的常备军，但同时各诺姆也拥有自己的私人军队，其建制及征召的方式跟国家常备军相同。一旦遇到战事，法老便可调集各诺姆的私人军队参战。法老的国家常备军由国家征召，其核心部队是受过专业训练的士兵，他们被称作"侍从"。除此之外，中王国军队的另一主力是法老的私人卫队，尽管人数不多，只有10人，但其地位非常重要，被称作"法老的侍从"，这支卫队后来增加至60人。国家常备军的最高指挥不是军中的将军，而是法老宫殿里负责战事的文官，但执行战争的统帅却是军中的将军。将军之下是冲锋部队统领，负责统领由300人构成的一支精锐部队。这支部队由3个分队组成，每个分队100人。他们大多为弓箭手，同时配有战斧和盾牌。在战斗中这支军队冲在最前面。冲锋部队统领之下一级的军官是侍从指挥官，指挥100人。该时期军队中的雇佣兵主要用于戍边和维持治安，主要由来自南方的努比亚人和西北部的利比亚人构成。侍从指挥官之下是弓箭兵和投枪兵，以40人为一队，由4人一组的10组构成。若干个队组成一个方阵，方阵前边的队伍手执投枪和盾牌，最大限度地保护自己的队形不被冲破并有效地打击敌人的先头部队。

新王国时期埃及军队发生了根本性的变化。埃及人战胜外族喜克索斯人之后，引进了一些新的武器装备。对埃及军队影响最大的三件是马、战车和复合弓。由于新武器装备的引入，埃及军队到新王国的时候无论在数量上还是作战能力上都发生了质的飞跃。埃及军队此时开始分成军团，一个军团有5000名官兵。图特摩斯三世时，埃及军队中的战车部队尚未独立出来，仍作为步兵当中的一部分，受步兵首领的统一指挥。但到了阿蒙霍特普三世的时候，战车部队开始从步兵中分离出来，形成一支独立的战车部队。有了独立的战车部队，埃及军队的作战水平无论是速度还是力量方面都得到了大大的提高。

新王国军队的建制中最基础的单位是"五什"，每"五什"50人，由5个"什"构成。队伍由"五什之长"带领。该单位常作为训练新兵的基本单位。"五什"上一级的军事单位是"大行"，由5个"五什"构成。每个"大行"约有250人，其中有士兵220多人、中层军官20人、最高首长3人。两个"大行"构成师，每师约500人。师上是军团。霍瑞姆赫伯统治时期，埃及军队分成南北两个军团，分别驻守上埃及和下埃及。到了第十九王朝，塞提一世法老将军团增加到三个，分别称之为阿蒙神军团、拉神军团和塞特神军团。到了拉美西斯二世统治时期，又将军团增加到四个，分别称之为阿蒙神军团、拉神军团、塞特神军团和普塔赫神军团。

步兵直到新王国时期一直是古埃及军队的主力部队。新王国时期，步兵由三部分组成，即招募兵、常备兵和攻击兵。招募兵中既有征召而来的士兵，又有志愿兵。常备兵是训练有素的常备军队中的士兵，他们以军人为职业。攻击兵是步兵中的精锐，手执盾牌和投枪，是战斗中首先对敌发起进攻的士兵。招募兵可能仅因为一次战争的需要而被招募入伍，战争结束便返回家乡，而常备兵与攻击兵都是职业军人。加上从古王国时期就已经开始招募的雇佣兵，古埃及的军人大多是为了报酬进入军队的。步兵队伍中的士兵也各有分工，有的士兵的武器为弓箭，可以称之为步兵中的弓箭兵。这些人是埃及军队中攻击力最强的士兵，很多都是来自努比亚的雇佣兵。还有的士兵的武器是投枪，尽管其攻击距离和覆盖面积远不如弓箭，但其近距离的杀伤力仍然很大。然后便是手执镰剑、战斧、石锤等短兵器的士兵了，尽管这些武器只能在肉搏中使用，但他们是白刃战中的关键力量。从步兵的兵种构成中我们可以大致推测出古埃及军队的作战方式：敌军抵达一定距离之后，古埃及军队开始用铺天盖地的箭雨挫败敌人进攻的锐气。然后埃及军队冲向敌军，前锋部队用投枪给敌人以进一步的打击。然后两军肉搏，战斧挥舞，石锤纷飞，以长枪短剑短兵相接，直至取得胜利。

车兵是战车部队。战车是由喜克索斯人引入埃及的，不过埃及人接受了这一新的战争工具之后其军队力量大增。古埃及的战车为两马拉的轻便的两轮战车，上边有一位御者，负责驾车，身带短剑防身，另一位是战者，执复合弓，并带投枪及短剑。无论战者还是御者，身

图 10-1　战车作战

上都裹有鳞甲，并配有盾牌，用以防身（如图 10-1）。车兵一般都是上层社会出身，因为车马要自行配备，没有一定的经济基础的家庭是无法购买这些装备的。军兵平时生活在家中，也受一定的训练，战时应征加入军队，成为军队中的高机动性部队。车兵的组织形式也同步兵相仿，以 5 到 10 架车为一组，10 组车兵组成更高一级的部队建制。

古埃及水战的历史非常悠久，古埃及图画文献中就留存下了关于水战的记载。当然，当时的水战还没有开拓到海上，但古埃及人自战争出现以来就开始以尼罗河为其主要战场和运输道路。内伽达 II 期文化中出土的燧石刀象牙刀柄上的雕刻图画就是描绘一场水战的图画。此后的壁画中多有水战场面出现。因此人们说，古埃及新王国之前的战事多为水战。新王国前用于水战的船只并不是专业的战船，而是一般的船只。平时用于贸易和运输，战时改作战船。甚至到了新王国之初，这样的情况也没有发生根本改变。随着新王国时期埃及成为一个帝国，建造适合水战甚至海战的大船的需要更加迫切。尽管埃及早有建造大船甚至航海船只的经验和技术，但战船毕竟有其特殊的要求。因此我们能在阿玛纳书信中读到埃及法老请求亚洲别国的国王为埃及水军建造战船的文字。此时，七八十吨重的大船成为非常普遍的一种战船，这种船航行距离较远，适合海上作战。

埃及的水师所用的船只有三种，一种叫 （此处为象形文字），一种叫（象形文字），都是亚洲的比布鲁斯造的船，还有一种是埃及自己造的船。这些舰船巡游在地中海东部。新王国早期法老在驱逐喜克索斯人时开始使用战舰，到了图特摩斯三世时，埃及建立了庞大的水师舰队，其造船中心就在靠近孟菲斯的匹汝内弗尔。古埃及战舰的图画出现在神庙的壁画中，最早的战舰作战图画出现在麦迪内特-哈布神庙的墙壁上，图画所绘内容是第二十王朝法老拉美西斯三世对海人作战的场面（如图10-2）。这可能是古埃及海战的最早的图画记录。战舰上的人员有桨手和战士。战士的主要武器是弓箭和投掷武器。

图 10-2　拉美西斯三世与海人海战场面

第四节　武器装备

一、短兵器

短兵器是近战肉搏中使用的武器，主要有石锤、战斧、短剑和长剑。

石锤作为一种近战武器从史前时期一直延续到古埃及文明结束。作为武器，石锤最早是从木棒发展而来的。木棒轻，容易挥舞。但木棒的缺点在于其打击力量不够。古埃及士兵最初并无铠甲作为身体的防护，但其邻国的士兵却已经穿戴上了头盔鳞甲。这使原本仅能将裸露的臂膀和头颅打碎的木棒无法再给敌人造成致命的打击，于是古埃及在木棒的顶端加了一个用石头凿成的圆形石锤。这不仅保持了木棒的灵活性，还增加了打击力量。最初的石锤形状并不固定，有球状的，也有圆盘形状的。圆盘形状的石锤不仅能够砸击敌人，由于有类似刃的部分，还兼具劈砍的功能。但这样的锤头比较脆弱，很容易碎掉，所以后来锤头逐渐演变为梨形。无论是梨形还是球形或圆盘形，都是通过中间凿出的孔安装在木柄上的。锤头一头孔小一头孔大，木柄也是顶头最粗，下边相对细，这样锤头就不会掉下来了。但因为锤头上的孔与木柄不可能严丝合缝，所以古埃及人就用皮革加以固定。到新王国阿蒙霍特普二世时期，锤头开始用青铜铸造。青铜锤头形状跟石锤头完全一样，但不易破碎，且与木柄的结合部位也更为牢固。青铜锤头还有一个好处，即更容易在锤头上刻上图案。在锤头上刻图案这一行为自石锤时就已经存在，从史前开始，古埃及法老就已经在石锤头上刻下其手执石锤打击敌人的图案了。此后对于法老打击敌人的描绘都如出一辙：一手抓着跪着的敌人，另一手高举石锤做打击状。青铜锤头则更易刻上此类图案。

战斧在埃及的历史上出现的年代也非常早，但比起石锤相对要晚一些。战斧常作为埃及军队以弓箭攻破敌人的先头防线后使用的近战武器（如图 10-3）。战斧的发展也有一个过程，最初的战斧是半圆形的，一般用铜制作而成。半圆的圆边是刃，平边用榫卯形式跟木柄相接。为了牢固，古埃及人经常用皮革条将战斧头与木柄捆扎牢固。平边一侧要凿出孔，以便捆牢在木柄上。战斧后来发展成刃处呈半圆形而斧身为长方形的形制，这样可以加深砍击的深度。古埃及人最初用的是砍斧，柄尽可能长，对于打击赤膊的敌人非常有利。但后来随着与亚洲民族的战事越来越多，铠甲和头盔成为抵御砍斧打击的有效手段。于是，埃及的战斧从中王国开始演变为利斧，可以砍透敌人的铠甲及头盔。

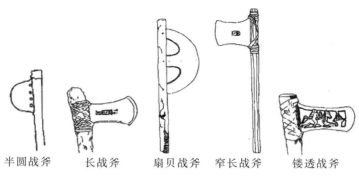

半圆战斧　　长战斧　　扇贝战斧　　窄长战斧　　镂透战斧

图 10-3　战斧

　　短剑在古埃及历史上出现的年代也非常早，但作为一种战斗武器，一直没有被士兵们普遍接受。原因很简单，石锤、战斧都有长长的木柄，而短剑尽管两边开刃，但其攻击距离太短，用它与手执战斧、石锤的敌人肉搏非常吃亏。然而，在埃及历史上，短剑却并不少见，最初用燧石制作，后来用铜，最后已成为一种仪式道具。出土的古埃及短剑大多制造精美，有的用金子做成短剑剑柄。尽管短剑的缺点明显，但后来却发展成另外一种武器，即长剑。

　　长剑有其独特的出身。无论是战斧还是投枪，最早的时候都是用石头制造而成的，后来经过发展才出现了金属战斧和投枪。但长剑不同，长剑从一开始就是用铜制造而成的。长剑的材料以青铜为主，因为青铜比黄铜更坚硬。但铜的坚硬程度仍然有限，为了打造出锋利的长剑，古埃及工匠采用反复淬火锻造的方法。一般认为，古埃及的长剑是由短剑发展而来的，尽管这样说并不错误，但其实古埃及人锻造长剑的想法来自喜克索斯人的一种武器——镰剑。

　　镰剑是一种从喜克索斯人处引进的武器，其历史可以追溯到公元前 3000 多年。埃及人称镰剑为 ，前三个字符是音符，后一个字符为定符。定符是表意的，该剑的形状就是这个定符所描绘的那样。典型的镰剑大约有 50 到 60 厘米长，外侧开刃。有人说镰剑是介于战斧和长剑的一种武器，但其砍或刺的能力显然不及战斧和长剑。看来其最大的用处不是砍或刺，而是横扫。这有一点像后来骑兵用的剑，或者阿拉伯大弯刀。镰剑传入埃及应该是在第十八王朝初，随着古埃及人驱逐喜克索斯人，他们从敌人那里缴获了这种武器。但到了公元前1300年左右的时候，镰剑几乎从埃及军队消失。之后法老陵墓中仍有镰剑出土，但都没开刃，显然其用途已经不是作为武器而是作为仪式的用具了。

与镰剑相似，最初古埃及长剑的形状有点像细长的三角形，两边开刃，前头是一个锋利的尖，但后来古埃及的长剑变得不太像三角形了，而像一条肚子略大的鱼，刃与尖依旧保留。长剑的用途因此也有两种：砍与刺。两种用途各有侧重，于是长剑的形状也各有不同。

二、投掷武器

投掷武器一直是古埃及军队使用的主要武器之一。投掷武器是在进行肉搏战之前使用的战斗武器，是双方先锋部队在与敌军接触之前用以打击敌人先锋部队的重要工具。先锋部队是最具杀伤力和破坏力的部队，成功地削弱其锋芒是战胜敌人的过程中最为重要的一个环节。投掷武器有很多种，有掷棍、投枪、投石器等，一般弓箭也被归类为投掷武器。

掷棍在史前就已经为古埃及人所使用了，但最初是用来狩猎的。掷棍有直有弯，弯的有点像"飞去来"器，是可以在打击完成后自行返回到使用者身边的掷棍。后来掷棍成为作战的武器，一直持续到新王国结束。这种工具作为武器有一个缺点，即其杀伤力不够强大，只可以将敌人打伤，但若想将敌人置于死地却相对较难，因为掷棍既不具备锋利的尖，也不具备锋利的刃。应该说这是一种古老而原始的武器。

投枪既可以归于投掷武器类又可以归于近战武器类。这也是一种由最初的狩猎工具发展而来的武器，在整个古埃及的历史上一直是军中的一种重要兵器。在古王国和中王国期间，投枪主要是由一支长杆和一个铜或燧石制成的锋利尖头构成。可以将其用力投向敌人，也可以用作刺刀一样的武器来近身肉搏。后来这种兵器还有了一些变化，在尖头上开刃，这样就不仅可以投掷，还可以像战斧一样用于劈砍。

投枪在战争中的地位后来被弓箭所取代，尽管它没有退出战争，但数量显然减少了许多。原因很简单，一是投枪较重，不像弓箭那样便于携带；二是投枪枪头的制造较箭头的制造更困难。尽管就其穿透力来说较弓箭略强，但当敌方军队利用巨大的盾牌做掩护的时候，不仅弓箭无法射透，投枪也无法刺穿。尽管如此，投枪在战斗中的辅助作用还是非常重要的。车兵的主攻武器是弓箭，但当箭射完了的时候车兵便毫无战斗力了，甚至连自卫都成了问题。这样，古埃及人便开始为车兵配备投枪，以便使其在箭射完之后不至于手中没有武器。另外，投枪还被用来在追逐逃跑的敌人时从其身后刺向他们，将敌人刺杀。

弓箭从史前时期开始到法老时代结束一直是埃及军队最为重要的武器。最早出现的弓是羊角弓，是从中间用一块木头材料将两只羚羊角连接起来制成的弓。在古埃及王朝刚刚开始的时候，埃及人用的弓是双拱弓，但这种弓很快被单拱弓所取代，古王国所用弓主要是单拱弓。单拱弓主要射芦苇箭，称其为芦苇箭并不是因为其箭头是用芦苇制作的，而是因为其箭杆所用的材料是芦苇杆。箭头一般用燧石、硬木等材料制成，后来有用铜箭头的。箭杆尾部加上羽毛以保证箭射出后的准确性。单拱弓弓身一般有一两米长，用木头制作而成，中间较粗，两头削细。因为弓要有一定的弯曲，所以弓身的某些部位就容易因弯曲过度或疲劳过度而折断，于是古埃及人会在弓身易折处用绳子捆扎。尽管单拱弓比较硬，射击也相对有力，但失去了双拱弓易拉的优点。新王国时出现了复合弓，这是喜克索斯人强大的武器之一。埃及人从敌人那里得到了这种弓，学会了使用这种弓。但遗憾的是，埃及的复合弓多为进口武器，他们自己并没有真正学会制造这种强大的弓的方法。复合弓被引进到埃及之后，单拱弓并没有因为更先进的复合弓的出现而退出历史舞台。两种弓箭都在使用，这可以从壁画、浮雕中法老手执的弓箭中得到验证。图特摩斯三世和阿蒙霍特普二世都还以手执单拱弓的形象出现在壁画中。复合弓射程远，力量大，但使用起来也相对复杂，使用者需要的不仅是力量，还需要有娴熟的技术和多年的操作经验才能熟练运用。

对于复合弓笔者还需进一步加以解释。所谓复合弓，就是在弓的中间加上诸如兽角等坚硬材料增强其弓身性能的弓。它与传统的单拱弓和双拱弓的根本不同之处在于，传统的弓即使将弓弦卸下来，弓仍为弓的形状，只是弯曲的程度略小于有弦时而已，其拉开的距离基本上是手臂的长度，因此其射程与力量相对都不是很理想；复合弓则不同，如果将弦卸下，复合弓的形状与传统弓正好是相反的，这样，复合弓拉开时的弹力，就不仅仅是将弓弦拉至手臂长度所产生的弹力，还要加上弓身反曲所产生的强大的弹力。复合弓因为需要反向弯曲，所以，弓身的疲劳程度要远远大于传统的单拱弓及双拱弓。结果是弓身非常容易折断。为了防止弓身折断，古埃及人一方面要在弓身上加上兽角，另一方面要精心维护，不用的时候要将弓弦卸下，并将弓身包裹好，以防止潮气的侵蚀。使用的时候再将弓弦安装上。因为弓很硬，使其弯曲需要很大的力量，所以弓弦的安装不是一个人能够完成的。这些不方便之处使埃及人在使用这种强弓作为车兵的重要武器的同时，还将传统的单拱弓与双拱弓保留了下来。复合弓发出的箭矢的强大力量可以穿透敌人的铠甲，因此成为军队中的重型武器装备。

除弓箭之外还有一种武器也属于投掷武器类，这便是投石器。投石器比较简单，一般以植物编织而成的一条绳子，中间绑着一个用来裹石子的小兜制成。使用起来亦比较简单，将石子等放在兜中兜起，手执两边的绳子抡起来，借助惯性将石子投向敌人。投石器只是一种战争中的辅助工具，其优点是用作投掷物的石子到处都有，缺点是其准确性及杀伤能力都很有限。

第五节　战术

因不同历史阶段的战争性质不同，故其战术运用也不相同。从战术手段上看，古埃及的军事技术可以分为三个时期：古王国、中王国和新王国。

古王国时期的战争规模较小，主要参与部队为步兵。作战的先锋部队是以直线列阵的前锋部队，配备有投枪、战斧、棍棒以及盾牌。弓箭兵一般放置在作战队伍的两个侧翼或先锋队伍的后面。弓箭兵听到口令后一齐发射，使箭雨覆盖敌人。前锋部队借此机会快速冲锋并与敌人的前锋交锋。剩下来便是短兵相接，直到将敌人击退。

中王国时期的军队组织更加复杂，军事技术也有了新的变化。此时的军队多了一支冲锋部队。这支部队配备有弓箭、投枪、战斧和盾牌，士兵各个受过战争训练。这支专业化的军队在弓箭兵对敌军进行首轮打击之后迅速扑向敌人，用投枪将对方先锋部队的防线破开，以使其他部队可以随后杀入敌方军队之中。

新王国时期埃及军队的军事技术因为战车等新的作战工具的引进而发生了质的变化。战车不仅使作战的速度加快，给敌军的打击更强，还让军队的战法有了新的面貌。首先，埃及军队产生了补给的概念。新王国时期，埃及在亚洲边境建立基地，作为远征部队的大本营，为前方作战的军队提供补给。不仅如此，他们还将基地开拓到海外，使军队在国外也有基地。图特摩斯三世在巩固了亚洲的比布鲁斯港口的基地之后，从那里出发前进到奥伦特河，占领了卡赫美士。于是卡赫美士又成了埃及在亚洲的另一个基地，凭借卡赫美士的供给，图特摩斯三世继续向更远处进军。古埃及人习惯了将尼罗河作为一条连接整个埃及全境的高速公路，在亚洲他们也寻找河流作为前进的道路。于是，他们在比布鲁斯将船拆卸，放在有轮子的车上将其从陆路拉到卡赫美士，在那里重新组装起来使用。

军队行进的时候，排列成四个纵队，战车在队伍的左翼或右翼，有时也在队伍的中间。军官一般都在每支纵队的尾部，以便观察军队在行进中发生的情况，也为了安全的考虑。军队行进时要派出一些散兵在前方开路。队伍的最后跟着牛拉的车子，其上装着军队的辎重。有轮子的车辆首次在埃及军队中出现，此前从来没有有轮的车出现过。

战斗一开始，步兵和车兵一同向敌人冲去。步兵在中间，轻战车兵在两翼。轻战车兵首先快速接近敌人，用箭和投石将敌人阵营搅乱。然后迅速后撤，喇叭声响起后，中间的重步兵以方阵的队形向敌人的前锋发起攻击。投枪、镰剑、石锤和盾牌是重步兵的主要武器。战斗中，重战车兵出动时，或组成方阵，或排成纵队，或单兵战斗，针对敌人的顽固队伍进行打击。重战车兵的另一种用途是打击被击溃的敌人和追击逃跑的敌人。这时，完成第一轮攻击的轻战车兵重新组织起来投入战斗。其主要的任务是切断敌人的援军线路，让敌人因孤立无援而陷入绝境。虽然这种战术看上去已有些章法，但埃及军队在战斗中取得胜利主要依靠的还是勇气和毅力，而非战术上的运筹帷幄。

攻城战的场面在古埃及浮雕中出现，比如，拉美西斯三世时期的攻城战。攻城战中所用工具并不很复杂，有攀梯以供攻城的士兵登城之用。同时运用的就是攻破城门的技术了。攻击城门的方法很简单，一种方法是砸门，另一种方法是放火。无论哪种方式，城门一旦被打开，大部队便潮水般涌入。除了攻击城门外，还有一种方法是挖墙。为了保护挖墙的士兵，埃及人用的方法是用一根上边带叉的柱子撑起一个像帐篷一样的掩体，上边盖着兽皮，使敌人的箭矢、石头无法将其打穿。这种掩体里面可以隐藏几个人，使他们在其掩护下接近城墙。有时候掩体外面还装有金属刺，防止敌人接近。当然这样的掩体要有弓箭配合掩护才能奏效。这是攻城战术，但有时候城池久攻不下，战斗就陷入了僵局。这时候埃及人的方法是在被围城墙的外围再用木材修建一层围墙，使敌人出不了城。这是围城战术，目的是使敌人将粮食消耗殆尽，不得不投降。

附记：战争与和平

公元前 1274 年 7 月的一个下午，地中海东岸天空阴霾密布。厚厚的云层中偶尔露出一线阳光，照在陆地上行进的一支庞大的军队上。军队中寒光闪烁，传出低沉的金属声响。光线从王冠上向前突出的神蛇处一晃而过，埃及法老拉美西斯正率领四个军团的大军向北进发，直奔现代叙利亚境内的内比-门得丘（Tell Nebi Mend），即古时奥伦特斯河上的城市卡迭什。拉美西斯法老亲率阿蒙军团经过九天的行军来到奥伦特斯河，准备渡河北上，这时两个沙苏人不请自来。沙苏（⊔𓈖𓏤𓏤）是古埃及语对他们的称呼，现代人称之为贝多因人。他们对拉美西斯二世法老说："我们的同胞都属于败将亥塔之庞大家族，他们让我们来见陛下，说：'我们想臣服于法老，我们要逃离败将；他正坐于图尼普（Tunip）之北的阿立普（Aleppo）之地。他惧怕，因为法老正从南方北上。'"拉美西斯二世知道阿立普在卡迭什的东北，距卡迭什还很远。于是，喜出望外的法老钦点先头部队，加快行军速度，直奔卡迭什而去，欲抢先占领卡迭什。渡河费了很大的气力，花了很长的时间。埃及军队在卡迭什南安营扎寨，侦察敌情，双方剑拔弩张，赫梯人占领的小城卡迭什正面临一场空前劫难。傍晚时分，警卫士兵突然将两名沙苏人带到法老面前，他们承认自己是赫梯的间谍，来刺探拉美西斯二世法老的军情。经过严刑拷打，这两名间谍供出，赫梯首领穆瓦塔利斯二世（Muwatalli Ⅱ）早已先于拉美西斯所率埃及军队抵达卡迭什城，用两个沙苏人诱敌深入。这时拉美西斯二世才突然意识到自己所处的险境，急忙派遣维西尔火速返回并催促后续大部队加速行军，前来救驾。

对于穆瓦塔利斯二世来说，既然鱼已上钩，便没有不要的道理。大战如期而至，拉美西斯二世发现自己已经置身于 2500 架敌人战车的包围之中。"没有军官跟随，没有战车御者，没有一个士兵，没有携盾随从"[1]，处境极其危险。然而，伟大人物总有不凡的能力，拉美西斯二世独自一人面对强敌，独自奋战，按他自己所说便是："将敌人杀入河中，像鳄鱼一样扑入河水，俯面向下，任我随意杀戮。"[2]

当然这是拉美西斯二世自己的说法，放任法老一人独自作战的可能性不大，但有一点是毫无疑问的，即拉美西斯二世中了赫梯国王穆瓦塔利斯二世的诱敌深入之计，几乎殒命沙场。要不是幸好一支并不

---

① Miriam Lichtheim, *Ancient Egyptian Literature*, Berkeley: University of California Press, 1976, p.65

② Ibid.

分属四个军团的由青年人组成的军队及时赶到，救了拉美西斯二世法老，胜负恐怕早见分晓。然而这是后话。战争中双方士兵犬牙交错，互相包围，杀得天昏地暗。之后的战争只能用混乱这个词来描述。阿蒙神军团首先到达，扎营于卡迭什西岸，拉神军团随后跟进。穆瓦塔利斯二世的军队从河东岸向南潜行，越过奥伦特斯河将拉神军团拦腰截断。被击溃的拉神军团残部向北与阿蒙神军团会合，而赫梯军队则乘胜追击，进而围歼埃及阿蒙神军团。拉神军团之后的普塔赫神军团和塞特神军团迅速北进，试图挽狂澜于既倒。但远水解不了近渴，恐怕没等这两支后续军团赶到，拉美西斯二世便已兵败如山倒。

然而，就在这千钧一发之际，一支奇兵突然从东部杀出，法老转危为安。之所以称之为奇兵，是因为没人知道为什么这支军队会在这个时候出现，尽管它出现得恰到好处。于是学者开始研究这支军队，结论各不相同，但没有迹象表明这是事先安排好的结果。看来古人对战术的思考并不太仔细。然而，结果好就一切皆好，无论如何，拉美西斯二世得救了。此战还成就了他后来的伟大声名，不然，历史就得改写。

这是人类历史上最早一场有全面可靠的文献记载的战争。战争之后双方势均力敌，谁也没取得决定性的胜利，应该说战争陷入了僵局。但双方都称自己取得了胜利。最后双方停战，握手言和。战争以这样的方式结束是人类历史上的一件大事，因为埃及和赫梯双方签订了人类历史上第一个和平条约。

无论什么事，凡是第一就具有其特殊的历史地位。该条约奠定了未来和平条约的基本框架和发展方向。首先，它宣布战争永远结束，既不是暂时停战也不是一方的投降。难能可贵的是，条约不仅结束了战争，还规定当缔约的一方受到第三方进攻的时候另一方要伸出援手，甚至当一方内部发生叛乱以致难以控制局面之时另一方也要出兵援助。这称得上一个友好条约。此外，条约还规定双方需遣返对方的逃亡人员并不得对其加以伤害。这是现代引渡条款的最初形式，看上去很现代，还很人道。

如果条约在不同民族间签订，只要双方所操语言不同就应该用两种语言书写，且文本内容必须相同。这份人类历史上第一个和平条约同时以埃及象形文字和赫梯楔形文字写成，但有趣的是，两份文本所记内容并不完全相同。更为有趣的是，这并没给双方带来什么麻烦。

这场战争肯定不是人类历史上的第一场战争，但至少是人类历史上较早被记录下来的战争之一。一场大的战争可能不那么容易被人们遗忘，但人类经历的战争实在太多，常让我们无法时时刻刻记起"忘记过去就意味着背叛"的名言。即使所有战争都被忘却，这场战争也不应该从我们的记忆中消失，因为它为后世提出了一个头等重要的主题：战争与和平。

自从人类诞生以来世界上似乎就有了战争。因为战争太多，让我们无法确定战争是和平的间歇抑或和平只是战争中的小憩。战争给人类带来的灾难太大，所以人人痛恨战争，渴求和平。然而，战争却不见停歇。这是何人之过？人类经历的大小战争多不胜数，虽说战争的发动者都有冠冕堂皇的理由，但其战争的原因不外乎这样几种：为了土地、为了财富、为了霸权和为了安全。战争是流血的政治，是人们用来获得无法以和平手段得到的那些东西的方式，所以战争根源还是人类的贪婪和欲望。

3000多年前的这场战争中双方为何而战呢？

古埃及本是个安于本土的民族，不料，这个自尊而固执的民族却在公元前约1670年被陆续前来定居的亚洲人夺得了政权，开始了古埃及历史的第二中间期，这些外族统治者被称作喜克索斯人。虽然外族从未统一过整个埃及，其政权持续的时间也不长，仅有100年左右，但他们留给古埃及人的创痛却是无法忍受的。当我们在开罗国家博物馆内看到第十七王朝国王塞肯南瑞·陶木乃伊上被战斧砍开的额头、被钝器打碎的颧骨和被短剑划伤的脖颈，我们便可以推想出当时战争的残酷与惨烈。随着喜克索斯人被赶回亚洲，古埃及人的眼界也随之被打开。新王国在埃及历史上第一次成为一个领土广大的帝国，第十八王朝第三位法老图特摩斯一世曾行军至奥伦特斯河上的迦基米施，并越过幼发拉底河。这是古代叙利亚、美索不达米亚和安那托利亚的交通枢纽。这一军事行动的真实性，有图特摩斯一世于此地立起的石碑为证。此举是为了霸权，也是为了财富。因为埃及木材奇缺，建造神庙和船只所用的木材都要从亚洲运来。然而，霸权不是那么容易建立的。北面安那托利亚高原上的赫梯人也正处于其帝国的顶峰。埃及人每向北推进一步，都意味着赫梯帝国的版图要向后收缩。战争不可避免。

之后两大帝国在地中海东岸的广袤大地上屡有交锋，图特摩斯三世及其子阿蒙霍特普二世将战线从美吉多（Megiddo）向北推进到奥伦特斯河，卡迭什再次归入埃及势力版图。再之后，埃及开始节节后退，赫梯则步步紧逼，直到第十八王朝行将结束之时的最后一位法老霍瑞姆赫伯才再次将战线北推。

第十八王朝结束，第十九王朝开始。埃及人的野心再次高涨起来。第十九王朝第二位法老塞提一世又大动干戈，与赫梯帝国的争夺再度白热化。公元前 1279 年到公元前 1274 年这 5 年间埃及发生了一系列大事。首先塞提一世壮志未酬身先死，拉美西斯二世即位。这位 14 岁时就被父亲塞提一世法老定为辅政王子的法老注定要成就一番大事业，他不到 20 岁就登上了王位，正是踌躇满志的年龄。这位野心很大的年轻法老深知，要想称霸地中海东岸，必须有个稳定的后方。于是，他登基后在国内进行了一系列基本建设，除了修建神庙以取得"神"的支持外，还在下埃及三角洲东部的中王国首都阿瓦瑞斯的旧址上修建了新的都城——匹-拉美西斯（Pi-Ramesses，意为拉美西斯之领地）。这是为战争做准备，毕竟原来的首都底比斯在上埃及，离亚洲太远。现在只有一件事需要解决了，即夏达纳（Shardana）海盗对埃及地中海沿岸的骚扰。公元前 1278 年，仅登基一年的拉美西斯二世调兵遣将，巧妙设计，将海盗一网打尽，并对作为俘虏的海盗进行训练，将其转变成雇佣军。万事俱备，只欠东风。

战争结束了，双方都称自己是胜利者。其实战争开始后双方互有损失，战事陷入僵局，谁也无法取胜。结果出现了人类历史上第一个有文字记载的和平条约。

有史以来，人们就一直在不断的战争中寻求着通往永久和平的道路。然而，和平对于这个世界而言仍显得弥足珍贵。人类对于实现和平的探索无论是在理论上还是实践上不外乎两条道路，一条是靠组织，一条是靠教义。靠组织实现和平的突出范例可以从古希腊的历史中看到。城邦征伐，生灵涂炭。为了避免不必要的消耗，邻近的城邦组织起"近邻同盟"（Amphictyonic League）以限制战争。缔约各城邦不得攻击另一城邦或切断其水源。古希腊的奥林匹克运动会四年一次，其间停止一切战事，任何人不得携带武器。古罗马更有著名的"罗马和平"（Pax Romanas），其和平持续 200 多年。17 世纪法国政治家马克西米利安·德·贝蒂恩·索利（Maximilien de Bethune Sully）设计了一种全欧洲各国都派代表参加的会议，以解决各国的分歧和争端。从 1618 年到 1648 年的"三十年战争"使欧洲大部分国家都卷入其中，这次战争的起因为新教与天主教之间的罗马内战，最终演变成欧洲各国对地域与权力的争夺。战争最终以签订《威斯特伐利亚和约》（*The Peace of Westphalia*）宣告结束。此和约试图在欧洲建立一种势力的平衡，均衡各国的军事及经济实力，使任何国家都无法占领别的国家。此后这类组织很多，从美国人的"纽约和平协会"（the New York Peace Society）、欧洲人的"常设仲裁法院"（the Permanent Court of Arbitration）直到现在的联合国。然而这一切组织在维持和平方面所起到的作用都有其局限。

从中世纪起，人们开始试图用信仰和宗教的力量制止或限制战争。公元 4 世纪，罗马帝国衰落，欧洲战事纷起。基督教开始成为维护和平的重要力量。教会呼吁神圣休战，规定在一周中某些日子里不得因私人争执而大打出手。教会不仅要求人们不得在某些日子里发生冲突，还要求人们不得在像教堂这样神圣的地点里引发冲突。虽然教会的约束避免了一些小的争斗，但教会允许"正义"的战争，这又给和平罩上了一层阴影。因为任何战争发动者都可以赋予战争以正义的名义。17世纪英国的宗教领袖乔治·福克斯（George Fox）建立了"教友会"（Society of Friends），他们认为基督耶稣的教义是禁止战争的，所以他们反对战争而支持和平运动。19世纪末，瑞典化学家诺贝尔悔恨自己发明的炸药给人类带来的灾难，在临死时设立了诺贝尔奖，其中就包括和平奖。这一切举措都试图通过教义和舆论的力量促进人类和平。我们感谢他们为人类和平做出的贡献，然而，战争依旧存在。这个世界上只要有利益就会有争夺，只要有争夺就会有冲突，只要有冲突就会爆发战争。法国思想家伏尔泰曾将和平的希望寄托在民主政治上，天真地认为世界不会有和平，除非所有国家都成为民主政体。换句话说，只要世界各国都建立民主政体，世界就会和平。

尽管人们的努力都没有能够消灭战争，带来永久和平，但从埃及人和赫梯人签署人类第一个和平条约这一天起，战争也时常以和平的方式结束。战争之后的和平只能在三种情况下出现：一是一方获胜，另一方投降；二是双方势均力敌，彼此都消耗巨大又无法取胜；三是有第三种力量出现欲收渔人之利。这第三种情况正好和婚姻相反，当一对夫妻间出现第三者的时候，"战争"宣告开始；而国家或集团间的战争却常在强有力的第三者出现之时出现转机，迎来和平。第一种情况下不易有和平条约产生，第二、第三种情况下双方却较容易化干戈为玉帛，昨日战场上兵戎相见，今日却如兄弟般握手言和。

卡迭什之战并没有马上结束双方对地中海东岸地区的争夺，之后的16年里双方此消彼长，你进我退，都无法将对方彻底赶走。在拉美西斯二世统治的第16年，他的对手穆瓦塔利斯死去，其子乌尔希-泰舒卜（Urhi-Teshub）继位。正像许多年轻王子继位后的故事一样，乌尔希-泰舒卜的叔父哈图西里（Hattusili）篡夺了王位。之后两年中，尽管乌尔希-泰舒卜并不甘心，先后在巴比伦人和亚述人的帮助下试图夺回王位，但都无济于事，最后不得不逃往埃及。哈图西里向埃及要人，要求引渡，可遭到拉美西斯二世的拒绝。哈图西里恼羞成怒，立即点兵，欲与拉美西斯二世决一雌雄。可就在这时，逐渐强大起来的亚述夺取了过去臣服于赫梯帝国的哈尼加尔巴特（Hanigalbat），矛头直指迦基米施进而威胁赫梯帝国本土。哈图西里别无选择，不得不与埃及媾和，终于在拉美西斯二世统治的第 21 年签订了和平条约。虽然埃及失去了卡迭什和阿穆鲁（Amurru），但该和平条约却给埃及带来了北部边境的稳定，随后埃及开通了通往欧洲、黑海和东爱琴海的商路，使埃及的海上贸易空前繁荣起来。不仅如此，这个和平条约还让拉美西斯二世可以集中力量解决一直困扰埃及西北的利比亚人不断入侵的烦恼。在拉美西斯二世统治的第 34 年，这位被称作拉美西斯大帝的埃及法老迎娶了赫梯国王哈图西里的女儿，埃及、赫梯两国关系进一步巩固。

　　战争暂时还无法避免，和平却是人类一直向往的。所以人们将世间最早的这个和平条约的复制本挂在了联合国总部的墙壁上，提醒着世人：维护和平仍然是人类要努力实现的最为重要的目标。

第十一章　古埃及的交通

没有交流和积累便不会有文明，文明就是在不断的交流和积累当中发展起来的。因此，交通对于古代文明的诞生与发展影响巨大。所有发达的古代文明都有一个共同的特点，即都有一条或几条巨大的河流将它们国内无数的小村落连接在一起，使之在互相贸易甚至是互相抢夺中积累了经验，开阔了眼界，汇聚了力量。埃及便是一个非常典型的例证。许多埃及学家都肯定了尼罗河对于古埃及文明的重要贡献，从希罗多德的"埃及是尼罗河的赠礼"到现代的"尼罗河是古埃及的高速公路"，无不肯定了尼罗河对于古埃及文明发展的奠基作用。正是尼罗河将古埃及众多的小村落连接起来，使他们在互通有无的贸易和对资源的抢夺中积聚了力量，使村落变成城镇，城镇变成诺姆，最后形成两个非常大的势力，即上埃及和下埃及。在进一步的争斗中，终于上下埃及统一为一体，古埃及文明从此走上3000多年的辉煌之路。

第一节　水上交通

一、船的起源

因为有尼罗河，所以古埃及的水路交通比陆路交通要发达、方便、快捷得多，因此也重要得多。尼罗河纵贯埃及全境，从非洲中部流经埃及最后流入地中海。它不仅养育了尼罗河两岸的古埃及人，还对古埃及人的宗教思想有着非常大的影响。当然，尼罗河对古埃及人最为直接的影响体现在日常生活方面。尼罗河从阿斯旺到地中海将上下埃及连为一体，尼罗河的河水泛滥滋润着两岸的泥土，为古埃及人创造了一个狭长的绿洲谷地。尼罗河在接近地中海的地方分出许多支流，形成一个巨大的扇形沼泽地。这块肥沃的沼泽地被称作尼罗河三角洲，三角洲与尼罗河谷一起成为养育古埃及文明的摇篮。

肥沃的土地是耕种的沃土，而尼罗河及三角洲沼泽地上的飞禽走兽和各种鱼类则为古埃及人的餐桌提供了丰富多彩的食材。捕鱼四季皆可，无须春种秋收的等待，因此成为古埃及人日常生活中的一项非常重要的内容。最初只在岸边捕鱼即可，捕鱼者手握鱼叉，只要手疾眼快就会收获颇丰。另外，用鱼钩垂钓也很普遍。但是，古埃及人渐渐发现，岸边的鱼数量有限，而且真正肥美的大鱼都在水深之处。于是，古埃及人便开始想方设法地深入到尼罗河深处去捕鱼。

古埃及人非常聪明，他们看到尼罗河面上漂浮的纸草，产生了一个大胆的想法，即人能否站到漂浮的纸草上去，这样便可以到河的深处去捕鱼了。古埃及人经过了多少次尝试我们无从考证，但最终用纸草捆做成的小纸草筏出现在尼罗河上。人们将一捆捆的纸草连在一起，把两头紧紧地捆牢，这就是古埃及人最初的船。纸草筏为古埃及人提供了一个可以到较远水域去捕鱼的平台，尽管最初的纸草筏非常小，仅可载一个人去捕鱼，但这是古埃及人向尼罗河深处进军的开始。纸草筏用手来划动，有时也用木杆或木板作推进的工具。凭借纸草筏，古埃及人可以进入尼罗河深处捕获更肥美的大鱼，但他们捕鱼的手段并没有太大的变化，仍然主要用鱼钩。

任何发明其创造阶段都是最为困难的，也是最耗费时间的。但一旦一项新的发明出现，其发展便会日新月异。有了小纸草筏，人们很快就造出了大纸草筏。因为人们已经不满足于一个人单枪匹马地捕鱼了，很多时候需要协作才能有更多的收获。古埃及人将最初的小纸草筏造大，里面可以载两三个人，没过多久用大纸草筏捕鱼的优势便显露出来了，于是大纸草筏逐渐流行开来。大纸草筏不仅让人的协作成为可能，而且让捕鱼者可以用鱼叉在船上捕鱼。不仅如此，过去小纸草筏经常面临尼罗河中鳄鱼的威胁，而现在这也不再是太大的问题了。大纸草筏不像小纸草筏那么容易被掀翻，其上的乘客足以在受到鳄鱼攻击的时候用鱼叉将鳄鱼赶走。人的创造力也随着大纸草筏的出现而迸发出来，另一种更加有效的捕鱼方式开始出现。古埃及渔人在大纸草筏与河岸之间拉一条网，或在两条大纸草筏之间拉一条网，周围的筏子上的人则用各种工具拍打水面，让受惊的鱼群四处逃窜，将其一网打尽。

　　古埃及的木船也有悠久的历史，在史前时期的壁画中就已经出现。古埃及的木船是从纸草筏的基础上发展而来的，这从古埃及木船的形状上便可一眼看出。古埃及的船无论船头还是船尾，其形状都和纸草筏子的两端一模一样，这显然是对纸草筏的模仿。我们知道古埃及缺少木材，其木材主要从亚洲运来。可在那么早的时候埃及就出现了木船，当时其亚洲木材供应航线并未开通。这该做何解释？其实这并不奇怪。史前时期的埃及气候并没有后来那么干燥，后来的沙漠当时多半不是荒漠，而是有树木生长的。直到埃及快要进入其王朝历史的时期，这一状况才发生了不可逆转的改变。木船可以造得更大，其航程远非大芦苇筏可以比拟。它不仅可以深入到尼罗河的中间去，还可以航行到对岸去，甚至可以从北方航行到南方或从南方航行到北方。直到木船出现在河面上的时候尼罗河才真正成为古代埃及的一条高速公路，将整个埃及串联起来。乘坐木船在尼罗河上航行不仅可以让埃及人走得更远，还可以让埃及人走得更快。尼罗河流速每小时 1.85 公里左右，在泛滥季节，其流速可达每小时 7.4 公里左右。然而，尼罗河由南向北流淌，古埃及人到北方去很方便，只需顺流而下即可。但向南去怎么办？埃及的自然环境再次帮助了古埃及人，一年四季，埃及的风都是从北向南刮的。这样，古埃及人就发明了帆。古埃及人从南向北是顺流而下，从北向南便扬起风帆。这一点从古埃及文字中就可以看出来，表示向南航行的词是 䑞〜〜𓏤，其表意的限定符号是一艘带帆的船，而向北航行的词是 𓊝𓂋，其表意的限定符号是一艘降下帆的船。

　　木船和纸草筏不同。纸草筏只有大小的区别，木船却变得非常复杂，不仅变得更大，还有了帆。木船可以让埃及人航行到更远的地方去。尽管木船已经非常坚固，但尼罗河中的浅滩和暗礁却成了木船的死敌。为了解决这个问题，驾船的人必须可以控制船的航行方向，甚至要非常灵活地让船只成功地躲过河中的浅滩和暗礁。于是，古埃及的木船上不仅有了橹，还出现了控制方向的舵。自从船有了舵，人类在水上航行的能力大为提高，可以说具备了向海上进军的基本条件。

船给古埃及带来的影响太多。它在政治上带给古埃及以统一，不仅分散的小村庄因为水路交通和船的发明而不断联合壮大，发展为城镇和诺姆一类的较大政治力量，最终使古埃及形成上下两大势力并最终统一，统一后的古埃及也是由于尼罗河便捷的交通条件和船的发明才使法老的政令可以快捷地传到整个埃及。此外，无论埃及什么地方出现问题，法老派遣的军队都可以很快出现在出事地区，使整个埃及政治保持稳定。因此，可以说是船只让法老更为有效地维系了玛阿特。船给古埃及带来的经济上的影响更为显著。远征的军队和商队远航至努比亚，甚至经红海远航至蓬特，带回来的是来自这些地区的黄金、乌木、花岗岩，又从北方的亚洲带来木材等。船不仅带来了财富，还给古埃及的雕塑、建筑等带来了新的材料，从而使其艺术更加辉煌。

船成为古埃及最为重要的交通运输工具之后，古埃及人无论是在日常生活还是宗教生活中便都离不开船了。虽然古代尼罗河岸边的码头现今都因时间久远而踪迹全无，但古代神庙中的船坞却有一些保存了下来。古埃及人通过在神庙与尼罗河之间开掘运河将两者连接起来，他们在运河靠近神庙的位置修建一个长方形的船坞。通过运河驶进船坞的船将货物或人送到神庙中去，或将神庙中的人或物品经尼罗河送去它们要去的地方。神庙中的船坞不是很大，但足够供进入的船只掉头。船坞一般会有个斜坡，方便装卸货物。

二、纸草船

纸草船是埃及最古老的船。在远古埃及，尼罗河岸边到处长满了高大的水生植物。其中最为高大挺拔的一种是纸草。纸草可高达 5 米，根部径粗可达 15 厘米。随着埃及气候的变化，进入王朝时代以后，纸草的分布就仅限于北方了。现在这种植物几乎绝迹，只有在尼罗河中很少的几处河中陆地上才能找到。

有证据表明最早的纸草船在公元前 5000 多年的时候就已出现在尼罗河水面之上了。从古埃及的陵墓壁画中我们可以知道，纸草船都是用新割下来的纸草捆扎而成的，因为画中出现的纸草船都是绿色。纸草晾干之后变作了黄色，这时的纸草应该更加坚固耐久，这一点有用纸草做成的草纸文献为证，它们历经数千年仍保存完好。但远古的埃及人却并不用晒干了的纸草造船，是何原因我们不知道，可能是因为晒干了的纸草虽耐久性增强，且重量也减轻许多，但干纸草下水后在水的浸泡下更易腐烂变质，因此古埃及人还是选择用新割下的纸草造船，至于这种推论正确与否，我们还需要进一步实验才能得出结论。无论是用新割纸草还是用干纸草造船，纸草船的使用寿命都不会太久。好在古埃及时代尼罗河岸边有的是纸草，随时可以拿来造船。

古埃及人使用纸草船时可能面临的一个问题是，无论纸草捆扎得多紧，它们之间的缝隙毕竟太大，放在河里是否会渗水。如果渗水，对于穿着很少的埃及渔人倒并不会造成什么麻烦，但渗水过多船就会下沉，古埃及人是如何解决这个问题的值得后人思考。有的学者比如考古学家皮特里认为古埃及人是在纸草船内侧特别是底部涂上沥青以解决渗水的问题，但是否如此，我们还没有找到确凿的证据。另一个问题是，纸草船的航行能力究竟如何，能在水面上航行多久。有位现代学者为了证明这个问题，用纸草做成了两条船，试图跨大西洋航行，结果其中一艘取得了成功。这说明纸草船甚至有能力跨大洋航行。其所做纸草船长 13.7 米，宽 1.8 米，可见纸草船的潜力之大。但这证明的毕竟只是纸草船最大限度的可能性，古埃及人是否能制造这么大的纸草船，是否用纸草船航行海上，我们尚未发现相关的证据。

古埃及的纸草船有大有小，小的一般为渔人使用的船只，而大的为神庙所用的船只。可能大船的仪式功用更强，并不是作远航之用。小的纸草船一般并无船舷，其实就是一个小小的水上平台，其两头捆扎成尖形，中间为供人站立或坐着的地方。纸草船的建造是从船头或船尾开始的。开始所使用的纸草并不多，古埃及人紧紧地将纸草捆扎起来，船头或船尾部就做成了。然后将未捆扎的纸草分散开来，加入新的纸草后再一段一段地捆扎结实。这样就形成一个很尖的三角形纸草捆，将三角形纸草捆不断加宽到一定程度，用绳子将其拉弯，绳子一头系在船头的顶尖处，另一头系在船体处。这样，纸草船的船头或船尾的翘起部分就完成了。之后人们往船体继续不断地加新纸草并将其捆扎牢固，直到船体部分完成，之后再开始递少新添加的纸草的数量，继续捆扎下去，直到另一头的尖顶完成。然后再将这一头的尖顶用绳子拉起系在船体上，船两头的翘起部分就都完成了。纸草船的船头和船尾都向上翘起，但船头与船身成90度，而船尾却向更接近船头的方向弯曲（如图11-1）。为什么要这样我们到现在仍不知道，但古埃及一直坚持这一传统。不仅纸草船如此，后来出现的木船也都呈这样的形状。

纸草船用桨划动，大一点的纸草船船身两边都配有桨，桨的数量根据船的大小而定。除了桨以外，后来大一些的纸草船还配备了帆。纸草船上的帆一般为双帆，也有单帆。双帆呈 A 字形排列，可能是因为这样会减少船体与桅杆之间的拉力强度。

我们所知道的关于古埃及纸草船的一切都是来自考古发掘出来的船模和陵墓壁画中船的图画。最早的例证是巴达里文化时期的遗址中出土的泥塑船模，经断代该文物的年代为公元前 5500 年至公元前 4000 年之间。这件现藏于英国伦敦大学学院皮特里埃及考古博物馆的泥塑船模看上去有点像一只口朝上的泥勺子，但经仔细观察完全可以从中看出纸草船的最初形象来。也有人认为该泥塑船模应该是用一段木头凿出来的独木舟，但考虑到该时期埃及已不再有足够粗大的树木生长，这件船模是独木舟的可能性似乎不大。除了泥塑船模，古埃及考古遗址中还出土了大量的陶罐。在内伽达 II 期遗址中出土的陶罐中有些陶罐上有用红色颜料画出的船形装饰图案，这些图画不仅让我们看到了史前时期古埃及人所用船的形象，还给我们提供了有关当时船上的篷子、船帆等的很多细节。希拉康坡里斯遗址中著名的 100 号画墓中的壁画，更是以船作为其画面中的主要图案。其中最为重要的一艘就是非常典型的、造型有点夸张的纸草船。

图 11-1　纸草船

关于古王国时期的纸草船的资料主要来自陵墓浮雕和壁画。在该时期的梅尔陵墓浮雕中出现的不仅有已经完成的纸草船，而且还有正在建造中的纸草船。尽管浮雕中仅显示了纸草船完成最后阶段的情形，但对于我们了解其制造过程仍十分宝贵。浮雕中船头左侧是一个人正在捆扎刚刚割下的纸草，他身后有一位老人拄着拐杖指导着年轻人造船。我们一直没有从古埃及文献中找到如何制造纸草船的文字，可能像其他行业一样，造船也是父子相传的技术。浮雕中有一个年轻人在捆扎船头，另外两个人在捆扎船身。中王国时期的船模也有出土，底比斯西岸的戴尔艾尔-巴赫瑞麦凯特拉陵墓中就出土了许多用木料制作的船的模型。这些船模有大有小，有的显然就是纸草船。陵墓浮雕和壁画中不仅有船，还有船上的水手。新王国时期的很多陵墓壁画中都出现纸草船的图画，表现了古埃及人的日常生活。有的是人们在纸草船上捕鱼，有的是在纸草船上捕鸟。新王国时期的大臣内卜阿蒙的陵墓的壁画中出现的图画是新王国时期最为典型的人们使用纸草船的日常生活的图景。小法老图坦卡门的陵墓中出土的雕像更是栩栩如生地表现了小纸草船在古埃及人日常生活中的重要性。雕像中的图坦卡门手执鱼叉站在纸草船上，应该是在尼罗河上捕鱼。

三、木船

　　木船起源于独木舟应该是世界范围内木船起源的普遍情形。人们最初用一段比较粗壮的树干凿出艘小船，然后在此基础上逐渐发展成结构复杂的船只。但古埃及的木船是否遵此规律尚不可知，因为出土的所有证据都似乎表明古埃及的木船有另一个起源，即古埃及最早的木船诞生于对纸草船的模仿。最初，这个问题对于大多数埃及学家来说似乎并不是个问题。因为现今的埃及气候干燥，树木很少。常见的棕榈树的木质结构决定其不适合做木材用，更不用说用它来凿独木舟了。但是，随着科学研究的发展，人们发现埃及的气候在其史前时期并不像现在这么干燥，古埃及的树木也不像现在这么稀少。于是这个问题又重新被提出来。既然史前时期的埃及有粗大的树木生长，因此在古埃及很有可能有独木舟出现，但要证明古埃及的木船最早是由独木舟发展而来却没有确凿的证据。考古学家从古埃及早期墓葬中发现了有点像木盒子一样的模型，有人认为这是木船的早期形式。如果这样的木盒子是最早的船的话，那么其结构除了有一块木板作为船底外，另外还有四块木板作为"船舷"与"船底"垂直相接，形成了一个盒子似的船体。连接"船舷"板和"船底"板的办法是将其用绳子捆住，这又跟最早的纸草船的建造方式非常相似。木板上边缘的洞便是用来将"船舷"与"船底"捆在一起的。

　　埃及树木稀少，即使在史前树木比较多的时期，其树种也非常有限。最多的树木是埃及刺槐、埃及榕和鳄梨树。这三种树木生长得都不是很高大，比如埃及刺槐木板的长度就很难超过 2.5 米。这样矮小的树木显然不适合用来造船。雪松是最好的造船材料，但在古埃及尚未建立起通往亚洲的海上航路之前，黎巴嫩的雪松还无法出口到埃及。这条航路直到古王国时期才建立起来，从此埃及的木船，特别是庞大的木船的建造材料才有了保障。从这条航路建立以来，黎巴嫩 3000 多年来一直是古埃及雪松木材的供应地。

　　古埃及木船的建造尽管在形状上完全模仿纸草船，但纸草船的建造工艺中用绳子捆扎的技术显然不适用于建造木船。制作纸草船只需有绳子、有镰刀即可，因为纸草不需要在形状上进行处理。木材就完全不一样了。木板的厚薄、长短、形状等都需要加工，之后才能作为造船的材料。而要使木材变得合适就必须对原始木材进行基本的处理，比如说切割、削平，抑或将其做成特定的形状，这就需要一些特殊的工具才能完成。我们从古埃及的浮雕和壁画中看到了这些工具，更为可贵的是还有一些木工工具留存了下来。古埃及木工造船用的工具中最常用的有铜刃锛子、斧子、锯和凿子（如图 11-2）。锛子是由用树杈做成的锛柄和安装于其上的铜刃构成的。古埃及象形文字中的锛子一词 读作"msxA"，最后一个符号是限定符号，古埃及的锛子就是这个形状，其长柄头上最短的那一段是用来安装锛刃的。斧子跟战争中所用的战斧并无太大的区别，前边已经有过介绍。古埃及的锯从浮雕和壁画上看都是手锯，大段和小段木料都可以用它来切割。凿子一般为铜制，形状跟我们现代木工所用的凿子很像。 是古埃及语象形文字中的凿子一词，最后一个符号为定符，即凿子的形象。此外还有钻等工具也为木工所用，但都很少用于造船。即使木工工具已经这样完善，但古埃及人在制造木船的过程中仍采用一种非常古老的接合技术，即用绳子捆扎。

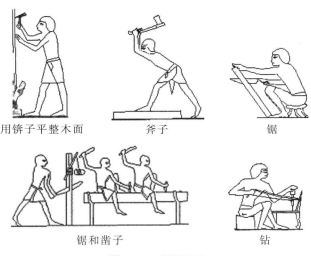

用锛子平整木面　　　　斧子　　　　锯

锯和凿子　　　　钻

图 11-2　造船工具

图 11-3　造船

古埃及人造船（如图 11-3）很少用钉子，大多木船为榫卯结构。木板与木板最为牢固的衔接方式还是用绳子捆扎。古埃及人捆扎船体所用的绳子是干的，用其将木板牢牢捆结实，等船造好下水之后，绳子遇到水变湿会收紧，这样就会使被捆绑在一起的木板间一点缝隙都没有。

木船的形状跟大一点的纸草船非常相像。船体像纸草船一样平坦，这样会使木船避免在尼罗河中航行时因撞到浅滩或暗礁而破损。船头和船尾也像纸草船一样高高竖起，船头与船身成 90 度，古埃及人甚至会在顶头之下刻出绳子捆扎的木纹。船尾竖起后略向船头方向继续弯曲，最后会形成一个弧形。纸草船形象的木船一般都比较大，有人认为是用于宗教和丧葬仪式的。因为在古埃及人心中，每日在天空中巡行然后进入冥界的太阳神拉是乘坐着太阳船的，而太阳船的形象就是纸草船。古埃及人希望死去的人能够顺利通过杜阿特，进入永恒的世界，陪伴拉神巡行于两个世界之间，这就需要有像拉神乘坐的太阳船一样的船只。很多古埃及金字塔旁都有船坑，尽管大多都是空的，但吉萨高原上的胡夫金字塔南侧的船坑中，却有拆解了的大木船船板被考古学家所发现。当这些模板最终被复原和重新组装之后，一艘巨大的太阳船便呈现在我们的面前。这是典型的纸草船形状的木船，其用途显然与宗教有关。该船的发现为纸草船形木船用于宗教丧葬说提供了最好的证据。

古埃及木船最早是从第一王朝阿哈法老时期开始出现的。在王室墓地萨卡拉，考古学家发现了许多船坑，尽管船坑中少有完整的木船出土，但从船坑中得到的数据对我们了解 5000 多年前古埃及的木船却很有意义。该船坑应该是阿哈法老的，因为船坑就在其玛斯塔巴墓旁。船坑中的木板和绳子仍在，让我们确实触摸到公元前 3000 多年的船只的遗存。在萨卡拉出土的另一艘船更令人激动不已，因为船坑里居然出土了一艘未被拆卸且被完整掩埋的船只。该木船长约 14.5 米，当初是被完整地埋在这里的。船坑内用泥砖衬壁，放置好船只之后用沙子掩埋。因为船坑不深，所以地上出现了一个船形丘。遗憾的是较大的木板都已经腐烂，只有些小的木板仍留存下来，该船坑被称作"萨卡拉3506 号"。在萨卡拉对面，尼罗河的东岸是哈勒丸，这里也有大臣的木船船坑被考古学家所发现。但从古王国开始，大臣的陵墓不再有船只陪葬。木船陪葬的习俗到了埃及历史的后期发生了很大的变化，陪葬用的木船被船模取代。这跟古埃及用乌沙伯提陪葬的习俗一脉相承。古王国期间的船坑规模更大，在塔尔坎发现的船坑的直径就有 18 米到21 米。此时的船坑仍为浅坑，内衬泥砖。因为是浅坑，地面上会有明显的地上船形结构，一般被涂刷成白色。此时都是以实船陪葬，但学者对船板研究后发现，这些船板有的是再生材料。就是说，因为古埃及木材稀少，所以，弃用的木船会成为用来打造新船的部分材料。可贵的是，船板上的卯眼展示给后人其船体结构接合的基本方式。更为惊人的发现出现在阿比多斯，12 个埋有木船的船葬丘被考古学家发现，每座船丘内埋有一艘木船。这些船葬丘的时间断代为第一王朝，这些船丘中船体上的木板严重腐烂，但船身的形状仍清晰可见。这些船比较大，因此埃及学家猜测应该有实用功能，不仅仅是丧葬用品。围绕着这 12 座船丘的问题还很多，这些船属于谁？是属于同一个法老还是各有其主？是否同时埋下，抑或是在不同时间埋下的？如果它们是在不同时期被埋下的且属于法老，为什么其形制、色彩又如此统一？这些问题仍为谜团，有待埃及学家们进一步研究解决。

　　考古发现的古埃及木船中最为气势恢宏的还属胡夫的太阳船，现在人们到吉萨参观金字塔时仍能在胡夫大金字塔南侧胡夫金字塔太阳船博物馆中，一睹这艘长 43.63 米，宽 5.66 米的远古庞然大物。古埃及遗址的发现过程中充满了偶然所得的收获，但胡夫太阳船的发现却是智力推测的结果。它的发现要归功于一位埃及建筑师卡马尔·艾尔-马拉赫（Kamal el-Mallakh）。

　　每一位熟悉古埃及文明的人都知道，金字塔四周会有由土墙和小金字塔围绕而成的一个类似院落的围墙，胡夫金字塔也一样。金字塔四周有船坑出现对于熟悉古埃及文明的人来说亦不是新鲜事。但是，在清理吉萨胡夫金字塔周围的围墙残迹时，马拉赫先生却发现金字塔南边的墙基比其他三面的墙基更为靠近金字塔。对此他人并未多想，但这却引起了马拉赫的注意。他认为，其他三面墙与金字塔的距离都相同，唯有南面不同，这一定是古埃及人在建造时有意为之。如果是有意为之，那么是否为了掩盖什么东西呢？于是他推测，南面的墙基下面一定隐藏着惊人的秘密。马拉赫想到了胡夫金字塔的船坑，这六个船坑中有三个是围绕着胡夫金字塔的。这三个空船坑每位参观金字塔的人都能看到，马拉赫自然对此也是再熟悉不过了。那么，如果南墙底下隐藏的仍是一个船坑的话，这样的推测就完全不合逻辑了。既然别的船坑都裸露着，古埃及人就完全没有理由将众多船坑中的一个故意隐藏起来。

　　为了解开胡夫金字塔南墙墙基所掩盖的秘密，马拉赫开始了对南墙墙基的考古挖掘。去掉了上层墙基之后，露出来的是一条一条的长长的巨大石板。说是石板，其实是长方形的石块，每个都有十七八吨之重。石板的发现更让马拉赫证实了自己的想法，胡夫金字塔南墙墙基下一定隐藏着惊人的秘密。马拉赫继续挖掘，结果在石板之上发现了一位法老的名字：拉斋代弗。人们知道，这位法老是胡夫的儿子，继承了胡夫的王位，但没有几年就一命呜呼了。之后胡夫的另一个儿子哈弗拉登上王位，成为法老并在吉萨靠近父亲胡夫的金字塔的位置上修建了一座仅次于胡夫金字塔的金字塔。拉斋代弗的名字的发现证实了地下隐藏的秘密与胡夫的丧葬陵墓有关，因为按照古埃及的传统，法老之位的继承人是该法老陵墓的主持修建者。石板上出现拉斋代弗的名字正好说明是他主持修建了胡夫的陵墓——大金字塔。清理完上边的墙基，石板的排列已经告诉马拉赫地下隐藏着的是陪葬坑。

到此时为止，石板下的秘密已经昭然若揭了，进一步的挖掘需要文物主管部门的批复。得到批复之后，考古学家并没有贸然行事，而是选择了覆盖巨坑的石板中的一块石板，在其上钻了一个洞，借此判断其下究竟掩藏着什么。钻通了之后，考古学家首先感受到的是被密封了4500多年的空气再一次与外界的空气结合为一体，考古学家一下子闻到了历史的气息。透过洞眼伸下带有镜头的探头后，人们看到了一个巨大的空间，而这空间下面是层层排列的木板。人们最先认出的是一只桨橹的叶片，由此判断，这个密封数千年的坑是一个船坑，与其他船坑不同的是它里面不是空的。

1954年，挖掘工作正式开始。船坑里的木板被编号后一件一件拿出来，按照在坑里面的位置排列好。接下来考古学家的任务是将这些船板拼装起来，恢复船被拆解之前的形象。这个任务落在了哈格·阿赫麦德·尤瑟夫·穆斯塔法肩上，他被任命为木船恢复工作的负责人。历史证明这个任命是正确的。虽然穆斯塔法过去没有造船或修复木船的工作经验，但他曾配合乔治·赖斯纳做过恢复胡夫母亲的金字塔中出土的木制家具的工作。在开始工作前，他用了很长一段时间做准备以熟悉木船结构。

船坑中除了组成船体的木板之外，还有绳子、靠岸的跳板等。木板相对保存完好，很明显船坑4500多年来一直密封在地下，没被人发现过。因为有绳子出现，这为确定该船的时间提供了依据。绳子的碳十四测定的结果是公元前2040年，与胡夫时代差了500年左右。但因有文字出现，该船毫无疑问是属于胡夫法老。木船板取出来后除了要对其编号和排列之外，还要立即进行保护。首先要对木板破损处进行修补，然后用聚醋酸乙烯涂抹在木板上。当然，由于气候的干燥，现在陈列在胡夫金字塔旁的这艘巨大的木船的长度还是缩短了一米。

将这么多的巨大木板拼装起来是一件极为艰巨的任务，因为此前没有现成的经验和知识可资借鉴。穆斯塔法像拼立体的拼图一样进行着尝试，他先将缩小的模型板编号，然后又尝试着用缩小的模型板拼装。也许我们现在想起来觉得很简单，因为船头、船尾一眼便可以看出，其余部分一件件尝试便可。但其实工作并不这么简单，穆斯塔法也走了许多弯路。因为当初的船被拆解之后，许多原本有弧度或弯曲的木板在完全没有张力的情况下都变成了平板。用已经完全都是平板的木板拼出船来，这对穆斯塔法是一个很大的考验。穆斯塔法于是想到了先拼一个模型船，经过了反复拼装之后，穆斯塔法终于将缩小的模型板拼装成了一个完整的模型船，他完全有把握可以将每一块木板的位置确定下来了。接下来的工作是着手拼装大船。

缩小的模型船容易拼装，将模型板弄弯也很容易。但真正重装4500多年前的木船时，难题就出现了。要使大船的木板弯曲完全不像使缩小的木板弯曲那么容易，因为这是文物，且经过了这么多年后木板的材质已经变脆，一旦断裂，后果严重。于是，穆斯塔法小心翼翼地在需要弄弯的木板上反复地浇开水，经过了很多天的"淋浴"之后，船板开始恢复弹性。然后他根据缩小的模型船的船板的弯曲程度和形状将木板弄弯，之后再将其自然干燥成型。小块的木板比较好处理，但较大的木板处理起来就非常困难。穆斯塔法将其放在开水里泡，然后拿出来进行弯曲处理。因为木板比较大，就将一根粗大的木杆立在地上，将大木船板挂在上面，用绳子将木板的两头系住，一点一点地将其拉弯。当所有的木板都按照特定的弯曲度进行了处理之后，拼装就容易了（如图11-4）。这之后木船的拼装工作才真正开始。

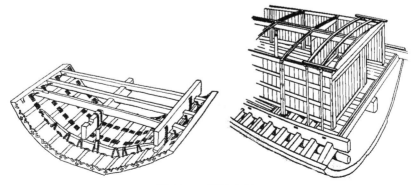

图 11-4　拼装木板

整个木船没有使用一根钉子，木板之间的连接方法主要是捆扎和一些简单的榫卯结构。木船所用木材是黎巴嫩雪松，厚度大约 14 厘米。椭圆形的船底以及横梁，都是用绳子一块一块地捆扎在一起的。船体并没有涂上沥青等防水涂料，因为木板遇水膨胀，而绳子遇水收缩的特点让木板间几乎没有任何缝隙。木板被捆扎得很紧密，像被"缝"在一起一样。拼装完成后，一艘远古木船便呈现在人们的面前。船头有高高竖起的木杆，船尾也有高高竖起的木杆，且向船头方向倾斜。船头和船尾的木杆顶部呈平圆形，非常像卡纳克神庙的巨柱厅里的巨柱之上呈盛开状的纸莎草花的形状。这艘 4500 多年前的木船是典型的纸草船形象的木船。该船的船头有一个小华盖篷，船尾有一个大船舱。前面的华盖篷四周是空的，后面的大船舱除了一个门之外都用木板封死。船头的华盖篷与船尾的大船舱之间的两侧船舷处各有五支木桨对称排列，船尾两侧亦有两只橹桨，这是木船的动力系统和方向控制系统，该木船没有桅杆。

木船拼好后便一直陈列在胡夫金字塔南侧的玻璃展馆中。但是，围绕着这艘古代木船用途的研究却并没有随着木船的拼装成功而结束。这艘船为法老胡夫所用已可以肯定，但该船究竟为他生前所用还是身后所用的问题却并不容易回答。从理论上讲，这个问题并不难回答，只要检测一下该船是否曾经下过水就可以了。船吃水线以下的部分是否有水里面的微生物存在是很容易检测出来的。但当时学者并没有对这艘船做这样的检测。同时，仍有问题需要解决。古埃及因为木材匮乏，历来都有将废旧船只拆解后取其木板来造新船的习惯。因此，单从吃水线以下船体的木板是否有水中微生物的痕迹残存来判断该船是否曾经下过水，这样的结论无法让人信服。现在埃及学家对该船的用途较为一致的意见是，该船是胡夫法老的丧葬船，曾在丧葬仪式上使用过，其更为重要的意义和用途是供胡夫法老每日伴随太阳神拉巡行天空和冥界之用。

胡夫金字塔南侧发现的密封船坑有两个，当这一个被成功挖掘之后，另一个的挖掘工作便被提到议事日程上来了。但结果并不让人乐观，当人们怀着同样激动的心情钻开第二个船坑上覆盖着的石板后，所测到的空气跟外面的空气并无太大的差异，这说明该船坑的密封已经遭到破坏。里面的二氧化碳的含量很高，说明有腐烂物。不仅如此，人们还从这个钻开的小洞看到了一只甲虫。所有迹象都表明，第二个船坑中的木船恐怕已经损坏且无法复原。事实也确实如此，这是非常大的遗憾。木船在如此干燥的环境中竟然会腐烂，不由得让人们猜测其中的缘由，人们推测，考古工作者在完成对第一个船坑中木船的复原工作之后，在船坑边上修建了一个太阳船博物馆，此处的建筑工地恰好就在第二个船坑的上面。建筑工人混合水泥的地方正好在第二船坑之上，水向下渗漏，结果造成了第二船坑内木船的损毁。这是考古史上的一大悲剧。

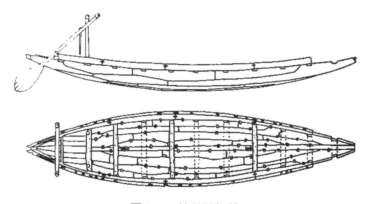

图 11-5　达赫述尔船

　　除胡夫的太阳船之外还有一些古埃及木船被陆续发现，其中最著名的是达赫述尔船（如图 11-5）。共有六艘达赫述尔船被发现，但现在人们能看到的却只有四艘，其中两艘在美国，两艘在埃及的开罗博物馆。其实，达赫述尔船比胡夫太阳船更早被发现，但它的名气却比胡夫船小了很多。其原因可能与船的大小有关，达赫述尔船远不及胡夫太阳船那么宏伟庞大，且从时间上看也比胡夫太阳船要晚许多。达赫述尔船是法国考古学家杰克斯·德·摩根（Jacques de Morgan）于 1894年至 1895 年在达赫述尔挖掘时发现的。当时摩根正在挖掘达赫述尔的一座第十二王朝的法老的泥砖金字塔，在清理完金字塔围墙内的一切之后，摩根走出围墙，试图寻找进入金字塔围墙内的入口。他在无意中发现了三艘陪葬的木船，之后又发现了另外三艘。

达赫述尔船坑像第十二王朝的法老的金字塔一样，与古王国的同类物品比较起来相对简单。该船坑坑底是沙子，坑的四壁用泥砖砌起，木船完整放入其中，然后填满沙子并封顶。达赫述尔船尽管最初有六艘，但我们现在能见到的却只有四艘。这四艘船大小相同，都是大约10米长，船头和船尾都没有翘起的部分。在美国的两艘中有一艘藏于匹兹堡卡内基自然历史博物馆，另一艘现藏于芝加哥菲尔德自然历史博物馆。留在埃及的两艘达赫述尔木船现在都藏于开罗博物馆。

达赫述尔木船不像胡夫的太阳船那么巨大，在制作工艺上也有明显的区别。胡夫船的基本连接方式是用绳子捆扎，而达赫述尔船却主要采用榫卯结构将船体拼合在一起。在卯处还能看出工匠在打造这些木船时画出的用来标明凿卯的方块线，因为时间久远，达赫述尔木船的榫卯结构已经不再牢固，有的明显已经结合得不那么严密了。其所用木材很多都是重复利用的，因为研究者们在木船的船板上发现了用灰泥封堵的卯眼，显然是从别的废弃的船上拆下的木板。研究达赫述尔木船的学者们也因此得出结论，这些木船最初的制造目的只是为了用于丧葬仪式，在仪式之前并未被实际使用过。因为如果它们是实用船，那么其结构就应该更加牢固，否则是无法长时间在尼罗河上航行的。船舷与船体主要用榫卯结构固定，有些地方也辅之以捆扎。船体颜色已经不再清晰，但隐约仍可以看出其最初的颜色是绿色。船体之上加有一些横梁，横梁上边放置甲板，主要用木钉固定在横梁之上。甲板可以拆卸，以便适应特殊用途。船的桨橹平放在船坑里，桨的叶片上画有荷花图案和乌扎特眼睛的图案。

窥一斑而知全豹，通过胡夫太阳船和达赫述尔木船，我们对古埃及木船可以有个大概的了解。无论船的用途是什么，只要是船，其基本功能便都是在水上航行。

尼罗河上的航船最初是纸草船，但航海的船只却主要是木船，因为我们没有发现纸草船航行海上的任何证据。有学者做过这样的实验，他造了两艘纸草船尝试横越大西洋，居然有一艘得以成功，但这只证明了纸草船在海上航行的可能性，不能证明历史上真的发生过此类事情。有些学者也提出质疑，既然埃及没有可供建造船只的木材，那么，建造一艘木船的木材是如何从黎巴嫩运来的？小的木船可以运送大的木材，但纸草船能吗？无论如何，古埃及很早就出现了木船。古埃及王朝时期木船的建造方式与胡夫太阳船的建造方式基本相同，用绳子捆扎方式是木船建造过中基本的木材连接方式，特别是在建造用于真正航行的木船的过程中。从古王国开始，古埃及人在船体的捆扎过程中用细绳连接船板，用粗绳加固船体。从新王国开始，古埃及的木船普遍使用了龙骨技术。有了龙骨，船体变得更加坚固，可以抵御更大的风浪。

在尼罗河上航行的船只不需要锚，古人只需将其拴在岸边即可。拴船的木桩在胡夫太阳船的船坑中就有出土。河船无须使用锚，但在海上航行的木船如不使用锚便无法停靠。古埃及木船的锚很简单，古埃及人取一块大石头，在上面钻一个洞，在上面拴上绳子，将另一头拴在船上即可。在浅水航行的船只特别是平底帆船非常容易在风大的时候倾斜甚至翻船，为了解决这个问题，古埃及人会在船中放上一些压舱物以增加船的稳定性。如果是货船，船上的货物本身就是压舱物，因此古埃及木船上的货物应该大多放在甲板之下。当然，从古埃及的壁画或浮雕中看到的很多情形中货物都是放在甲板之上的，这多半是画师为了好看而刻意为之的，因为古埃及绘画非常强调事物的一目了然的特征。

木船的动力根据船的大小而各不相同。一般在浅水航行的小船用的是篙，撑篙人站在船上，一篙一篙地撑着小船前进。水深一些的地方就无法用篙了，这时可以用桨来划。更大一些的船不仅用桨，还会用帆来获取动力。从壁画和浮雕中可以看到帆船上的梯子，这便是供船员升帆和降帆之用的。帆的上下各有一个帆桁，即横桅杆，其作用是支撑帆并调整帆的高低。古埃及的船帆一般用上好的亚麻布制作，有的也用席子充当。

　　古埃及的木船从形状上可划分为两种：一种是非纸草船形木船，一种是纸草船形木船。非纸草船形木船一般船体都比较宽，甲板下的横梁木也比较长。当然这是相对于同样大小的纸草船而言，从比例上看木船比纸草船宽。其原因应该是为了实用，因为无论是经常使用的还是仅作一次性丧葬之用的木船，都是要载物的。船体宽大便可以载更多的东西。从出土的木船模型上看，有很多木船的船头、船尾都没有高高竖起来的部分，这使船头、船尾看上去有点秃。当然也有一些船模是有高高的船头和船尾的，这类木船多用于宗教和丧葬仪式。显然，在古埃及人心中，真正的船应该是纸草船形状的，宗教和丧葬仪式所用的木船因为其用途的严肃性，对船形要求严格。而古埃及人实用的木船则不那么严格，因此在船形的塑造上会有些简化。

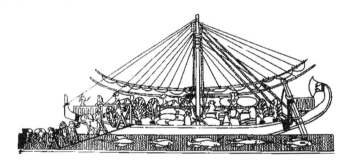

图 11-6　远航的海船

　　实用船当中最为重要的一种是远航海船（如图11-6）。海船一般都比较大，因为大船可以运输更多的货物。运输的货物一般放在甲板上和甲板下，将货物放在甲板下可以使船更为稳定。但仅放置在甲板下则无法装载很多货物，于是在甲板下放满了货物的时候就会在甲板上放置货物。货物运输的木船有的是在尼罗河上行驶，但也有很多船会远航到海外，比如从地中海东部海域航行到亚洲沿岸。我们知道最重要的一条航路要数红海上的通往蓬特的航路了，古埃及有很多关于该航路的铭文和浮雕壁画，其中最为著名的是第十八王朝的女王哈特舍普苏特留下的。卡纳克神庙和戴尔-艾尔-巴赫瑞神庙中都有其远航蓬特的记载。红海和尼罗河之间距离较远，从红海航线运回的货物如何被运到尼罗河沿岸继而进一步被运到底比斯或其他地方就成了一个问题。古埃及并不存在可以让船一口气从尼罗河驶出来到红海之上，然后远航蓬特，待载货归来后，经埃及的红海沿岸，再回到尼罗河上的直通航线。因此，从红海沿岸回到尼罗河的过程中就需要将船拆解开，通过哈玛玛特旱谷运到尼罗河边，再将木船组装起来，航行到目的地。木船因为其主要为捆扎结构，拆卸和重组相对比较容易。当然，还有另一种方法，那就是将货物直接卸在红海岸边的码头，用陆上运输工具通过哈玛玛特旱谷将其运到尼罗河岸边的目的地。但这只是个推测，因为我们没有在尼罗河岸边找到用来装卸货物的码头的遗迹。

实用船中的另外一种重要船只是体形庞大的驳船。驳船因为体形庞大，载重也大，所以无法用帆来做动力，只能用小船来拖。埃及学家们曾推算过一艘用来从阿斯旺地区运送巨大的方尖碑的驳船的大小，得出其长度应该有 95 米左右，宽度应该有 32 米左右。加上所载的方尖碑的重量，其排水量有7300吨左右。这么重的一艘船，用帆显然是无法驱动的。向下游航行时还好，因为可以顺流而下；但向上游航行时就非常困难了，这种情况下古埃及人除了用小船拖拽之外，还要用绳子在岸上拉。

驳船在古埃及也是很早就已经出现的一种木船。从在古王国乌纳斯法老的萨卡拉陵墓的甬道上出现的浮雕中就可以看到古埃及人用船运送巨柱的场面。巨柱是神庙中必不可少的建筑物，而巨柱一般都是用巨大的石头雕刻出来的。卡纳克神庙中的巨柱矮的也有十几米高，需几个人手拉手才可以将其围拢。除巨柱以外，神庙中的另一种重要的建筑物是塔门前面对称排列的两个方尖碑，它们都是用一块完整的石头雕刻出来的，都有几十米高，上百吨重。这些方尖碑所用石头都产自阿斯旺地区，于是古埃及人就必须将雕刻好的方尖碑从阿斯旺运往神庙所在地。现在仍有一个未完成的方尖碑躺卧在阿斯旺采石场的原址，如果完成的话，该方尖碑足有 42 米高，1200吨之重。这个花岗岩方尖碑因在工匠雕刻石基的过程中中间发生断裂而被放弃。这样重的物体，要将其运往神庙所在地，别说在几千年前的古代，就是在现代仍会给人们造成很多困难。比如说，如何将巨大的方尖碑放到木船上去？

因为方尖碑很高，所以在运输过程中一不小心就会发生断裂。因此，装船、卸船就极需技术。保持船的平衡也异常重要，古埃及人既要将方尖碑安全地放到船上去，又要放得平衡，使船不至于在航行中因为重量的不均衡而翻船。为了解决这个问题，古埃及人采用了两种方法：一种是修建运河，另一种是修建环形码头。修建运河的方法可能更为受古埃及人的喜欢，修建运河的方法是，从尼罗河挖掘一条运河直达采石场，然后将木板搭在运河之上。运方尖碑的驳船在尼罗河水位较低的季节驶入运河，此时船身在运河上的木板之下。然后人们将凿好的方尖碑运到木板上来，以水平方向放置，待尼罗河河水水位升高，驳船便一点点随水位的升高而升高。这样，当驳船升到最高位时，木板就被船甲板托起，方尖碑就安稳地落在船的甲板上了。之后人们精确计算好方尖碑在船上的位置，将其平稳地固定在船上（如图11-7）。另一种修建环形码头的方法也是利用码头平台来将巨大的方尖碑平稳地装到船上去，但比第一种方法更复杂，也更费力。

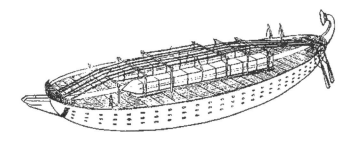

图 11-7　驳船运方尖碑

古埃及的驳船，特别是用来运方尖碑的驳船大多都是重复使用的。这不仅因为修造一艘这么巨大且结实的木船非常不易，还因为方尖碑的需求量很大。无论哪一位古埃及的法老，只要条件允许就都会建造神庙，而每座神庙塔门前都会有两座方尖碑。图特摩斯一世修建神庙时用木船从阿斯旺运来方尖碑，他的女儿哈特舍普苏特女王继续修建神庙，继续用木船运来方尖碑，女王的丈夫、图特摩斯二世法老的儿子图特摩斯三世在底比斯修建神庙，仍然用木船从阿斯旺运来方尖碑，直到第十九王朝的拉美西斯二世法老，仍让木船往返于阿斯旺和底比斯之间以运送方尖碑。他们所用的木驳船是否为同一艘我们还不清楚，但运送方尖碑的驳船是反复利用的这一点是确凿无疑的。

纸草船形木船多在与宗教活动有关的仪式上使用。纸草船形木船最突出的特点是船头和船尾像纸草船的船头和船尾一样高高竖起，船头笔直，船尾向内弯。古埃及的许多丧葬用船都严格按照纸草船形状打造，其形制与胡夫的太阳船几乎相同。这些船是供死者进入永恒世界用的，其所航行的世界不是现世的世界，而是神居住的世界。因此必须按照古埃及人认为的最正规的船形打造。在古埃及的陵墓中，陪葬的船模多有出土，在浮雕和壁画中也能看到这些船只。

除以上船只外，古埃及还有战船，以拉美西斯三世的麦迪内特-哈布丧葬神庙墙壁上的浮雕为例，其上描绘的船只显然是航行于海上的战船（如图 11-8）。该船的船舷很高，以使划船的水手可以完全隐藏在船舷后面，不会遭受到敌人弓箭的打击。该船的船头很有特色，被做成羊头的形状。巨大的公羊头形的船头应该是战舰所独有的，一方面，公羊是神的化身；另一方面，这突出的公羊头如果作为冲击敌船武器来使用，足以将敌人的船只撞翻。战船的船帆一般只在上方有帆桁，下方不再使用帆桁。战船降帆的时候不是将帆落下来，因为这样会占

图 11-8　战船

用船甲板上的空间，而是将帆拉上去。现藏于法国里昂吉梅博物馆的一具木乃伊身上裹着的亚麻布后来被研究者一片一片地拆解下来，他们将这些亚麻布拼接起来之后惊奇地发现，这块亚麻布原来是一块呈不规则四边形的帆布，长约 5.5 米，宽 4.5 米到 5.5 米。由此可以看出，后来的战船的风帆变得越来越小了。

　　船是古埃及人生活中重要的交通工具，但尽管埃及有尼罗河这条最高效的"交通动脉"，船还是不能代替所有的交通工具，陆地上的交通仍发挥着重要的使用。

第二节　陆上交通

一、陆路网

　　陆路交通对于任何一个文明来说都至关重要，但对于古埃及文明来说却并非如此。古埃及是一个几乎没有轮子的文明。说几乎没有轮子并不是说古埃及人根本没有使用过轮子，而是轮子在其文明中所处的地位不高。古王国时期的萨卡拉陵墓的壁画中就出现了带有两只轮子的梯子，有两人在下面用木棍固定住轮子，梯子上有五个人正拿着斧头工作。但这不是轮子的主流用途，轮子最为重要的用途在于交通，而古埃及的交通工具中却唯独少了装配有轮子的车辆。在第二中间期喜克索斯人将战车引入埃及之前，埃及人的心中一直没有车的概念。古埃及人很少使用轮子的现实是由其自然生存环境决定的。首先，尼罗河作为一条古代世界的高速公路使古埃及人的出行变得极为方便。在这条主干线之外，古埃及还有着大大小小的运河，这使得古埃及人的出行更为便利。其次，埃及四周都是荒漠，在沙丘上行车是非常困难的。尼罗河谷与三角洲地区是埃及人生活的主要区域，但这些地区多以沼泽或尼罗河水泛滥形成的冲积土地为主，非常不便于行车。特别在远行时，轮子会经常陷在泥里或沙漠里，这导致古埃及人不倾向使用轮子。最后，古埃及人的日常活动范围相对狭小，大多人住在耕地附近，没有必要非要乘车去下地干活。当然，古埃及的轮子都是用木材做成的，埃及缺少木材也是导致古埃及人很少使用轮子的一个原因。无论如何，古埃及文明没有建立在车轮之上。然而，陆路交通仍为古埃及人生活中的一种重要的交通方式。

古埃及文明是农业文明，人们的食住行都围绕着农田展开。古埃及的农田具有很强的季节性，每年尼罗河河水的泛滥，给沿岸地区带来大量的肥沃土壤。尼罗河泛滥时耕地全部被洪水覆盖，所以古埃及人有意识地将土地修成一块块的形状，这样在洪水退去之后不至于让退却的河水将冲积下来的肥沃淤泥也一并带走。古埃及人在一大片成块的田地中间挖掘出灌溉用的沟渠，再将沟渠互相连接形成灌溉网络。而在这些沟渠旁边的是人们挖掘出来的泥土，人们无须将其运走，因为农人正好将其修筑成与沟渠平行的渠堤，方便人们在其上行走，这样一来每日收工回家时便有便于行走的道路。古埃及文字中有三个词表示道路，即𓂡𓏤𓍼、𓏞𓈖和𓊪𓂞𓏤，不管其意思有多大的区别，这三个词的限定符号都一样是𓈖。该限定符号所描绘的是一段道路，边上有从水渠中长出的植物。这就很好地说明了古埃及道路的最基本特点：与灌溉水渠并行，为灌溉水渠旁的渠堤。古埃及的农田渠堤呈网状分布，其道路自然也和农田渠堤一样呈网状分布在上下埃及全境。这些网状道路的中心点是人们居住的地方，即村庄。除了村庄之外，道路的另外两个中心点为神庙和丧葬地，也都距农田不远。

古埃及的陆路网与尼罗河及运河紧密联系在一起，尼罗河东岸有通向红海的旱谷道路，西岸有通向哈尔噶绿洲及达赫瑞亚绿洲的道路，继而与更远的荒漠绿洲相通，西北有通向地中海和利比亚的道路，东北方的道路则沿地中海沿岸一直通向巴勒斯坦。因此，古埃及尽管不以陆路为其交通的主要干线，但其陆路也是四通八达的。陆上的道路大多是自然形成的，尽管也有铺垫过的道路留存下来，但大多道路没有经过人工铺垫，就像鲁迅说的走的人多了便成了路。一般来说，有道路就会有遇到沟渠或运河横跨过道路的情况，所以道路上一般都会有桥。但古埃及人遇此情形一般采取绕行，并不建桥。如果绕路太远他们就会采用别的方式，比如乘船渡河。

二、步行

古埃及人一般都步行去工作地点，因为其日常生活的活动范围并不很大。从村庄到农田，从村庄到神庙，只需步行就可以轻松到达。因此，步行在古埃及生活中是最为普通不过的事了。

无论是古埃及的壁画还是古埃及的浮雕，抑或是古埃及的雕塑，其中的人物都以赤脚的形象出现。不穿鞋似乎是古埃及人生活中的常态。虽然从一些古埃及法老的陵墓出土的文物中我们可以看到类似凉拖一样的鞋，有的用芦苇编制而成，有的用皮革制成，但在壁画浮雕或雕塑中出现的古埃及人很少穿鞋，可见鞋对于古埃及人来说只具有区分社会等级的作用而并非实用物品。这可能与埃及气候炎热有关，一年四季根本没有穿鞋保暖的需要。考古学家在第十八王朝末期的陵墓中不仅发现了鞋，还发现了袜子，余亚和杆亚的陵墓和图坦卡门的陵墓中都有鞋和袜子出现，但似乎仅为丧葬之用。

不仅古埃及的普通人在日常生活中步行，即使在要远行征战的军队，军人也都是赤脚行军的。位于阿西乌特的中王国时期的迈晒提陵墓中陪葬的军队人偶模型，就是一支正在行进中的军队。军队中的士兵手执盾牌和投枪等武器，各个左腿在前，整齐地向前行进，但所有的士兵都光着双脚。为了使军队行进整齐，古埃及军队用战鼓来统一士兵的步伐。当然，统一的步伐可以起到让军队行进速度加快的作用。除了战鼓外，可能还有歌曲用以鼓舞军人。在战场上，军人还边用手中的武器敲打盾牌边行进。

古埃及人在日常的步行中会随身携带或运送很多东西。最常见的携带物品的方法是用头顶，现在在埃及仍能看到女人用头顶着东西走路。壁画、浮雕中都有古埃及人头顶物品的情景，比如女人头顶一个方盒，里面有装水的罐子或面包，她用一只手扶着以保持平衡。被称作乌沙伯提的陪葬奴仆也常是头顶物品的，这是对现世生活的写照。古埃及人除了用头顶的方式来携带、运送东西之外，用背来背也是一种常见的运送物品方式。古王国时期的一个陵墓里面就出土了一个身背专用背包的人物模型，显然这个背包是专门运送东西的。该人物模型背上背着方形背包，手上还捧着一个方形小箱（如图11-9）。除了头顶和背负之外，还有一种方式是肩挑。古埃及有一种类似于短扁担一样的担具，从壁画中所见到的情形上看，往往是用来担生活用品的，比如打回来的鱼等（如图11-10）。但是太大的东西则无法用头顶、背负和肩挑的方式运送，比如丧葬用的棺椁等丧葬用品。这时候，古埃及人便用抬的方式运送。一般需要抬的东西都较重，所以古埃及人常用两个长杆来抬。古埃及人抬东西的时候将物品抬得很高，常常高于肩头，跟头顶平齐，有时干脆就用头来顶着。当然，再重一点的东西人已经无法用杆子来抬动，此时人们开始用橇拉，他们使用的是一种类似雪橇的陆橇。

图 11-9　背背包的人

图 11-10　担鱼的人

　　无论用哪种方式搬运，古埃及人主要的交通方式仍是依靠双脚步行。

三、抬椅

　　抬椅很像轿子，应该是轿子的最初形式。古埃及人最早使用这种工具，但它究竟起于何时仍无法确定。有一点可以肯定的是，抬椅至少在古王国时期就已经存在，就是说至今至少有4000多年的历史了。抬椅是合椅子与步行为一体的古代运载工具，像椅子一样，它不仅仅是为了实用，还具有表明身份地位的意义。平民席地而坐，不用椅子。

后来社会分化，阶层日显，于是出现了矮凳。坐矮凳的人要比席地而坐的人地位高，地位更高的人，便将凳子加高，因而就出现了椅子。椅子的高度也因人而异，地位越高，椅子便越高。当然最高的椅子就是国王的宝座了。地位高的人不仅将椅子加高，还要将椅子放在高出地面的台子上。抬椅与椅子一样，代表着高贵和威严。

图 11-11　抬椅

　　抬椅在古埃及壁画、浮雕中多有出现（如图 11-11），但实物却很少得以保留下来，只有一件实物保存完好，即古王国第四王朝的第一位法老斯诺弗汝的妻子、胡夫法老的母亲赫特普赫瑞斯的陵墓中出土的抬椅。赫特普赫瑞斯王后的陵墓本来在达赫述尔，但其随葬的物品却都葬在了吉萨胡夫金字塔旁的一个陵墓中。该陵墓中出土了许多陪葬的家具，有一张床、两把椅子、一个华盖、若干只箱子，还有一个抬椅。说是抬椅，但其外形却像一个非常矮的盒子。呈长方形，在靠背一侧比较高，两侧的扶手处相应较矮，但都明显比盒子的边缘高出很多。靠背和扶手做得比较精美，有金子镶衬。靠背上刻有席状纹饰，上面镶有金箔，金箔上的纹饰也是席状纹饰。其上有加固用的乌木条，上面刻着象形文字。这个"椅子"宽约 0.535 米，但靠背处略窄，为 0.52 米。这把椅子下面没有椅子腿，而是有两根长约 2.065 米的木杆安装在其下，是用来抬着这把"椅子"的。这件抬椅是唯一一件留存下来的抬椅实物，人们一直在研究当初赫特普赫瑞斯王后是采用什么姿势"坐"在上边的。一种方式可能是盘腿而坐，另一种方式是屈腿坐在上边。不过无论是盘腿还是屈腿，这样的平底座位都不会让人感觉很舒服，特别是要出远门的时候。半躺着可能会舒服些，但该抬椅是无法调整靠背角度的，因此半躺着的可能性不大。

　　从图 11-12 中我们能够看到，有些抬椅下面是有很矮的椅腿的。

图 11-12 抬椅

抬椅下面的矮腿的用途可能不是为了抬椅平放在地上时乘坐者的腿可以自然垂下，而是为了让抬椅在落下的时候不至于直接放在充满尘土的地上。抬椅一般由两个人来抬，前后各有一人。有时候会增加两个人，即前后各增加一人。也有特殊的情况，比如希尔希拉山（Gebel el-Silsila）神庙圣坛图画中的第十八王朝的最后一位法老霍瑞姆赫伯的抬椅，是由一个完整的法老用椅和两根抬杆构成的，上面坐着霍瑞姆赫伯法老，下面有十二人抬着。旁边还跟着一位手执扇子的大臣，另一位手执扇子的人走在队伍的前头，因为他在抬椅的另一侧所以我们无法看见其身体，但其手臂与举向法老的扇子还是清晰可见的。一般抬椅都是有两根抬杆的，但在第十二王朝塞得蒙特墓中居然出土了一个两人抬着一根杆子下边吊着抬椅的模型。有一个人在抬椅的边上扇着扇子，但抬椅上却什么都没有（如图 11-13）。人们对该发现兴趣盎然，因为直到现在人们还是很难想象，这样的抬椅在现实中是如何载人的。

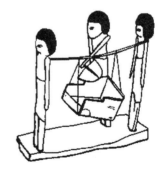

图 11-13 抬椅

四、驴

牛在古埃及是一种非常神圣的动物，而驴在古埃及就没这么幸运了，尽管有的埃及学家说古埃及的财富都载在驴背上，但驴却只是古埃及人的运载工具，从来未被神化。非洲的野驴很多，由于驴的寿命较长，且很容易管理，古埃及人很早就开始驯化野驴了。古埃及人最早驯化野驴的时间没有被记载下来，但至少在公元前 3000 年以前被驯化的野驴已经为古埃及人驮载货物了（如图 11-14）。

图 11-14　运载货物的驴

我们仍然需要从古埃及的文字、浮雕中去寻找关于驴这种运载工具的记载。古埃及是一个农耕文明国家，整个社会生活离不开农业活动。当秋收之时，收割下来的庄稼要进行处理。脱粒、打场是古埃及人农业生产中必不可少的活动，在这样的活动中古埃及人会使用驴作为劳动力。打谷场上，驴子身载重物在收获的庄稼上踩来踩去（如图 11-15），这不是为了让驴散步，而是为了将谷物脱粒。

图 11-15　打谷场上的驴

驴子能帮古埃及人干很多活，但最重要的一项还是驮载。古埃及的驴可以用来载人，但更主要是用来载物。从古埃及的壁画中我们可以看到，古埃及人用驴载物的方式大体上有三种：第一种是使用驮篮，第二种是使用驮架，第三种便是将货物随便搭在驴背上。驮篮我们从大臣帕内赫西的底比斯陵墓壁画中可以看到。古人将两只大大的篮子

图 11-16　驴背上的驮篮

搭在驴背上，篮子由木条作框架，内有网状内衬，篮子里装满了东西（如图 11-16）。驮架有点像抬椅，也是后部沿高、前部沿矮的长方形盒子，古埃及人将其绑在驴背上，一般用来载人。坐在驮架上恐怕会像坐在抬椅一样让乘客感觉不舒服，与其蜷着腿坐在驮架上，恐怕还不如蜷腿坐在抬椅上更舒服。第三种方式比较简单，无论是什么东西，只需随便往驴背上一放就行了。古王国的梅尔壁画中就出现埃及人往驴背上放像囤子一样的东西的画面。对于拉美西斯二世与赫梯人之间的战争，古埃及人留下了很多浮雕和文字记载。从描绘拉美西斯二世与赫梯人之间的战争的浮雕中我们可以看出驴在运送军队辎重中发挥的作用。

驴作为驮载工具常被古埃及人用长途陆路运输，古埃及人常用驴将货物从一条河的沿岸运往另一条河的沿岸，然后将货物装船运往更远处。此外，由于有些地方没有河道，驴子便成了陆路运输的主角。比如古埃及人运输从西奈半岛开采的矿藏时，主要是靠驴驮。驴尽管也被用来载人，但古埃及人似乎并不十分喜欢骑驴。这一点可以从古埃及壁画、浮雕中看出，无论是陵墓中还是神庙里，壁画、浮雕中很少出现人骑在驴背上的场景。骑的人少，画中自然就少见。但也许还有另一个原因，即骑驴是地位低下的标志。如果是这样的话，人们自然就不喜欢让自己以骑驴的形象出现的图画中。但无论如何，骑驴在古埃及人的生活中应该并不少见，因为骑驴直到今天都是埃及农村中最为常见的景象。

其实认为骑驴有损骑驴者的身份可能与古埃及人的一种神话观念有关。古埃及人把驴看作是塞特神的化身，而塞特神因为谋杀亲哥哥奥西里斯而成为恶神。古埃及语象形文字中驴一词是 𓂝𓃿，可人们经常用另一个词汇𓃫来代替它，而后者便代表塞特神。

五、马

马传入埃及的时间据说是在公元前 1600 年左右，这个时间不仅大体是马传入埃及的时间，也大体是这种美丽而善跑的动物传入中东的时间，在马的引进时间方面，埃及与两河流域同步。马不是埃及本土的产物，这可以从古埃及众多神祇的形象中看出。在埃及文明诞生之际，神便成为这一文明中最为重要的一个组成部分。与古埃及人生活息息相关的动物都成为神祇中的一员，唯独马没有在神祇中出现，可见马传入古埃及的时间较晚。从词源学的角度看，埃及语中指称马的两个词 𓂏𓃂和𓃀都是外来词汇，由此可知马是外来之物。我们从很少的几匹陪葬于墓中的马可以推知当时古埃及的马的种类。古埃及的马属于身材不高的矮种马，平均身高应该在 1.30 米左右（如图 11-17）。

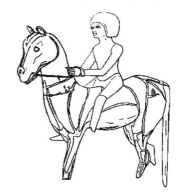

图 11-17　古埃及的马

马被引进到古埃及之后，因为其数量不多，所以为王公贵族所宠爱。考古学家在第十八王朝的一位非常著名的大臣塞南姆特（Senen-mut）的墓中发现了一匹马的遗骸。塞南姆特是女王哈特舍普苏特的宠臣，人们甚至怀疑他是女王女儿的亲生父亲。他的陵墓位于女王哈特舍普苏特的丧葬神庙的东北角，但考古学家却没有在陵墓中发现他的遗体。墓中他的画像被损毁，石英石制成的石棺也被捣毁，碎片散落在陵墓中，可见有人非常仇视他。但墓中凡涉哈特舍普苏特女王的事物却都保存完好，不免让人感到有些奇怪。这匹马就葬在该墓中，用一个木棺收殓。马并未被制作成木乃伊，显然马在古埃及还很稀少。研究者在对马的骨骼进行研究后发现，该马并非因殉葬而死，而是自然死亡，应该是一匹老马。

古埃及的普通人是养不起马的，因为马都来自国外，数量稀少，因此古埃及人甚至在出兵打仗时都舍不得使用马。拥有马匹的都是贵族，养马最多的自然是法老了。法老的马都养在王宫附近，多为外国国王赠送给法老的礼物。第十八王朝的法老阿蒙霍特普三世在底比斯对岸，即尼罗河的西岸修建了一处王宫，该地现在被称作马尔卡塔。在距该宫殿不远处人们发现了一处平地，约 200 米宽，4000 米长。该平地土质结实，看上去有点像古时候的一个赛场。我们知道古罗马常有战车比赛，但古埃及人并不热衷这项运动，没有此类赛场被人发现。于是埃及学家们对该空地的用途做出了推断，认为这很有可能是驯马的场地。位于宫廷旁边，场地宽阔且有足够的长度，完全符合驯马之用。如果此推测真实，那么，阿蒙霍特普三世一定是一位非常爱马的法老。

古埃及有很多爱马的法老，除了阿蒙霍特普三世之外还有拉美西斯三世。当然古埃及法老中以爱马而闻名的还数拉美西斯二世，无论是浮雕中还是壁画上，都有拉美西斯二世站在马拉的战车上与敌人作战的图景。他的马匹都有非常响亮的名字，比如说"底比斯的胜利""姆特女神之满意者"等。我们阅读古埃及新王国时期的文献时会读到这样一个头衔𓏏𓂝𓏤𓃗，其中𓏏𓂝意为"总管"，𓏤𓃗是"马"，该头衔的意思便是"马之总管"。如果我们研究一下该头衔的拥有者就会发现，这些管马的人大多是王子或王宫中的重臣。拉美西斯八世在还是王子的时候就曾担任该职务，拉美西斯六世身为王子时也曾担任该职务，可见马在古埃及是非常重要的。

尽管马在古埃及非常珍贵，爱马者尽是高官贵族，但骑马者似乎并不多见。无论是在浮雕、壁画、雕塑抑或是小模型中，我们很少能够看到骑马的形象。考古学家在古埃及考古挖掘中也没有发现马鞍这类的用具，如果骑马在古埃及很流行，就不会没有马鞍留存下来。古埃及人很少骑马可能与其社会观念有关。古埃及人宁肯坐在绑在驴背上的非常不舒服的驮架上，也不愿舒舒服服地骑在驴背上，因为骑驴是下等人之所为。马虽很珍贵，但骑马也被看作非上等人的行为。尽管这样，骑马的图画还是出现在了一些陵墓或神庙的壁画甚至镂空战斧上的图案中。

拉美西斯二世的阿布-辛贝勒神庙的墙壁上就画着他率军与赫梯帝国大战于卡迭什的图画，其中就出现了骑在马背上作战的手执弓箭的骑兵（如图 11-18）。

图 11-18　卡迭什之战（阿布-辛贝勒神庙北墙图画）

考古学家在一件第十八王朝的战斧上也发现了镂空图案，其中的人物形象是一位骑在奔驰的战马上的战士。战马的马尾扬起，马头向前，四腿做奔驰状，这些都表明战马在飞奔。但马背上的骑手却什么都没带，甚至连衣服都没穿。有人认为该战斧是战争仪式用斧，但后又有人经过仔细研究，发现该青铜战斧是使用过的，因此推断它可能是实用战斧。

唯一为后人发现的古埃及的骑马小雕像被称作"马夫"，该雕像不大，骑手跟在别的图画、浮雕和雕塑中出现的古埃及人也没什么区别。只是马身上有很多白色的条纹将马身分割成若干块，不知是什么用意。有人推测这是为了遮盖雕像黏合处的缝隙，有人则认为有特殊之用。从仅有的这些图画、浮雕和雕像中的骑马形象中我们会很快发现一个问题，即所有的古埃及骑马者似乎都不太通晓骑术。中国民间有句专门教导那些没骑过马的人的俗语：骑马骑当间，骑驴骑屁股蛋儿。但古埃及所有骑马的图画中骑手都反其道而行之，即他们骑在马身上的位置和骑在驴身上的位置一样比较靠后。这种骑法在骑驴时应该没有问题，但若以这种骑法骑马似乎就很危险，而且并不舒服。这也从另一侧面证明古埃及骑马者甚少且经验不足，他们骑马的骑术完全是从骑驴的经验中借用过来的。当然，还有一种可能，就是这些艺术工匠不熟悉骑马的场景，这是他们在制作绘画和雕塑的过程中想当然的结果。但这也说明了古埃及骑马的人很少，如果很多的话，艺术工匠便会熟悉骑马的场景，就不可能创作出这样的作品了。从壁画中可以看出，骑手都不用马鞍，这也是我们没有从考古中发现马鞍的一个原因，但缰绳却是有的（如图 11-19）。本来没有马鞍骑马就已经很危险，要是再没有了缰绳，那就真成了骑无缰的烈马了。

图 11-19　骑马壁画

总体来说，马传入古埃及的时间较晚，是从新王国时期开始被引进到埃及的，对于古埃及人来说，其主要的功用还是战争。古埃及人主要利用马的速度而不是用其载物，因此作为交通工具时显然不如驴重要。当然，马还可以作为宠物来饲养。尽管古埃及的马不像现代宠物一样成为人们的伴侣，但喜爱马的古埃及人却也将驯马养马当作赏心悦目之事。古埃及骑马者甚少，但马却构成了古埃及军队中最具战斗力的兵种，那便是战车部队。古埃及的战车主要是可乘载两人的双轮双轭战车，对此前面已有叙述，这里就不加赘述了。

六、陆橇

陆橇也是古埃及人用于运输的一种重要工具，称之为陆橇非常合适，因为这种运输工具无论从形状上还是工作原理上都与雪橇一模一样。所不同的是雪橇用于雪地上，而陆橇用于陆地上。陆橇要用坚硬的木材来制作，因为陆橇在古埃及大多是用来运载较重、较大的物体的，比如说巨大的石雕。因其承受的重量大，所以，如所用木材不够坚固，陆橇就会很快解体。此外，承载着重物的陆橇在陆地上前进时还会与地面产生摩擦，每前行一步陆橇都会受到磨损，所以陆橇下的两条用于滑行的木条尤其要选用坚硬的木材制作。陆橇要拖拽才能前行，其行进的动力来自人或牛的拉力，这也要求陆橇必须坚固，不然会很容易解体。

即使陆橇制造得非常坚固，但并非任何道路都是适合陆橇行进的。陆橇所走的路要平整，不平整的路会导致陆橇倾斜甚至翻倒，这和雪橇是一样的。因为古埃及人只有在搬运巨大的石块和雕像等物体的时候才会使用陆橇，因此陆橇需要行进的路途都并不遥远。远距离的运送一般用船，尽管古埃及重要的地点，如王宫、神庙以及墓地都距尼罗河不远，但将庞大沉重的石雕等从始发地运至尼罗河边仍是一段艰难的路程。为了使陆橇运输顺畅，古埃及人常为陆橇修建陆橇专用道路。陆橇道路比较平坦，在平坦的道路上，古埃及人用光滑的木板条修出几乎与陆橇底下的两条滑板平行的滑道，并每隔一段便用一条木板横置在滑道之间将其镶衬成格子一样的结构，然后在格子里面放上泥土。这样的陆橇道路非常顺滑，在载重的陆橇运行其上的时候，人们要在泥土上浇水，使其变成顺滑的泥。这一点我们可以从古埃及的壁画中看得非常清楚。

陆橇在古埃及出现得较早，但关于它究竟最早于何时出现的这一问题，学者仍未得出确切的结论。然而有一点我们可以肯定，在古王国的法老们修建自己的金字塔的时候，陆橇就已经作为一种重要工具为埃及的工匠们所使用了。遗憾的是，古王国时期的陆橇很少有实物出土，但考古学家却在中王国时期的墓地中发现了一些陆橇。我们在前面谈及木船的时候曾提到过在达赫述尔发现的中王国时期的木船，这些船坑中的木船的旁边还放着运送这些木船的陆橇。其中一个陆橇长 4.21 米，宽 0.80 米，现藏于埃及开罗博物馆。陆橇采用榫卯结构，其上有很多金属卡子。两条滑板一头平直，另一头微微翘起，跟雪橇一模一样。陆橇上有很多凿出的卯眼，显然制造陆橇的材料是经过反

复使用的。陆橇上还有一些凿出的
洞，用于捆绑绳子、固定重物。

考古发掘中出土的木橇的实物
不多，但在壁画和浮雕中出现的陆
橇仍足以提供给我们了解古埃及人
使用陆橇的情况的好机会。第十二
王朝的大臣斋胡梯霍特普的波尔沙
陵墓的壁画中出现的古埃及人用陆
橇运送巨大雕像的图画最为引人注
目（如图11-20）。这是一尊中等大
小的雕像，但为运送它而动用的劳
力的人数却非常之多。有人细数了

图 11-20 陆橇运送巨大雕像的壁画（部分）

一下，发现图画中出现的运送雕像的人有 172 名。一尊大约 60 吨重的
雕像就要用这么多人拉拽，运输更大的雕像时用到的劳力的人数实在
令人难以想象。但有的学者认为该画中出现的人数并不真实，之所以
画这么多完全是为了填补壁画的空白，使之看上去好看而已，而不是
运送这尊雕像真的要动用这么多人。但无论如何，该壁画让我们看到
了古埃及人使用陆橇运送重物的真实生动的画面。雕像被放在陆橇上，
用绳子固定。橇前有四队人负责拉拽，每队有两列人。陆橇上的雕像
的基座上站立一人，用罐子向陆橇前面倒水以润滑道路。图画下方是
三个肩担水罐者，跟着队伍一起行进。雕像膝盖处也站立一人，他双
手拍掌，应该是指挥大家一起用力的人。

因为雕像比较贵重，所以用陆橇运输时完全由人来拉拽，但运输
巨大的石块就不需要这么精细了。图拉采石场中的新王国时期的运石
浮雕中就出现了用牛来拉陆橇的（如图11-21）。拉橇的牛排成一个纵
队，前后相随地拉着陆橇。有意思的是每头牛的身旁都有一个赶牛人，
而不是由一个赶牛人赶着整队拉橇的牛。陆橇尽管在特殊道路上行进，
行进起来应该比较顺滑，但毕竟也有摩擦力存在，相信不会像雪橇那
样快捷。古埃及人是否也用滚木帮助陆橇减少摩擦我们尚无从得知，

但在将重物搬上陆橇和搬下陆橇的时候是需要滚木的帮助的。

图 11-21　牛拉陆橇

大的雕像和石块的运输用陆橇，小的物件有时候也用陆橇。但像木船一样，有些陆橇不是实用器，而是仅用于丧葬仪式。比如古埃及有许多物体无须用陆橇运载，用人搬运即可，可这些物体的下面居然做成了陆橇的形状。帝王谷中的第十八王朝末期的年轻法老、著名的图坦卡门墓中就出土了许多这样的实物，其中有棺椁，有神龛，甚至有棋盘桌。开罗博物馆二楼图坦卡门陵墓文物展出区中的那件非常好看的华盖箱的底座就是陆橇的形状。上边的华盖上雕饰着神蛇，神蛇头顶太阳圆盘。四角的柱子有象形文字装饰，里边的箱子跟外边的华盖非常相像，顶端仍是一圈头顶太阳圆盘的神蛇图案，其下是箱子，箱子四面各有一位女神守护，分别为伊西斯女神、内弗梯斯女神、塞尔凯特女神和内特女神。她们面朝箱子，双臂张开做保护状。四位女神头上分别戴着自己的象征符号。

关于古埃及的交通我们只能从其重要的交通工具来推测当时的情形，因为古埃及人早已经不复存在，但古埃及人留下来的实物及壁画、浮雕甚至雕塑，却给我们勾勒出一幅生动的描绘古埃及人的日常生活的画卷。

附记：古埃及红海航路考

不断的新考古发现证实，人类的航海史远比我们想象的要久远得多。据《纽约时报》2010 年 2 月 15 日报道，由托马斯·F. 斯特拉瑟和伊兰妮·帕纳格姤露带领的考古队在地中海的克里特岛的西南海岸处发现的石器与早期航海有关。其时间断代为 13 万年前。但这么早的航海活动应该并无固定航线可言，且对其航海的细节我们也知之甚少。古埃及有一条红海航路早在 4500 年前就已开通，为我们研究远古航海提供了例证，对我们研究人类早期航海及古埃及的对外关系意义重大。这条红海航线便是从第五王朝就已经确立的从埃及红海沿岸穿越红海到达蓬特的一条远古航线。

1. 4000 年前的航线证明

人们大多是从第十八王朝女王哈特舍普苏特的戴尔-艾尔-巴赫瑞神庙墙壁上的浮雕、壁画中知道这条航线的。其实这条航路在胡夫时代就已经有了记载。

"巴勒莫石碑"中记载了在第五王朝的国王萨胡瑞在位的第十三年：

……

6. 有从以下地方带来的：

7. 孔雀石国，□□□[6000]□□□。

8. 蓬特，80000 单位的没药，[6000]□□□的金银合金，26000□□□棍杖，□□□。①

巴勒莫石碑是一块黑色玄武岩石碑，上面刻着从神话时代一直到第五王朝法老内弗尔伊尔卡瑞（Neferirkare）时期的重要事件。尽管内容已残缺不全，但有关从蓬特带回的金银、没药的内容还是非常清晰的。

佩匹二世给大臣哈尔胡夫的信中也有关于该航线的记载：

（1）御玺，第二年，第一季的第三个月，第十五日。

（2）皇家颁命于单独随从、仪式祭司和商队首领哈尔胡夫。

（3）我已注意到你信中的内容，你已派人来见国王，到王宫

---

① 李晓东译注：《埃及历史铭文举要》，北京：商务印书馆，2007 年版，第 26 页。

里，以让寡人知道你已同你的军队一起(4)从亚姆安全返回。你在信中说，你带来了所有的(5)哈托尔，伊姆之主送给(6)上下埃及之王、永生之内菲尔卡瑞之卡的伟大而漂亮的礼物。你在信中说，你从(7)神灵的土地上带来了一个该神的跳舞矮人，就像(8)神的司库布尔得德在伊塞斯时从蓬特带来的矮人一样。……

……(21)陛下比看到比亚和(22)蓬特之礼物更渴望看到该矮人。……①

该信书写在大臣哈尔胡夫的位于阿斯旺西岸的库贝特-艾尔-哈瓦陵墓中的墙壁上。佩匹二世是第六王朝的法老，从他给大臣的这封信中可以看出第五王朝时就已确立的通往蓬特的航线一直保持着畅通。有证据显示古王国的法老大多与蓬特保持密切联系。许多西方埃及学家对此做过研究。

玛格丽特·R. 本森（Margaret R. Bunson）主编的《古埃及百科全书》(Encyclopedia of Ancient Egypt)和莫瑞斯·L. 比耶布瑞耶（Morris L. Bierbrier）主编的《古埃及历史辞典》(Historical Dictionary of Ancient Egypt)皆多次谈及古王国法老派队前往蓬特的记载：

巴勒莫石碑显示他（乌塞尔瑞，第五王朝法老）曾派队前往西奈和蓬特。（引自《古埃及历史辞典》）

伊泽兹（Djedkare）是第五王朝第八位统治者……也在阿布-辛贝勒采矿，并派队前往比布鲁斯和蓬特。（引自《古埃及百科全书》）

佩匹一世的船在现在黎巴嫩的比布鲁斯被发现，他曾派队前往蓬特。（引自《古埃及百科全书》）

他（佩匹一世）派商队前往努比亚和蓬特，当他建立其商路的时候已经有一支庞大的海军舰队供其调用。（引自《古埃及百科全书》）

①　李晓东译注：《埃及历史铭文举要》，北京：商务印书馆，2007年版，第56、57页。

古王国时期建立并一直保持下来的这条航路因第一中间期造成的混乱而暂时停顿，到中王国又得以恢复。《遇难水手的故事》里面的蟒蛇所讲述的故事，无论是故事的背景还是蟒蛇的自述都是以蓬特为背景的。古埃及的历史文献中也有法老派队前往蓬特的记录：

罕努哈玛玛特铭文

我主，愿他长寿、兴旺、健康！他派我驾船去蓬特为他从红土地的族长那里取回新鲜的没药，因为高原对他感到害怕。然后，我从科普托斯上路，陛下命我这样做。跟随我的有一支从奥克西林库斯（Oxyrrhyncus）诺姆□□□的南方队伍，从吉别林（Gebelen）启程；终点是□□□；国王宫中的每一个官吏，城市的和乡村的，集合在一起，跟随着我。这支队伍清除了前面的道路，打翻了对国王怀有敌意者，高原上的猎人和孩子是我四肢的守护者。陛下的每一支官员队伍都听我的指挥。他们向我报告，一人下令，众人听令。

我带领一支 3000 人的队伍前进。我要让道路变成一条河，红土地变成一块田地，因为我给他们每人每天 1 个皮囊，1 支扁担，2 罐水和 20 块面包。驴子载着鞋子□□□□。

现在，我在树林中掘了 12 口井，在伊达赫特掘了 2 口井，一个 20 肘尺见方，另一个 31 肘尺见方。我又在亚赫太伯掘了一口，每边 20 肘尺□□□□。

然后，我到达[红]海；然后我造了这艘船，我目送这艘船出发，它载着我为它装备的祭品，牛和野山羊。

现在，我从红海返回后，我执行陛下的命令；我为他带回了所有我在神的土地上发现的礼物。我穿过哈玛玛特旱谷返回，我为他带回了塑造神庙雕像的高贵的石头。国王的宫廷里从来还没有过这样的石头；从神的时代以来还从来没有任何国王派出的人做过这样的事情。我为陛下我主这样做，因为他如此爱我□□□□……

罕努是第十一王朝孟杆霍特普三世的一位大臣，他还是"上埃及南部地区的主管官员"（Brierbrier，Morris L.，*Historical Dictionary of Ancient Egypt*，Plymouth，2008），该篇铭文刻写在哈玛玛特旱谷的岩石上，不仅记录了远航的事件，还记录了从尼罗河岸前往红海的道路，从而指明了这条红海航线的起点所在。

中王国时期的许多法老都曾派队前往蓬特获取黄金、没药等贵重物品。几乎每位法老都曾派船队前往蓬特。

在中王国时期，孟杆霍特普二世于公元前2040年再次统一埃及之后，贸易中心开始再次繁荣起来。每位统治者都派队前往蓬特，红海岸边的造船中心开始为其提供船只。根据巴勒莫石碑记载古埃及与蓬特的联系早在第五王朝就已经开始了。（引自《古埃及百科全书》）

作为参与过其父亲的军事远征的一名老兵，孟杆霍特普三世在三角洲东部重建了许多要塞并派队前往蓬特。他还沿路掘井，在哈玛玛特旱谷重开矿藏。（引自《古埃及百科全书》）

孟杆霍特普四世在红海修建了一座港口城市（库塞尔）以便埃及人造船前往蓬特。在新王国时期，当埃及人经常前往蓬特时库塞尔变得非常重要。（引自《古埃及百科全书》）

他（阿蒙尼姆赫特二世）派队远征红海到达蓬特并开采当地的金矿。（引自《古埃及历史辞典》）

第二中间期的混乱过后，新王国时这条航路上的船只往来更加频繁。第十八王朝的哈特舍普苏特女王不仅将其所派船队远航蓬特的事件记录在戴尔-艾尔-巴赫瑞神庙的墙壁上（神庙一层的柱廊上有22个柱子，其上浮雕描绘的即为女王的船队远航蓬特），还将从蓬特带回的树木种植在神庙的院落中，这被认为是人类最早的有记载的移植外来植物的尝试。第二十王朝的法老拉美西斯三世派船远航蓬特的记录也出现在《哈里斯草纸》中：

哈里斯草纸节选

　　我在他们面前建造了大船和驳船，配备了无数船员和无数随员；船长跟随着他们，巡查员和小官员指挥他们。它们满载无数埃及货物，每项都有上万之多。它们被派往水倒流的大海（指幼发拉底河，因其流向与尼罗河相反），它们到达蓬特诸国，没有一点事故发生，安全而充满惊骇。大船和驳船装满来自神的土地的产品，包括所有他们国家的奇特事物，来自蓬特的大量没药，数量上万，不可计数。神的土地的酋长的孩子在贡品到达前前往埃及。他们安全到达科普托斯高地；他们安全上岸，带着他们带来的货物。在陆路上他们人担驴驮；在科普托斯港口将货物装上前往尼罗河的船只。他们向北航行，在欢庆中到达，他们带来的贡品像奇迹一样呈现在宫中。他们的酋长的孩子在我们面前行礼，亲吻土地，匍匐在我面前。我将他们引荐给神，这样每天清晨两女神都会感到满意。

　　《哈里斯草纸》的内容很多，包括一份神庙献品清单和对第二十王朝拉美西斯三世统治的概要介绍。该段文字就出现在对拉美西斯三世统治的概要介绍中。文献中描述了远航蓬特的一些细节。遗憾的是，该文献对于从尼罗河到红海的细节写得多，而对海上航行的细节却着墨不多。

　　新王国的很多石碑上和大臣的陵墓中有对埃及船队出使蓬特的记载：

　　　　图特摩斯二世的大臣塞南蒙、塞南姆特、内赫西、忒梯都曾出使过蓬特；图特摩斯三世和阿蒙霍特普二世的维西尔瑞赫米拉的陵墓中也出现了蓬特人的身影。（引自《古埃及百科全书》）

　　2. 红海航路的重建

　　古埃及的这条红海航线持续了近 2500 年之久。但是，关于该古老航线的长度，我们只有通过研究才能得知。欲知航线的距离，首先要确定航线的起点和终点。既然是远航蓬特，首先就需弄清楚蓬特在哪儿。

　　蓬特在哪儿直到今日埃及学家们仍然在猜测。从名字上看，古埃及文字中的蓬特是 □🏺⛰。前四个字符是音符，第五个字符是定符，表示多山之地。但凭此推断蓬特是多山之地并无根据。原因很简单，古埃及象形文字中出现的外国名字都用这个符号做限定，所以，它只代表这是外国地名而已。前四个字符分别读作"P-W-N-T"，"蓬特"的名字就出自这个词的译音。但值得注意的是，最后一个字符"T"是阴性名词的标志，而阴性标志"T"在新王国时是不发音的。所以，该地名的真正发音可能更为接近"普汶"。

　　蓬特在古埃及人的语言中还有另外一个称呼，即"Ta-Netjer"，意为"神的土地"。因此有人推断，蓬特应该在埃及的东面，因为古埃及人崇拜太阳神，而太阳是从东方升起的。此外，蓬特盛产香料，香料是神庙的必需品，故称之为神的土地。古埃及人从红海海岸出发向东航行到达的应该是阿拉伯半岛，而如果直接向阿拉伯半岛航行，距离要短得多，不像文献中记载的情形。如果不是直接向东，那方向便只有一个，即沿红海向东南方向行驶，直至到达蓬特。这条航线向南穿越红海来到红海出口，之后进入亚丁湾，但就当时铭文中的描述看，最远不会深入亚丁湾，因此蓬特应该就在红海和亚丁湾相连接之处。铭文中不止一次提到蓬特诸国，显然这是一个地区，而不是一个很小的国家。阿拉伯半岛和非洲隔海相望，在红海与亚丁湾相接处两者间的距离最近。所以，无论蓬特在阿拉伯半岛一侧还是在非洲一侧，对这条红海的古老航路的距离都不会造成影响。

　　根据古人的描述，蓬特盛产黄金、没药、乌木和象牙，当地的动物有长颈鹿、狒狒、河马和豹，据此推测蓬特在非洲一侧的可能性更大。有人认定蓬特就在现在的索马里，但也有人认为在"现在的苏丹或埃塞俄比亚的厄立特里亚地区，那里的动物和植物与埃及浮雕中描绘的最为接近"。

古埃及红海航线终点的具体位置虽然到目前为止仍无法最终确定，但其所在地区已经明了，应该在红海与亚丁湾相连之处的非洲一侧，可能靠南一些，也可能靠北一点，但大致地区就在这一带。既然终点大致确定，起点就成了我们要确定的下一个目标。

上文引用的铭文中不止一次提到古埃及商队从尼罗河岸穿过哈玛玛特旱谷来到红海岸边后乘船南行。那么，这个红海航路的出发地点就应该在哈玛玛特旱谷对着红海的地方。按玛格丽特·R.本森的说法，这个地点是古埃及人说的苏乌。"苏乌位于科普托斯对面的噶苏斯旱谷上，是库塞尔地区活跃的远征港口。埃及人用苏乌地区的资源造船远航蓬特及其他贸易地。"该地又叫库塞尔，"那里兴起了造船工业，因为在古埃及历史的许多时代，特别是在新王国时代，库塞尔是海路驶往蓬特的起点"。该港口城市的名字最迟在第六王朝时已在古埃及文献中出现，佩匹二世的一位支持者，埃里芬梯尼诺姆长佩匹-那赫特就曾到库塞尔地取回一位被杀官员的遗体，当时那里已是古埃及人建造前往蓬特的大船的基地。俄罗斯圣彼得堡修道院收藏的草纸上抄写有《牧羊人的故事》，故事中有对红海和地中海航行特别是前往蓬特的航行的描述。

既然有记载，考古学家就会去挖掘。2004 年 12 月，美国波士顿大学考古队终于在红海岸边发现两个人工凿出的洞穴，里边有航海船只上的船板和缆绳。根据同时被发现的陶器测定，这些物品的年代为公元前 15 世纪。该遗址位于噶瓦西斯旱谷的海岸上①。2006 年至 2007 年考古学家对该地的挖掘又有了进一步的发现，他们在 2 号洞中发现了船的桨叶、一块记载了前往蓬特航行经历的石碑以及上有铭文的船载货物。石碑铭文和货物上的铭文记录的都是第十二王朝的商队从该

---

① Tim Stoddard，*Archaeologists Discover Ancient Ships in Egypt*，Week of 18 March，2005，B. U. Bridge，Ⅷ，No. 23.

地出发前往蓬特的经历。[①]

从噶瓦西斯旱谷海岸边的城市到蓬特的航路便是 4000 多年前那条繁荣的古埃及红海航线。

3. 封闭民族的海外拓展

几乎所有的埃及史著作在谈及埃及的地理环境对埃及文明的塑造时，都说埃及是一个由于环境的封闭而得以维持超稳定格局的文明国家。埃及东边是荒漠和山丘，西边是难以穿越的沙漠，北面是望不到尽头的地中海，南边是六大瀑布构成的天然屏障，这让古埃及人生活在一个封闭的安全环境中。正像保罗·约翰逊在其《古埃及文明》(*The Civilization of Ancient Egypt*)一书中所说："埃及自始至终受其环境的自然状况所影响和持续主导。有节律的尼罗河与丰产的河谷以及荒漠的限制，这一切都赋予埃及人和他们的文化一定的基本特征：稳定、持久、隔绝。他们相信自己将永远作为一个特殊的种族被限定在尼罗河谷内；而这被荒漠包围的河谷自从创世纪以来就以这样的状态存在了。"古埃及文化 3000 多年来一直保持其基调，大多也由于其环境所致。

但是，如果我们看看古埃及古王国时期就已开辟的这条红海航路以及古埃及人为远航所做的准备，如造船、开路、掘井、冒险等，我们对古埃及人安于尼罗河谷不思开拓这种观点就会产生质疑。难道古埃及人真的喜欢与世隔绝，对外界没有任何向往和好奇吗？

我们已然知晓胡夫大金字塔旁出土的太阳船及古时在尼罗河上航行的船只，但远航海船建造工场遗址的发现，拓宽了我们对古埃及人思想意识的研究的眼界。古埃及人不仅是个喜欢看天的民族，还是个热爱向远方探索的民族。前者让古埃及人建立起人类最早的历法体系和金字塔等建筑奇迹，后者让古埃及人开辟了持续近 3000 年的红海航路。古埃及文化的基调能够维持数千年不变确实受其地理环境因素的

---

① James P. Delgado，"Nautical and Maritime Archaeology，2006-2007 Seasons"，*American Journal of Archaeology*，April，2008.

影响，但若完全归因于环境因素则有失偏颇。

尽管红海航路开辟的主要目的是进行贸易，但古埃及人的远航带有强烈的征服异域的色彩。古埃及是个异常重视宗教活动的国度，而宗教仪式中少不了香料。稳定的香料来源对于古埃及人来说异常重要。但是，我们在释读古埃及人记载的船队前往蓬特的铭文时会发现，"派队前往"用的词汇大多是 ▲◻◢，读作"mSa"。该词的词根是"军队"（◢◻◣或▲◻◣），故"派队前往"往往有军事意味。《哈特舍普苏特蓬特远航铭文》中共用了 7 次"派遣"，皆用该词：

sSm mSa Hr mw Hr tA r int biAw m tA-nTr

并组织一次水路陆路远征去从神的土地带回异域物品。

iw(.i) Hm r rDt xnd st mSa. T sSm. n. (i) st Hr mw Hr tA

因我要在给予他们水路和陆路上的引导之后让你的远征队进入。

wd r tA m Htp r xAst Pwnt in mSa n nb tAwy

两土地之主的远征队安全到达蓬特之地。

Spr wpwt-nTr r tA-nTr Hna mSa nty m-xt. f

国王的使节在蓬特诸侯面前陪同他的远征队一起到达神的土地。

r Ssp mSa pn n nsw

接受国王的这支远征队。

Hr imA n wpwt-nsw Hna mSa. f
国王的使节与其远征队支起帐篷。

M Awt-ib in mSa
远征队欣喜。

　　这里用的"远征"或"远征队"就是前面译成"派队（前往）"的词汇"mSa"。由此可见，古埃及人远航至蓬特至少是半军事化的行动，过程中贸易与征服并举。

　　古埃及文明成型较早，红海航路让埃及学者重新审视塑造其文明、文化的深层原因。该航路的研究对于研究古埃及文明的内在特质与古埃及的对外关系都意义重大。

古埃及主要法老王名圈（部分）

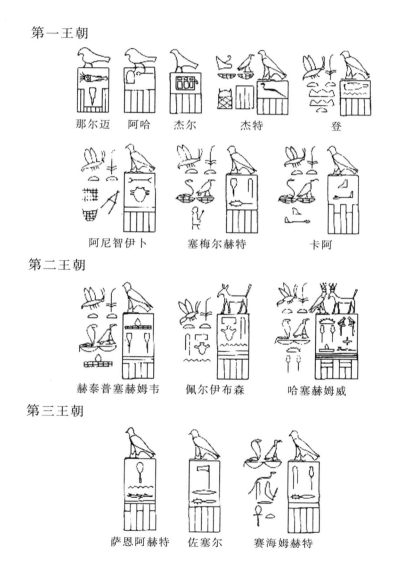

第一王朝

那尔迈　阿哈　杰尔　杰特　登

阿尼智伊卜　塞梅尔赫特　卡阿

第二王朝

赫泰普塞赫姆韦　佩尔伊布森　哈塞赫姆威

第三王朝

萨恩阿赫特　佐塞尔　赛海姆赫特

370

第四王朝

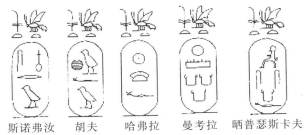

斯诺弗汝　胡夫　哈弗拉　曼考拉　晒普瑟斯卡夫

第五王朝

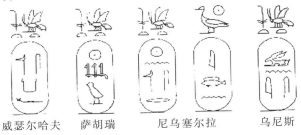

威瑟尔哈夫　萨胡瑞　尼乌塞尔拉　乌尼斯

第六王朝

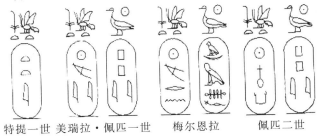

特提一世　美瑞拉·佩匹一世　梅尔恩拉　佩匹二世

第十一王朝

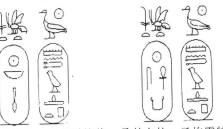

内卜赫徘特拉·孟杵霍特普　桑赫卡拉·孟杵霍特普　内卜塔韦瑞·孟杵霍特普

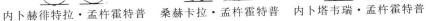

第十二王朝

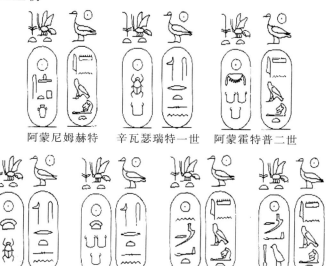

阿蒙尼姆赫特　　辛瓦瑟瑞特一世　　阿蒙霍特普二世

辛瓦瑟瑞特二世　辛瓦瑟瑞特三世　阿蒙霍特普三世　阿蒙霍特普四世

第十三王朝

塞赫姆拉塞瓦支塔维　　哈内弗瑞拉·内弗尔赫泰普

第十五王朝

塞乌瑟尔恩拉-哈伊安　　阿阿乌瑟尔拉·阿佩匹

第十七王朝

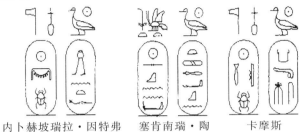

内卜赫坡瑞拉·因特弗　　塞肯南瑞·陶　　卡摩斯

第十八王朝

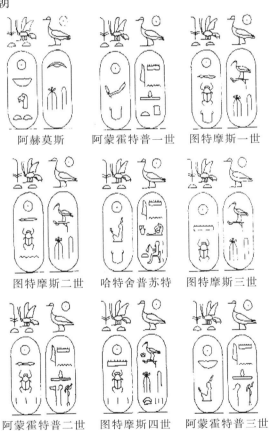

阿赫莫斯　　阿蒙霍特普一世　　图特摩斯一世

图特摩斯二世　　哈特舍普苏特　　图特摩斯三世

阿蒙霍特普二世　　图特摩斯四世　　阿蒙霍特普三世

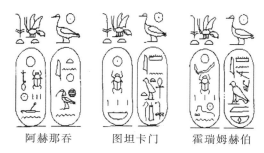

阿赫那吞　　图坦卡门　　霍瑞姆赫伯

第十九王朝

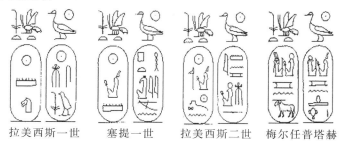

拉美西斯一世　　塞提一世　　拉美西斯二世　　梅尔任普塔赫

第二十王朝

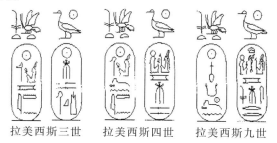

拉美西斯三世　　拉美西斯四世　　拉美西斯九世

第二十一王朝

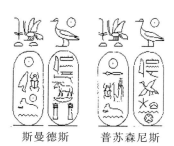

斯曼德斯　　普苏森尼斯

第二十二王朝

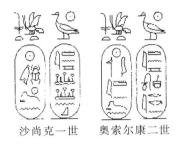

沙尚克一世　　奥索尔康二世

第二十五王朝

匹伊　　　　沙巴克　　　塔哈尔卡

第二十六王朝

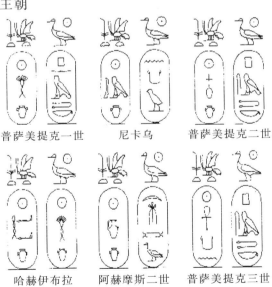

普萨美提克一世　　尼卡乌　　普萨美提克二世

哈赫伊布拉　　阿赫摩斯二世　普萨美提克三世

第二十七王朝

冈比西斯　　　　大流士　　　薛西斯　阿尔塔薛西斯

主要参考书目

Erman，Adolf，*A Handbook of Egyptian Religion*，Archibald Constable，1907.

Buttery，Alan，*Armies and Enemies of Ancient Egypt and Assyria*，A War Games Rrearch Group Publication，1974.

Spalinger，Anthony J.，*War in Ancient Egypt*，Blackwell Publishing，2005.

Andrews，Carol，*Amulets of Ancient Egypt*，British Museum Press，1994.

Freeman，Charles，*The Legacy of Ancient Egypt*，Checkmark Books，1997.

Hornung，Erik，Rolf Krauss，and David A. Warburton，*Ancient Egyptian Chronology*，Brill Academic Pub，2006.

Geddes & Grosset，*Ancient Egypt：Myth & History*，Gresham Publishing Company，2004.

Hart，George，*The Routledge Dictionary of Egyptian Gods and Goddesses*，Routledge，2005.

Wilson，Hilary，*People of the Pharaohs*，Brockhampton Press，1997.

Shaw，Ian，*Ancient Egypt：A Very Short Introduction*，Oxford University Press，2004.

Shaw，Ian，and Paul Nicholson，*The British Museum Dictionary of Ancient Egypt*，British Museum Press，1997.

Shaw，Ian，*Egyptian Warfare and Weapons*，Shire Publication Ltd.，1991.

Baines, J., and Malek, J., *Atlas of Ancient Egypt*, Checkmark Books, 1980.

Malek, Jaromir, *In the Shadow of the Pyramids*, University of Oklahoma Press, 1986.

Bard, Kathryn A., *Encyclopedia of the Archaeology of Ancient Egypt*, Routledge, 1999.

Bunson, Margaret R., *Encyclopedia of Ancient Egypt*, Facts On File, Inc., 2002.

Rice, Michael, *Who's Who in Ancient Egypt*, Routledge, 1999.

Bierbrier, Morris, *The Tomb-Bulders of the Pharaohs*, The American University in Cairo Press, 2003.

Bierbrier, Morris L., *Historical Dictionary of Ancient Egypt*, The Scarecrow Press, 2008.

Grimal, Nicolas, *A History of Acient Egypt*, Blackwell Publishing, 1994.

Remler, Pat, *Egyptian Mythology A to Z*, Facts On File, Inc., 2006.

Netzley, Patricia D., *The Greenhaven Encyclopedia of Ancient Egypt*, Greenhaven Press, 2003.

Clayton, Peter A., *Chronicle of the Pharaohs*, Thames and Hudson, 1994.

Wilkinson, Richard H., *The Complete Gods and Goddesses*, Thames and Hudson, 2003.

Morkot, Robert G., *Historical Dictionary of Ancient Egyptian Warfare*, The Scarecrow Press, 2003.

Sole, Robert, and Dominique Valbelle, *The Rosetta Stone*, Profile Books, 1999.

Rosalie and others, *Ancient Egyptians: People of the Pyramids*, Oxford University Press, 2001.

David, Rosalie, *Handbook to Life in Ancient Egypt*, Facts On File, Inc., 2003.

David，Rosalie，*Pyramid Builders of Ancient Egypt*，Routledge，
　　1996.

Rachet，Guy，*Lexikon des alten Aegypten*，Patmos Verlag，2002.

Partridge，Robert，*Transport in Ancient Egypt*，The Rubicon Press，
　　1996.

Shaw，Ian，*The Oxford History of Anicent Egypt*，Oxford University
　　Press，2005.

［英］罗莎莉·戴维：《探寻古埃及文明》，北京，商务印书馆，2007。

李晓东：《埃及历史铭文举要》，北京，商务印书馆，2007。

李晓东：《古埃及之谜》，西安，陕西师范大学出版社，2011。

李晓东：《古代文明的金字塔——法老的埃及》，沈阳，辽宁大学出版
　　社，1996。

李晓东：《神秘的金字塔太阳船》，天津，天津人民出版社，2000。

刘文鹏：《古代埃及史》，北京，商务印书馆，2000。

图书在版编目（CIP）数据

古代埃及/李晓东著. —北京：北京师范大学出版社，
2020.10

（世界史丛书）

ISBN 978-7-303-26247-2

Ⅰ. ①古… Ⅱ. ①李… Ⅲ.①文化史－埃及－古代
Ⅳ. ①K411.203

中国版本图书馆 CIP 数据核字（2020）第 159444 号

营　销　中　心　电　话　　010－58807651
北 师 大 出 版 社 高 等 教 育 分 社 微 信 公 众 号　　新 外 大 街 拾 玖 号

出版发行：北京师范大学出版社 www.bnup.com
　　　　　北京市西城区新街口外大街 12-3 号
　　　　　邮政编码：100088

印　　刷：北京溢漾印刷有限公司
经　　销：全国新华书店
开　　本：787mm×1092mm　1/16
印　　张：24.25
字　　数：365 千字
版　　次：2020 年 10 月第 1 版
印　　次：2020 年 10 月第 1 次印刷
定　　价：68.00 元

策划编辑：刘东明　　　　　责任编辑：赵雯婧　尹　栋
美术编辑：李向昕　　　　　装帧设计：李向昕
责任校对：段立超　　　　　责任印制：马　洁